奔赴

Moving Forward

半個多世紀在美國

A Journey of More than Half a Century in the U.S.

孫康宜 著

Kang-i Sun Chang

僅以此書獻給張欽次（C.C. Chang），
感謝他與我走過的每一步路。

目次

第二章
南達科達西行記

第三章
奔走於聖路易與普林之間

第四章 奔赴耶魯即歸處

轉眼已步入暮年

鍾玲
2019 年 6 月 28 日 ·

孫康宜，中研院院士、耶魯大學教授，和我於 1966-67 冬天攝於臺灣大學文學院。那是我們第十一年同學（臺大外文研究所一年、高雄女中六年、東海大學外文系四年），真有緣分。左邊的一瓶玫瑰花是她先生 C.C. Chang 送的，那時是她男朋友。

▲
2019 年夏季，鍾玲在臉書上公布了一張她與孫康宜半個多世紀以前在臺大外文研究所唸書時（1966-1967）的舊照。突然間，鍾玲的臉書回憶喚起了孫康宜個人對那段歲月的回憶。

◀
1966 年張欽次（C.C.）赴美留學，當時臺灣仍處於戒嚴的白色恐怖期間，美國還在積極參與越戰。張欽次在普林斯頓大學土木兼地質工程系（Department of Civil and Geological Engineering）攻讀博士。（白慕堂〔Thomas Bartlett〕攝）

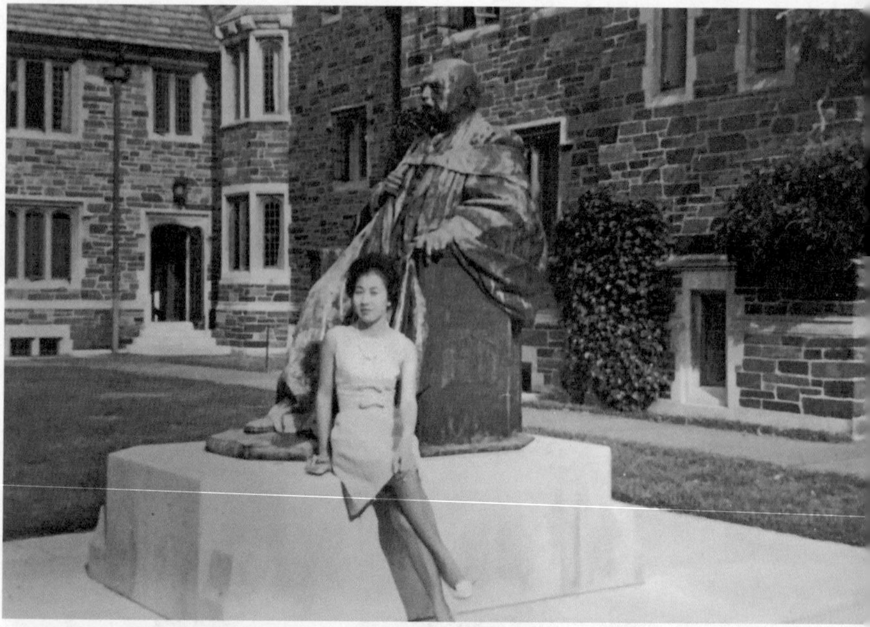

▲
1968年7月17日，孫康宜來到了美國。照片背景是普林斯頓大學研究生宿舍。銅像則為普大的第一任研究生院院長Andrew Fleming West（1853-1943）。

◀
1968年8月3日，孫康宜與張欽次在美國普林斯頓大學教堂結婚。

▲
婚禮後的茶會在貴人 Gram（Edith Chamberlin，中間著紅衣者）的家中舉行。

▶
1968 年底，孫康宜與張欽次兩人在普林斯頓研究生住宿學院（Graduate College）前合影。那是孫康宜平生第一次在美國過聖誕。

▲
1969 年春天，孫康宜與張欽次兩人重遊耶魯大學，背景是著名的白內基（Beinecke）大理石善本圖書館。（第一次遊耶魯是在 1968 年 8 月，那是蜜月旅行的第一站。）當時孫康宜絕對無法預料到，四十年之後，這座大理石圖書館捐贈者 Frederick W. Beinecke 的曾孫 Ben Beinecke 居然成了其學生。

▶
1971 年春天，孫康宜到騎術競賽（rodeo）現場為 Paul Jackson 教授捧場。原來那位教莎士比亞戲劇的 Jackson 教授也是一位道地的「牛仔」，他經常參加當地的騎術競賽。

◀
1971 年 1 月，孫康宜從東岸回到寒冷的南達科達州。據孫康宜回憶：「就在那種艱難的情況中，我們慢慢學會了如何在困境中求生存、如何培養堅忍不拔的潛力。」

▲
Jackson 教授也是一名畫家。這是他於 1972 年為孫康宜和張欽次畫的一幅畫（以他家的穀倉周圍的牛群為背景），堪稱南達科達州風景的經典作。（Used with the permission of the artist Paul Jackson.）

◀
1973 年 9 月下旬，張欽次把孫康宜送回普林斯頓大學攻讀博士學位，他自己則獨自一人在密蘇里州的聖路易城工作。前後 5 年之間，兩人分住兩處，除了暑假及寒假期間孫康宜返回聖路易城之外，兩人見面的機會很少。這張照片攝於 1974 年春季，當時孫康宜剛從 Gram 的家中搬進普大的研究生宿舍，張欽次特地從聖路易趕來，背景為著名的克利夫蘭鐘塔。

▲
這是半個世紀前孫康宜（左）和普大室友 Leslie Wharton（右）的合影。這張相片十分難得，據 Leslie 回憶："So long ago, and yet so present in my memory and soul."（「那是很久以前了，但在我的記憶和靈魂中，彷彿就在現在。」）

◀

相片為 Gram（前）與孫康宜的母親（後）合影。1978 年 4 月間，孫康宜的父母來到了普林斯頓。孫康宜帶他們一起到恩人 Gram 的府上，親自向她致上最高的謝意。

▶

Gram 的孫女 Anne Huntington 特別將她剛完成的一張畫（題為「愛」）贈給康宜，為了慶祝康宜的父母安全地移民到了美國。

▶

照片中左為孫康宜的父親孫保羅（原名孫裕光），右為孫康宜的母親陳玉真。孫康宜為了把她的父母（白色恐怖受害者）接到美國來，曾經花了九牛二虎之力，其中也得到許多好心人的幫助——包括 Gram 及紐澤西州的美國參議員 Clifford P. Case 等人的大力扶助。1978 年 1 月 5 日她的父母終於取得了美國移民簽證，於 2 月 3 日安抵美國洛杉磯，他們先到聖路易城與張欽次小聚（當時孫康宜還在普林斯頓讀書）。

▲
1978 年 6 月，孫康宜與張欽次兩人經常利用週末的時間到密西西比河邊野餐，孫康宜也藉機重新閱讀馬克吐溫那些以密西西比河為背景的小說。

▲

1980 年孫康宜成為普林斯頓大學葛思德東方圖書館的第五任館長。該圖書館的第一任館長是孫念禮（Nancy Lee Swann），第二任館長是胡適。據孫康宜回憶：「（被選為館長）乃是我個人意想不到的莫大榮譽……我衷心希望自己能步幾位傑出的前輩館長（尤其是孫念禮和胡適）的後塵。」

▶

1979 年，美國政府宣布與中華人民共和國正式建交，孫康宜因而有了一個意想不到的中國行。從六月到七月間，她不但與離別了三十多年的大陸親戚（即在上海的姑姑、和在南京的叔叔兩家人）團聚，而且也找到了從前四十年代在北京的故居。相片是 1979 年 7 月，孫康宜在北京故宮的一個角落留影。

▲
1979 年 7 月初，孫康宜（中）與沈從文（左）和張兆和（右）在北京初次見面。

▼

1980 年元月初，大陸作家沈從文被邀到普林斯頓大學演講有關「服飾和扇子」的題目。當時沈老夫婦在孫康宜和張欽次的普林斯頓家中前後一共住了三天，很是愉快。相片中，沈從文（左）與妻子張兆和（右）正在用早餐。

▲
1981 年 4 月 13 日，當時紐約大都會藝術博物館的「明軒」尚未正式對外開放，但耶魯的張充和女士（相片中台上站立著）卻破例被邀請到「明軒」的冷香亭演唱《金瓶梅》裡的時曲，並由紐約的陳安娜女士（相片中台上端坐者）吹笛伴奏。該唱曲大會乃由孫康宜（以普林斯頓葛思德東方圖書館的身分）和普林斯頓大學東亞系的浦安迪、紐約大都會藝術博物館的何慕文（Maxwell K. Hearn） 合力籌畫。當天普大大約來了五十位觀眾，紐約的夏志清和來自芝加哥的《金瓶梅》專家芮大衛（David Roy） 等人也出席了。

▼
1981 年 7 月，孫康宜參觀她父親從前（1939 年春至 1942 年冬）在日本早稻田大學上學的地方，即該校政治經濟學部。（李英雄〔Ian Levy〕攝）

前言

我是一九六八年來到美國的，那一年我初抵普林斯頓城，也算是我一生命運的分水嶺。這本回憶錄，寫的就是我在美國半個多世紀以來，如何生存下來的故事。

當初，一九四四年我出生在北京，兩歲時與家人到了臺灣。三歲時目睹二二八事件現場，六歲不到（一九五〇年一月）父親蒙冤坐牢十年。在那段艱難的白色恐怖期間，我和父母以及兩個弟弟經歷了難以形容的心靈創傷。童年的我甚至得了母語「失語症」，屢受折磨，於是在成長的多年歲月中，自己盡量保持沉默。後來經過東海大學和臺大研究所的英文教育之薰陶，略有雨過天晴的療傷之感。但就如拙作《走出白色恐怖》一書所述，[1] 真正讓我從白色恐怖「走出去」的關鍵，乃是我的美國經驗。

1. 見拙作《走出白色恐怖》。臺北：允晨出版社，二〇〇三及二〇〇七版；北京：北京三聯，二〇一二版。並見英文版：*Journey Through the White Terror: A Daughter's Memoir*, 2nd edition（Taipei: National Taiwan University Press, 2013）。此外，此書已有捷克版（Czech edition），二〇二一。日文版也將要出版。

當我開始要追尋那段半世紀以上的移民生涯時，發現那些過去時間的「片段」都一一出現在眼前，而且每個片段都紛紛排隊而來。時間本來就沒有起點，也沒有終點，頗像一條無始無終的河流。於是腦海中突然聯想到詩人T.S. Eliot（艾略特）的著名詩句：

Time present and time past
Are both perhaps present in time future
And time future contained in time past.

——T.S. Eliot, "The Four Quartets"

現在的時光與過去的時光
二者或許都存在於未來的時光
而未來的時光又含蘊在過去的時光裡。

——T・S・艾略特〈四個四重奏〉

我一向對於日期和時間特別敏感，我的日曆上總是充滿了記事的細節，還加上圈圈點點。而且幾乎每年的日曆我都當作檔案來收藏，所以朋友們都說我有「時間癖」。這本回憶錄的書寫也再一次喚起了我對時間的重視，希望我能從時光的流逝中得到自我反省的機會。

自從一九六八年我抵達美國，落地生根，直至今日，已有半個多世紀之久，前後我一共見證了十一位美國總統的起起落落，也目睹了數十年來在這片土地上所發生的風風雨雨。而我自己在這段漫長的光陰裡，也一直不斷地成長變化。但始終不變的卻是我的感恩之心。作為一個倖存者，我經常提醒自己，凡事必須飲水思源。我尤其對許多師長、學生和親朋好友（不論老少）的幫助心存感恩。哪怕只是一個衷心的勸戒，或是一句鼓勵的話，都會讓我感愧交集。最近我的青年朋友李保陽曾來信寫道：

> 我想起您曾經跟我說過，您一輩子遇事從不躲避，一直向前衝，和生活甚至和命運搏鬥，而不讓命運來擺布您。我覺得這是一種生活態度，一種生命狀態……您一路從北京到臺灣，從臺灣到美國，在尋尋覓覓中抵達了您的「彼岸」。

他的話正好與我這本回憶錄的主題遙遙暗合——那就是，我一直在與命運和時間競賽。目前我已高齡八十，每次回憶那段過去的生命旅程，自然感慨萬千。

於是我就把這本回憶錄命名為：《奔赴：半個多世紀在美國》。

在此，我特別把這本回憶錄獻給我的丈夫張欽次，因為是他首先為我開啟了這個半個多世紀的人生之旅，也是與我同舟共濟的人。

孫康宜

二〇二四年四月

寫於康州木橋鄉

奔赴普林尋樂園

第一章

What you remember saves you.
惟記憶，方能自我贖救
——W.S. Merwin

「樂園的這一邊」（"This Side of Paradise"）

一九六八年，我二十四歲。當時臺灣仍處於戒嚴的白色恐怖期間。美國還在積極參與越戰，到處充滿了民眾反戰的情緒。[1]

那時我還是臺大外文系的研究生。那個年頭在臺大研究所一起唸書的同學，還包括著名的作家鍾玲。在那以前，我和鍾玲都畢業於東海大學的外文系，唸大四時也都曾是齊邦媛教授翻譯課上的學生。

半個世紀以後的二〇一九年夏季，鍾玲在臉書上公布了一張我與她當年在臺大時的舊照，並回憶道：「（康宜）和我於一九六六—六七冬天攝於臺灣大學文學院。那是我們第十一年同學（臺大外文研究所一年，高雄女中六年，東海大學外文系四年），真有緣分。左邊的一瓶玫瑰花是她先生 C.C. Chang 送的，那時是她男朋友。」突然間，鍾玲的臉書回憶喚起了我個人對那段歲月的回憶。無形中，半個多世紀以來在我腦海中經常浮現的過去景象，一一從筆端和電腦的銀幕上逐漸復活。

記得一九六八年二月初，我收到美國德克薩斯州 A&M 大學來信，說我已被他們的英文系博士班錄取，並獲大學獎學金。（當時我尚未接到其他學校的回音。）這麼早就得到好消息，自然令我興奮異常，於是我立刻給正在普林斯頓大學讀書的男朋友欽次（C. C.）打了越洋電話，也同時通知爸媽和我的兩個弟弟，一時皆大歡喜。

其實，當時我最想去的學校是紐澤西州立羅格斯大學（Rutgers University）的英文系，因為該校離欽次所在的普林斯頓城不遠。此外，我還申請了紐澤西州的德魯大學（Drew University）的英文系，主要因為恩師許牧世（Moses Hsu）教授的極力推薦。可惜我最終沒被這兩所大學的英文系錄取，頗感失望。

經過考慮之後，欽次和我決定兩人先於暑假期間在普林斯頓結婚，九月初再由我隻身前往德州攻讀英美文學博士學位。據欽次估計，他大約兩年之內就能得到普大的博士學位。至於畢業之後何去何從，一切都難以預料。所以我們只好走一步算一步了。

後來我終於在那年的七月中旬來到了美國。婚禮定於八月三日，將於普林斯頓大學教堂舉行。從前上臺大研究所時，我曾選過神父 Father Foley 的美國文學課，有一次他介紹我讀美國小說家費茲傑羅（F. Scott Fitzgerald）的小說 *This Side of Paradise*（《樂園的這一邊》）。[2]那本出版於一九二〇年的「自傳小說」特別有趣，該書主要是描寫一次大戰之後，當時失落的一代年輕人開始沉溺在他們所創的自由樂園中，其中有浪漫、放縱和自我陶醉，也有失望、挫折和幻滅感——之所以稱之為「this side」「這一邊」，乃為了區別於老前輩

---

1. 其中一個最著名的反越戰詩人就是 W. S. Merwin（一九二七—二〇一九），後來晚年他成為美國的桂冠詩人（United States Poet Laureate）。
2. 此書從來沒有中譯本，今姑且譯作《樂園的這一邊》。

一向所嚮往的傳統樂園。因為書中所謂的「樂園」指的就是普林斯頓校園，所以我對普林斯頓也特別感到好奇。

記憶中，七月十七日（星期三）當天一大早我就與爸媽和其他親戚前往臺北松山機場。到了機場，大家都顯得特別安靜，因為他們知道，此次我一旦去了美國，將來回臺灣的機會大概就不多了。看到爸媽那副依依不捨的樣子，又想到父親曾蒙冤坐牢十年，出獄後還一直活在白色恐怖的陰影下，我不覺潸然淚下。我心裡一直想說：「爸媽，請放心，我這次去了美國，一定努力奮鬥，將來會把你們接來的。」母親好像意會到了我的心意，突然在她那憂鬱的神情間朝我一笑，她笑起來真美。

不久我上了飛機，乘坐的是一架西北航空公司的波音七〇七班機。那架飛機先在日本東京停留一次，又在阿拉斯加機場降落並加油，後來就直飛紐約甘迺迪國際機場。當時飛機上也有幾個像我一樣來自臺灣的留學生乘客。我從飛機的窗口望去，只見一片片雲彩朝著我飄來，頓覺自己有如空中飛鳥，正奔赴那個想像中的美國。

幾個鐘頭之後，天色漸晚，飛機終於到了甘迺迪機場。下了飛機，我很順利就通過了入境手續，老遠就看見欽次站在關口處頻頻揮手。（那個年頭，接機的人可以自由進到「入境關口」。）接著我們就前往領取行李的地方匆匆走去。

等了很久，我的行李卻一直沒出現。一直等到所有乘客都推著行李，一個個離去了之後，我們才意識到事情的嚴重性。當時的我，急得一句話都說不出來，心想：「糟了，母親特別為我特別訂製的那件新娘禮服萬一給丟了，怎麼辦？」

後來我們很快就找到了一位負責機場行李的辦事人員，我把行李收據遞給他，請他幫忙查詢。幾分鐘不到，他就找到了問題的關鍵：原來我的行李收據號碼居然與該班飛機最後一個無人認領的行李箱完全吻合！可見是臺北松山機場的工作人員弄錯了，他們不小心把一個陌生人的行李標籤誤貼到我的行李上，卻把我的標籤貼到別人的行李了。世界上居然有如此荒唐的事！

我記不起來當時如何回應那個辦事人員，只記得我再三強調，那丟失的行李箱裡裝有我的結婚禮服，而婚禮就快要到了。那人表示非常同情我的處境，並請我填一張表。他答應要立刻與東京機場和阿拉斯加機場的人聯絡，並希望盡快找到我的行李。他說，一旦有好消息，就會立刻打電話給我們，我們也可以隨時打電話向機場詢問。

我們很快就離開了機場。剛走到停車場，欽次就很興奮地說：「這輛白車是為了妳買的，我把它命名為 Whitie！妳來看看吧，看妳喜歡不喜歡？」那天是我第一次目睹欽次當司機，看他在紐澤西高速公路（New Jersey Turnpike）上自由奔馳，對於他開車的熟練技術，頗覺驚訝。又想，他來到美國還不到兩年，就已經順利考過普大土木兼地質工程系（Department of Civil and Geological Engineering）的博士班口試，而且以滿分通過法文考試（據稱他的德文程度還更好），實在不簡單。我不知不覺地想起了兩年前（即一九六六年），我在臺北松山機場送欽次上飛機的情景。與我比起來，他的赴美行程可要艱難得多了。首先，他隻身在外，人地生疏，在抵達紐約甘迺迪機場之後，只能孤軍奮鬥。聽他說，當時剛下了飛機，他一個人提著大皮箱，身上背負著兩個大包，糊裡糊塗地從機場跳上一輛巴士，後來居然找到了離火車站不遠的YMCA，在那兒勉強渡過了一個夜晚。次日清晨，他又領著行李及兩個大包，乘坐開往普林斯頓的「紐澤西線火車」（The New Jersey Transit Train），在「普林斯頓接軌站」（即Princeton Junction）下車，又上了一個名叫Dinky（又名Choo Choo Train）的小火車才終於抵達普大校園。抵達校園時已是九月十五日上午九點半，正好趕上學校規定的註冊時間。註冊完畢後，他立刻又趕往校方為他安排的「附屬宿舍」（即所謂的Annex，地址是Dickinson街，門牌十六號。）但住進宿舍之後，很快就發現他老遠從臺灣帶來的蚊帳和「太空棉被」完全並不管用。晚間又得準時到研究生院的餐廳（即Procter Hall）吃晚飯。令他感到驚奇的是，所有在場的人都必須穿上正式的長袍（有點類似中古時代修道士們所穿的黑袍），而且要隨著管風琴（pipe organ）的音樂依序走向餐廳的座位，一直要等到研究生院的院長用拉丁文禱告完畢之後，才能坐下來用餐。幸虧欽次早已讀過有關美國常春藤大學的幾本書，才得在那個場合順利過關。當天晚餐，他與其他九位研究生同桌（通常是十人一桌），所吃的東西包括以下幾道：牛排（strip steak）、馬鈴薯泥（mashed potato）、蘿蔔（carrots）、蔬菜大雜燴沙拉（mixed vegetable salad）、各種麵包及牛奶等。甜點則是紐約乳酪蛋糕（New York Cheese cake）及冰淇淋。一直到吃完晚飯，他心中才終於寬鬆了下來。後來他才知道，那個地方就是著名的研究生住宿學院（Graduate College），大家稱它為G. C.。

一路上聽欽次述說他兩年前初到美國的經驗，使我更加佩服他那種凡事幹練的本事。

那天我們在高速公路上，中途曾停下來吃了頓快餐，所以當我們抵達普林斯頓校園時，已是午夜時分。沿著停車場往研究生住宿學院走去，我老遠就看見一座很高的鐘塔。啊，那不就是著名的小說家費茲傑羅在他的書中 *This Side of Paradise*（《樂園的這一邊》）所描寫的克利夫蘭鐘塔（Cleveland Tower）嗎？沒想到那鐘塔就高聳矗立在我面前。我只覺得眼前的情景實在太美了。那時的我，腦海裡滿是美國文學裡所描寫的浪漫和想像，就不覺地呼叫了出來，一副忘我的神情。

走進研究生住宿學院（G. C.）的大門，不到三分鐘就到了欽次的房間，門牌是二二二二。欽次解釋說：「這幾天只好請妳遷就一下，就暫時勉強和我擠在這個小小的房間吧。」他告訴我，自從一年前從 Dickinson 街的「附屬宿舍」搬到了研究生住宿學院，他就特別喜歡這個小房間。房間雖然只有一桌一椅、一盞檯燈、一單人床，但總給人面目一新的感覺，因為它屬於住宿學院的擴建部分，即所謂的「新住宿學院」（The New G.C.），外頭的庭院也特別優美。

其實欽次早已在信中說過，自從婚禮的日期定下來之後，他已從校方申請到巴特勒眷區（Butler Tract）的宿舍。沒想到，我人還沒到，他居然已經買好冰箱、沙發、桌椅、書架等傢俱，還花了十五塊錢從老同學那兒買到了一張二手貨的波斯地毯（當時十五塊錢是個很大的數目；每月的瓦斯費只不過五元）。此外，欽次不但已請電話公司裝了電話，而且還把那些大小傢俱全都搬進去屋裡了（都虧同學們的幫助）。現在只要再買到一個大床，隨時都可以搬進去巴特勒眷區住了。至於婚禮，一切都已安排就緒。證婚人是普大的校牧 Rev. Frederic Fox，婚禮的「give away」[3]儀式將由林永樂學長（當時也是土木系博士生）代表家父出席，伴郎是物理系博士生李純儀，伴娘是李純儀的妻子葉公範，婚禮後的來賓招待會（reception）將在 Edith Chamberlin 女士（我們喊她為 Gram）的家中舉行。

次日清晨，我迫不及待地寄了一張明信片給在臺灣的爸媽，向他們報告我已準時安抵目的地。接著我和欽次兩人就在校園裡隨便吃了早餐，就走到學校對面 Nassau Street 街上的一家便利商店（Woolworth）買了幾件日用品。我心中一直忐忑不安，壓低聲音向欽次問道：「不知道機場最後會不會找到我的行李？萬一婚禮以前還沒找到那行李，該怎麼辦？到時候，沒有新娘禮服是不成的，這兒可以買到便宜的新娘禮服嗎？」欽次立刻回應道：「現在還不用買。我們可以再等幾天。萬一最後沒找到行李，我們可以臨時到 Trenton 城外一家名叫 Sears 的百貨公司，去挑一件白色的夜禮服，不就成了嗎？」其實欽次早已計畫好，當天就要開車帶我去那家 Sears 百貨公司，想買幾件可以讓我暫時能換洗的衣服，好歹讓我能渡過這段短期的尷尬時光。特別是，我們那天已經與好友 Gram 約好，下午五時半要到她家去用晚餐，所以我也應當換上一件新衣服，好好打扮一番。

初識貴人Gram

七月十八日那天，忙了一整天之後，我們準時抵達Gram的家中。她家的地址是735 Prospect Avenue Extended，就在美麗的卡內基湖（Lake Carnegie）邊上。一路上欽次專心開車，我則一一瀏覽外頭的街道、建築、以及路邊的樹木，心中充滿了夢幻般的興奮。一到Gram的家門，我就迫不及待地按那門鈴。只見Gram立刻應門，面帶微笑，開口便說道：「I'm so happy you have arrived safely, Eleanor!」[4]（啊，Eleanor，我很高興妳安全抵達了。）她又轉頭對欽次說：「Chézy, I'm so glad Eleanor has joined you now!」（啊，Chézy，我很高興Eleanor終於和你相聚了！）[5]接著她就給我們兩人一個親熱的擁抱。自從一九六六年欽次剛到普大讀書的那個秋天，Gram就特別喜歡他，視他為自己的孫兒。所以我們就稱她為Gram（即「祖母」的意思）。[6]我雖然與她初次見面，完全不覺得陌生。

---

3. 有關「give away」這個詞，一直還沒有適當的中文譯名。在「give away」的儀式中，新娘的父親權力最大，是他同意把女兒交給新郎的。或許「give away」可譯為「嫁女兒」。
4. Eleanor是父親為我取的的英文名字，剛來美國時，大家都喊我Eleanor，其實Eleanor是我原來的「Middle Name」（中間名）。
5. Chézy是欽次的外文名字，也是他一直以來的所謂「中間名」。

那天 Gram 先把我們帶到她的客廳，說她的日常活動大都在這個空間裡。當時她已是七十九歲的老人，但仍腰部挺直、精力充沛，每天都充滿了各種各樣的活動。以她那個時代的婦女（她生於一八八九年），居然能擁有兩個學位（其中之一來自有名的 Smith College），而且專攻哲學，頗不尋常。她說，她的子女們大多早已成家立業，各自散布在美國各處，只有其中一個兒子住在普林斯頓城裡。但 Gram 卻堅持要一個人獨居，她喜歡自己過獨立的生活，也習慣了處理自己的生活細節。我心中暗想道：將來如果我能活到那麼大的年紀，但願也能像她一般硬朗而富有活力。（後來她不但成為我一生的模範，也是我和欽次、以及我的父母和兩個弟弟生命中的貴人。）

那天我發現 Gram 的客廳真是應有盡有，除了她喜愛的兩套淡色沙發之外，還包括她的咖啡桌、寫字桌、書架、花盆、鋼琴等。當然，欽次對於 Gram 的家早已瞭如指掌，所以一到那屋裡，他就習慣性地走近那架鋼琴，開始彈起了他的拿手古典音樂「Home Sweet Home」（甜美家庭幻想曲）。[7]

那客廳並不大，但只要一抬頭，就可以看見玻璃窗外的卡內基湖。怪不得 Gram 把她的家取名為「Viewpoint」（瞭望點），那是因為她可以從各個角度來瞭望湖面的風光。不用說，我一下子就被窗外的風景給迷住了。從落地窗看出去，那湖的每一個景觀都顯得獨一無二，彷彿客廳與外頭的世界自然合一，非常簡樸而具有生命力。我呆立著，許久都說不出話來。

Gram 有點興奮，不停地招呼我們坐下。她自己習慣坐在她那靠窗的沙發上，她要我們也圍著她坐下，說那是她平日招待朋友的地方，這樣我們可以一面聊天，一面欣賞湖上的夕陽風光。等我們三人都坐定了，Gram 突然從書架上拿來了一張卡片，笑著說道：「Eleanor，妳還記得嗎？這是妳從臺灣寄給我的聖誕卡，我很喜歡妳的英文字，一筆一畫都寫得十分工整，真太美了。」聽到她誇了我幾句，我心裡得意萬分。

吃晚飯時，我們天南地北地聊了起來。首先 Gram 回憶兩年前欽次剛抵達普林斯頓的一些趣事。她說，當初普大安排她要接待一個剛從臺灣來的新生名叫 C.C. Chézy Chang，她就非常高興。但九月間她還在麻省的 Monterey 度假，所以她就請招待留學生的主管 Mrs. Gross 女士先代表她接待欽次。（後來 Gross 女士請欽次到她家去參加一個野餐會，那是欽次有生以來第一次嚐到美國式的甜玉米〔sweet corn〕，很是開心。）不久 Gram 從麻省寄了一封信給欽次，說她快要回到普林斯頓了，期待很快可以見面。誰知當天她也同時收到了欽次寄給她的一張明信片，上頭寫道：「A team of running horses cannot describe my

6. 其實 Gram 這個名字，早已成為很多人對 Edith Chamberlin 的暱稱。這是因為她曾發表過一首詩，題為「When Children Call you 'Gram'」。著名的評論家 Richard Spiro 曾在 *Longview Washington Daily News* 登出好評。

7. 該曲的作者為十九世紀的鋼琴家 Sir Henry Bishop（一七八〇—一八五五）。

deep longing to see you ...」（「即使一群健步如飛的馬，也無法形容我想要見您的那種心馳神往……」）她說，欽次那封信一直讓她很感動，也覺得這個外國學生的英文很不錯，不知他的背景如何。她當時也很好奇，為什麼欽次還有一個法國名字：Chézy？

未等 Gram 說完，欽次立刻說道：「啊哈，早在臺灣唸大學的年代，我就給自己取了 Chézy 這樣一個外文名字了。首先，我進基督教的中原理工學院讀書，專攻水利工程（hydraulic engineering），心中夢想將來有一天要效法大禹治水，造福人群。當時我特別崇拜十八世紀的一位著名的法國水利專家，名叫 Antoine de Chézy，所以我就拿他的姓氏 Chézy 作為我的 middle name（中間名）。有趣的是，我為了模仿 Antoine de Chézy，居然養成了抽菸斗的習慣（聽說抽菸斗是這位法國大師的招牌），直到現在我還菸癮不斷呢！其實當初我之所以取了一個法國名字，可能是受了我當時的老師沈白先教授（土木系系主任、水利工程專家）的影響。沈教授自己取名為 Bazin Shen，就為了效法一位近代的法國水利專家 Henri Émile Bazin。記得上大學那段期間，我不但和沈教授等師長努力學習土木（civil engineering）和流體力學（fluid Mechanics），同時也向聖公會（Episcopal church）的牧師 Rev. Patric Lee Hutton 和他的妻子 Laura 請教英文。那時我才二十歲左右，正是發奮讀書之時。後來我也選了中原的教務長 L.A. Lovegren（任福根）所開的聖經課（Bible class），是他把我的中文名字欽次首先譯成 Chhin-chhi 的。」

談話間，欽次好像把我帶回到了過去。於是我插嘴道：「其實 Chézy 一直很早熟，他大三那年就成為大學十字架鐘塔的設計者，次年那鐘塔成為該屆（一九六三年）土木系畢業生贈給學校的禮物。那十字架鐘塔如今還矗立在校園內，成為中原的精神象徵。當時欽次之所以被選為十字架鐘塔的設計者，主要因為他早已修過結構設計和鋼筋結構等方面的課程，而且同學們對他的自律和勤勉有足夠的信心。但 Chézy 是在極度壓力之下，懷著十分惶恐的心情才完成那個任務的。當時他一面準備期末考，一面還要忙著鐘塔設計的艱巨工作，可想而知，那壓力有多大！接著他又開始準備考臺大的土木研究所，幸虧終於考取了。後來他從臺大研究所要申請普林斯頓的博士班時，聽說班上早已有二十二人申請了普大，連他的導師都勸他別申請了。沒想到後來被普大錄取的，居然就是 Chézy 一人！」

Gram 聽得豎起了耳朵，一直說，她真沒想到 Chézy 還有這麼精彩的來歷，真了不起。接著她就說：「Eleanor，我早已知道妳專攻英美文學，妳最喜歡那些作家的作品呢？……」

沒等 Gram 說完，我就急著告訴她：「我太喜歡英美文學了。當初我是高雄女中的保送生，我之所以選擇進東海大學外文系，主要因為該系所有的老師都來自英國和美國。可以說，有關英美文學的基本知識，我全靠他們的啟蒙。我從他們那兒學會如何閱讀英文詩歌和小說，包括莎士比亞的戲劇等。我在東海大學的大學畢業論文寫的是有關 Herman Melville 的 *Moby Dick*（《白鯨記》）。畢業後，我考上了臺大外文研究所，開始閱讀更多的英美文學作品。最近我集中精力研究海明威的作品。此外，我也喜歡 F. Scott Fitzgerald 的

著名小說 *The Great Gatsby*。[8] 其實我也讀過 Fitzgerald 的第一部小說 *This Side of Paradise*，我想那是作者在普大讀書時代的自傳小說吧！……」

我很驚奇，那個一向寡言少語的我，居然一下子變得如此口若懸河，連我自己都不敢相信。之前我從未預料過，自己一到了美國，就逃脫了那個多年來令我感到焦慮不安的「失語症」。下意識中，語言對我一向是分裂的，但現在突然有了語言整合的感覺。而且，換了另一種語言（英語）表達方式，有一種突然被釋放的效果。

總之，聽我那多嘴多舌的一段話，Gram 頻頻點頭，說 Fitzgerald 確實是她那一代最著名的美國作家，可惜他死得太早，才四十來歲（大約一九四〇年左右）就去世了。接著 Gram 還補充說道：「其實我的年紀比 Fitzgerald 還大呢！」

不記得那天晚上我們又和 Gram 聊了些什麼。只記得 Gram 曾向我們述說有關卡內基湖的歷史，以及其中相關的故事。據 Gram 說，當初（二十世紀初）卡內基先生（Andrew Carnegie）之所以贈給普大一個人工湖，只為了鼓勵普大的學生也能藉此學習划船，而不只專注於足球賽。但對於 Gram 來說，能經常看見卡內基湖上出現划船比賽的精彩鏡頭，乃是人生一大樂事。

另外，Gram 也談到有關「原子彈之父」羅伯特·奧本海默（J. Robert Oppenheimer）的往事，尤其是二次大戰之後奧本海默成為普林斯頓高等研究院（Institute for Advanced Study）院長之後的極大貢獻。對於奧本海默後來所遭遇的許多不公平的歷史糾葛，例如一九五四年左右曾被美國政府（在艾森豪總統的時代）冤枉為「俄國間諜」之事，Gram表示非常同情。Gram 還特別強調，幸而甘迺迪總統和詹森總統在六十年代為奧本海默平反，終於伸張了正義。最令 Gram 感到欣慰的是，普林斯頓高等研究所始終站在奧本海默的一邊，而且普林斯頓大學還於一九六六那年的畢業典禮中授予奧本海默一個「榮譽博士」。可惜在那以後不久，於一九六七年二月，奧本海默不幸以六十二歲病逝。Gram 後來還在她的家中舉辦了一次紀念奧本海默的「追思茶會」（memorial tea party），那天欽次也參加了。

Gram 又向我們講另一個挺有意思的故事。她說：「一年多以前，史達林的女兒Svetlana Alliluyeva 才剛從俄國逃亡，路經印度，到了美國，去年她終於搬到了普林斯頓城來住。在一個偶然的機會裡，我們兩人互相認識了。」據 Gram 說，Svetlana 開始經常到她家玩，因為 Svetlana 特別喜歡從 Gram 的家中眺望卡內基湖的風景。事實上，Gram 說，就在我抵達美國的幾天前，她們兩人還一起坐在那陽台上，一邊喝茶，一邊欣賞湖上的美景，同時 Svetlana 也談到她正在完成一本回憶錄，說她那本書的標題將會是 *Only One Year*（「僅只一年」）。這是因為，Svetlana 說，故事的情節開始於一九六六年十二月十九日（即逃

8. 此書當時還沒有中譯本。後來臺灣版的譯名是《大亨小傳》（高克毅譯，一九七〇）；大陸版的譯名是《了不起的蓋茲比》（巫寧坤譯，一九八二）。

亡之開始），結束於一九六七年十二月十九日那天（也就是逃亡之後一年）。我心想，在普林斯頓這個小鎮上，Gram 早已以贊助世界和平而著名，也難怪史達林的女兒 Svetlana 喜歡經常來找 Gram 聊天了。後來一九六九年，Svetlana 的書終於出版，那本書的標題果然是 *Only One Year.*[9] 而該書的扉頁寫道：「To all new friends, to whom I owe my life in freedom」（「給我所有的新朋友，感謝他們給我自由的生命」）。不用說，所謂的「新朋友」一定包括 Gram 在內。多年之後，Svetlana 還寫了一篇題為「The Ninetieth Birthday」（〈九十歲生日〉）的文章，特別感謝 Gram 給她無數的靈感和幫助，並稱 Gram 為她生命中的「穩定磐石」（「rock of stability」）。[10] Svetlana 那篇文章的開首語居然是：「She was sitting in her favorite chair near the large window, overlooking the lake ...」（「她坐在她最喜愛的座椅上，緊靠著那扇大玻璃窗，她正觀望著那湖……」）足見 Svetlana 了解 Gram 之深。當然，這些都是我後來才知道的。

不知為什麼，Gram 這個有關她和史達林女兒相識的故事，突然令我聯想到著名的作家賽珍珠（Pearl S. Buck），因為我想 Gram 大概也認識她。於是我問：「聽說 Pearl Buck 就住在離普林斯頓不遠的地方，您認識她嗎？」Gram 的眼睛一亮，立即回答道：「是啊，Pearl Buck 就住在賓州的 Buck County，她家離我經常去的 Washington Crossing 公園不遠。她的年齡與我相當，大概只比我小幾歲，我們曾經見過面，只是彼此不很熟。但我曾經讀過她的小說 *Good Earth*（《大地》），很佩服她把中國的農村寫的那般真實，她在西方世界的聲譽很高，早在一九三〇年代就得諾貝爾文學獎了。」

Gram 的回答激起了我對賽珍珠的興趣。心想，如果有一天能當面認識賽珍珠多好！（可惜過了幾年之後，賽珍珠就去世了，我一直沒能實現那個心願。）

那天晚飯後，我們合力幫忙把飯桌上的碗盤收好、洗好。一直到快要起身告辭那一刻，我們才有機會告訴 Gram 有關我的行李箱遺失一事，她聽了很是驚奇。她囑咐我們，一定得每天打電話去機場詢問。她相信行李箱最終不會遺失，只盼望在婚禮前能順利找回。

走出 Gram 的家門時，外頭早已星光滿天，地上也充滿了醉人的光影。那真是個終生難忘的日子。

我心裡明白，必須儘早搬進巴特勒眷區（Butler Project）的宿舍裡，這樣才能很快地安定下來。其實我們只要能再買到一個適當的雙人床，就可以從 G. C. 的研究生住宿學院搬過去了。在那個年頭，研究生的月薪很低，最好能從其他學生那兒買到二手的舊傢俱。其實欽次早已打電話給住在校區的同學們，請他們為我們留意一下，看有誰正在賣舊床。

沒想到，從 Gram 家回來的次日，我們就從一對將要搬出巴特勒眷區的美國學生那兒

9. Svetlana Alliluyeva, *Only One Year*, translated from the Russian by Paul Chavchavadze (New York: Harper & Row Publishers, 1969).
10. Svetlana Alliluyeva, "The Ninetieth Birthday," in *People: Essays & Poems*, edited by Susan Hill (London: Chatto and Windus, 1983), pp. 13-19.

買到了一張非常理想的雙人床，那床看起來一點也不舊，細看還很高級，價錢也極公道，所以立刻成交。欽次很快就找到一位有卡車（pick-up）的同學，請他幫忙把床搬進我們在巴特勒眷區的宿舍。午後我們就開始在欽次的G. C.單身宿舍裡忙著打包。經過幾個鐘頭的努力，終於順利地搬進了巴特勒眷區，宿舍住址為：220 A Eisenhower Street。那個住址給了我很大的驚喜，使我不得不想起一九六〇年六月美國艾森豪總統（President Dwight D. Eisenhower）訪問臺灣的熱烈場景。沒想到八年後，我來到美國，就住在普林斯頓大學研究生眷區宿舍的艾森豪街（Eisenhower Street）。總之，那是我第一次用那新地址寄出一封厚厚的家書給在臺灣的爸媽。

我一眼就喜歡上巴特勒眷區的宿舍。從遠處看，每一家都像一個獨立的軍營。其實那些宿舍（共有二百間宿舍）是二次世界大戰後（即一九四六—四七年間），普大專為剛從戰場歸來的學生們及其家眷所臨時建造的。（那裡原是一片很大的馬球場，約三十三英畝地。）據說當初校方計畫在五年之內（即一九五一—五二年左右）就要把特勒眷區的「臨時」宿舍拆掉，沒想到卻一拖再拖。[11]那些宿舍，按現在的標準，會顯得非常老舊，但對六十年代剛來美國的窮留學生而言，那已經很不錯了。（那個年頭的研究生每月只得美元二百五十元左右的獎助學金，而眷區的房租則每月七十五元，所以按當時的標準，能住在那個宿舍已經很奢侈了。）每棟宿舍，二房一廳，廚房更是方便。況且衛生設備和暖氣系統都極其完備。那是我平生第一次擁有書房。而且，欽次早已為我預備好了一個書桌、一把靠背椅、還有書架和地毯。那時的我，覺得美國的一切都很新鮮、有趣。誰會想到，我來美國才三天不到，就已經安頓下來了。唯一美中不足的是，甘迺迪機場的工作人員仍未找到我的行李箱，但他們說，一旦有消息，就會立刻通知我們。在這種情況下，我們也只有耐心等待下去了。

欽次利用週末的機會領我參觀普大工學院大樓（Engineering Quadrangle），那是他平常每天工作的地方。因為工學院的博士生都必須兼任助教或研究助理，所以每個研究生都有一個辦公室，通常就安排在實驗室裡。一走進那棟大樓，欽次最津津樂道的就是他那頗不尋常的辦公室。欽次雖是土木系（Department of Civil and Geological Engineering）的學生，他的辦公室則在機械系（Department of Mechanical Engineering）的那頭（名為「East Wing」東廂），即著名的 Moody Lab（實驗室）裡頭。該實驗室乃為了紀念普大的首任水利工程教授 Lewis Ferry Moody（一八八〇—一九五三）而建，所以其中的設備十分完善。而且一走出那實驗室，就是一個停車場，極其方便。難怪一九六六年欽次一到普大，就愛上了這個實驗室。通常他每天早起會先到實驗室裡工作，才去上課，下了課又回到實驗室來，總是遲遲到了晚餐的時刻才離開。經常是，晚餐之後，他又回到實驗室繼續工作，直到夜幕低垂的時刻才趕回宿舍。

11. 後來一直到二〇一五年（幾乎七十年後），巴特勒眷區的宿舍才終於被拆毀。（此是後話。）

記得七月二十二日，星期一，欽次一大早又帶著我開車到了工學院大樓。這次主要是要把我介紹給他的指導教授 Prof. Lucien M. Brush，以及樓上系辦公室的秘書。同時，欽次也想查看一下他的信箱，看有沒有什麼人的來信。

突然欽次興奮地叫了出來，他發現信箱裡有一封來自移民局的信。只見一個大信封，內含厚厚的信件。他連忙拆開那信，開始讀那信的第一頁（cover letter）。接著他又讀第二遍、第三遍，最後說：「啊，太好了，怎麼這麼快就下來了！」

原來，兩個月前（五月間）欽次剛考過博士班口試，當時他就立刻向移民局呈上了「永久居留權」（Permanent Residency）的 petition（申請書）。沒想到那 petition 這麼快就得到批准，現在可以正式申請綠卡了。據說，petition 一旦被批准，只要是專攻理工科的人，綠卡很快就能拿到手。那是因為蘇聯的人造衛星大大地刺激了美國對理工人才的渴求。欽次正好專攻流體動力學（Fluid Dynamics），而該科目又特別有益於美國國防，或許這是迅速被批准的原因吧？

總之，欽次忍不住就從辦公室打電話給移民局。從電話中，他又得到另一個好消息：那就是，等八月三日我們的婚禮一過，他就可以正式把我（以配偶的身分）也一同呈上，正式申請綠卡。

我們高興地離開了那棟工學院大樓。我們幾乎是隨風飄著走出來的。回家後就立刻打電話給 Gram，她聽了也興奮極了。

當天晚上，我們百感交集，於是做了一個很大的決定——那就是，我決定不去德州的Texas A&M 上學了。既然我的「身分」很快就要改變（從留學生持 I-20 簽證的身分，變成將要獲取綠卡的身分），我可以不受 Texas A&M 大學的限制了。於是，我立刻寄了一封特快信給 Texas A&M 大學，向他們說明我的現況，並表示九月初無法如期入學了，也請他們諒解。

次日一早，我們匆匆趕往附近 New Brunswick 城的羅格斯大學校園。首先，我們到「入學申請部門」（Admissions Office）去詢問，看是否我能進他們的圖書館系（School of Library Science）的碩士班。在這以前的幾個月，我曾經因為不能進 Rutgers 大學英文系的博士班而感到煩惱。但後來仔細一想，既然欽次兩年後就要從普大獲取博士學位，我最好能先拿個碩士，這樣將來也比較容易配合欽次畢業之後的何去何從。問題是：一九六八—六九年度的入學申請早已過期。但我還是把所有的證件帶齊，希望能盡力爭取到任何可能的就學機會。

出乎意料之外的是：那天與羅格斯大學的圖書館學系系主任長談之後，又經過了一番面試，他們竟然答應要收我做一個轉學生，而且一九六九年一月分就可以開始上春季班了。

那天在羅格斯大學的經驗，使我深深體驗到美國人的通達明理。即使是一個剛到美國的外國人，一旦遇到逆境，只要有充分的理由和合法的證據，美國人一般總會以誠懇而耐心的態度來伸出援手的。這樣的處事方式，確實來自一種特殊文化，一種根深蒂固的民主道德文化。

一個星期後，我又收到 Texas A&M 大學的回信。信上說，他們很能了解我的處境，並祝我新婚愉快。此外，他們居然把我之前所繳的兩千美元「入學保證金」退還了，該校此舉真令我感愧交集。那天正好是婚禮的五天前，中午又接到紐約甘迺迪機場的電話，說他們已經找到了我那個遺失的行李箱。一霎那間，兩人又驚又喜，激動得說不出話來。僅僅在幾個鐘頭之內，我們就匆匆領回了行李。當天一整天，兩人都處在興奮和感恩的情緒中。

從婚禮開始

婚禮終於在八月三日（星期六）下午二時，於普林斯頓大學教堂準時舉行。印象最深刻的是：代表家父的林永樂先生領著我一步步走過教堂的漫長通道（aisle），只見欽次與校牧 Rev. Frederic Fox 以及伴郎伴娘等都站在遠處的台上等待，兩邊還坐著許多貴賓。我內心十分激動，卻不停地俯視自己身上的白色婚紗，也偶爾偷看台上那穿著白色禮服的欽次。從聖經的《啟示錄》中，我早已學到了「白色」的聖潔含義。（《啟示錄》一九：八；一九：一一—一四）。但有生以來，我第一次懂得珍惜那「白色」的聖潔特質。

那天所彈奏的音樂是著名音樂家孟德爾頌（Felix Mendelssohn, 1809-1847）所作的〈結婚進行曲〉（Wedding March），那原是孟德爾頌於一八四二年為莎士比亞《仲夏夜之夢》

（*A Midsummer Night's Dream*）的演出所作的曲子。我一邊走著，一邊傾聽那來自管風琴的伴奏，只覺得那音樂如流泉般地瀰漫了教堂的每個角落，令人沈醉。

幾分鐘之後，我終於走到了台上。接著校牧Rev.Frederic Fox即向在場的各位來賓致詞，並連續唸了幾段聖經警句。後來他請新郎和新娘互相交換婚禮誓詞（wedding pledge），由欽次開始發言：

> I, Chhin-chhi Chang, take thee, Kang-i Eleanor Sun, to be My wedded wife, to have and to hold from this day forward, for better, for worse, for richer or for poorer, in sickness and in health, to love and to cherish, 'til death do us part, according to God's ordinance; and thereto I pledge thee my troth.
>
> 我張欽次，娶妳，孫康宜，作為我的妻子，從今天起，無論窮富否泰，疾病或健康，此愛永葆不移，唯有死能使我們奉上帝之命分開；即便如此，我的忠貞永遠為妳保守。

欽次的嗓聲一向很好，很有味道。但輪到我時，我卻有點緊張，很擔心自己的聲音不夠宏亮。但後來聽說我那天的表現還不錯。

婚禮過後，大家就紛紛開車到卡內基湖邊 Gram 的家中聚集，那就是所謂的「婚禮茶會」（wedding reception）。作為女主人，Gram 的雅意盛情很快就把前來參加婚禮的貴賓們帶到了另一個世界。同時，憑那卡內基湖邊的迷人景色，所有賓客很快就喜歡上這個不尋常的地方。尤其是，欽次的幾位師長和同學們都一下子放鬆了下來，大家開始談笑自如，一邊喝茶，一邊還表現了幾分瀟灑。至今令我難忘的是，他們硬逼著新郎和新娘合力切蛋糕、並相互餵食蛋糕的那一幕。Gram 則一直忙著招待每位客人，以她年近八十的高齡還能如此精力充沛，實令人羨慕。

之前我從來沒有想過自己能如此幸運地到了一個「樂園」。當初我在臺大外文研究所閱讀費茲傑羅那本小說 *This Side of Paradise*（《樂園的這一邊》）時，欽次早已到了普林斯頓大學進修，所以我對那書特別感到興趣。在那本小說中，主人翁 Amory Blaine（其實是作者費茲傑羅本人的化身）剛進普大讀大一，整天陶醉在文學和羅曼蒂克的幻想中，所以他一到美麗而幽靜的普林斯頓校園，就立刻愛上它了（「From the first he loved Princeton」）！據作者的描寫，主人翁 Amory 之所以如此欣賞普林斯頓，主要因為它具有一種「夢境」（「dreaming」）般的「懶散之美」（「lazy beauty」）。當然，主人翁後來發現，要在那個「樂園」裡成功地出人頭地，也頗不容易。

總之，八月三日那天的婚禮，令我百感交集。其實那天只是我抵達美國之後的第十七天，但僅僅在這十七天之中，我每天都嚐到了溫暖與光明，還有重生。一時間，我怔住了。從前在臺灣時，由於自幼活在白色恐怖的陰影中，我自覺像個「異鄉人」，但今天在這個陌生的國度裡，我卻找到了自我。特別令我感激的是，欽次所有的普大同學都待我如親人，使我感受到友誼的可貴。哪怕只是一句鼓勵的話，或是一句誠心的祝賀語，都讓我十分珍惜。記得婚禮的當天，所有與會的同學都送給我們非常實用的禮物。其中唸數學系的蕭欣忠送給我們兩冊厚厚的食譜（*The New York Times Cook Book*，Craig Claiborne 編著，一九六一和一九六六年版），並以喜氣洋洋的紅色筆寫上賀詞。（順便一提，在那婚禮以後不久，有一次蕭欣忠和友人一起開車到加拿大，不幸遇到一場大車禍，差點兒喪失生命。他在加拿大蒙特利爾的一家醫院（Hôtel-Dieu de Montréal）裡昏迷了三個月。後來根據蕭欣忠的個人見證，他曾「死」於那車禍，卻又奇蹟般地活了過來。而在「死去」的那段時光，他曾看見主耶穌基督。一九七一年蕭欣忠從普林斯頓大學獲得數學博士學位之後，他就回臺灣去了，所以後來我們與他失去了聯絡。然而多年來，我們一直難忘蕭欣忠的那次見證。一直到半個多世紀以後的今天，在一個偶然的機會裡，才得知原來蕭欣忠畢業後，曾在大學裡任教二十多年，後來蒙召成為全職牧師，至今仍投入宣教事工，令我們深深感動。）

且說，一九六八年暑假正是旅遊的好季節。所以，婚禮一過，我們就要準備蜜月之旅了。Gram 早就邀請我們到她麻省 Monterey 的「夏居」（她稱之為「Summerhus」）去作客。她說，她計畫於八月五日就要開車前往 Monterey，開始她一年一度的暑期生活，所以不久我們就可以在 Monterey 與她見面，並一起吃個中飯。她建議我們當晚最好住在附近的一個旅店中，這樣欽次和我就能很自由地到處走動。這真是一個太好的建議了，所以我們立刻給 Monterey 附近（屬於 Berkshires 的山區）的一家旅館打電話，預訂了一間小木屋。

後來我們決定，還是提早兩天出發，這樣就可以順路先到康州的耶魯大學校園參觀。正好欽次有一位航空系的高班同學唐先釙（Stephen Shien-pu Tang），他正在耶魯與著名的 John B. Fenn 教授做研究，他不但老遠跑來參加我們的婚禮，而且還特別邀請我們到紐黑文（New Haven）一遊，說他要當我們的旅遊嚮導。他說，耶魯有不少哥德式的建築，校園十分典雅可觀。而且，那兒還有一座哈克尼斯鐘塔（Harkness Tower），可與普林斯頓的克利夫蘭鐘塔（Cleveland Tower）兩相比美。唐先釙非常熱心，他很快就為我們在紐黑文城的 Whitney 街附近訂好了一個既便宜又舒適的「早餐住宿」（Breakfast & Room）客房。

果然，我們的耶魯之遊很是成功。僅僅花了一天半的功夫，校園裡該看的建築物，該欣賞的景點也都去了，處處都讓我們感到美不勝收。尤其是，位於 Prospect 街的溜冰場（即 David S. Ingalls Rink，俗稱為「The Whale」）以一條大鯨魚的形象出現，十分耀眼。又，當時剛完成不久的大理石圖書館（即百內基圖書館 Beinecke Library）也頗令人震撼，那是來自百內基家族的一筆鉅額捐贈，於一九六三年才建成的一座前所未有的善本圖書館。該圖書館由著名建築師班協福特（Gordon Bunshaft）精心策劃而成，大理石則來自美國東北部的 Vermont 州。（據說 Vermont 所產的大理石最有保護古書的功能。）從外頭看，整座圖書館有如堆在四個金字塔上的大理石群，然而一旦走入圖書館，就像進入仙境一般：只見外頭的陽光滲入透明的大理石牆壁，並發出各色各樣的微光，忽而發紫，忽而轉黃，很是奇妙。館內有六層樓高的透明書庫，收有一六〇〇年以前出版的書籍——包括來自中國的明朝善本書、拉丁與希臘的古書、俄國與東歐的古籍。這兒還收有大量的不列顛古籍和早期報章雜誌（這是英國以外這方面最大的藏書之一）、美國作家的手稿（該收藏量為美國第一），以及一四五五年在德國首次排印的 Gutenberg 聖經。看到這麼多古籍和手稿被存藏在如此具有現代化設備的大理石圖書館裡，確實令人讚嘆不已。（當時我絕對無法預料到，四十年之後，這座大理石圖書館捐贈者 Frederick W. Beinecke 的曾孫 Ben Beinecke 居然成了我的學生。）

此外，我特別喜歡那個位於校園中心的「耶魯老校園」（Old Campus）。我對「老校園」的各種建築和銅像感到興趣，主要是因為它們背後所包含的歷史意義。其中最感人的就是殖民時代著名的愛國英雄 Jonathan Hale 的銅像。Jonathan Hale 在一七七九年以「間諜罪」被英國政府處死。當初他在耶魯讀書時，就住在「老校園」的一個宿舍裡（即 Connecticut Hall 康乃狄克大樓）。後來耶魯人為了紀念他，就在老校園裡為他立了一座銅像，並刻上他的一句名言：「我唯一的遺憾是，只能為我的國家捐軀一次。」（「I only regret that I have but one life to give to my country.」）另一座感人的銅像就是耶魯首任校長皮爾森（Abraham Pierson, 1646?-1707）的銅像。一七〇一年耶魯創校時，皮爾森就被選為校長，他努力撐起創校時的各種挑戰和重擔，自始至終任勞任怨，一直到一七〇七那年他死於任上為止。最令我印象深刻的是：那座挺拔而修長的皮爾森校長銅像正好與背後那個尖峭雄偉的哈克尼斯鐘塔前後照應，兩者一前一後，十分壯觀。當時恰好有一片夕陽直接照在那矗立高聳的哈克尼斯鐘塔尖端上，其景令人震撼。記得就在那一瞬間，我和欽次在鐘塔前拍了一張合照。可惜那次耶魯之遊所有照片的底片都在後來郵寄（為了洗照片）的過程中，全部遺失了！

且說，後來八月十日那天，我們一早就離開紐黑文，直奔麻省。抵達 Monterey 之後，我們發現那是個鄉村小鎮，住戶稀疏，當時全鎮還不到六百人，但周圍森林茂密，湖景曲折動人。我們很快就找到了 Gram 的「夏居」（其實那是一座小型的木屋）。Gram 一聽到車聲，就從屋裡走出來，遠遠地招呼我們。一進門，我們立刻給 Gram 一個緊緊的擁抱。我忍不住大聲說道，「Gram，原來這就是您每年夏天從普林斯頓趕來避暑的地方，太有意思了！這個木屋使我我聯想到從前美國作家 Henry Thoreau（梭羅）所過的那種簡樸而隱密的自然生活啊！」說完這話，我只是望著 Gram，期待她的回應。但轉過頭來，這才發現，Gram 正忙著為我們準備午餐，而且桌上的碗盤刀叉早已排好了。當時欽次立刻就坐，已和一位年長的女客開始打招呼。原來那位客人就是 Gram 曾向我提過的布朗太太（Mrs. Brown），年紀與 Gram 相當，她是 Gram 的鄰居，兩人關係不錯。Gram 告訴她，有兩個剛結婚的青年人老遠從普林斯頓趕來看她，也順便度蜜月，所以想請她也來一起吃中飯。

那天我們與布朗太太一見如故。原來她是當地土生土長的人，她告訴我們，Monterey 屬於 Berkshires 的區域，那是一個以藝術文化著稱的避暑勝地，附近有著名的 Tanglewood 公園和音樂演奏中心，還有以舞蹈表演著稱的 Jacobs Pillow 劇院。她和 Gram 就經常到那些地方去觀賞各種各樣的演出。其實 Gram 之所以喜歡 Monterey，還有另外一個原因：她最小的女兒 Alice 和她的家人就住在離此不遠的地方，暑期間大家可以經常相聚。

午飯時，Gram 還特別向我們提起，十九世紀的作家 Herman Melville（赫爾曼・梅爾維爾）就曾經住在附近的 Pittsfield 城裡。Gram 早就知道我從前的大學畢業論文寫的就是有關 Herman Melville 的巨著 *Moby Dick*（《白鯨記》），而這次也真巧，我們定的旅館居然就在 Pittsfield 城的山上。Gram 還告訴我們，Pittsfield 城的公立圖書館（Public Library）收有世界上最大的 Herman Melville 收藏，其中藏有他畢生所有小說作品的第一版，還有他的手稿，書信等。據 Gram 說，其實赫爾曼・梅爾維爾的故居主要是個農場。當初赫爾曼・梅爾維爾於一八五〇年從他的叔叔手中買下了這個農場，只因為他特別喜歡農場附近那一片綿延不斷的山景（即 Berkshire Mountains 周圍的景色）。一直到後來，赫爾曼・梅爾維爾因為經濟拮据，才不得已把那個農場轉賣給自己的弟弟。前後他一共在該農場住了十多年，那是他一生中最多產的年代。除了巨著《白鯨記》（於一八五一年出版）之外，他的許多有關青年時代航海生涯的作品也都在這個農場寫成。據說，他喜歡一面寫作，一面從窗戶遙望遠方的山峰。但這個農場早已多次換手，現在已不再為 Melville 家族所擁有。而且，自從一九六〇年代初期以來，該農場已成了「國家歷史重要遺跡」（National Historic Landmark）之一了。但可惜當時還沒對外開放。[12]

當天下午我們與 Gram 匆匆告別之後，就往 Pittsfield 城的山區開去。沒想到赫爾曼．梅爾維爾當年的故居竟然就在附近！想當初，一九六五年的秋天，我在東海大學才開始要準備撰寫有關《白鯨記》的畢業論文，欽次就首先送給我一本《白鯨記》的標準英文版：*Moby Dick*（Modern Library, New York, 1950）。那時我們還不知道兩人有一天將會結婚呢。但現在我們竟然來到了赫爾曼．梅爾維爾的 Pittsfield 老家附近來度蜜月。這真是奇妙的因緣。尤其是，一百多年前，這正是作者赫爾曼．梅爾維爾撰寫《白鯨記》的地方。誰會想到，那本有關走遍南太平洋的捕鯨船船長 Ahab，以及 Ahab 在海上長期追殺那頭巨大無比的白鯨之故事，居然是在一個幽靜的山間農場裡寫成的。可見中年以後的赫爾曼．梅爾維爾已成為一個山居隱士（雖然他年輕時一直在海上當水手）。這是我從前在東海大學撰寫大學畢業論文時所不知道的。

巧合的是，當天我們入住的旅館就名為 Berkshire Mountain Lodge，而「Mountain Lodge」就是山居的意思。那旅館就建在 Pittsfield 的高山上，我們從山上往遠處瞭望，開闊的視野囊括了麻省附近的許多城鎮，時時又有白雲飄過，乍看有如大海的波濤。雖然我們在那個「山居」旅館只住了一個夜晚（該旅館的租金太貴了），但我們對該地的留戀之情，一直難以忘懷。

之後我們又去了一趟D.C.，遊覽了華府附近的許多名勝古蹟，可謂豐收滿滿，心中頓生感慨之情。記得在那高聳直入雲霄的「華盛頓紀念碑」（Washington Memorial）面前，我忍不住靜靜地默禱一分鐘，感謝上帝領我到了這個新的國度。奇妙的是，就在那一瞬間，我突然聯想到每張一美元鈔票上頭的華盛頓肖像，以及每張鈔票背面所印出的話：「In God we trust.」（上帝是我們所信仰的。）心想：即使在亂世中，只要細看一張一美元的鈔票，就會得到心靈的安慰，而華盛頓也一直是美國人心目中的英雄。

九月開學之後，欽次就開始忙了。他每天都到實驗室裡去工作，為了博士論文做準備。我則經常跟著他到普大校園裡去讀書。我最喜歡一個人逛「大學書店」（University Store），特別是瀏覽新出版的書籍，也喜歡到大學總圖書館（即 Firestone Library）的閱覽室去看書。印象最深刻的是：當時普大還沒有招女的本科生，所以校園裡千篇一律都是男學生（除了極少數幾個女研究生之外）。[13]普大校園雖然不大，但到處給人一種世外桃源的印象，一座座建築都在長滿常春藤的石壁間，發散出一種古典而優雅的氣氛。對當年的

12. 後來一直要等到一九七五年，這個農場（稱為「箭頭農場」）才被當地的 Berkshire 縣政府歷史學會（Berkshire County Historical Society）購買，從此成為對外開放的博物館，名為 Herman Melville's Arrowhead Museum（赫爾曼・梅爾維爾「箭頭博物館」）。

13. 一直要到一九六九年秋季，普大才開始招女的本科生。（耶魯和哈佛也同時開始招女生。）

我來說，普大校園正好提供了一個自由思考的空間，無形中那年的秋季給了我一個難得的自學機會。就在那段日子裡，Gram 把著名的美國思想家威爾・杜蘭特（Will Durrant）的鴻篇巨作《文明的故事》（*The Story of Civilization*）介紹給我，那是一套長達許多冊的系列作品，當時已出版了十一冊，簡直令我著迷得手不釋卷。同時我也買了一本杜蘭特的名著《哲學的故事》（*The Story of Philosophy*）來仔細研讀。

記得當時欽次和我還特別喜歡到葛思德東方圖書館（Gest Oriental Library and East Asian Collections）去借許多中文書。（當時葛思德東方圖書館還在 Firestone 總圖書館裡頭。）[14]記得有一天，我們興高采烈地借出了一大堆五四以後的中國小說，回家後我就通宵開夜車，貪求無厭地狂嚼起那些書來。那是因為從前我們在臺灣上學時，中國大陸作者（包括魯迅）的作品大多被列為禁書，根本沒有機會閱讀那種書籍。現在藉著葛思德東方圖書館的方便，我終於能讀到魯迅、沈從文、郁達夫、茅盾、巴金、老舍、張天翼、丁玲、蕭紅等人的作品了。記得我一邊讀，還一邊作筆記，感覺自己發現了一片新大陸。（那時絕對無法預料，有一天我居然會成為葛思德東方圖書館的館長。當然那是後來才知道的。）

也就在那段期間，我經常到普林斯頓神學院（Princeton Theological Seminary）的圖書館去看書，因為館中藏有不少神學書籍的初版，加上那兒圖書館員也特別友善。那個圖書館名為斯皮爾圖書館（Speer Library），專為紀念長老會的著名傳教士斯皮爾博士（Robert Elliott Speer, 1867-1947）的貢獻。記得有一天，圖書館員為我找到了斯皮爾博士的許多本巨作的初版，令我欣喜欲狂。其實那些並不算是古籍，但當時的我十分渴望能接觸到早期美國的神學作品，所以我連續幾天都到圖書館的閱覽室裡啃讀那些書。（其中一本書是斯皮爾先生於一九一九年出版的 *The Light of the World*〔《世界的光》〕，書中把基督教和其他宗教做了比較。）總之，那個閱覽室很快就成了我經常去的地方，而我也成了那兒圖書館員的朋友。

突然有一天，聽說我的母校東海大學校長吳德耀先生將從臺灣來訪問普林斯頓的神學院。那次欽次和我都被邀請去參加神學院的招待會。此外，我們從前在臺灣早已認識的聖公會牧師 Rev. Peyton Gardner Craighill，當時正開始在普林斯頓神學院攻讀神學博士學位，他也參加了那個招待會。沒想到那個招待會就在我所熟悉的斯皮爾圖書館的閱覽室裡舉行。記得那是一個頗為盛大的招待會，閱覽室裡那個長桌變成了一個充滿豐盛佳餚美酒的自助餐桌。當天與會的賓客還不少，處處都擠滿了人，真是摩肩接踵，好不熱鬧。我們很幸運，即使在那麼擁擠的地方，還能找到機會站在吳校長的身邊，並與他暢談。至於詳細的談話內容，我已經記不得了。只記得欽次一直在招呼吳校長，請他吃點東西。只見吳校長忽然轉身盯著餐桌上的飲食，並用手指著一盤誘人的乳酪捲（cheese rolls）。他說：「你看，這道美食雖然好吃，可不能吃啊，否則身體會出毛病的！」沒想到吳校長一邊說

14. 一直到一九七二年，葛思德東方圖書館才搬到 Palmer 和 Jones Halls 的所在。

話，一邊卻吃起一個個乳酪捲，後來一整盤都被他吃完了。如今吳校長已去世多年，但我們每談及當天晚上的情景，仍然記憶猶新。只是那個 Speer 圖書館已經不在了。目前普林斯頓神學院的圖書館是二〇一三年才建好的一座嶄新的大樓，名為賴特圖書館（The Wright Library），聽說是為了紀念該神學院（也是全美國）的第一位黑人神學生西奧多・賴特（Theodore S. Wright, 1797-1847）才如此命名的。

時間回到一九六八年秋季。當時我已經開始準備學車，每天都在努力啃讀那本紐澤西州的「駕車手冊」（Driver's Manual）。我很快就考過了筆試，也拿到了所謂的「駕車許可」（Learner's Permit）。

但問題來了。我從小是個書蟲，對於任何與機械有關的東西，一向不敢碰。雖然我輕而易舉地考過駕車筆試，但說到實地開車，那可不是我的本行。心想若要真正拿到駕車執照，一定很不容易，所以心裡開始焦慮不安起來。於是，欽次就建議，他要親自教我開車。

在那以前我還不知道，在普大研究生的圈子裡，欽次早已以「開車教練」而聞名。聽說他當時住在研究生宿舍（G.C.）時，曾教過二十二位同學開車（包括東亞系的林順夫）。但有朋友勸欽次，千萬不要教自己的妻子學開車，那會搞壞關係的。但對於開車這事，欽次心裡滿是自信，而且看我似乎「孺子可教」，所以有一天清晨就帶我到了一個人跡罕至的停車場，開始要教我開車。

「啊，這是什麼地方的停車場呀？怎麼一輛車都沒有？」

「這就是我跟妳提過的 Institute for Advanced Study（高等研究院）。這兒本來就很少有訪客，而且這麼早也不會有什麼人在這兒停車，所以這附近就是最理想的學車的地方呀。」

說著說著，欽次就把車開到離停車場很近的一條名為愛因斯坦路（Einstein Drive）的路上。沒想到他突然停下來，說要我坐在駕駛員的座位上。我心裡著實慌了，但最後終於鼓起勇氣把車子發動了。我一直喊：「哎呀，怎麼辦，我不會向前開呀！……。」只見欽次很鎮定地坐在旁邊，很輕鬆地說道：「沒問題的，不要害怕，就勇敢地往前開吧。在任何緊急的情況下，我都會幫妳的……。」於是，我終於大膽地踩著油門，往前開去，但說時遲那時快，我居然一時失控，眼見就要闖到一棵大樹了，我大叫了起來。幸而欽次急忙地抬起他的左腳，飛快地為我緊急煞車，只聽見那車還發出了很大的聲響。那真是令人膽戰心驚的一刻！

經過那次可怕的經驗，欽次竟然還敢繼續教我開車。不久，經過欽次的耐心教導，我終於學會了如何把握車盤，如何向前開，又後退，以及如何在停車場停車、倒車等。只是我無論如何也學不會「平行停車」（parallel parking）。後來我終於在 Department of Motor Vehicle（簡稱 DMV）那兒勉強考過了實地駕駛的測驗，只是「平行停車」那一項得了零分。考官說，因為其他各項我都得了滿分，就算我通過了。然而他特別囑咐，將來我每次停車，都必須找寬敞的停車場，不可在街旁停車。總之，我很幸運地拿到了駕車執照。（順便一提，欽次後來也以同樣的耐心和毅力教我在卡耐基湖上溜冰。早在一九六六年欽次就學會溜冰了。）

且說，由於學開車的緣故，欽次和我經常到高等研究院去玩。那兒就是當年愛因斯坦工作的地方，處處引人突發奇想。我們最喜歡坐在「休息室」（Common Room）裡聊天。有趣的是，那休息室的四周經常放滿了白色的小紙條，大概是讓人可以隨時寫下突發的靈感。這種催發想像和創造力的方法，大大地啟迪了我，從此我養成了隨身攜帶各種紙條的習慣，不論走到何處，都隨時記下寶貴的瞬間靈感。記得我第一次看見高等研究所面前的那兩排樹，簡直興奮不已，因為聽說那兩排樹是為紀念愛因斯坦而種的（而且那正是愛氏生前每日的必經之道）。當時我忍不住就在隨身攜帶的紙條上寫道：「這兩排樹反映了中國人所謂的成雙成對的自然觀，即《文心雕龍》中所謂『造化賦形，支體必雙』的情趣也。」沒想到，我終於把從前在東海大學的《文心雕龍》課上所學的心得用上了。

自從 Gram 從麻省度假歸來，我們幾乎每週都去看她。每回我們都和她一邊吃晚餐，一邊看電視的新聞報導。Gram 最欣賞 CBS 的電視主播 Walter Cronkite，以為他是有史以來最具有魄力的新聞報導者，他也最能贏得聽眾們的信賴。由於 Gram 的影響，我和欽次也成了 Cronkite 迷。原來從一九六〇年代初開始，Cronkite 早已成為美國人心目中的主播英雄，加上他那種取信於人的魄力，很快就吸引了無數的聽眾。印象最深刻的是，他總是以一句令人拍案叫絕的結語來總結當天的報導：「And that's the way it is」（「那就是事情發生的真相」），然後才以當天的日期作為結束。當時美國正陷入越戰的漩渦中，每次電視新聞都少不了報導當天美國士兵在越南的死傷人數，看得讓人心中七上八下，忍不住要問：那場可怕的戰爭何時何日才能結束呢？聽 Gram 說，主播 Cronkite 當初一直很支持美國政府有關越戰的政策和行動，但後來（一九六八年二月）他決定親自到越南去做實地的戰場考查，以便對戰場的具體情況有一個較為正確的評估。等 Cronkite 從越南回來後，他立刻做了一個長達一小時的電視實況廣播，並以一種發人深省的口氣呼求停戰，特別激動民心。連詹森（Lyndon B. Johnson）總統也意識到大勢已去。主要是，一九六〇年代的美國還在實行徵兵制度，每個單身的男子都有被徵召入伍的可能，所以美國到處都可以聽見抗議者的叫喊。我也很能體會 Gram 的感受，她眼見美國的年輕人一個個被送上戰場，白白送上了他們的寶貴生命，心中自然為此感到不平，所以她經常在普林斯頓當地的報紙 *Town Topics*（《城裡新聞》）發表文章，抒發她的觀感。記得當時美國士兵的死傷人數已達三萬五千之多。

每次見面，Gram 都會告訴我們一些她自己的往事。原來她有一段頗為坎坷的生平經驗。她二十三歲時就嫁給了一位年輕有為的長老會牧師（他是耶魯畢業生，來自一個著名的基督教家族）。十多年間，兩人一共生了三男三女，生活圓滿。（但其中一女名為 Jane，不幸早夭，因不慎失足，從樓梯跌到水泥地而導致身亡，死時才三歲不到。後來又有一女，名為 Mary，因幼時接受某種手術，不幸終身成為智障者。）後來 Gram 的丈夫突然由神職人員轉而成為裸體主義（nudism）的信徒，不久搖身一變竟成了美國裸體大本營（nudist camp）的領導人物。剛開始時，Gram 還勉強委曲求全，但最後終於無法接受，不得已就以離婚結束了那段婚姻。後來她與一位銀行家結婚，讓子女們有較安定的生活，可惜不久（一九四三年）那個第二任丈夫卻去世了。

總之，在 Gram 的身上，最壞的人生經驗似乎都嘗過了。然而那些坎坷不平的人生經驗並沒有影響到她的積極、進取、善於助人的性格。就在一九四四那年（即第二任丈夫逝世的次年）她寫下了一首重要的詩，題為「When Children Call You 'Gram'」（〈當孩子們喊你「祖母」時〉）。那首詩很快就得到了美國評論界的注意，尤以著名的評論家 Richard Spiro 在 *Longview Washington Daily News* 所登出的書評最受矚目。在那篇文章裡，Richard Spiro 特別引用了 Gram 的一句詩：

A lonely house springs to new life,
With children calling "Gram."

一個寂寞的家忽然迸出了新生命，
當孩子們喊你「祖母」時。

Richard Spiro 之所以對這首詩讚不絕口，乃是因為詩中所呈現的樂觀而前進的生命觀：那是一個寂寞的祖母，在聽見孫子孫女們喊她「祖母」（Gram）時，所感到的激動與震撼。孩子們的聲音立刻把她帶回到了過去的美好瞬間，也激起了新的希望。

寫那首詩時（一九四四年），Gram 才五十五歲。巧合的是，我恰好生於一九四四年，而那也正是人們開始暱稱她為「Gram」的那一年。所以我經常對 Gram 說：「我生來就注定要喊你做 Gram 的呀。」

然而，當我認識 Gram 時，她已到了生命的暮年。她的暮年卻是充滿豐收的高峰時期。首先，她一手撫養成人的幾個子女早已順利地完成藤校教育，並在各個領域中功成業就——其中一個兒子（畢業於普大及哈佛）是美國著名飛機公司 TWA 的副總裁，另一個兒子則從耶魯獲得博士學位之後，就任教於密西根大學的歷史系，後來還成為該系的系主任。而且，Gram 的所有兒孫都對她發自內心的尊敬。每回我們參加她們的家庭聚餐，目睹那種子孫同堂的幸福感，都十分羨慕他們。尤其是，暮年的 Gram，以她廣闊的心懷和智慧，早已成為許多青年人的楷模。

羅格斯大學

一九六八年底，我享受了平生第一次在美國過聖誕和新年的歡樂。一九六九年一月，我開始進羅格斯（Rutgers）大學的圖書館系碩士班就讀。我一共選了五門課，所以每天一早就得沿著二十七號公路開車，日日來往於 Princeton 與 New Brunswick 之間。每遇到下大雪的日子，欽次會特別接送。這段時間，我把全部的精力全放在功課上。

但就在開學的第二個星期，醫生通知我，說我懷孕了。一時間，我和欽次感到既興奮又憂愁。興奮的是，那是個意外的懷孕，我們相信一定是上帝給我們的特別祝福。憂愁的是，我的課程如此之重，如何能安全地度過妊娠期間，又如何能順利拿到圖書館學位？但兩人仔細討論之後，覺得實際情況似乎不如想像中的困難。首先，我從小就喜歡專心啃書，讀書拿好分數是我的本行，只要小心身體的保養，應當不會有什麼問題。而且，據醫生說，要到九月底才會分娩，所以我還能趁暑假期間再選兩門課。換言之，在嬰兒出生之前，我將完成七門課。之後我可以在秋季休學一學期，於一九七〇年一月間再返回學校繼續選五門課，那我就能完成碩士學位的所有學分了。重要的是，在返校的那個學期，我們必須找人來幫忙照顧嬰兒。（其中一個可能就是請欽次的母親從臺灣來幫忙。）

真想不到，往後的那幾個月居然是我最稱心寫意的一段時光。首先，為了慶祝我們的「喜訊」，我們利用春假期間又到耶魯校園好好地遨遊了一番。有關那次的耶魯之遊，我們還有一個特殊使命——那就是，要在耶魯校園的一些重要的景點，好好地重新拍攝一些照片，以補償上回那些遺失的「蜜月」照片！至今我特別珍惜的三張照片是：在哈克尼斯鐘塔前的合影、百內基大理石圖書館前的合照，以及耶魯的「一次大戰犧牲者紀念墓冢」（Yale University World War 1 Cenotaph）前的一張獨照。據說，一九一七年，第一次大戰才開始，耶魯大學就有九千五百名的學生和校友勇敢地參戰，後來共有二百二十五位犧牲者，所以才有了那個「紀念墓冢」。

接著耶魯之遊，我們又去了一趟麻省。我們原先計畫要在往麻省的途中也順便參觀一下馬克吐溫（Mark Twain）在康州首府哈特福（Hartford）的故居，但實在拿不出時間來，故作罷。（後來一直到許多年後，我們才終於以一種朝聖的心情參觀了那座已被重修過的故居。）總之，那次我們在麻省有機會造訪了幾處有關十九世紀美國作家的景點，包括Hawthorne和Emerson等人的故居，處處體會到一種美景良辰、其味無窮的幸福感。

其實，那學期我在羅格斯大學所選的五門課頗為繁重。但有欽次隨時做我的顧問，所有的難題都能迎刃而解了。記得當初對我最富挑戰性的課程莫過於「Systems Analysis」（系統分析）那門課，因為課上許多基本觀念都是我從前沒接觸過的，於是經常感到手忙腳亂。然而，後來那個課竟然成為我終生受益的一門學問。主要是：在一個關鍵時刻，欽次突發奇想，建議我把該課的論文題目定為：「The Importance of Time Management」（「時間管理的重要性」），並鼓勵我分發一個「調查表」（questionnaire）給普林斯頓高等研究所的各位研究員，請他們分享一下自己做研究的「高效率」（high efficiency）秘訣。換言之，我想要知道的是：有關這些來自世界各處的頂尖專業人才，他們在日常生活中是如何進行時間效率的管理的？他們如何把握時間做研究？如何在最短的時間內，成就最高的效率？

聽到欽次這個好主意，我興奮極了。於是兩人立即到高等研究院的辦公室，請他們能准許我發出一份調查表給所有的研究員，並告訴他們有關我的課程研究計畫。我記不起來當時與對方的詳細對話，但現在回想起來，一個才二十來歲默默無名的外國留學生想要「調查」那些赫赫有名的世界級頂尖專家，有多滑稽。但沒想到，那個辦公室的秘書卻對我的研究計畫很感興趣，她不但立刻同意我的請求，而且還給了我們一份所有研究員的名單，包括他們在高等研究院內的住址和電話等。當然，她說，最簡單的方法就是讓我直接把「調查表」放入每個研究員的信箱裡。

我喜出望外，很快就做好了一個「調查表」，而且把那調查表影印了無數份。我已經忘了那個調查表的詳細內容，只記得其中包括幾個頗富風趣的小問題，而且我在每個大信封裡還夾了一個 self-addressed stamped envelope（已貼好了郵票的返回信封）。因為所有的研究員都住在高等研究院的宿舍裡，於是我們很快就沿著研究院裡的每條街（從 Einstein Drive 開始，到 Earle Lane，和 Newlin Road 等）把一個個大信封分發到每個郵箱裡。

之後幾天，我心中忐忑不安，不知那些研究員會有什麼反應。沒想到一個星期不到，就收到了所有人的回覆，所以這次有關送「調查表」的項目居然得到了百分之百的成功率！

後來我忍不住把這事告訴 Whitney 教授（即教「Systems Analysis」〔系統分析〕那門課的那位教授），她居然大大地誇了我一陣。不用說，學期終了時，我的那門課很輕易就拿了個 A 的分數。

後來我上暑期班，選了兩門較為輕鬆的課，主要是學習如何閱讀並闡釋美國的一些暢銷書。那個暑假，我們正好住在 Gram 的家中（因為她已到麻省的「夏居」度假去了），我每天一邊在涼台上欣賞卡內基湖上的美景，一邊安靜地讀書作功課，感到十分怡然自得。記得我的東海老同學鍾玲和李耀宗曾先後來訪，我們也請欽次的普大同學田紹祖夫婦等人來吃過晚飯。當時我在羅格斯大學的好友 Diane Sederoff（我稱她為史戴安），真是個有心人，她暗地裡為我安排了一個 Baby Shower（產前的迎嬰聚會慶典），居然把所有班上的女同學都請來了，真是給我莫大的驚喜。正好那個暑假期間，美國太空人阿姆斯壯（Neil Armstrong）登上了月球，我們也和全美國人民一樣地興高采烈，看到 Walter Cronkite 的實況轉播更是驚奇不已。

不久時間飛馳而過，九月很快就來到了。當時，我們一切都已就緒，只等嬰兒的出生。

喪子之痛

九月二十日清晨，我在普林斯頓的醫院裡生下了一個男孩，名為 David（中文名字是張岱暐）。當初醫生和護士抱著嬰兒來道喜，說一切都順利。我和欽次兩人一時欣喜若狂，都以一副忘我的樣子，眼睛緊盯著新生兒的紅臉孔，覺得世上沒有比那個男嬰更美的了。接著欽次就發電報給在臺灣的雙方父母親，向他們報告好消息。同時也打電話通知 Gram。

然而，兩個小時之後，醫生 Dr. Wilson 突然來到我的床頭，表情凝重。他說：「我們發現嬰兒有呼吸的困難，現在還不知道是什麼問題。」護士接著說，他們已經把嬰兒放進「保溫箱」（incubator）裡了。

這真是晴天霹靂的消息。我低下頭，身體一直在顫抖。我趕緊握住欽次的手，但兩人相顧無言。除了禱告以外，我們還能做什麼呢？

後來，四十八小時之後，David 奇妙地戰勝了呼吸的困難。於是護士說，我可以開始給嬰兒餵奶了。那是我第一次仔細端詳嬰兒的面孔，只見他那雪亮的眼睛也正盯著我看，一副好奇的樣子，有時還會朝著屋裡的光線移動他的眼珠。那也是我第一次領會到母愛的溫暖與光芒。我一邊餵奶，一邊嘗受那個終生難忘的經驗。

但幾天之後，David 卻又開始發燒。經過醫生 Dr. Peter 施以急救，情況又好轉了。如此上下起伏，忽好忽壞，有一次我還急速地趕到醫院給嬰兒輸血。醫生們都說，沒見過如此命硬的嬰兒，明明身上有嚴重的毛病（雖然他們當時還無法確定其真正的病情所在），卻仍拚命地努力掙扎，好像不到生命的最後一刻，絕不放棄。

嬰兒在普林斯頓醫院裡堅持了將近五個星期之後，最後終於在十月二十四日被轉往紐約的斯隆凱特琳（Memorial Sloan-Kettering）醫院。記得那是個大晴天，一大早就有一部救護車把嬰兒和我們一同載往紐約的方向，一路上那救護車直亮著紅燈。我低頭呆望著紐澤西州際公路（New Jersey Turnpike），禁不住淚水直流。

那天在返程中，我遙望著天空，只見一片夕陽斜照過來。在這仲秋的黃昏裡，一切都是安靜的。記得我一直在心裡背誦著〈詩篇〉（Psalm）第一二一篇：

I lift up my eyes to the hills--
where does my help come from?
My help comes from the LORD,
the Maker of heaven and earth.

我要向山舉目，
我的幫助從和而來？
我的幫助
從造天地的耶和華而來。

當天晚上，那救護車又把我們帶回普林斯頓。那位司機非常同情我們的遭遇，還特別把我們直接送回到 Butler Project 的宿舍裡。

在那段十分艱難的時期，幸虧有恩師許牧世教授的妻子譚天鈞醫師（Dr. Charlotte Tan）的幫助。譚醫師正好是斯隆凱特琳醫院的小兒科主治醫生之一（專管孩童的癌科治療），所以她特別為我們關注 David 在醫院裡的情況。我們每隔一天就到紐約去探視嬰兒，同時也向譚醫師請教有關的問題。記得我們最後一次看見 David 被放在在醫院裡的保暖箱中，發現他的身體一直在掙扎，但已漸呈黑色。當時我內心實在不忍，立刻禱告上帝請祂趕快把嬰兒接去。

次日（十月三十日）夜晚，譚醫師打電話來，說嬰兒已經走了。我心裡默默地說道：「安息吧，孩子。」啊，心碎的我，還能說什麼呢？從頭到尾，David 一共活了四十天。在這四十天之中，我每天都在學習如何接受苦難的煎熬，如何正面地接受痛苦和死亡的這一事實。

僅僅四十天，我已從一個天真瀾漫的年輕女子變成了一個懂事的母親。

當初 David 剛剛斷氣，醫院就立刻進行屍體解剖，為了斷定病因。（一直到六個星期之後，我們才接到通知，說主要問題是嬰兒的腎臟還沒完全長好，但原因不明。）擺在面前的事實是：我們當時的經濟情況十分拮据，連埋葬嬰兒的費用都拿不出來，所以只得同意加入醫院裡所謂的「集體焚化」，再由醫院負責將多人的骨灰一起撒入近處的河流裡。後來我們經常想，他的骨灰一定去了斯隆凱特琳醫院附近的 East River（東河），最後又進入了大西洋（Atlantic Ocean）。（關於此事，我們一直耿耿於懷，直到三十年後，我們才在耶魯大學校園裡的若無街墓園〔Grove Street Cemetery〕買下了一塊墓地，終於為David 立了一個墓碑，上頭刻著：「Infant Son, David Sun Chang, September 20-October 30, 1969」。總算終於了結一件多年的心願。）

當初一九六九年嬰兒剛去世時，我們兩人所承受的艱苦真是難以形容。加上那四十天來所積壓下來的醫藥費很貴，雖然醫藥保險公司可以為我們付大部分的費用，但因為全部的醫藥費用實在太高，已經超出了所謂的「deductibles」（墊底費），所以我們還欠保險公司兩千美元。當時的兩千美金，對我們留學生來說，有如天文數字。後來幸而普大研究生院的院長 Dean Morse 及時救援。有一天，Dean Morse 請欽次到他的辦公室一談，他說他很同情我們的處境。有關那兩千美元的事，他提出一個解決的好辦法——那就是，他願意幫助欽次利用 Ford Foundation 的一筆獎金先給保險公司付清那筆款，但唯一的條件是，欽次畢業後必須到一所美國大學至少教書兩年。遇到如此善良而誠意的院長，真令人感動。欽次當場就在 Ford Foundation 獎金的申請書上簽了字，也算渡過了一個難關。

但為了求生存，我只得繼續休學。很快我就在普林斯頓城附近的 ETS（Educational Testing Service）中心找到了一個工作，每個鐘頭只賺一美元的工資，專門處理和 TOEFL 及 GRE 有關的難題（problem-solving）。當時我早已有了綠卡，才幸運擁有這樣的一份工作。

然而，我每天到 ETS 上班，心頭都籠罩著無比的憂傷。後來我認識了一位名叫

Betty的同事，她經常在中午休息的時間引用《聖經》裡的話來安慰我。其中有一段《聖經》章節令我印象深刻：

For you, O God, have tested us;
you have tried us as silver is tried.
You brought us into the net;
you laid burdens on our backs;
you let people ride over our heads;
we went through the fire and through water;
yet you have brought us out to a spacious place.

(Psalm, 66:10-12)

神啊，祢曾試驗我們，
熬煉我們，如熬煉銀子一樣。
祢使我們進入羅網，
把重擔放在我們的身上。
祢使人坐車軋我們的頭。

我們經過水火，
祢卻使我們到豐富之地。
（〈詩篇〉，六十六章，第十——十二節）

當時父親也經常從臺灣來信鼓勵我，要我加強信心。他曾在信中引用《聖經》的〈以賽亞書〉，四十八章，第十節：「你在苦難的爐中，我揀選你。」他還寫道：「想到岱暐，他永遠是我們家的一員，而且是最寶貴的一個，因為他充當了主的榮耀使者，他無言地做工，替神做了大工，不但是對你們做父母的，也是對我們做祖父母的……」

不久，著名作家張曉風（她是我多年的好友）在臺灣的《論壇報》登出一首題為〈答康宜〉的詩，給了我很大的鼓勵：

如果斷崖也是一種風景，
如果黑淵也是一種美麗，
死亡為什麼不可以是一首歌曲……
所以，讓淚水犁過我們的臉，
讓悲哀漲裂我們的心；
我們仍必須以受傷的手，

攜手而行。

那段期間我偶爾也會回憶過去的一段往事，並從中得到安慰。記得一九六五年的八月和九月間，東海大學生物系的歐保羅教授（Prof. Paul Alexander）和他的妻子 Lucy 連續經歷了兩次喪子的悲劇。首先他們的長子在花蓮染上腦膜炎（encephalitis），於八月底喪生。接著，不到一個月，他們的幼子也因不幸跌入東海古堡的坑底而相繼去世。但令人感到驚奇的是，這對內心充滿悲哀的夫婦，竟然在兩次葬禮過後不久，兩人一起在東海大學的路思義教堂（Luce Chapel）裡唱讚美詩。一直到自己也遇到喪子的經驗之後，我才終於明白，原來那發自內心的堅定信仰乃是歐保羅夫婦戰勝苦難的秘訣。

喪子之痛令我終生難忘。即使在數十年之後，當我讀到有關撰寫「It is well with my soul」（〈我心得安寧〉）那首聖歌的作者司百福（Horatio G. Spafford, 1828-1888）的生平故事時，我仍感動得淚流滿面。原來司百福先生在痛失四個女兒之後（由於一八七三年一次意外的沉船事件），居然在極其悲傷之中，還能寫出感人肺腑的一首詩歌。二〇〇三年，馬來西亞富商基督徒楊肅斌（Francis Yeoh）因為深受這個故事的感動，特別在英國的 Bath 城舉辦了一次大型的慈善音樂會，並請著名的「三大男高音」（three tenors）演唱一百多年前司百福所寫的〈我心得安寧〉那首詩歌。[15] 後來當我在 Youtube 上首次看到那次音樂會的演唱時，更是激動得熱淚盈眶，因為我深深感受到，那首不朽的聖歌「It Is Well With My

Soul」就是在見證：即使在人生的深度苦難中，一個人只要有堅定的信仰，就能得到神的安慰和內心的平安。

有關這一點，我經常會想起半個多世紀以前，Gram 給我們在信仰方面的及時幫助。一九六九年 David 剛去世那天，Gram 就立刻寫了一封長信給我們在臺灣的父母，向他們報告嬰兒從生病到離世的經過，以及其中令人省思的重點，還特別引用《聖經》的章節來安慰他們。信中所表達的愛心和智慧，著實令人感動。就在那段期間，我向 Gram 傾訴有關家父過去在臺灣所遭遇的牢獄之災，她聽了之後，非常同情我們家的處境。當時 Gram 正在安排一個周遊世界之旅，所以立刻加上飛往臺灣的行程，只為了探望我父母和其他家人。記得欽次和我是一九七〇年二月二十八日那天從紐約的甘迺迪機場送 Gram 上飛機的。望著這樣一位令人尊敬的老者之背影，我突然領悟到，人生的目的不在於追求個人短暫生命的歡樂，而在於傳達「信望愛」的永恆價值。我永遠不會忘記，在嬰兒去世的當天，Gram 曾對我說過的那句話：「It seems that I know you accidentally. But today I know that it is not.」（「我們的相遇看來似乎是偶然的，但今天我領悟到，那不可能是偶然的。」）誠然，在那段充滿荊棘與寒冷的生命途中，Gram 給了我們新的生機與希望，我也相信這一切都絕非偶然。

15.「三大男高音」（three tenors）就是義大利的 Luciano Pavarotti（盧奇亞諾・帕瓦羅蒂），以及西班牙的 Placido Domingo（普拉西多・多明哥）和 José Carras（何塞・卡雷拉斯）。

第二章

Poetry is a way of looking
at the world for the first time.
詩歌是一種初次目睹世界的方式。
——W.S. Merwin

生命的曙光

那是一九七〇年五月，普林斯頓校園正值春花盛開的時節。有一天欽次剛走進他的實驗室，就接到南達科達州立大學（South Dakota State University）土木系系主任 Emory Johnson 的電話，說他們要聘請欽次為該系的助理教授，問他願不願意接受。在電話中，欽次立刻接受應聘，並說他的博士論文在暑期間即可完成，所以九月初就可以開始上課，絕對沒問題。接著欽次立刻打電話給我。當時我正在 E T S 中心上班，聽到這個好消息，很是開心，覺得那是我們生命中的一道曙光。

在一般美國人的心目中，南達科達州是個蠻荒不毛之地（用今日的語言來說，是個「無依之地」），而且冬天全是冰天雪地，有誰願意搬到那兒去住呢？但對欽次來說，才二十八歲就能得到一個美國州立大學的教書工作，可不容易。據說那一年全美國的水利工程方面只有兩個教職的空缺——其中一個空缺是在美國大陸以外的波多黎各（Puerto Rico），另一個就在南達科達州。在如此競爭激烈的情況下，居然能獲得一個教書工作，已經很幸運了。欽次的普大同學郭欽義也有幸獲得波多黎各大學的那個教職。

八月間，我們匆匆離開普林斯頓，就開始了我們的西行之旅。我們順著一連串的州際大道開去，經過賓州、俄亥俄州、印第安納州、密西根州、伊利諾州、愛荷華等州，身上只帶僅存的二十七美元現鈔。中途除了幾次下車吃飯、並在密西根大學（Gram 的兒子

David Huntington 家中）留宿一夜之外，我們兩人只顧不停地開車向前行。一路上的風景十分特殊，因地而異，許多美好的景點都令人讚嘆。奇妙的是，我們前後只用了兩天的時間就開到了南達科達州的 Brookings 城，那就是南達科達州立大學的所在地。抵達目的地之後，我們方才發現，我們沿路已經習慣了這種浪跡天涯的生活，好像進入了一種嶄新的精神層面。

我們一到 Brookings 城，就愛上了這個小城，從此我們就稱它為「布城」。那兒的人特別有人情味。首先，土木工程系系主任夫人 Joanne Johnson 整天陪我們到處尋找住處，還主動安排我們在旅館中的臨時住宿，並讓我們不必立刻付款，其熱情和周到令人感動。而且，令人振奮的是，南達科達州立大學有個十分完備的大學圖書館。一聽說我正在紐澤西州的羅格斯大學攻讀圖書館學碩士，那兒的館長立刻決定要聘我為該圖書館的「資料圖書館員」（Reference Librarian）。但我得等到一年後，才能開始正式上任。

九月初，我隻身飛到東岸，在短短的一學期之內，修完了所有剩下的必修課程，並於次年一月十五日返回到布城。但因為要等到七月一日才能開始到大學圖書館上班，所以我決定利用春季的期間先到南達科達州立大學英文系的碩士班選課。所以剛回到 Brookings 不久，我又開始過著學生的生活了。然而，當時南達科達州地區正陷入冰天雪地的困境中，那是我平生第一次大開眼界，親自見證了該地有名的暴風雪（blizzard）。有好幾次，我們開車開到半途中，就被大風雪困住，只好把車輛棄置在路上，以爬行的方式慢慢回到公寓。

那真是十分驚險的鏡頭，至今難忘。但也就在那種艱難的情況中，我們慢慢學會了如何在困境中求生存，如何培養堅忍不拔的潛力。

一九七一年六月初，我和欽次利用放假的期間，一起飛往東岸，主要為了參加各自的畢業典禮。（當時欽次獲得普林斯頓大學土木工程博士學位，我也同時得到 Rutgers 大學的圖書館碩士學位。）藉著那次的旅行，我們在普林斯頓與 Gram 團聚了幾天，很是愉快。記得 Gram 一直很關心我們在南達科達州的生活情況，所以她計畫不久就要到布城來看我們。

難得的英文系

且說，我特別喜歡南達科達州立大學的英文系。在那兒唸書，使我嚐到了有生以來最過癮的讀書樂趣，也使我開始對文學研究產生了一種全力以赴的決心。雖然那個英文系的規模很小，但有幾位十分優秀的教授，使我特別受益於他們的指導。[1] 例如，有一位名叫 Roland Botting 的老教授，我有幸選了他退休前的最後一門課，該課程涉及英國文學史和參考書目，他的教學方式特別嚴厲。首先，他堅持課上的學生們在寫報告時，尤其是有關書目和註釋的部分，一定要規規矩矩地按照 *The Chicago Manual of Style*（《芝加哥寫作格式手冊》）的規格去做，連每個標點符號的位置都不可敷衍，否則就算不及格。而且，出乎我的意料之外，才上第一堂課，他就給學生們先來個有關英國文學史和書目格式的考試。記得我當時緊張極了，只得了五十八分。接著班上有幾位研究生都紛紛退課了。然而，我還是堅持要選這門課，後來學期末了時，終於以滿分交卷。Gram 聽了這個故事，很是開心。

其實當時還有其他幾位教授也給我留下了深刻的印象。當時 Jack Marken 教授（即當時的英文系系主任）主教十九世紀浪漫（Romanticism）時期的文學，他堅持課上的學生們一定要養成背誦詩歌的習慣，不可只專注文學批評。記得我最喜歡背誦的詩歌就是 William Blake（威廉・布萊克，一七五七—一八二七）那首「The Tyger」（〈老虎〉）的詩：

Tyger, Tyger, burning bright,
In the forest of the night.
What immortal hand or eye,
Could frame thy fearful symmetry?

---

1. 有關一九七〇年代初的教授名單，我要特別感謝目前南達科達州立大學（South Dakota State University）英語和跨學科系（Department of English and Interdisciplinary Studies）的系主任（Department Head）Jason T. McEntee 教授的大力協助。他在二〇二一年八月期間，連續發了幾封信給我，在此特別向他致謝。

火眼金睛虎
宵行樹林中
是何天工手或眼
造爾對稱之威風……[2]

此外我還學會背誦 John Keats（一七九五—一八二一）生平所寫的最後一首詩「The Autumn」（〈秋頌〉）。那是一首被人公認為有史以來英語詩歌中最佳抒情短詩之一。

有趣的是，教莎士比亞戲劇的教授 Paul Jackson 居然還是一位道地的「牛仔」。他經常在當地的騎術競賽（rodeo）中扮演競賽中的騎手，我有時也去參觀他的表演。眼見他騎馬速度之快，令人心驚膽顫，也給人一種「純西部」的印象。當時我所知道的「牛仔文化」都是他教給我的。他還告訴我，有不少當地的牛仔是印地安人，所以我們也趁機參觀了附近的印地安人保留地（Indian Reservation），還在一家印地安人的牛皮帳篷前頭留影。此外，Jackson 教授還是一位畫家，他為我和欽次畫的一幅圖（以他家和穀倉周圍的牛群為背景）至今仍掛在我們康州的家中。（即使是半個世紀之後的今天，Jackson 教授和他的妻子 Jane 仍繼續與我們保持聯絡。）

此外，還有另一位教授也成為我的良師益友，她就是 Ruth A. Alexander 教授。她不但教我有關「西部」的文學，還教我如何分析近代美國文學中的女性作品。在她的課上，我閱讀了許多有關女性與美國西部開拓史的作品，尤其是 Wither Cather（一八七三—一九四七）的長篇小說。在 Wither Cather 的筆下，那些定居在美國中西部草原的外來移民（尤其是來自歐洲的移民）總是過著十分刻苦耐勞的生活，其中有不少移民婦女的奮鬥精神特別令我佩服。一九七二年二月間，有個週末我正在閱讀 Wither Cather 的小說 *My Antonia*（一九一八），正好 Gram 從東岸飛來探望我們，我就趁機向她請教。原來 Gram 生於愛荷華州（Iowa）的 Ottumwa，祖先來自愛爾蘭，所以她對美國早期中西部的移民文化也很熟悉。Gram 有個外甥（名叫 John Foster）就住在離布城不遠的蘇瀑市（Sioux Falls），所以那一次我們就趁機陪 Gram 到蘇瀑布一遊，也一同在 John Foster 的家中住了幾天，特別感受到中西部景色的雄偉壯闊。後來 Gram 南飛愛荷華，我們則北上返回布城。

且說，從一開頭我就以一顆極其火熱的心在南達科達州立大學唸英美文學的。（我的大弟康成曾在一次造訪布城的期間，為我畫了一張素描，把我當時那種手不釋卷的神態全部呈現出來了。）後來我雖然已經在大學圖書館上班，晚間還繼續選修該系的課程。當時我最感興趣的就是 Jerry Yarbrough 教授有關維多利亞時代的文學課（Victorian literature）。Yarbrough 教授曾當過牧師，並精通神學與文學。他特別善於運用生動的比喻方式來講解文學。聽他講課，許多文學作品都給我一種身臨其境的滋味，很是過癮。在他的課上，

2. 我要感謝我的耶魯同事康正果先生，最近他為我將這幾句詩譯成中文。

我努力勤讀了不少十九世紀的文學巨著，使我突然對該時期的文學和文化有了一種融會貫通的感覺。在短短一個學期內，我們就廣泛涉獵了許多傑出作家的作品。那些作家包括 Thomas Carlyle（卡萊爾，一七九五—一八八一）、Charles Dickens（一八一二—一八七〇）、George Eliot（一八一九—一八八〇）、Matthew Arnold（一八二二—一八八八）、和 Gerald Manley Hopkins（一八四四—一八八九）等人。其中尤以卡萊爾的三十部文化歷史批評著作最令我佩服。就在那一年，我與 Yarbrough 教授及其夫人 Neil 成為無所不談的摯友，開始經常來往。Neil 尤其善於寫生，她特別為我和欽次畫了一幅南達科達的草原風景，我們至今仍視為珍品。

後來 Yarbrough 教授成了我的碩士論文指導教授，他建議我寫有關卡萊爾的「英雄崇拜」（hero-worship）觀念。我特別喜歡這個論文題目，因為它與我早已熟悉的歐洲十九世紀浪漫主義文學（包括拜倫和歌德的作品）息息相關。原來卡萊爾的「英雄崇拜觀」不但淵源於拜倫的流浪英雄叛逆觀，也同樣受了歌德的英雄捨己觀的影響。卡萊爾認為整個人類的歷史就是一部連續不斷的英雄崇拜史，而他的 *On Heroes, Hero-Worship and the Heroic in History*（《關於英雄、英雄崇拜以及歷史中的英雄豪氣》）一書（寫於一八四一年）也因而成了一部名著。

然而，二十世紀以來（尤其是一次世界大戰以後），這種英雄崇拜觀已經逐漸從西方文化中消失了。尤其是，隨著「美國夢」（American dream）的失落以及民主意識的上升，所謂「英雄主義」（heroism）早已蕩然無存了。很巧的是，我當年最欣賞的現代美國小說家費茲傑羅就認為「英雄」已不復存在。在他的 *This Side of Paradise*（《樂園的這一邊》）一書中（寫於一九二〇年），就有一段有關這個主題的精彩討論。小說裡描寫書中主角 Amory Blaine 在一次大戰後所經歷的失落感；他以為殘酷的戰爭已把所有人類過去的人文價值觀給抹殺掉了，這個世界已經沒有希望了。有一天，當 Amory 向他的普林斯頓室友 Tom（Thomas Parke D'Invilliers）訴苦時，Tom 就反問他：

"Then, you don't think there will be any more permanent world heroes?"

那麼，你認為將來不可能再有什麼恆久的蓋世英雄出現了？

Amory 則立刻回應道：

"Yes—in history—not in life. Carlyle would have difficulty getting material for a new chapter on 'The Hero as a Big Man.'"

是的，英雄人物只存在於過去的歷史中，他們已從現實生活中消失了。若在今日卡萊爾一定很難找到資料寫出一篇有關「英雄即好漢」的新章節。

為了認真思考有關戰爭與「英雄崇拜」的關係，我又重新閱讀了費茲傑羅的《樂園的這一邊》。記得那時（一九七二年六月間）美國還在參與越戰，很巧的是，在一個個週末，《時代雜誌》（*Times Magazine*）登出了一個令人震驚的封面——我赫然看見封面上有個九歲的越南女孩全身被汽油彈燒得就快要著火，正光著身子呼天搶地逃亡。[3]我也和其他的美國讀者一樣，很受那個封面的衝擊，希望戰爭能趕快結束。

不久，我就向 Yarbrough 教授提出有關那期《時代雜誌》的戰場封面以及費茲傑羅小說裡有關戰後「英雄不復存在」的觀念。有趣的是，Yarbrough 教授卻給了我一個意想不到的建議，令我大吃一驚。他坦誠，他並不覺得「英雄崇拜」的概念已從現代世界中消失了。他還特別提起我曾經給他看的那首毛澤東的詞〈沁園春・雪〉。他說，他特別欣賞那首詞的末尾那幾句（「俱往矣，數風流人物，還看今朝」），以為那正好體現著「現代英雄」的大氣磅礴之氣概。他勸我最好在論文中增加一篇章節，專門比較卡萊爾的 hero-worship 和毛澤東時代中國人民的「英雄崇拜」風氣。

Yarbrough 教授的建議立刻引起了我的好奇心。於是我開始思考許多有關的議題。例如：當初為何有那麼多青年人願意冒著生命的危險，熱情地跟隨毛澤東參加革命，又與他同甘共苦？會不會是因為卡萊爾所謂的「英雄崇拜」使得那些青年人冒著百般風險，孤注一擲地前往延安？是老毛身上的哪些特質使得他們如此著迷的？

總之，我當時開始積極地進行有關這一方面的研究。根據現成的英文資料，以及盡可能找到的中國大陸圖書資料，我初步得到了該論文的寫作方向。直覺告訴我：若用比較文學的方法把當時中國大陸人民「崇拜」老毛的風氣和卡萊爾的 hero-worship 互相比較，就可以把該問題做得更大更深刻。首先，我發現史學家 Robert J. Lifton 的論點頗富啟發性。他曾在他的書中指出，毛澤東確實有某種「英雄」的特質，可能來自他所謂的「革命式的浪漫」（「revolutionary romanticism」）性格。[4]那種「革命式的浪漫」或許當時激發了年輕人的想像。〈當然，據學者伊羅生（Harold R. Isaacs）在他的的書中所述，後來「紅軍」中有些農民並非自願參加革命，而是被迫而來的。[5]但我這兒所指的是，那些最初在井岡山跟隨毛澤東的青年們〉。其實早在上世紀的一九二〇年代，Edgar Snow 就說毛澤東具有某種英雄俠氣，給人一種生死與共的「命運感」（「a certain sense of destiny」）。[6]我同時

---

3. 後來這位越南女孩因為那張相片而聞名全球，被稱為「napalm girl」（汽油彈女孩），而那個戰地攝影師 Nick Ut 因而榮獲普立茲獎。
4. Robert J. Lifton, *Revolutionary Immortality: Mao Tse-tung and the Chinese Culture Revolution* (New York: Random House, 1968), p. 81.
5. Harold R. Isaacs, *The Tragedy of Chinese Revolution, revised edition* (Stanford: Stanford University Press, 1951), pp. 311-312.
6. Edgar Snow, *Red Star Over China* (London: Victor Gollancz, 1927), p. 80.

還想到，如果卡萊爾生活在二十世紀，他或許會對這種所謂的「命運感」產生興趣。

但必須說明，在那個年頭，大部分的海外學者（包括我自己在內）對於中國大陸的實際情況所知甚少。當時還很少有人知道中國大陸文化革命的真正情況。一直要到幾年之後四人幫倒台，人們才逐漸發現文革時期的可怕真相——原來老毛的「革命式浪漫主義」最後卻讓成千上萬的中國人民感到心寒，並且大失所望。對我個人來說，一直要等到一九七九年我的中國之行、以及一九八六年讀了鄭念的回憶錄 *Life and Death in Shanghai*[7]（《上海生死劫》）之後，我才真正對中國大陸文革期間那段慘不忍睹的人間浩劫有更深層的認識。

然而，當年我開始寫那碩士論文的時候（一九七二年），還不可能知道大陸的實況，也無法找到許多可信度較高的中文資料。而且，我正處於偏遠的南達科達州，很難得到足夠的中文一手資料。幸而我從前在羅格斯大學的老同學金以平當時已在普林斯頓的葛思德東方圖書館工作，她經常給我幫助，並陸續用「館際互借」（Inter-library loan）的方式把中文圖書的影印本寄來給我，才勉強讓我過關。

初遇「頭號中國通」費正清

且說，當初我剛在準備撰寫那論文的時候，正巧碰上著名的費正清（John King

Fairbank）教授（俗稱「頭號中國通」）來南達科達州立大學作了一場演講。原來，費正清生於南達科達州的 Huron 城（離我們所住的 Brookings 不遠），他一直到上完高中才轉到外地去讀書，所以那次的演講有點兒像是一次「衣錦還鄉」之旅。難怪當晚講堂座無虛席，許多聽眾來自當地附近的城鎮。那時我正在閱讀史學家 Barbara W. Tuchman（塔克曼）剛出版不久的一本有關現代中國的暢銷書，題為 *Stilwell and the American Experience in China, 1911-1945*[8]（《史迪威與美國在中國的經驗，一九一一—一九四五》），所以對於費正清教授的演講題目主題（涉及中美關係）特別感興趣。

至於那天費正清教授演講的詳細內容，我現在已經記不清了。只記得當天演講之後，費教授特別和我們幾位留下來的聽眾閒聊了一陣。他請我們每個人談談自己的興趣和將來的研究方向。說實話，我當時才二十八歲，對將來的何去何從完全一無所知，只知道自己從小就是個讀書人，只要能繼續讀書，將來幹什麼行業都可以，何況我也得遷就欽次的教書工作。但令我感到驚奇的是，當費教授問到我的時候，我居然衝口而出地說道：「啊，將來我想拿個有關中國研究方面的博士學位！」當時欽次也在場。

沒想到欽次居然開始認真起來。當天晚上我們回家後，他就勸我年底（等取得英文系

---

7. Nien Cheng, *Life and Death in Shanghai* (New York, Grove Press, 1986).
8. Barbara W. *Tuchman, Stilwell and the American Experience in China*, 1911-1945 (New York, Macmillan, 1970).

的碩士學位後）就開始申請一些大學的東亞系博士班。而且他一再地說，他一定會百分之百地幫我到底。他還特別強調，無論我最終選擇上哪個學校的東亞研究所，他都會設法與我配合，甚至轉換職業也在所不惜。

很巧的是，就在那段期間，Gram 寄來一封長信（日期是一九七二年三月二十六日），那封信從一開頭就勸我返回普林斯頓去攻讀博士學位：

“Dear Eleanor and Chézy: I have thought a great deal about the possibility of Eleanor doing her further graduate work to a Ph.D. at Princeton. It is really exciting to think that you both may be Princeton PhDs ...I hope if Eleanor is at Princeton that Chézy will find a job near enough to stay in Princeton also ...”

親愛的 Eleanor 和 Chézy：我經常在想，Eleanor 是否有可能返回普林斯頓來攻讀博士學位。如果你們兩人都成了普大的博士，那該會多麼令人興奮……我希望如果 Eleanor 到普大唸書，Chézy 也能在附近找到一個理想的工作，也能同時住在普林斯頓……。

有關這件事，Gram 真是滿腔熱忱。她甚至邀請我們那個暑假就乾脆住在她的普林斯頓家中，因為她本來就計畫要到麻省的「夏居」（即「Summerhus」）去避暑的。她還特別叮嚀，她希望欽次可以利用我們住在普林斯頓的那段暑假期間，開始注意一下，看看附近有什麼和土木工程有關的工作機會，或者有什麼附近的大學正好有教書職位的空缺也說不定。我立刻回信給 Gram，感謝她的好意。但我說，因為我們的工作實在忙碌，無法整個暑假期間都住在她的普林斯頓家中，所以最多只能抽出幾天的時間到普林斯頓及附近一遊，等事情辦完之後，就必須匆匆趕回南達科達州。

既然欽次和 Gram 都給我如此熱情的支持和督促，我也就對申請學校的事開始認真起來了。沒想到偶然間費正清教授的一場演講，卻激起了我對攻讀東亞研究博士學位的神往。

首先，經過一番徹底的自我反思之後，我終於領悟到，自己當時最缺失的就是有關中國古典文學的教育。因為我從大學時代就開始專攻英美文學，雖然也選過有關《左傳》、《文心雕龍》、《莊子》等中文系的課程，但從來沒受過正規的中國古典文學訓練。說來話長，從前還住在普林斯頓的時候，我已經聽說普大的高友工教授是美國漢學界古典文學研究的學術泰斗，而且他深受西方的新批評、結構主義等批評方法的影響，同時也是培育中西比較文學研究的導師。所以雖沒見過面，我早已十分景仰高先生了。再者，我的師兄林順夫（比我高一屆的東海大學校友）就是高先生的得意門生。林順夫於一九六七年就開始到普大唸書，當時他正好住在普大的研究生宿舍（Graduate College），所以欽次早已認識他（還教過他開車），還經常從他那兒得到有關普大東亞研究系的信息。一九六八年我剛來到普林斯頓時，因為經常到葛思德圖書館看書，也就對該系的情況耳熟能詳了。但因為我後來攻讀圖書館學和英美文學的碩士學位，所以一直沒有機會學習有關中國古典文學方面的研究。心想，這次一定要保握機會，設法申請到普大去跟高先生學習！於是我忍不住就和高友工教授在電話中預約，決定在六月間到普林斯頓去拜訪他。

走訪高友工教授

第一次與高先生見面，就被他那談笑風生的風采給吸引住了。那天我們在他的普大辦公室（即著名的 Jones Hall）見面。[9]本來我早已預備好要向他請教比較嚴肅的漢學研究問題，因為當時我才讀完他與梅祖麟曾在《哈佛大學亞洲研究學報》（*Harvard Journal of Asiatic Studies*）發表的兩篇文章（一篇關於杜甫的〈秋興〉，一篇有關唐詩的句法、用字、與意象）。[10]但不知怎的，那天雖是初次見面，從一開始就是以聊天的方式進行交談的。一談到詩歌的研究，高先生就向我推薦美國著名詩人 Stanley Burnshaw 主編的 *The Poem Itself*（《原詩》）一書，[11]他說他相信我一定會喜歡，因為那是一本非常獨特的詩歌選集，書中收有一百五十首從許多國語言（包括法文、德文、西班牙文、義大利文和葡萄牙文）精選出來的抒情詩。該選集中的每首詩，都先以詩的原文出現，再由 Stanley Burnshaw 和其他批評家用生動的英文加以逐字闡釋，包括原文的發音解說，最後直接把讀者帶入「原詩」

的精髓本意。換言之，這個選集不以展現英譯為主；它不像傳統的翻譯詩歌選集，因為Stanley Burnshaw（與他的詩人摯友 Robert Frost 一樣）一向認為詩歌是不能翻譯的，詩一旦被譯成另一種語言，就會失去該詩的真面目。[12]所以，*The Poem Itself* 那本選集主要是注重原詩原味，並採用逐字逐音的講解方式，希望把原詩的韻味有效地傳達給讀者。那天高先生興致勃勃，一邊翻看 *The Poem Itself* 那本書，一邊和我討論有關中西詩歌的問題（並隨時引用陶淵明、王維等人的詩歌作為比較），真乃妙趣橫生。那天與高先生談話，大大啟發了我後來研究古典詩歌的方向。

那次回到普林斯頓，雖然只有幾天的時光，但可謂收穫滿滿。除了見到 Gram 和高先生以外，我們也趁機與我的兩個弟弟再次團聚。當時大弟康成和小弟觀圻都已來到美國東岸整整一年了。他們兩位是一九七一年從臺灣到美國留學的。剛抵美國時，他們先到布城

9. 普大的 Jones Hall 之所以出名，乃是因為從前愛因斯頓的辦公室就在同一座 Jones Hall 樓裡。一九七〇年春季，普大校方決定將東亞系從 East Pyne Hall 搬到 Jones Hall。

10. Tsu-lin Mei and Yu-kung Kao, "Tu Fu's 'Autumn Meditations': An Exercise in Linguistic Criticism," *Harvard Journal of Asiatic Studies*, 28 (1968), 44-80; Yu-kung Kao and Tsu-lin Mei, "Syntax, Diction, and Imagery in Tang Poetry," *Harvard Journal of Asiatic Studies*, 31(1971), 49-136.

11. Stanley Burnshaw, ed., *The Poem Itself* (New York, 1960).

12. 詩人 Robert Frost（一八七四—一九六三）曾經說過：「Poetry is what gets lost in translation.」（「詩一經翻譯便不成其為詩。」）

與我們相聚，我們曾帶他們參觀許多南達科達州的名勝，包括離布城四百多英里以外的拉史莫爾山美國總統紀念公園（Mount Rushmore National Memorial）。後來我們專程把兩個弟弟送到東岸入學——康成進紐約州立大學的 Stony Brook 分校，專攻電機；觀圻則進華府附近的 Georgetown 大學，專攻化學與化工。自從到了東岸之後，他們兩位就經常與 Gram 聯絡，也偶爾會見面。正好一九七二年六月，我們造訪普林斯頓時，康成已拿到了 Stony Brook 的碩士學位，打算暫時回臺灣工作。所以 Gram 就建議，在康成離開美國之前，我們幾位姊弟（加上欽次）就在她的普林斯頓家中來個富有紀念性的「大團圓」。那次的「大團圓」一直持續了幾天，我們一夥兒都住在 Gram 的家中，很是開心。記得我們還在卡內基湖上划船，也曾抽空到賓州著名的 Longwood Garden 一遊。

從普林斯頓回到布城之後，我更加下定決心，一定要埋頭苦幹，趕快完成我的英國文學碩士論文，並為申請普大和其他學校的東亞系開始作準備。首先，我立刻辭去大學圖書館的工作，以便專心撰寫有關卡萊爾和毛澤東的英文碩士論文。後來我在一九七二年感恩節之前順利交出一篇長達一六八頁的論文，[13]不久就取得了南達科達州立大學的英國文學碩士學位。同時我也申請了一些大學的東亞系博士班，尤其是東岸的普林斯頓大學以及中西部的幾所大學。至於將來的前途，只好等著上帝的安排了。

難忘的布城

記憶中，從一九七二年底到一九七三年初（即那段正在等待來日何去何從的期間）是個頗為令人懷念的過渡期。首先，我們已經愛上了布城，但又基於現實的考量，好像最終非要離開那個地方不可。但我們心中確實充滿了戀戀不捨的情感。

就在那時，我們邀請欽次的父母從臺灣來玩，想讓他們體驗一下布城和美國西部的神奇風景。那次我們一路長途跋涉，不但到加州的舊金山機場去接他們，也順便在那兒過了一個愉快的聖誕節。那次我們來回總共作了三千多英里的「遠征」，一路上頻頻探險。記得在返途中，我們首先從舊金山開到洛杉磯，又開到 Arizona 州拜訪我的莎士比亞教授 Paul Jackson 和他的妻子 Jane（當時他們夫婦正好在鳳凰城的老家過年）。但次日在開往大峽谷的途中，我們突然遇到大風雪，所以只好改道，轉而進入 New Mexico 和 Colorado 州。只見到處都是白茫茫一片，在公路上開車更是驚險萬分。後來經過 Nebraska 時，我們已是筋疲力盡，但因當地的旅館都已客滿，我們只好硬著頭皮，勉強繼續前行，除了下車加油

---

13. Kang-i Eleanor Chang, "Carlyle's Literature of Heroism and Its Contemporary Model—Mao," M.A. Thesis, South Dakota State University, 1972. 目前這本碩士論文的原本已收藏在耶魯大學的總圖書館 Sterling Library。特別感謝耶魯大學東亞圖書館館長孟振華（Michael Meng）先生的幫助。

以外，我們無法找到任何歇腳的機會。後來抵達南達科達州的布城時，只見自己家的門口已被六英尺高的大雪層層包圍，真是好事多磨啊。那次「西征」雖然很幸苦，卻給了我們精神層面上的提升，有一種克服困難和「萬物皆備於我」的勝利感。沒想到我的公婆頗能適應美國的生活，所以僅僅六年之後他們就移民到了美國。隨後幾年，欽次陸續為兄弟姊妹及其家人（共二十四人）辦移民手續，其中所付出的時間和精力難以形容。

且說，那次回到布城之後，我開始抽空為我的恩師許牧世教授（Prof. Moses Hsu）校對他正在從事的《聖經：現代中文譯本》。[14]當時許教授負責翻譯整本《新約》，他剛譯完〈四福音書〉，正在進行〈使徒行傳〉的翻譯，他很希望我能給他一點有關中文文體（style）方面的意見，因為「現代中文譯本」的主要讀者對象是年輕的普通讀者，而我當年也正屬於「年輕」的一代，所以我當然很樂意能為我的老師貢獻一點勞力。（在那同時，我也忙著為許教授的妹妹許碧端女士所譯的《我與你》一書寫了一篇序文稿，並於次年定稿。）[15]

記得那個舊曆年除夕（一九七三年，二月二日）的當天，我被當地的「退休教師學會」（Retired Teachers Association）請去作了一場有關中國和臺灣教育制度的演講。那是我到美國之後，第一次所給的「公開演說」（public lecture）。欽次的父母也參加了那次演講。當天晚上有兩位英文系的同事還為我們開了一個「春節慶祝會」，主人 Karen Kildahl（英文系助理教授）和 Joan M. Hilmore（英文系講師）還請我的公婆以「貴賓」（honored guests）的身分參加了那個除夕晚餐，該盛宴特別精彩熱鬧，我的導師 Yarbrough 教授和他的夫人 Neil 也參加了那次盛會。

也就在那個學期，我開始在那兒的英文系擔任講師，而且教的兩門課都十分過癮。或許是受了高先生介紹的那本 *The Poem Itself* 的選集之影響，當時我所採用的主要教科書就是 Laurence Perrine 編著一本的選集，書名是 *Sound and Sense: An Introduction to Poetry*（《音與意：詩歌入門》）。該選集收了許多近代以來的英美詩歌——包括 William Shakespeare（莎士比亞），John Milton（米爾頓），Alexander Pope、William Woodsworth、Samuel Taylor Coleridge、John Keats、William Blake、William Butler Yeats、Walt Whitman、T.S. Eliot、Emily Dickinson、Robert Frost 等著名作家的作品。該書的其中一個特點就是教人如何「細讀」詩歌，如何從細讀中領悟到詩歌的內在涵意和特色。而且，編著者還從多種不同的角度來闡釋詩歌，其中我尤其受益於「什麼是詩歌」（「What is Poetry」），「表面意義和內涵意義」（「Denotation and Connotation」），「象徵和譬喻」（「Symbol and Allegory」），「隱喻和借喻」（「Metaphor and Metonymy」），「何謂好詩，何謂上乘之詩？」

14. 這本《聖經：現代中文譯本》是由美國的聯合聖經公會（United Bible Society）主持的。當時，由於許教授的熱心推薦，該聖經公會的主持人之一 I-Jin Loh 很早就寄來一封邀請函（日期為一九七二年十一月三十日），希望我能答應此事。

15. 請見《我與你》，馬丁布伯著，許碧端譯（香港：基督教文藝出版社，一九七四）。英文版為 Martin Buber, *I and Thou*。

（「Good Poetry and Great」）等幾個章節。其中許多討論的細節都讓我百讀不厭。

但時間很快就又把我帶入了緊張的情況。大約三月中旬，我終於接到了所有申請學校的回覆。好消息是：大部分的學校都錄取了我，其中有幾所中西部的大學還願意提供獎學金。但壞消息是：我最想去的普林斯頓大學只能給我入學許可，卻不能給我任何獎學金或學費補助。這真令人失望。看來我是不可能成為高友工教授的學生了，因為普大的學費實在太貴，只能讓人望洋興嘆了。後來左思右想，只好退而求其次，終於決定進聖路易的華盛頓大學，因為那個學校不但要給我很優厚的獎學金，而且林順夫（即高友工教授的得意門生）正好在那兒的東亞系主教中國古典文學。心想，能作林順夫的博士生也算很幸運了。同時，經過慎重考慮，欽次也就開始積極地申請聖路易附近的工作機會。不久他得到了密蘇里州的聖路易城一家著名土木工程公司（即 Sverdrup Corporation）的應聘，所以毅然決定辭去南達科達州立大學的教書崗位，這樣兩人就不必分居兩處。

後來，我們在暑假期間以一種依依不捨的心情，離開了布城。還記得在離別前夕，好友 Sue Fumie LeGeros（日本人，藝術家）還特別為我們畫竹一幅，以示鼓勵。

第三章

奔走於聖路易與普林之間

We are the echo of the future.
我們是未來的回聲。
——W.S. Merwin

一波三折真無奈

誰會想到，在我們搬到聖路易城之後，又遇到了出人意外的新挑戰？首先，林順夫教授已經轉往密西根大學執教，而華盛頓大學尚未找到新人代替。其實當初從林順夫那兒聽到這個消息時，我已經開始擔心了。而且在內心深處，我還是很後悔當初沒能接受普林斯頓大學的入學許可。當時即使能籌到足夠的學費，也已經來不及改變計畫了。

但我還是下定決心，希望能在聖路易的華盛頓大學盡我最大的努力，好好拿個東亞研究的博士學位。然而，九月初開學時，我立刻遇到了困難。首先，因為系裡有關中國古典文學的課程青黃不接，我只好隨便選修了一些自己並不感興趣的課程。當時只有 Howard Nemerov 在英文系所開的「英詩寫作」課令我感到興奮。但因為我主修的是中國古典詩歌，卻找不到指導教授，所以整天悶悶不樂。晚間在床上也經常翻來覆去，連續幾天下來，心中都充滿了焦慮。

但沒想到，有一天夜晚，欽次突然抓起電話筒，給遠在普林斯頓的高友工教授打電話。在電話中，欽次問高先生，是否我還能到普大註冊入學——雖然我早已回絕了普大給我的入學許可，而且學校的秋季課程早在三個星期前就開始了。後來高先生第二天一早就打來電話，說他已經和研究生院的院長談過，普大校方願意再次給我入學許可，歡迎我立刻入學。

我們決定次日一早就動身前往普林斯頓。可想而知，在那短短的二十個小時之內，我們忙得不可開交，簡直分身乏術。次日清晨，我們開始上路，在I-70的州際大道上努力奔馳，一路上兩人輪流開車。抵達普林斯頓走進Gram的家門口時，已是午夜時分。

第二天下午，欽次把我送到高友工教授的辦公室，不久就自個兒乘飛機回聖路易去了。

那個秋季我就暫時住在Gram的家中，直到一九七四年一月中旬春季班開始時，我才搬進研究生宿舍（即Graduate College）。可想而知，那是我和欽次生平最窮困的一年，不但要定期支付非常昂貴的普大學費，而且還要負擔兩地住處的用費，其經濟包袱之重難以形容。幸而後來系裡的教授聯合起來，為我努力爭取到第二年以後的全額獎學金，我們才勉強渡過難關。但幾年下來，兩人分住兩處，見面機會又不多，只能靠通信和電話互相傳遞信息，著實不易。基本上，欽次一個人扛起了全面生活的重負，每回我遇到難處時，為我站出來的就是他，是他為我打造了一個新的積極的人生計畫。每次撫今追昔，對於欽次那種排除萬難的清醒和堅持的精神，除了無限感恩之外，又讓我對生命的奇妙巧合有了一種嘆為觀止的領悟。如果不是一九七三年九月的那個晚上，欽次一時衝動，突然拿起電話筒給高先生打了那個電話，今日的我絕不可能走到了今天的位置上。

普大的師長們及其友人

如果說，普大的教育改變了我一生的學術生涯，主要還是由於高先生給我的啟發和幫助。高先生是一位名符其實的「師父」，懂得如何因材施教，而他施教的方式總是和個人生命合在一起。記得一九七三那年我剛進普大唸書時，他曾對我說過：「最美的人生有如絕句。」據他解釋，那是因為，絕句雖短，卻有「意在言外」（尤其是尾聯）的作用。人的生命也是如此，再長的生命終究是短暫的。一個人必須懂得珍惜那個短暫，人生才能顯得美麗而富有詩意。有時我被許多事情弄得煩惱不堪，他就向我教訓道：「你應當把你的工作比成跳舞。比方說，你自己在家練習跳舞繞圈時，必須繞個一百二十圈。但你真正上台表演時，最好只繞十二圈，這樣你就會有舉重若輕的自信。」（正好高先生的好友江青是個著名的舞蹈家，一九七三年秋季江青到普大校園表演民族舞蹈，讓我大開眼界，才終於對高先生的話恍然大悟。）我想，人生總有許多不如意的情況，而且前面的路程茫茫不測，我們就很容易經常被外物所累，所以應當培養舉重若輕的藝術境界，才能自由自在地翱翔於世。此外，高先生在課堂上經常引用的《莊子》〈逍遙遊〉：「北冥有魚，其名為鯤。鯤之大，不知其幾千里也。化而為鳥，其名為鵬……」大意是：我們應當努力修養自己，好在魚中作鯤，這樣才能化為大鵬而逍遙遨遊。

在唐詩的課堂上，高先生最喜歡引用王維的詩句。特別是他給「行到水窮處，坐看雲起時」（王維，〈終南別業〉）那兩句詩的解釋，令我終身受益。他說：「如果有一天你走到窮途末路時（dead-end），千萬不要喪氣，你要從容地坐看雲起，這樣就會絕處逢生。」而且他要我們注意王維詩中接下來的最後兩句：「偶然值林叟，談笑無還期。」意思是說：在山窮水盡之時，我們偶然也會遇到某個有趣的老人，也能談得十分愉快，甚至樂而忘返。此外，高先生最喜歡陶淵明的「問君何能爾，心遠地自偏」等詩句。因為他「心遠」，所以凡事都顯得灑脫。總之，他那種處事不驚的態度，令我十分敬佩。

在普大的求學旅程中，牟復禮教授（Prof. Frederick W. Mote）也是一位令我終生難忘的恩師。一九七三年秋季我剛到普大入學時，正巧牟先生正在休假中，所以我一直到一九七四年春才開始選修他有關明史的研究生課程。在課堂上，牟先生教導學生的方法很有創意，他總是因材施教。因為我主修古典文學，所以有關我的學期論文，他鼓勵我研究明代小說和文化史的關係。在牟先生的努力指導下，我完成了一篇長達七五頁的學期論文，專門討論海瑞的兩部小說《大紅袍》與《小紅袍》的歷史意義，並涉及近代學者吳晗所寫的《海瑞罷官》，以及一九六〇年代文革期間吳晗被定為「反黨反社會主義大毒草」而被批鬥至死的悲劇。後來我又選了牟先生的元史課，尤其欣賞他對史料編撰（historiography）的細節印證方法，所以我就寫了一篇有關元史的學期論文，題為〈試論一三三三至一三四一年元史闡釋的諸問題〉。[1]

牟先生是普大東亞系的創始人，是著名的歷史學家和漢學家，他早年曾畢業於中國南京的金陵大學，所以他對於中文古籍和史料，以及對中國語言之掌握（他是著名語言學家趙元任的得意門生），令人驚嘆。每次與他談話，他不但讓我在學識上感到提升，在心靈上也同樣獲得充實。從第一次與他見面，他就要我喊他作 Fritz（他的小名），令我愧不敢當。當時我已經熟讀了他的經典著作 *Intellectual Foundations of China*[2]（《中國思想之淵源》），很佩服他研究學問的方法。他所作的研究，總是令人感到既富傳統的實證性，也有前瞻性的突破。同時，他一向以「文史不分家」的態度來進行他的構思過程，所以他一直把不同時代的歷史和思想放在一個大中華文化的上下文來把脈研讀。他不但研究中國歷史的各個方面，而且還肯定古典詩歌在中國文化中所佔之首席地位。早在一九六二年，他已經出版了一本有關明代詩人高啟的書，*The Poet Kao Ch'i: 1336-1374*。[3]可以說，牟先生是第一位把詩人高啟介紹給西方讀者的漢學家。高啟是明初最傑出的詩人，可惜一生宦途坎坷，時運不濟，後來毅然隱退蘇州，卻又因寫詩冒犯了當時的皇帝朱元璋，因而被活活斬腰，死時才三九歲。高啟死後，更是蕭條，無人敢表揚他的詩歌，一直到清朝末期才得到才子趙翼（一七二七—一八一四）和女詩人汪端（一七九三—一八三八）為他先後正名。至於在西方世界，更沒有人聽過詩人高啟的名字。一直到一九六二年，牟先生的《詩人高啟》一書由普林斯頓大學出版社出版之後，漢學界才對明初的文學和當時的政治情況有了初步的了解。

由於牟先生的緣故，普大成了研究元明史的漢學中心。一九七四年前後，當時任教於耶魯大學的張光直教授，正要編一本有關中國飲食和中國文化的書，他就請牟先生負責寫有關元明時代的飲食那一章。[4]牟先生認為，有關明代那個時期的飲食，再沒有比《金瓶梅》更能表現當時市井的宴飲生活了。於是，在一九七五年五月四日那天，牟先生與他的夫人陳效蘭女士就邀請我們「金瓶梅討論課」班上的所有研究生（以及負責教那門課的教授浦安迪〔Andrew H. Plaks〕）一起到他們的府上經歷了一次金瓶梅大宴。那天女主人陳效蘭把《金瓶梅》書中有關食物的描寫，抽其精華，用二十二道佳餚淋漓盡致地表現出明末富家的宴飲生活。其中最精彩的幾道菜是：荷菜酸筍蛤蜊湯（二十一回）、蔥白椒料桂皮煮爛羊肉（五十四回）、酥皮果餡餅（三十四回）、玉米麵鵝油蒸餅（三十五回）。效蘭的烹飪力求對《金瓶梅》的背景忠實，其技巧變化之妙，尤稱傑作。還記得，當我們吃到「雞

1. 這是一篇英文論文，原文已遺失。目前只存有家父孫保羅（孫裕光）於一九七八年的中文譯稿，題為〈試論一三三三至一三四一年元史闡釋的諸問題〉。此文載於《國際漢學研究通訊》，北京大學出版社，第五期，二〇一二年，六月號。
2. Frederick W. Mote, *Intellectual Foundations of China* (New York: Alfred A. Knopf, 1971).（後來此書的第二版於一九八九年出版，此為後話。）
3. Frederick W. Mote, *The Poet Kao Ch'i: 1336-1374* (Princeton: Princeton University Press, 1962).
4. 後來該書由耶魯大學出版社出版：K.C. Chang, *Food in Chinese Culture: Anthropological and Historical Perspectives* (New Haven: Yale University Press, 1977.) 請見牟先生負責撰寫的那一章（第五章），頁一九三—二五七。

尖湯」時，牟先生突然問道：「這是不是因為西門慶死後家境蕭條，才吃這樣淡淡無味的湯？」於是，大家連忙打開書本一查，果然雞尖湯出在九十四回，而西門慶早在七十九回就去世了。有趣的是，那天我們班上的每個人都扮演成西門慶的某位夫人，因為那班上正巧只有六位女生，而小說裡的西門慶一共娶了六個妻子。那天我扮演《金瓶梅》裡的李瓶兒，而我的好友高天香（Lucy Loh）則扮演西門慶的第一夫人月娘。總之，在實地的吃喝經驗中，又加上我們的服飾扮演，大家對小說裡那貪財嗜酒之徒更有一種設身處地的感受。後來，牟先生本著「欲歷其境」的興致，還請我當場把那二十二道菜譜用毛筆抄錄下來，題為「金瓶梅大餐」。

我後來發現牟先生還有一個特點：他一方面有儒者的敬業精神，另一方面又過著有如道家一般的退隱生活。從前我早已讀過他寫的一篇有關元朝的文人如何既隱退山林，又有儒者入世精神的文章，[5]所以對於他所提出「eremitism」一詞特別感興趣。我進而也思考過有關中國古代知識分子的「仕隱」精神，心想牟先生正是代表這種「仕隱」精神的現代文人。原來牟先生每隔一年就從普大休假一學期，一般在休假期間，他和妻子陳效蘭就會回到科羅拉多州的 Granby 山中，兩人住在海拔很高的 Rocky Mountains 山區，彷彿隱逸之士一般。但即使在隱居的生活中，他仍努力指導學生的論文。記得一九七六年三月間，他曾在山中為我批改一篇我將要在多倫多的亞洲學會（AAS Convention）宣讀的論文。[6]每當他們回到 Granby 居住，我總是和牟先生通信，向他請教問題，而他回信時，總是不忘向欽次問好，師母效蘭也經常寄來她在山中所畫的蘭花，令人感到格外地親切。可以說，我們與牟先生和效蘭通信來往數十年如一日。二〇〇四年六月（即在牟先生發病離世前八個月），我們收到了牟先生本人的最後一封信。但在那以後，我們仍繼續與師母效蘭保持聯絡。記得二〇〇六年七月間，欽次還親自到科羅拉多州的 Granby 山中拜訪效蘭，並收集牟先生的多年照片和相關資料，以為後來在臺灣舉行的「紀念牟復禮教授國際學術研討會」（由中央大學的王成勉教授主持）作準備。當天效蘭還親自下廚，為欽次準備了非常豐盛的午餐。直到如今，我們仍繼續與效蘭通信。最近效蘭以她九十二歲高齡，在她的信中（二〇二二年五月三十日來函）回憶道：「山居是 Fritz『心滿意足』之處」，「他二樓書房正對 Rocky Mt 山嶺一望無盡的高山」，「窗下可看到他的菜園，樓下院子是他種的花草」，「有時他喜歡做雕刻小品……還有給我做的茶壺把子，壽字 necklace，圖章等。他年青時畫了很多畫，也想做職業畫家，但父母勸他先唸大學，他後來說他父母是對的，他沒有天分做一等畫家」，「後來，二次世界大戰期間，他從軍後去哈佛唸中文，一切都改變了。」

5. Frederick W. Mote, "Confucian Eremitism in the Yuan Period," in *The Confucian Persuasion*, edited by Arthur F. Wright (Stanford: Stanford University Press, 1960), pp. 202-240.
6. 這是一篇英文論文，原文已遺失。後來王瓊玲教授（當時是耶魯大學博士生）將此文譯成中文。見王瓊玲譯，〈從「文類」理論看明傳奇的結構〉，收入孫康宜《耶魯性別與文化》（上海：上海文藝出版社，二〇〇〇），頁二三七—二五一。

是偶然？還是天意？」這真是一封極其珍貴的書信。

此外，系裡的浦安迪先生也是我在普大讀書時的良師益友。浦安迪做學問很有深度，是個天才，他原是高先生的博士生，專攻古典小說，剛畢業（才二八歲）就被聘為助理教授，三一歲不到就得到普大的終身職。他是一個正統的猶太人（Orthodox Jew），始終對猶太民族忠誠不渝。一九六七年六月，當他還是普大四年級的本科生時，他居然奮勇地前往以色列參戰，親自參與所謂的「六日戰爭」（Six-Day War）——又稱「第三次中東戰爭」（The Third Arab-Israel War）。一九七三年秋我剛進普大東亞系研究所時，浦安迪正好開始教書，所以我就選修他的紅樓夢討論課。大家都喊他作 Andy，但他的中文名字「浦安迪」是我為他取的。後來，我把他的一篇文章譯成中文，題為〈談中國長篇小說的結構問題〉，登在《文學評論》第三集，於一九七六年七月一日出版，那是第一次浦安迪的作品以中文出版。浦安迪對我最大的影響有兩點：一是他比較中西文學時，喜歡從中西文化和宇宙觀的不同處（而非其相同處）著眼。二是他解讀文本時，也非常看重注家們的註解（commentaries），所以文本與評註文學二者並重。我最欣賞他用「綿延交替」（ceaseless alternation）和「反覆循環」（cyclical recurrence）的宇宙觀來解讀中國的敘事文學，那是與我從前所學的西方文學傳統中所謂的「統一連貫性」截然不同的。例如，在《紅樓夢》的課上，我們學到曹雪芹如何將大觀園的諸豔依「五行」的次序加以排列（即黛玉屬木，寶釵屬金，熙鳳屬火等）。又如他認為《西遊記》的作者也以「水火」來表現諸魔的錯綜關係，而豬八戒與孫悟空的「木」「金」對立也似乎帶有某種寓意。所以從浦安迪那兒，我學會了一些由古代的陰陽五行所引發出來的嶄新的文學批評概念，可謂舊中有新，新中有舊。此外，在他的《易經》課上，我也了解到許多有關評註文學的知識。當時浦安迪採用了不少精彩的教科書，其中尤以《周易折中》，和著名漢學家 Richard Wilhelm（衛禮賢）所譯成的《易經》版本（*The I Ching, Or Book of Changes*）最富啟發性。[7]

當然，普大東亞系還有許多其他優秀的教授。例如，教思想史的裴德生（Willard J. Peterson）也經常給我深度的啟發；我曾經旁聽過他的幾堂課。他就是繼承愛因斯坦從前在 Jones Hall 的老辦公室二〇九的那一位。[8]（但在愛因斯坦的時代，那棟樓被稱為 Fine Hall，後來才改為今日的 Jones Hall。）在 Jones Hall 那棟樓裡，還有一位教授李歐梵（Leo Lee），他不但有豐富的中國近代思想史和文化史的知識，也是現代文學的專家，又精通英美文學和音樂，所以在普大學生們的廣大群中，知名度很高。雖然我主修古典文學，但偶爾也會到他的本科生課上旁聽，每回都滿載而歸，很是開心。此外，唐海濤先生有百科全

---

7. 請見 *The I Ching, Or Book of Changes* (The Richard Wilhelm Translation from Chinese into German, Rendered into English by Cary F. Baynes, with a Forward by C. G. Jung, and a Foreword by the new edition by Hellmut Wilhelm),Bollinger Series 14 (Princeton: Princeton University Press, 1967).
8. 特別感謝裴德生教授告訴我有關 Jones Hall 二〇九的詳細歷史。

書似的博學和記憶，所以，我每次一有問題就去請教他，同時也選修了他的語言學課程，可謂獲益匪淺。還有教宋史的教授劉子健（James T.C. Liu），他的學問極其豐富，我有空就去找他聊天，對我當時研究宋代文學的幫助很大。（順便一提，幾年後錢鍾書先生造訪普大時居然說劉子健先生是「普林斯頓的二妙」之一，另一「妙」則是浦安迪，不知所指為何？）

高先生早就鼓勵我，最好也到其他系裡去選課，這樣我就能得到轉益多師的好處，[9]也能開闊跨學科的視野。所以，我從第一學期開始，就選修英文系 Earl Miner 教授的課程。我為 Earl Miner 教授取了一個中文名字「麥而康」，從此我一直稱他為麥先生。他早年參加美軍部隊時（一九四四－一九四六）就學會了日文，唸大學時主修日本文學。後來雖然拿的是英國文學的博士學位，也一直在英文系裡教書，但他的研究方向其實是「比較詩學」（comparative poetics），所以他研究的範圍很廣。當時我對他的日本詩歌討論班很感興趣，但苦於尚未正式修過日語課。然而麥先生卻破例讓我選修他的課，因為我對比較詩學並不陌生，而且早就讀過他有關英國文學和日本詩歌方面的著作，尤其喜愛他那本 *An Introduction to Japanese Court Poetry*（《日本宮廷詩歌簡介》）的書，所以我在他的課上還應付得不錯。一九七四年，我利用暑期的時間到明德大學（Middlebury College）去惡補日文。（記得就在明德學習日文的那個暑假，尼克森總統由於水門事件而被迫離職，我們在日文班上也學會了一些與尼克森有關的日文句子。我也學會用簡單的日文寫信給我當時還在臺灣的父母，他們簡直興奮極了。）之後我又在普大選修高級的日文課，才漸漸對日本語文有一種親切的語感。總之，我一直選修或旁聽麥先生的文學課——包括一門有關十七世紀日本詩人松尾芭蕉（Matsuo Bashō）的討論課——直到畢業前的最後一個學期。每次上麥先生的課，我都充滿了期待，因為他總是請我們到他的家裡上課。他的家很美，有許多日本的屏風，各種擺設都讓人聯想到日本文學中的詩歌情趣。

除了麥先生之外，我也選修了比較文學系 Ralph Freedman 教授的課程。Freedman 先生生於德國，一九四〇年以猶太難民的身分投奔到美國，逃過納粹一劫。他有極高的文學天分，才二十八歲（一九四八年）就出版了一部風行美國的自傳小說，題為 Divided（《分裂》），回憶他二次大戰末期服務於美軍部隊（當時駐軍奧地利）的親身經驗。此書尚未出版，即已獲獎；出版之後，更是廣受好評。一九五三年他從耶魯大學獲得了比較文學的博士學位，後來輾轉又到了普林斯頓大學教書，被譽為當代從事歐洲文學研究的巨擘。他的「十九世紀歐洲文學」那門課是普大學生們公認的熱門課。他為人極為謙虛，又有寬大的人文關懷，所以學生們都很喜歡他。我在他的課上，特別熱衷於十九世紀的浪漫主義，尤其欣賞德國詩人荷爾德林（Friedrich Holderlin, 1770-1843）和里爾克（Rainer Maria Rilke,

9. 半個多世紀以前，林順夫也同樣受益於高先生的「轉益多師」之教導方式。見喬玉鈺，〈逍遙於抒情與敘事之間——林順夫教授訪談錄〉，《文藝研究》（二〇二一，九月號），頁九八。

1875-1926）的作品，但可惜不懂德文。沒想到寬宏大量的 Freedman 先生還特別為我一個人開了一門「獨立的閱讀課」（Independent Reading Course），不斷給我許多課外的指導。至今我仍感激他當年在我身上所投入的大量時間。

可以說，當時我雖然主修中國古典文學，其實唸的是中西比較文學。普大的一般博士生只需要完成三十六個學分，但我居然選了加倍的課程，最終得了六十個學分，可謂破普大有史以來的紀錄。但因為當時東亞系裡規定，每個博士生只能選三個研究方面作為 Qualifying Exam（即博士生考試，包括筆試兼口試）的領域，所以高先生最後推薦的幾個考官和研究領域分別為：（一）高先生本人（六朝詩歌和唐宋詩詞），（二）浦安迪先生（明清小說），（三）Earl Miner 和 Ralph Freeman（西方文學評論）。把 Earl Miner 和 Ralph Freedman 兩位先生勉強聯合在一起，作為一個領域的考官，其實有點牽強。最後考試委員會決定，由 Earl Miner 考我有關十九世紀以前的西方文學評論，而由 Ralph Freedman 負責考有關十九世紀以來的西方文學評論。說實話，這個博士生考試是我平生感到最可怕的一次考試。所以我決定速戰速決，請求在第三年的秋季一開始就參加考試，以免弄得整年都心急火燎。後來居然順利通過，終於能放下心來。

在高先生的指導下，我很早就決定寫有關詞的博士論文，希望從當時文學批評界正在流行的「文體研究」（genre study）方法入手，進而討論中國詞體的發展與個別詞人風格（style）的密切關係。為了擴展我的研究視野，高先生開始計畫把我介紹給幾位漢學界的前輩。首先，他想讓我認識研究詞的專家葉嘉瑩教授，當時葉先生已在加拿大溫哥華的不列顛哥倫比亞大學教書。我早已讀過她有關「人間詞話三種境界」、李商隱的「嫦娥詩」、溫庭筠詞、大晏詞、杜甫七律、陶淵明的「認真」與「固窮」等論著，對她講評詩歌的方法和角度十分欣賞，但那種欣賞僅限於學術層次，對葉教授其人，我並無深刻的瞭解。後來一九七六年三月二十日那天，我生平第一次見到葉先生。那天正是普大東亞系所舉行的「中國文學敘事研究」會議的前夕，高先生早已安排我負責招待葉先生和她的學生施淑女（即作家李昂和施淑青的大姊），所以在會議期間，她們兩人就住在我的公寓裡。記得那次會議中，葉先生所講的題目是有關王國維對詩詞意境的拓展，同時也涉及一般詩詞賞析的標準問題。那是我第一次聽葉先生演講，對於她優雅的風度以及充滿智慧的分析和講解，印象頗為深刻。沒想到會議結束之後，她離開普林斯頓才兩天，我們就聽到了一個青天霹靂的消息——那就是她的大女兒與女婿死於車禍。這個消息令人感到震驚。直到三年後，我有一個偶然的機會到加拿大的不列顛哥倫比亞大學演講，才再次見到葉先生。那次我在她的溫哥華家中過了一個難忘的夜晚，我們兩人打開話匣子促膝懇談，直至深夜。就在那天，她第一次讓我看她的詩詞手稿，印象最深刻的就是她為大女兒所寫的十首詩，題為：〈一九七六年三月二十四日，長女言言與婿永廷以車禍同時罹難，日日哭之，陸續成詩十首〉，讀到「誰知百劫餘生日，更哭明珠掌上珍」等詩句時，我的淚水不禁奪眶而出。從那次開始，我與葉先生數十年來經常保持聯絡，她也時常寄她所寫的詩詞給我，令我獲益匪淺。她從前也是白色恐怖的受難者，所以我對她那種歷經百劫憂患之後而仍然保有堅毅不拔的精神，打自心底佩服。她給我的是一種難得的生命教育。

當初，高先生也希望我能認識博學多才的史學家余英時教授。正巧一九七六年九月中旬余先生從哈佛受邀到普大演講，當晚聚餐時，高先生刻意安排我坐在余先生的身旁，以便讓我向他求教。我首先做了自我介紹，說我是高先生的博士生，正要開始寫有關詞的論文，接著兩人就開始閒聊了起來。余先生是著名的歷史學家，但那天他給我留下最深的印象卻是：他是一個不折不扣的才子詩人。聽說我專攻詩詞，他就很感興趣。他一邊聊天，一邊很隨意地在紙餐巾上抄寫了他幾天前才作的幾首詩，和我分享。其中一首關於毛澤東（很巧，那天正好是毛澤東去世後幾天），一首關於蔣介石，一首關於周恩來。他說：「現在，這三個歷史性的人物都已過世，我非得寫這幾首詩不可，否則無法交代。」記得他寫有關毛澤東的那首詩題為〈丙辰中秋紀事〉，其中有「不周山下萬旗斜」及「蒼然大地無情甚」等句。我當時眼前一亮，因為我發現那兩句都很巧妙地運用了毛詩的典故——前者出於毛澤東的〈漁家傲〉一詞（中有「不周山下紅旗亂」之句），後者出於毛澤東的〈沁園春・長沙〉一詞（中有「問蒼茫大地，誰主沉浮」之句）。余先生說，他感到很驚奇，沒想到我（一個來自臺灣的留學生）居然對毛澤東的詩詞如此熟悉。於是，我就把自己從前在南達科達州唸英美文學，以及寫過有關卡萊爾和毛澤東的碩士論文等等，一五一十地告訴了余先生。我也順便向他提起，不久之前著名的學者麥谷教授（Prof. Franz Michael）

來普大演講時，我也曾向他請教過有關毛澤東歷史形象的問題，因為當時聽說他正在準備寫一本有關毛澤東與中國革命意識的書。[10]聽了我的故事之後，余先生認為我那些蜿蜒曲折的求學經驗非常有趣。他接著說，一個人若能撇開一切、專心研究學問，乃是一種奢侈。他鼓勵我，將來只要繼續研究自己感興趣的題目（不必跟隨潮流），自然就能做出成果來。總之，那天的談天說地，令我由衷地佩服余先生，也很感激他的啟發和鼓勵。許多年後，余先生和其夫人陳淑平（Monica Yu）居然成為我和欽次生命中另一階段的貴人，此為後話。

在我開始寫博士論文的期間，高先生也把我介紹給其他兩位著名的哈佛教授——一位是研究詩詞的海陶瑋（James R. Hightower）教授，一位是研究音樂的趙如蘭（Rulan Chao Pian）教授。當時海陶瑋正在撰寫有關周邦彥的詞，也已經開始研究柳永的詞，所以他對我的論文題目非常感興趣。他不但是我的論文讀者之一，而且還成為我的博士論文答辯時的主考官。至於趙如蘭先生，她早已出版了一本有關宋朝音樂的專著，[11]而且她對敦煌文獻也很在行。同時，她也很熟悉日本學者們的研究成果，還特別把岸邊成雄（Kishibe

10. Franz Michael, *Mao and the Perpetual Revolution* (Woodbury, New York: Barron's, 1977).
11. Rulan Chao Pian, *Sonq Dynasty Musical Sources and Their Interpretation* (Cambridge, MA: Harvard University Press, 1967).

Shigeo）所寫有關唐代音樂的兩大冊巨作介紹給我。在岸邊成雄的書中，那些有關雅樂和俗樂方面的討論，尤其給了我很大的啟發。

此外，高先生有一次帶我出席著名的珍妮特・米爾斯基（Jeannette Mirsky）家中的晚宴。記得那天在場的客人還包括著名的劍橋大學教授杜希德（Denis Twitchett），當時杜先生正在普大東亞系當客座教授（後來一九八〇年他才正式轉到普大教書）。總之，在那個年頭，在普林斯頓的學術圈裡，幾乎無人不知 Jeannette 這位傑出的人才，她早在一九四七年就榮獲赫赫有名的古根海姆獎（Guggenheim Fellowship）。但她是一位獨立獨行的學者，是一位名符其實的學者兼作家，尤其喜歡研究有關探險和考古方面的題目。她從未在學院裡教過書，只是繼續不斷地撰寫有關她的研究心得，大約每五年就會出版一部新書。記得那次與她初次見面，她才剛出版有關英國的考古學家斯坦因（Marc Aurel Stein）的傳記，[12] 所以我就向她請教有關斯坦因先生當年到中國探險、並帶回許多敦煌文物的故事。在那以後，Jeannette 經常約我到她的家中吃晚飯。Jeannette 比我年長四十一歲，我把她當作老師看待，她的興趣又集中在學術研究和寫作上，所以每次與她聊天，我都覺得滿載而歸。後來我的博士論文第一章果然牽涉到「敦煌曲」的材料，多少與我經常和 Jeannette 聊天有關。

總之，我非常幸運，在構思和撰寫博士論文的過程中，居然得到這麼許多出類拔萃的師友們的幫助。所以，在我唸研究所的第四年就已經完成博士論文的初稿了。後來我獲得了 Whiting Fellowship 的優厚獎金，終於利用一年的時間把論文改寫成書。在我畢業之前，我的指導教授高先生和麥先生又合力把我的書推薦給普林斯頓大學出版社。有關這些事，我一直心懷感激。

普大的學生生活及其他

孔子曾說：「三人行，必有我師焉。」（出自《論語》〈述而篇〉）意思是說，我們只要與他人同行，就必定能從別人的身上學到東西。回憶當年在普大的學生生活，令我最懷念的就是這種「三人行，必有我師焉」的感覺。這是因為，我一路走來所得到的許多幫助（無論是知識上或生活中的幫助），經常來自我周圍的同學們。

首先，我永遠忘不了我在普大研究生宿舍（Graduate College）的室友 Leslie Wharton。話說，一九七三年秋季，因為我註冊晚了三個星期，學校無法為我安排任何住宿，當時我只好暫時住在好友 Gram 的家中。一直到一九七四年一月間（即春季學期剛開始時），有一天上午我突然接到校方的電話，說研究生宿舍剛有人搬走，要我立刻答覆是否要搬進去，否則他們就要把那空位給別人了。當時我在電話中立刻接受了學校的安排，並答應幾個鐘頭之內就可以搬進那宿舍。

---

12. Jeannette Mirsky, *Sir Aurel Stein, Archaeological Explorer* (Chicago: University of Chicago Press, 1977).

然而，當天 Gram 從清晨開始就一直咳嗽不止，顯然是患了肺炎，事態嚴重。但我卻無法抽出時間照顧她，因為我正忙著整行李和搬家，何況當天還有課，而且次日就要考法文的筆試，覺得壓力快要頂不住了。所以，我只得先打個緊急電話給 Gram 的兒子 Tom，請他立刻把 Gram 送到醫院的急診室。後來我整完行李，就一個人開往普大校園。一路上我充滿了內疚和無可奈何的情緒，心裡一直惦念著 Gram。

記得我從 Housing Department 那兒拿到鑰匙之後，就匆匆趕去上高先生的課。下了課之後，又立刻把車開往研究生宿舍的方向。由於欽次的關係，我早就對普大的研究生宿舍十分熟悉了，所以那天很容易就找到了學校為我安排的房間（已經記不得是哪個房間號碼了）。沒想到我的室友早已在門口等著我，因為學校已經通知她，說有個新室友就要搬進來。她一看見我拖著行李走進來，就很熱情地說道：「我的名字是 Leslie Wharton，請問你的大名是什麼？」我說：「我叫 Eleanor Chang。」她立刻回應道：「但我的意思是，你最初的名字是什麼？」我告訴她：「我的中文名字是 Kang-i。」她立刻說道：「啊，那是多美的名字呀！我就叫你 Kang-i 吧。」

總之，將近五十年前，我和 Leslie 初次見面，就一拍即合。當天傍晚時，兩人一起到宿舍的餐廳裡吃晚飯，就天南地北地聊了起來。當時 Leslie 才二十二歲，剛大學畢業不久，是普大歷史系博士班的新生。她準備專攻早期的美國史，尤其是美國的憲法（American Constitution）。我告訴她，我對美國憲法的「第一修正案」（保障人的言論自由）特別感興趣，而且美國的國父喬治・華盛頓（George Washington）是我心目中的英雄，我尤其佩服他的民主精神，以及他對美國憲法的貢獻。Leslie 聽了很開心，所以在那以後，她經常與我討論有關早期美國立國的原則，使我無形中增加了許多有關美國歷史的知識，我們也很快就成了摯友。後來我從研究生宿舍搬到外頭住，Leslie 也跟著我搬家，兩人又一同住了一年之久，直到她回老家去開始寫她的博士論文。（她於一九七八年獲得普大博士學位，剛開始時在大學裡教書，但後來又進哈佛大學法學院唸書，於一九八四獲法學博士。接著她當了二十五年的律師，於二〇〇九年轉到美國聯邦政府裡工作，一直到二〇二一年底退休。令我特別珍惜的是，這段友誼一直到目前，仍然繼續不斷。）

另外，我在高先生和其他教授的課上，也交了幾位難得的好友。例如，Diane Perushek（白迪安）、Frances LaFleur（安芳湄）、Ian Hideo Levy（李英雄）、Ellen Soulliere（蘇藹蘭）、Alfreda Murck（姜斐德）、Christian Murck（孟克文）、和 Peter K. Bol（包弼德）等人都先後對我個人的學業和生活起了積極的作用。記得當時有一位牟先生的博士生，名叫 Peter Lighte，特別有幽默感，我們都喊他做「賴皮」。（其實他的中文名字叫賴彼德，後來又名黎拓。）有一次我在學生中心（Student Center）偶然遇見他，於是我就坐下來和他喝咖啡。我順便把我的一篇有關宋代理學家朱熹的短文讓他先過目一下（現在已經忘了是為哪門課寫的作業），沒想到他剛讀到文稿的第一句，就看不下去了！他說：「妳幹嘛選這麼枯燥無味的題目呀？」而且還向我做了個鬼臉，接著就把那文稿丟還給我了。一時我們兩人都忍不住哈哈大笑。如今半個世紀已經過去，我仍忘不了那天的喝咖啡經驗。沒想到當年那個專攻明史的「賴皮」後來成為一位很成功的銀行家，目前已經成了非常賣座的暢銷書作者，在 Amazon 線上，他的每本書都得到「五星」好評，令人驚嘆不已。[13]

我還有另一位名叫 Thomas Bartlett（白慕堂）的同學，我們都喊他為 Tom，他也是牟先生的得意門生，早在一九六六年他就進了普大東亞系的博士班，但一年後他決定要到臺灣去進修。他利用五年的時間（即一九六七－一九七二年）在臺灣專心學好中文，同時還在國立臺灣大學攻讀中國古代史。一九七二年他獲得了臺大的碩士學位之後，就回到普大的東亞系繼續攻讀博士學位。一九七三年秋，我在高先生的唐詩課上首次認識了 Tom，一聽他開口說中文說得如此之流利，而且字字發音準確，用詞又十分講究，簡直對他佩服得五體投地。不久我又發現 Tom 對於漢學資料的掌握真是厲害，每次只要有一本重要的參考書出版，他就立刻知曉，也會和同學們分享，所以他儼然成了同學們的活字典。記得有一天 Tom 告訴我，他的老同學 Endymion Wilkinson（魏根深）剛出版了一本有關漢學資料的巨作，書名是 *History of Imperial China: Research Guide*（一九七三年版），那時魏根深早已從普大的博士班畢業了。

有趣的是，幾天之後，我的丈夫欽次正好從聖路易飛來看我。正當我們夫婦兩人一同走出研究生宿舍的大門時，突然與 Tom 不期而遇。（當時 Tom 也住在研究生宿舍裡。）誰知 Tom 一看見欽次，就興高采烈地說：「喂，C. C.，老朋友好幾年沒見面了，沒想到你也認識我的同學孫康宜！」欽次忍不住大笑了起來，說道：「啊哈，康宜是我的妻子呀，我們已經結婚五年多了！」Tom 一時恍然大悟，也因此興奮極了。他立刻請我們在研究生宿舍的大門口稍候，並說他要回房間一下，就馬上回來。幾分鐘之後，他帶來了一張一九六六年冬季他為欽次在普大研究生宿舍外頭所拍的獨照。這些年來，Tom 一直把那張寶貴的照片收著，心想有一天若能把那張相片親自交給欽次本人該多麼好，沒想到終於如願了。那天真是一個不尋常的日子，多年老友又突然相聚，可謂喜從天降。從談話間我才得知，原來從前 Tom 和魏根深兩人曾在普大的 Baker Rink（貝克溜冰場）裡教過欽次學溜冰，那時是一九六六年冬季，當時我還在臺灣。沒想到幾年之後，Tom 居然成了我的普大東亞系同學，而我也有幸能讀到校友魏根深的書。

此外，還有一位年紀很輕的同學名為 Dore Levy（李德瑞），她當時也是我的好朋友，我喊她做「小妹」。她是比較文學系的博士生，但也同時選修浦安迪和高先生的中國文學課。記得她住在普林斯頓的主街 Nassau Street 上的一間公寓裡，因為離校園很近，我偶爾就會去拜訪她。我們經常討論有關《西遊記》和中國敘事詩的話題。後來她從普大畢業之後，很順利地得到了布朗大學（Brown University）的教書工作，至今仍是一個鼎鼎大名的

13. 他已經出版的書包括：*Pieces of China* (Beijing, 2009)、*Host of Memories: Tales of Inevitable Happenstance* (Princeton: Acausal Books, 2015)、*Straight Through the Labyrinth* (Princeton: Acausal Books, 2022)。

教授。其實，在認識 Dore 以前，我早就和她的父母很熟了。她的父親 Marion Levy 就是著名的普大社會學系教授，也曾是我們東亞系（East Asian Studies Department）的系主任（他前後一共做了十三年的系主任）。Levy 教授特別懂得如何應付校方的高階層主管，若有人需要校方的幫忙——尤其是有關經費的問題——都會去找他，而他總是很快速地解決問題。但在普大，Levy 教授卻以「牧羊犬教授」出名。這是因為他每天都帶著一頭龐大的白色匈牙利牡羊犬（Hungarian Puli dog）在校園裡走，那頭牧羊犬名叫 Duna（杜納），十分引人注目。後來 Levy 教授夫婦請我和欽次到他們家裡作客，我們才發現他除了 Duna 之外，還養了不少其他的牧羊犬。所以 Levy 教授在家中休閒時，有些像職業性的「狗飼養員」（dog breeder）一般，那算是他的個人嗜好。每次我見到他的女兒 Dore，總會談到她父親的牧羊犬，很有趣。

另外，高天香（Lucy Loh）也是我當時的同學兼摯友，我一直喊她為 Lucy。我是在浦安迪教授的《西遊記》和《金瓶梅》的課上最先認識她的，後來兩人又共同選修了幾門麥教授（Prof. Earl Miner）的日本詩歌討論課。當時我對日本語文的知識還很淺薄，但 Lucy 總是很耐心地幫助我（她來自臺灣，生於日據時代，所以日語是她的母語）。記得當時林文月的《源氏物語》中譯正在臺灣的《中外文學》雜誌逐月連載，林文月每出版一章，我就迫不及待地讀完一章，哪怕讀到深夜，也不罷休。當時我經常向 Lucy 請教，請她把《源氏物語》的許多和歌用日語唸給我聽。不用說，我每回聽她朗誦日語都樂在其中。就在那段期間，我告訴她有關我父母當年在日本東京唸書的情況，還有我父親後來不幸在臺灣的白色恐怖期間坐牢十年的悲劇。同時，我也告訴他，我父親如何在走過十年的囚刑生活之後，最後卻奇跡般地成為虔誠的基督教徒。沒想到，Lucy 立刻說：「啊，我也是個基督徒啊」！原來她早在一九五九年就離開臺灣，獨自一人來到普林斯頓神學院（Princeton Theological Seminary）的基督教教育學系唸書，於一九六二年獲得神學碩士學位。不久之後，她與駱維仁博士（普大神學博士）結婚。婚後，Lucy 生了兩個子女，並開始在普大的葛思德東方圖書館的日文部工作，一直到一九七四年才進普大東亞系的博士班，專攻日本文學。很巧的是，她的夫婿駱維仁博士（I-Jin Loh）就是從前（一九七三年春天）代表「聯合聖經公會」（United Bible Societies）寫信到南達科達州給我，邀請我為恩師許牧世教授校對《聖經：現代中文譯本》的那位人士。後來駱先生也邀請我父親負責校對該譯本的《啟示錄》。

我告訴 Lucy，說當時我和欽次正在申請加入美國籍，希望入籍之後，能設法把我的父母接來美國。那時，我的大弟康成已經又回到美國來求學，而小弟觀圻早已在華府附近安頓下來，所以臺灣的家中只剩下父母兩人。我很擔心父母隨時會病倒，也恐怕他們會突然出事，因而經常感到忐忑不安。但我也知道，要把父母從臺灣接到美國，一定難如登天，因為父親曾在白色恐怖期間入獄十年。然而，我與欽次願意嘗試所有可能的途徑，哪怕歷盡風險，也願意盡我們所能辦成這件事。Lucy 聽了我的話，很是感動，她說她會繼續為我們禱告。

記得一九七四年秋天的某一天，高先生很高興地告訴我，說他從前在哈佛大學唸書時的室友張光直先生（當時在耶魯大學任教），將要來普大東亞系作一場有關最新商周文物出土的演講，囑我一定要參加。我聽了那消息，很是興奮，立刻通知Lucy，當下兩人約好，到時候一定要爭取提早趕到演講的現場，最好坐在前排，這樣就能清楚地觀覽幻燈片。但更重要的是，我很想當面認識張光直教授，這是因為光直先生的父親張我軍先生曾是我父親的好友。我從小就經常聽我的母親說，從前住在北京時，兩家過從甚密。一九四三年，我父親（二十四歲）剛從日本早稻田大學政經系畢業，才開始在北京大學當講師。當時張我軍教授（四十一歲）也同時在北大教日本明治文學。由於兩人對日本文學的共同興趣，很快就成了摯友。有趣的是，兩家的文化背景頗為相似：原來張我軍先生來自臺灣，自幼熟悉日語，她的妻子羅文淑則是在北京長大的大陸人。而我的母親曾是留日的臺灣人，我父親則是天津人，從小在天津租地界長大，後來留學日本，所以也精通日語。總之，兩對夫婦都是在中日戰爭期間與「敵國」的對象結婚的例子。（當時臺灣仍是日本的殖民地，故曰「敵國」。）後來，一九四六年初，我們全家由上海黃浦江乘船，準備要越洋到臺灣，當時最令旅客們感到不安的是，人人都必須爬上一個又高又窄的梯子，才能登上輪船，但萬一不小心，就會葬身海底。幸虧張我軍先生那次也跟我們同行，他冒著生命的危險，毫無顧慮地抱著我那個才三個月大的弟弟康成，勇敢地走上了那危險的階梯，接著我父親才抱著我跟上去。當時我才兩歲多，但我一直記得張我軍先生在船上與我玩捉迷藏遊戲的情景。

且說那天光直先生演講完畢，我就走上前去，請高先生幫我介紹一下。一聽說我是高先生的博士生，光直先生感到格外高興，並說待會兒吃晚飯時，咱們還可以再聊一聊。接著又有不少教授和學生們也紛紛來和他致意。晚宴時我終於有機會告訴光直先生有關兩家從前在北京頻繁交往的舊事，也順便告訴他一九四六年四月間張我軍先生與我們全家乘船到臺灣的故事。但我那天一直沒敢談到有關我父親在白色恐怖期間坐牢十年的事。他說他尤其感謝我告訴他有關船上的那段往事，因為他父親那次並沒帶家人去臺灣，當時他只想獨自一人先到臺灣找事，等安定下來之後，才把妻子和孩子們從北京接到臺灣去住。當時光直先生還在北京上中學，所以並沒有跟我們一道乘船到臺灣去。他說，後來一直到一九四六年十二月底，他才和他母親一道乘船從天津出發，前後一共花了三個月的時間才終於抵達基隆碼頭。

總之，那次光直先生到普大演講，給了我很大的收穫。從此我們一直保持聯絡，直到二〇〇〇年他過世前幾個月，我與哈佛大學圖書館的張鳳女士一起到波士頓的醫院去探望他。

從入籍美國到「救父之旅」

一九七六年四月十二日那天，我正式宣誓成為美國公民。當時我是普大的三年級博士生。當天一早，有位名叫 Bonnie 的同學（是日文部的博士生）特地開車帶我到 Newark 的聯邦大樓，為了陪我參加這個重大的入籍典禮。記得在典禮中，我百感交集，當我面對美國國旗，將右手置於胸部，開始發出效忠的誓言時，我居然激動得淚流滿面：

> I pledge allegiance to the Flag of the United States of America, and to the Republic for which it stands, one nation under God, indivisible, with liberty and justice for all.
>
> 我宣誓效忠美利堅合眾國國旗和它代表的共和國——這個在上帝保佑下人人享有自由和公正的不可分割之國家。

傍晚，我又以極其振奮的心情趕到 Gram 的家中，告訴她有關我當天在宣誓典禮中的經過，聽得 Gram 高興極了。後來兩人面對美麗的卡內基湖，吃了一頓既安靜又溫馨的晚餐。

一九七七年元月間，我父母開始向臺灣的僑務委員會申請出國赴美探親。不久，我母親很順利地拿到了臺灣的出境證，但我父親的申請卻被出境管理局批駁。其實我們都心知肚明，父親之所以被批駁，當然與他曾經坐牢十年有關。然而，一旦接到這個壞消息，我感到焦慮萬分。於是我和欽次以及我的兩個弟弟開始合力籌謀，看看有什麼解決的方法。正當我們感到束手無策的時候，我的好友 Lucy 告訴我，有一個更好的辦法就是直接從臺灣的美國大使館為我父母申請「移民簽證」，然後再設法找臺灣政府機構的要人幫忙，看是否能重新申請出國許可證。如果幸運的話，最多兩個月就能完成移民和出境的手續。一時之間，我的內心又燃起了一線希望。

但四月初我突然接到從臺灣打來的緊急電話，說父親病危，已住進臺大醫院，據醫生初診，疑是肺癌，很快就要動手術了。接消息後，我立刻打電話給兩個弟弟，最後我們決定由小弟觀圻和我分道趕回臺灣一趟。（很巧的是，當時正好加州柏克萊大學有一個職缺，他們請我去面試，所以我決定先飛往舊金山，等面試一過，再乘另一班飛機，繼續飛往臺灣。）

四月七日，我一早就登上了從紐約飛往舊金山的聯合班機（United 35）。那是我畢生最難忘的旅行經驗之一。首先，我因為父親病重而內心充滿了憂慮，所以我一上飛機，就開始默禱。接著我就聚精會神地奮筆疾書，準備為父母撰寫出一份強而有力的「移民簽證」申請書，希望不久就能提交給臺灣的美國領事館。所以，當時的我，頭也不抬地全神貫注，對其他的乘客完全視而不見。一直到中午時分，當飛機上的航空小姐端來午飯時，我才首次抬頭。這時，我發現鄰座是一位和藹可親的美國男士，他開始自我介紹，說他的名字是Carl。我說我的名字是 Kang-i Sun。兩人就閒聊了起來。他告訴我，他從前上大學時，唸的是藝術系，最喜歡為人畫肖像，並說他很少見過一個比我更專注的寫作者，所以很想為我畫一張速寫的肖像，問我可不可以？我聽了非常高興，立刻說好。沒想到他只花了幾分鐘的時間就完成了一張素描，並加題辭如下：

United 35
New York to SF
7 April 77
Kang-i Sun

最後他還在那張素描的下頭題簽了他的名字 Carl，接著就把那張畫贈給我了。在那一瞬間，我對這幅速寫肖像的最大反應就是驚奇！我心想：他怎麼能在短短的幾分鐘之內，把我那種心亂如麻卻又必須集中精力去完成某種任務的奮爭形象，畫得如此之逼真？

我一直很珍惜 Carl 那張畫，我把它命名為「救父之旅」。如今這張畫仍高掛在我的潛學齋裡。彈指一揮間，半個世紀就要過去。每當憶及一九七七年那段「救父之旅」的種種情景，依然歷歷如繪。

且說，那次回臺灣是我來到美國九年之後，第一次回去探望我的父母親。在那段離別的歲月裡，父母已從中年漸漸步向老年，而且在飽受磨難的生活壓力下，父親卻又面對嚴重疾病的挑戰。這些都使我心中隱隱作痛。幸而那次我與小弟觀圻可以趁著回臺灣的機會，好好地幫忙照顧病中的父親，也可以減輕母親的負擔。（想到這裡，我必須向親人蔡洲夫婦〔即我的弟媳婦蔡真的兄嫂〕致謝，他們在那段期間很慷慨地讓我父母親——以及觀圻和我兩人——同時住在他們臺北的家，這樣我們就能方便地進出臺大醫院。這都讓我終生心懷感激之情。）後來，父親在臺大醫院開刀之後，手術醫師才發現，原來病人所患的是肺結核瘤，並非肺癌，這時大家終於鬆了一口氣。但醫生再三囑咐，父親至少要有一整年的治療和休養，才能完全康復。

就在父親手術後幾天（四月二十日），我拜訪了臺北的美國大使館，同時呈上一份有關我父母「移民簽證」的「初步申請」（petition）。沒想到那份「初步申請」當天就被批准了。他們特別強調，作為一個美國公民，我完全可以利用「直系親屬」（immediate relative）的關係來為父母申請移民的身分。父母一旦拿到了出境證和護照，他們就可以正式向美國大使館提交申請簽證的表格和其他證件了。

然而，當時最傷腦筋的就是：如何能讓我父親早日拿到出境證和護照。總之，我決定在返美之前，無論如何一定要幫父母重新申請出國，並以父親必須到美國養病就醫為「探親」的重要理由。當時我們曾先後得到了高雄煉油廠董事長胡新南和國光中學校長王琇的幫忙，他們兩人都很贊成家父要到美國養病的計畫。而且家父秉性剛直，責任心重，在高雄油廠國光中學任教多年來，早已有了「模範老師」的名譽，所以他們也特別同情我們家的處境。有了他們的強力支持，我父母不久又重新向中華民國的僑委會申請出國。

但在我返美之前，還有一件事我非做不可——那就是，我必須造訪保密局的谷正文先生。那是因為，從前一九五〇年一月間，谷先生就是親自到家裡來逮捕我父親，後來又害他坐牢十年的那個人。（當時在一九五〇年代白色恐怖的政策下，保密局和其他特務機構的人士都可以隨時逮捕任何政治上可疑的人，而且在逮捕人的時候，不必出示「逮捕證」。）然而，奇怪的是，在那以後十年，當家父出獄之後，由於沒人敢聘用他，而一時走投無路的時候，谷先生卻又彷彿成了我們家的「恩人」。且說，一九六〇年初，在我父親刑滿出獄之後，臺灣仍在戒嚴的非常時期中，人們仍如驚弓之鳥，所有學校和機關都設有「安全組」或保防秘書處，凡有坐牢前科者，均不敢聘用。所以當時家父為了求職，走遍了南臺灣，處處碰壁。幸而張綠水先生（即欽次的父親）當時是高雄煉油廠的高級職員，由於他的特殊關係，該廠的國光中學校長王琇對家父的履歷很感興趣，並主動要聘家父為國光中學的英文教師，然而無論如何也過不了「安全組」那一關，尤其因為該廠是國防重地，戒備特別森嚴。最後有位臺北的親戚自告奮勇，居然找到了從前逮捕家父的谷正文先生，請他幫忙。谷先生立刻發了一封信給高雄煉油廠的「安全組」，證明我父親當年被捕實為無辜受累等內情，才終於勉強過關。一九六〇年秋，家父開始在高雄煉油廠國光中學教書，我們才終於有了一個「家」的感覺。當時我才十六歲，正在高雄女中唸高一。記得當時的我，內心一直圍繞著一個揮之不去的疑問：既然當年谷正文先生知道我父親是無辜的，他為何不放過他，卻判他十年徒刑，並將他掛上「叛亂罪」的罪名？心想，有一天，我一定要親自請問谷先生本人，希望能從他口中得到答案。

許多年過去了。一九七七年五月底，我終於得到了一個與谷正文見面的機會。那次是通過一位親戚長輩的幫忙，才與谷先生取得聯絡的。記得，那是一個大晴天的午後，我與那位親戚準時到谷先生的臺北家中拜訪了他。

剛抵谷先生的「官邸」，就看見有幾個憲兵在那兒站崗。我鼓起勇氣，坦然無懼地走進了他家的大門。不久，管門的人就把我們引進了客廳。只見谷先生已坐在沙發上等候，臉上落出微笑：

「啊，孫小姐，妳還是沒變呀！妳的臉和五歲時完全一樣。」

「谷先生，您的記性真好。妳怎麼還記得我五歲時的樣子？」

就這樣，他開始述說有關一九五〇年一月間，他到我們家來抓我父親的情景，當時我才五歲多。

我說：「谷先生，但我聽家裡人說，我父親完全是被冤枉的。他是被我的大舅陳本江連累的。是嗎？」

「是的，我一直知道你父親是無辜的。」他慢條斯理地說道：「但當時被拘捕的年輕人實在太多了，他們大多是無辜的知識分子。如果他們真是匪諜，一定早就被槍斃了。所以，在那個年頭，只要沒有被槍斃，就算幸運了。我記得很清楚，令尊被捕之後，主要是因為他脾氣太大，當面頂撞我，絲毫不給我面子，所以最後才被判刑十年。其實在那以前，我曾經釋放了他。但他完全不合作，態度很壞，所以後來又被抓了起來……」接著，他就滔滔不絕地講起他當年如何勇敢地追捕許多匪諜以及嫌疑犯的故事，好像一幕幕活生生的往事又展現在他的眼前。

說真的，谷先生那天那種「說故事」一般的沉著與津津樂道的口氣，令我感到驚奇。當我想起在那個可怕的白色恐怖期間，居然有那麼多人無辜地受害，我就心如刀割。（後來一九九五年谷正文先生終於出版了《白色恐怖秘密檔案》一書，算是他的回憶錄。但當我讀到他在序文裡寫道：「我製造『白色恐怖』，在臺灣涉及二千餘人。其中四百餘人送軍法處理；有二百人被殺了……」我依然心有餘悸。）

幸而那天我在谷家的訪問很快就轉換了話題。後來谷先生開始談到《紅樓夢》的翻譯問題，原來他對 David Hawkes 的《紅樓夢》翻譯本瞭如指掌，令我驚異萬分。他也談到白先勇的小說，以為臺灣有那麼多小說家，唯有白先勇一人堪稱作偉大的作家。那天，在我臨走之前，谷先生特別再三叮嚀，一定要留下我在美國的地址，因為他想寄一套白先勇的小說系列給我。

多年之後，當我收到谷先生寄來的《白色恐怖秘密檔案》一書時，我赫然發現書中有一章是關於白先勇的父親，題為〈三次制裁白崇禧致死〉。在那個篇章裡，谷先生完全是以「說故事」的語調來述說他從前如何為了履行一個「暗殺任務」，而努力策劃一連串暗殺白崇禧將軍的前後細節，讀來真令人難以置信。這件事很自然地使我聯想到著名的女哲學家漢娜・鄂蘭（Hannah Arendt）所提出的所謂「the banality of evil」（「平庸之惡」）的概念，她曾用這個概念來說明二戰期間一位納粹高級軍官艾希曼屠殺猶太人的基本原因。鄂蘭以為，像艾希曼那種具有「平庸性」的人，他們只為了服從上級的命令，而失去了自我思考和反省的能力，終於為世界帶來無法想像的災難。[14]我想，在白色恐怖期間，許多沾沾自喜的迫害者或許也同樣犯了「平庸之惡」的毛病。此事值得令人深思。

且說，一九七七年六月中旬，我終於離開臺灣，又回到了美國。誰知剛回到普大校園之後幾天，就收到父親的來信，說他們第二次向僑委會申請出國的「申請文件」全部都被退回了，因為僑委會規定「在未滿一年之內，不得再申請出國」。接到這個壞消息的當天，我心裡又開始憂慮了。心想：在目前這種情況下，若和臺灣的僑委會再繼續折騰下去，大概只會浪費時間和精力而已，還不如另找其他可能的管道。

14. Hannah Arendt, *Eichmann in Jerusalem: A Report on the Banality of Evil* (New York: Viking Press, 1963). 中文版：《平凡的邪惡：艾希曼耶路撒冷大審紀實》（臺北：玉山社，二〇一三）、《艾希曼在耶魯撒冷：一個關於平庸的惡的報告》（南京：譯林出版社，二〇一六）。

於是我帶著茫然失措的心情，就匆匆來到了 Gram 的家裡，看看她能想出什麼好辦法。最後，她決定要寫一封信給紐澤西州的美國國會參議員 Senator Clifford Philip Case，因為 Case 一向為人熱誠而有正義感，或許他能幫助我的父母順利地移居美國。

果然，Gram 發出那信之後，我很快就收到了 Case 先生寄來的一封熱情而令人鼓舞的回信。[15] 當天 Gram 也同時收到了 Case 回函的影印本。在他的信中，Case 先生再三地強調，他願意出面聯絡當時駐臺灣的美國大使館，請他們以最快的速度辦理我父母的簽證手續，所以他希望我能和他繼續保持密切的聯絡。他說，一旦我的父母拿到了臺灣的出境證和護照，請我立刻通知他。他還鼓勵我的父母一定要再接再厲（「persist in their efforts」），千萬不要放棄申請，因為據他所知，曾經有一些人，在多次申請被拒之後，最後居然順利得到了臺灣護照。

收到 Case 先生來信的當天（即一九七七年七月九日），我立刻寫了一封謝函給他，並把幾個月前我到臺灣的美國大使館為我父母申請移民簽證的資料信息抄給了他。在那以後，我又與他通了幾次信，也曾多次接到美國領事 Thomas F. Wilson 先生從臺灣發來的信件，表示他也一定會盡力幫忙。在這同時，家父也與 Wilson 領事取得了聯絡，並答應一旦取得了臺灣的出境證和護照，將立刻呈交給美國大使館。

然而，要如何讓我的父母如期得到出國的許可證，還是一個令人頭疼的問題。後來我與大弟康成於七月十六日合力擬了一封致蔣經國先生的長信，由我簽名，以航空掛號快信寄出。當時蔣先生是臺灣的行政院院長，大權在握，而且聽說他對海外學人特別友善，所以我們希望他能特准家父母出國療養。

但此信發出之後，如沉大海，絲毫沒有反應，心想那信可能被蔣院長手下的人給扣留了。有一天，正當我感到束手無策時，恰好我的導師高先生剛度假回來，說想與我見個面，也想討論一下有關我修改博士論文的進展。於是那天我就順便把家父母申請出國所遇到的許多挫折告訴了高先生。他聽了之後，當下就為我想出了一個辦法。他建議我立刻給芝加哥大學的余國藩（Anthony C. Yu）教授打個電話，因為他很可能認識一些政府要人，或許可以給我一些幫助。後來在電話中，國藩先生建議我寫信給文化大學的校長張其昀先生，因為張校長就住在蔣經國家的正對面，只要請他把我那封致蔣經國的信之影印本親自交給蔣院長，那麼事情就好辦了。

我是八月三日投書給張其昀先生的，不到一個星期之後就收到了他的回覆，說「囑交蔣院長一函已為轉成」。果然不久之後，家父終於在九月六日那天收到出境管理局寄來的「出境證」和其他附件，足見蔣經國已暗中助成此事。沒想到，興奮之餘，父親突然發現僑委會所核發的「出國許可證」（即收到的附件之一）早已過期。問題是，這麼一來，就無法到外交部申請護照了。父親只好請示出境管理局的人，不久就收到僑務委員會的十月

15. Gram是六月二十六日寄出那封信的，而Case先生回信的日期則是一九七七年七月六日。

五日回函，內稱「出境許可證逾期，應依規定重新申請」，並退還所有文件。

家父只好再一次上書出境管理局。不久就接到出境管理局寄來的十月十七日公函，中謂：「台端前領核准出國文件（人民出國許可證）逾期，請……逕向本局服務中心第二號服務台（即僑務委員會服務處）申請換發。」接此公函之後，家父立刻從高雄乘車北上，於十月二十六日到出境管理局，就按指示把所有的證件呈上第二號服務台，以便辦理所謂「換發許可證」之手續。誰知那兒的辦事人員卻告訴他，他們並沒有「換發」出國許可證的條文，而且他的申請也已經被僑委會批駁了。後來父親又匆匆趕往中山北路的僑委會，經查詢之後，主辦人果然告訴他，他的申請確實已被批駁了。

那次父親真是乘興而來、敗興而歸。他只好到臺北火車站排隊買票，次日回高雄。回家之後不久，他就收到僑委會的公文說：「所請與規定不符，歉難照准。」而這次連那張逾期的「人民出國許可證」也給沒收了。

至此，希望已完全斷絕。自從手術之後，家父的體力已十分衰弱，又經過申請出國許可證所遭遇的各種折騰，他已經沒有足夠的精力再應付出國的事了。那天（十月二十九日）正好是父親的五十八歲生日，他很感慨地寫信勸我們，說以後「這些事我們都不必再想它了，不用再提了」。

但我還是不到黃河心不死。心想，我必須立刻再飛回臺灣，看看還有什麼其他可能的途徑。正巧在這個時候，欽次突然接到公司的緊急通知，說他必須立刻前往泰國去解決一件有關海底隧道的工程問題。所以欽次決定在返程的途中，無論如何也要爭取到臺灣一趟。

後來欽次只能在臺灣停留七十二小時。沒想到他居然以一種馬不停蹄和速戰速決的方式，終於在十一月十六日那天，成功地地為我的父母拿到了出境證和護照。欽次本來就是一個腳踏實地、意志堅強的人。但說來話長，那次他不知在出境管理局、僑委會和外交部之間，來回地跑過多少趟，付出了比常人多少倍的努力才終於完成了他的使命！幸虧他在臺北的大哥正太和小妹娸鶯等人也都能及時助他一臂。當然最關鍵的是，那次欽次很幸運地找到了僑委會服務中心的主任馬行公先生，並得到他的大力幫忙。奇妙的是，從他呈上自己的名片那一刻開始，欽次就得到馬先生的信任與支持。最後，馬先生請底下的人調檔，家父的全部檔案才終於水落石出，而一連串的手續也就很順利地辦成了。

這個突來的好消息，給我的父母帶來了意外的驚喜。幾天後，家父正式去信給領事 Wilson 先生，說他們已經拿到了臺灣的出境證和護照，並向美國大使館正式提交申請移民簽證的表格（Optional Form 169）和所有需要的證件。不久之後，他們就收到美國大使館來信，請他們到領事館一談。

後來我的父母是一九七八年一月五日（臺灣時間）那天正式取得簽證的。令人感動的是，當天我們（於美國時間一月四日夜間，當時我們正在聖路易的家中過年）就收到 Wilson 領事從臺灣發來的電報，通知我們這個好消息。不久，華府的 Case 先生也請他的秘書特地打電話到普大東亞系的辦公室留言，請他們轉達他的恭賀之意。至於 Gram 當時那種樂不可支的心情，也就不必說了。

一九七八年二月三日那天，我的父母終於抵達美國。剛在洛杉磯機場進美國海關時，父親就迫不及待地打了一個電話給我。他說：「這真是虎口餘生，感謝你和欽次拯救了我們。」後來，在他從馬利蘭州寄來的信中又說道：「主藉你二人竭力奔走、歷盡波折，終於絕處逢生，蒙主把我們帶了出來！詩篇一二四篇七節：『……我們好像雀鳥從捕鳥人的網羅裡逃脫、網羅破裂……』」在一首打油詩中，他也寫道：「二月三日怎能忘／飛出天羅去地網……」

那次我的父母先飛到到聖路易城與欽次小聚（當時我還在普林斯頓），接著就去密西根州與大弟康成夫婦小住，後來又到馬里蘭州探望小弟觀圻的全家。一直到四月間，在我通過博士論文答辯之後，我的父母才到普林斯頓與我相聚。記憶中，那大概是我這一輩子最感到輕鬆的一段時光。首先，我帶著父母參觀普大校園，走遍了每個角落。當時正是春天的開花季節，整個校園彷彿是個世外桃源。同時我也帶他們到普林斯頓高等研究院（Institute for Advanced Study）參觀了與愛因斯坦有關的兩排相思樹，以及附近的愛因斯頓故居。我也特別帶他們到紐約與我的恩師許牧世教授和他的夫人譚天鈞醫師見面。但最重要的是，我的父母終於能在普林斯頓親自拜見了 Gram。（他們第一次與 Gram 見面是在臺灣，那是一九七〇年的春季間，Gram 特地去臺灣拜訪我和欽次的父母以及其他的家人。但那次 Gram 主要是為了認識我父親，想從他那兒得知他當年不幸坐牢十年的內情。在那以後，Gram 就開始與家父通信不斷。沒想到僅止八年之後，我的父母終於安全地移民到了美國。）

那是一九七八年四月間某一天的下午四時，我們準時到了 Gram 的家中。有關那次的相聚，我很難用語言來形容。那天 Gram 的孫女安妮（Anne Huntington）也在場，她特別將她剛完成的一幅畫（題為「愛」）贈給我，以為紀念。總之，大家都興奮極了，似乎所有的記憶都突然浮出水面。我們坐在涼台上，一邊喝茶欣賞美麗的卡內基湖，一邊聊天，只見兩小時飛快而過，令人特別感到分秒時光的珍貴。最後，我舉起杯來，向 Gram 致上最高的謝意：「Dear Gram, we don't know how to thank you for all you have done to our family over the years.Your love is like sunshine that brightens everything.」（「親愛的 Gram，我們不知如何感謝你這些年來為我們全家所做的一切。您的愛有如陽光，將處處照亮。」）

返回聖路易

一九七八年六月，我很順利地拿到了普林斯頓的博士學位。但遺憾的是，那一年很難找到與東亞研究有關的教書工作。與我同時畢業的幾位東亞系的同學，就有兩人決定轉行，開始在銀行界裡工作。其中一位立刻被聘為紐約大通曼哈頓銀行（Chase Manhattan Bank）的副總裁（Vice President）。另一位則於幾年後被派往中國，成為摩根大通銀行

（J.P. Morgan Chase Bank China）的創業主（founding chairman）之一。一時間居然有人開玩笑說：「這個年頭，如果要找銀行界的工作，必須先拿到普林斯頓大學的東亞研究博士學位。」

總之，我決定返回聖路易。心想，這些年來兩人一直分住兩處，現在終於可以和欽次團聚，也真難得。所以我們就在聖路易城西邊（靠近密蘇里河 Missouri River）一個名叫曼徹斯特（Manchester）的市郊買了一棟小房子，算是給我來到美國十週年的紀念禮物。從我們家的後院看出去，只見一片廣闊的土地風景如畫，而自然環境又如此潔淨，令人感到無比地悠閒。心想，當初是什麼人領先開拓了這片土地？

就在那段期間，我重新對聖路易附近的歷史和地理環境有了更深刻的認識，而且進一步加深了我對早期美國人那種堅忍不拔的奮鬥精神之景仰。當然，從前我每次回到聖路易度假，欽次總是帶我到處參觀當地的名勝古蹟，但經常是走馬看花——因為我總是有忙不完的論文要寫（即使在暑假期間）。所以，我這次下了決心，一定要好好再重遊一次那些富有歷史性的景點，也順便加強自己有關聖路易的歷史知識。

首先，我們重遊舉世聞名聖路易森林公園（Forest Park）。那個令人難忘的法國路易九世（King Louis IX of France）的雕像就矗立在公園裡的聖路易美術館（St. Louis Art Museum）前面。原來當初一七六四年聖路易城剛建成時，該城的名字就直接取自法國路易九世的名號。這是因為當時的聖路易城仍屬於法國的殖民地（雖然曾一度租給西班牙），一直到一八〇三年美國政府才從法國手中買下了包括密蘇里州在內的一大片中西部的土地（共有十三州）——即所謂的「路易斯安那購買事件」（Louisiana Purchase）。從此聖路易城就成為美國地理上東西之間很重要的一座城市。那次歷史性的「購買事件」非同小可，它使得美國的國土一下子暴增了幾乎一倍，也奠定了後來往西部開拓的基礎。記得當天我們重訪路易九世的雕像時，也有許多其他的遊客安靜地聚集在那兒觀賞，或許他們也和我一樣，內心充滿了對歷史長河的撫今追昔。

當然，我們也不忘記重遊著名的聖路易拱門（Arch）。那是世界上最高的一座拱門，它象徵著通往美國西部的大門（Gateway to the West）。這個拱門主要是為了紀念從前（十九世紀初）傑斐遜總統（President Thomas Jefferson）所發起的一個所謂的「路易斯與克拉克遠征」（The Lewis and Clark Expedition），那是美國首次橫越中西部大陸、直抵太平洋沿岸的探險考察之旅。那次的「遠征」始於一八〇三年五月，探險隊先從聖路易附近的密西西比河上岸，然後乘船經過密蘇里河一直往西前進，又經過西部的哥倫比亞河，才終於抵達太平洋海岸。在探險的途中，他們不但要翻山越嶺，又得應付難以預料的印地安人，可謂險阻重重。故前後往返的行程為時兩年四個月之久，探險隊於一八〇六年九月間才終於安返聖路易城。所以，後來那個建於一九三〇—一九六〇年代的聖路易「拱門」（雄偉地聳立在密西西比河岸）主要就是為了紀念從前那次的西部「遠征」，因為它代表著美國人不斷前進和冒險的精神。記得重遊聖路易拱門那天，我們特別花時間參觀了拱門下頭的「傑斐遜總統圖書館」收藏。當我讀到當年傑斐遜總統所寫有關「路易斯與克拉克遠征」的「任務之目標」（The Object of the Mission）時，景仰之情自然而生。心想，當年「路易斯與克拉克遠征」的最大貢獻就是初步打開美國政府與當地印地安人的外交關係，因為所謂「遠征」原來只是由探險隊企圖進行一連串友好、和平的晤談，並以贈禮和貢獻科學知識作為交換的手段。可惜在探險的途中，有一次因為語言上的誤解，而導致很嚴重的雙方交戰，幸而最後由一位名為「黑水牛」的酋長（Chief Black Buffalo）和解才終於沒事。為了避免語言上的隔閡，那個探險隊不久就聘請了兩位翻譯員（包括一名女性印地安人 Sacagawea）一路陪伴。這樣一來，那個探險隊就增加到四十五人之多。且說，那次一八〇四年的衝突正好發生在南達科達州的首府 Pierre 城附近一個屬於「提頓蘇族」（Teton Sioux）族的印地安人保留地。所以當天我在聖路易拱門下頭的「傑斐遜總統圖書館」讀到這些故事時，我開始回憶我們從前曾經在布城附近參觀過一個印地安人保留區的種種印象。

說到密西西比河，我很自然地聯想到美國的著名作家馬克吐溫（Mark Twain）。他的幾部代表作品——包括《湯姆歷險記》（*The Adventures of Tom Sawyer*）和《哈克歷險記》（*The Adventures of Huckleberry Finn*）——都以他幼年在密西西比河附近的生活為背景。（雖然一直要等到他過了中年，定居在康州之後，才終於把他早期有關密西西比河的經驗撰寫成書。）最有意思的是，馬克吐溫年輕時曾在密西西比河上當過輪船上的「引航員」（riverboat pilot）。其實馬克吐溫只是他的筆名，他的真名是 Samuel Langhorne Clemens。

他之所以為自己取這個筆名，乃是因為「Mark Twain」（馬克吐溫）這個詞是「引航員」日常使用的專有名詞——意即「水深二尋」（「two fathoms」，即水深十二呎）。每次在輪船出發前，「引航員」都要先大聲呼喊「Mark Twain」這個詞，表示水的深度已有「二尋」（十二呎）之深，所以可以安全出航了。有關「引航員」的經驗，馬克吐溫曾在他的《密西西比河上的生活》（*Life on the Mississippi*）一書中有極其詳細的描寫。

以上這些書，我早在臺灣東海大學唸外文系的時期就讀過了，所以有關馬克吐溫和密西西比河的資料，我一直很熟悉。但那年住在聖路易城附近，我對馬克吐溫終於有了更深一層的瞭解。當時我對馬克吐溫所處的南北戰爭時代特別感興趣，於是我就開始閱讀美國第十八任總統格蘭特（Ulysses S. Grant）的回憶錄（*Personal Memoirs of U.S. Grant*），因為聽說那是描寫南北戰爭實況最精彩的一部巨作。在格蘭特尚未當總統之前，他曾是一位有名的將軍，他曾為林肯總統在南北戰爭中屢次獲勝，是個難得的功臣。令我深受感動的是，在他生命中的最後幾個月，格蘭特在病床上拚命趕寫他的這本回憶錄，終於在去世前幾天完成了兩大冊書稿。值得一提的是，當初是馬克吐溫親手經營的出版社（Charles L. Webster and Company）為格蘭特出版這書的，後來這部回憶錄一直是美國代代相傳的暢銷書，可見馬克吐溫功不可滅。（但一直到多年之後，我才讀到有關馬克吐溫當時是如何幫助經濟上十分困難的格蘭特，如何慷慨地以高達百分之七十的版稅率向格蘭特伸出援手。）總之，那年在聖路易的閱讀經驗廣泛擴大了我的視野，使我更加對馬克吐溫所處的時代和馬克吐溫其人感到興趣。

自從在聖路易的市郊定居下來後，我們就經常利用週末的時間開車到附近的密西西比河邊野餐，我也經常利用野餐的休閒時光重新閱讀馬克吐溫的作品。有一次我和欽次還到馬克吐溫的出生地漢尼拔城（Hannibal）去參觀了他的老家。那城位於聖路易的西北部，美麗的密西西比河就圍繞著整座城。其實馬克吐溫的老家早已成了一個「博物館」，館內展示了各種與作者有關的資料，可謂應有盡有。可想而知，密蘇里州的漢尼拔城因此吸引了許多來自世界各地的遊客，都因為那是著名作家馬克吐溫的出生地。

一九七八年的暑假確實給了我們一段有如神仙似的生活。除了以上所描寫的幾個重要的景點之外，我們也先後參觀了美麗堂皇的聖路易「主教大教堂」（Cathedral Basilica of St. Louis）以及那個以龐大而聞名於世的聖路易火車站（Union Station）。此外，我尤其喜歡「聖路易動物園」（St. Louis Zoo）和「密蘇里植物園」（Missouri Botanical Garden）。記得我的父母那次也參加了我們的植物園之旅，最令他們難忘的是植物園裡那個十多畝大的「日本花園」，尤其是那片綿綿不絕的花木接二連三地印入他們的眼簾，令他們讚嘆不已。就在那段休假的期間，父親將我的一篇很長的英文稿譯成中文，題為：〈試論一三三三—一三四一年元史闡釋的諸問題〉。[16]不久之後，父親就得到亞利桑那州鳳凰城的美國國際研究院（American Graduate School of International Management）的教書工作，而我父母也就搬去鳳凰城與大弟康成一家住在一起了。

然而，在聖路易那段悠閒的日子裡，我也同時忙著進行我的第二本書（有關六朝詩歌）的研究工作，所以我經常到聖路易的華盛頓大學圖書館看書找材料。我很感激那兒的東亞圖書館長蔡汝展（Ernest Tsai）的大力幫忙，他不但讓我自由地使用該圖書館的書，而且還時常介紹給我其他方面有關的書籍，讓我受益不淺。此外，當時東亞系的系主任 J. Thomas Rimer（日本文學教授）對我十分親切，他不但沒有因為我幾年前突然轉學到普大而產生誤會，而且還主動為我拿到一個「訪問學者」的頭銜，讓我可以在該校的校園中通行無阻。就因為他的提攜與幫助，我有機會認識了藝術史系的著名教授吳訥孫（Nelson Wu）。後來我開始旁聽吳教授的「中國山水」（Chinese Landscape）課，深受啟發。吳教授的專長是明代董其昌的畫作，其中也包括許多董其昌的「仿古山水畫」。記得每次吳教授提到「原生」和「藝術化」的形式差異時，我很自然就會聯想到六朝詩人謝靈運描寫山水的手法。幾年後，我的《抒情與描寫：六朝詩歌概論》（*Six Dynasties Poetry*）一書也討論了謝靈運如何將他所見的豐富多彩之山光水色轉為各色各樣的山水詩技巧。

一直到許多年後（那時我們早已離開了聖路易），我才聽說那個教藝術史的吳訥孫教授就是著名的小說家鹿橋。其實早在一九六七年，當我還在臺大研究所唸書時，已經拜讀過鹿橋的小說《未央歌》，該書描寫當年西南聯大令人羨慕的學生生活。從六十年代末開

16. 文章的英文題目是："On the Historiography of the Yuan: A Case Study of 1333-1341"。

始，《未央歌》在臺灣相當轟動，幾乎是所有大學生必讀的書。許多年後我才從哈佛的張鳳和耶魯的校友李弘祺那兒得知原來鹿橋是個道地的山水「墾荒者」。原來一九五一年初，鹿橋才剛在耶魯攻讀博士學位時，有一次被康州 Cheshire 的「國際問題研究社」請去演講有關中國山水的藝術。演講結束之後，有人勸他在當地購買一片十多畝大的山中荒地，並將之開闢為一片園林。這就是後來聞名於漢學界和華人圈的所謂「延陵乙園」。據說從一九五二年開始，每年六月的第一個星期六，鹿橋及其夫人薛慕蓮都會邀請文藝人士到延陵乙園集會（稱為「乙園文會」），會中既可靜聽園中的鳴泉，也可欣賞在園中展出的中國山水作品。後來鹿橋從耶魯藝術史系取得博士學位後仍繼續在該系執教。幾年之後他又輾轉到了聖路易的華盛頓大學教書，成為該校的藝術史和中國文化高級講座教授（他的頭銜是 Edward Mallinckrodt Distinguished University Professor of the History of Art and Chinese Culture。）有趣的是，他將聖路易城取名為「鹿邑」，足見他骨子裡始終還是那個才華洋溢的作家「鹿橋」。一直到多年之後，我閱讀了鹿橋那本散文集《市廛居》，才知道他最欣賞元朝文人張養浩（一二六九—一三二九）所提倡的「市隱」精神。在那本書中，他曾引用張養浩的一首詩，其中有「市隱靜於野，客居閒似家。故園亦皆寓，心定自無譁」等詩句。

人生的遇合可真奇妙。一九七八—一九七九年我有幸在聖路易認識了吳訥孫教授，但當時還不知道他就是我一向所景仰的作家鹿橋。

意想不到的中國行

一九七九年確實是一個充滿「驚奇」的年分。

首先，一九七九年元旦那天，美國政府宣布與中華人民共和國正式建交。聽到這個突來的消息之後，我和家父都開始計畫到大陸探親，正好在那以前的幾個月我們已經與離別了三十多年的大陸親戚（即叔叔和姑姑兩家人）取得了聯絡。所以我決定於六月下旬前往中國，父親則準備在秋季出發。

一九七九年六月二十日，我從紐約登機，飛往香港，再由香港乘火車前往廣州。接著我又以一種「迫不及待」的興奮之情飛往上海，恨不得立刻見到別離了三十多年的姑姑。後來六月二十四日傍晚，我終於到了上海的虹橋機場。當年那個機場很小，既冷清又蕭條，旅客也寥寥無幾，完全不像現在的上海機場。下了飛機，我立刻租到了一部出租汽車，約半個小時後就到了和平飯店。一進旅館，放好行李，就立刻打電話給姑姑。

記得那天我一走進姑姑和姑父的家門，姑姑忍不住就抱著我痛哭。之後我們又相對無言，默默地流淚。自從我兩歲（一九四六年春）跟隨父母去了臺灣之後，我們與姑姑及大陸的所有親人就一直沒再見過面，三十多年間大家都活在兩岸隔絕的景況中。然而就在那天晚上，我從姑姑那兒得知許多年前一連串的災難曾經降臨到我們的天津老家，以及我的爺爺突然失蹤的悲劇。姑姑告訴我說，一九五三年的一天夜裡，爺爺突然失蹤了。姑姑一直等到深夜，但爺爺一直沒回家。姑姑當時向「後奶奶」交待一聲，就自個兒跑了出去，走遍了城裡每個角落，一直獨行到了天亮。次日清晨回家後，姑姑才在垃圾筒裡揀到了爺爺親手寫的一個小紙條：「我去天津火車站。」於是，姑姑又飛奔地前往火車站，待了十幾個鐘頭仍不見爺爺的蹤影。此後再也不見爺爺出來領糧票，所以後來家人斷定，爺爺一定是自殺了，或許投入了天津火車站對面的「海河」去也說不定。據說當時也有許多人由於生活和政治的理由，也紛紛跳水自殺。

姑姑一直強調，絕對不能讓我父母知道有關爺爺「自殺」的事。同時，我那天也沒有勇氣告訴姑姑有關我父親一九五〇年代在臺灣白色恐怖期間坐牢十年的事，因為我不願意給她加添更多精神上的刺激。

幾天後，我乘火車出發前往南京，為了拜訪叔叔和其家人。在往南京的途中，我一直提醒我自己，無論如何也不能讓叔叔他們知道我們從前在臺灣白色恐怖期間那段不幸的遭遇——因為我恐怕將來消息一旦傳出去，姑姑一定承受不了。

然而，不知怎的，那天下午我一走進叔叔的家，才坐下來不久，我就忍不住滔滔不絕地講起一九五〇年代父親在臺灣坐牢十年的事來了。

叔叔聽完我所述說的往事，覺得有如晴天霹靂，一時不能相信那是真的。記得他當時一直在客廳裡踱方步，口中反覆地說：「不可能的，不可能的！」接著他又說：「這些年來，我幾次被批成右派分子，被定為反革命修正主義分子，我的名字也屢次上了大字報，那都是因為我的『臺灣關係』啊。怎麼會是這樣呢？真沒想到！」

叔叔告訴我，當時清算他的人不斷對他說，他的大哥（即我父親）在臺灣政府裡當高官，並且曾為蔣介石開過飛機。在最嚴重的幾次批鬥中，叔叔幾乎要自殺。幸而他的大兒子孫綱（當時才十二、三歲）努力勸他，向他分析道理，叔叔才終於忍耐下來了。

那天吃晚飯時，我們繼續談論過去那些不幸的遭遇。後來叔叔說，幸虧我父親當年沒留在大陸，否則以他那種正直而不屈於權勢的個性，他很可能活不過五七年的反右運動——即使能活下來，也一定不能安全地渡過文革的十年。我聽了一直點頭，心裡感到既傷感又慶幸。

接著我就向叔叔詢問有關爺爺自殺的事。他沒想到我居然也知道此事。我說：「雖然知道，但不十分清楚爺爺自殺的原因，希望叔叔能告訴我。」叔叔想了一下，就立刻說道：「好，咱們明天去外頭看風景時，若有機會我才告訴你，可你千萬不要讓你爸媽知道噢……你爸媽受的苦也夠多了，讓他們在美國有個平靜的晚年吧。」

次日，叔叔帶我到玄武湖散步，他開門見山地對我說：

「據你後奶奶說，你爺爺自殺的原因很復雜，至少有十種理由。其中一個理由就是現實生活的問題：一九五三那年他突然失去了工作，覺得被人連根拔起，生活變得很難維持下去。當時他想來南京和我一同住，但我當時的情況不許可，於是他覺得沒有出路了。還有，他開始後悔自己生平脾氣暴躁，以為那是我的生母短命的原因，因而變得異常憂鬱。但我認為，你們去了臺灣，使他覺得今生已不再有與你們見面的希望，這確實是對爺爺的一大打擊。他失蹤之後，我們才發現他那天帶走了你爸爸、你媽媽、還有康成和你的相片。據猜測，人是投河了。我知道那河是通大海的，他和你們的相片一起消失在大海中了……」

聽到這兒，我再也聽不下去了，我發現自己已經淚流滿面。我說：「我一直盼望今生還能見到爺爺，因為如果他還活著，今年才不過八十五歲。沒想到他五十九歲時就走了。」在微暗的路燈下，我看見叔叔正摘下眼鏡，在頻頻地擦眼淚。

後來我去了一趟北京，不但找到了爸媽和我們從前四十年代在北京的故居（在中南海附近，今日的北京音樂廳對面），還有幸與當時的鄰居周金科醫生全家團聚。此外，我也見了沈從文夫婦、蕭乾夫婦、王力教授、還有楊憲益和他的英國妻子戴乃迭（Gladys Taylor）。

那次拜訪楊憲益夫婦尤其令我難忘，因為他們告訴我過去一些苦不堪言的遭遇。原來他們在文革時期被扣上「英國間諜」的帽子，兩人同時被捕，都坐牢四年，但卻互相不知道對方的下落。他們的兒子因為所受的刺激太大，結果就得了精神病。後來兒子去了英國，但不幸就在我拜訪他們的幾個星期前，以自焚的方式在英國自殺了。當時楊憲益和 Gladys 向我敘述自己兒子自殺的悲劇時，他們的面部表情一直很冷靜，給我留下了很深刻的印象。他們的冷靜與當時一般大陸人的激動情緒很不相同。據我一九七九年那次訪華的觀察，當時許多大陸人彷彿才經歷過一次集體的「精神崩潰」（nervous breakdown）。大部分的中國人一提到文革期間的遭遇，都傷心得痛哭流涕。但我我以為，楊憲益和 Gladys 的冷靜，其實是傷心到了極點之後，所反應出來的一種理性上的徹底看破。唯其已經「看破」，已經淚盡，所以不再有淚。

後來我從北京又回到南京，在南京大學訪學兩個星期，認識了楊憲益的妹妹楊苡（她是南大外文系的教授）以及她的夫婿趙瑞蕻（他是教比較文學的教授），並經常與他們見面。記得七月二十一日那天，我在他們的家中參加聚會，著名曲家吳新雷教授（也在南京大學任教）也在場。一聽說我的博士論文是寫有關唐宋詞的，吳新雷就為我唱南宋詞人姜夔的小令〈隔溪梅令〉、慢詞〈暗香〉和〈疏影〉、以及〈揚州慢〉，也唱了明代湯顯祖《牡丹亭・遊園》中的一套南曲。當時我感到很欣慰，心想：幸虧可怕的文革已經過去，他們可以開始欣賞古典的詞曲了。但每當我想到文革時代與傳統中國的強烈反差時，總覺得欲哭無淚。

後來回到美國之後，我還是忍住了，我並沒告訴爸媽有關爺爺在一九五三年「自殺」的事。直到許多年後，母親已經不在了，我才終於把那個秘密透露給父親知道。

再度移居普林斯頓

且說，當初一九七九年四月間，當我正在開始準備中國之旅時，有一天我忽然接到麻省塔夫茨大學（Tufts University）陳荔荔教授（Prof. Li-li Ch'en）的電話，說通過我的導師高先生的大力推薦，塔夫茨大學想聘請我到該校任教一年，職稱是「中國文學助理訪問教授」（Visiting Assistant Professor of Chinese Literature），教課將從一九七九年八月底開始，問我願不願接受。聽到了這個消息，欽次尤其高興，因為他一直希望我能開始在大學裡任教。即使只是一年的職位，或許將來可以用它作為找教書工作的跳板。所以我很快就接受了塔夫茨大學的應聘。但心想，這麼一來我又得開始長途通勤了——只是這次將奔走於聖路易與波士頓之間。

然而就在那幾天，欽次突然接到他的公司（Sverdrup & Parcel and Associates, Inc.）的通知，說他們的紐約分公司（New York Office）有個高職位的空缺，他們很想將欽次調到紐約，讓他成為那兒土木工程（Geotechnical）部門的總負責人。這真是個大好消息，尤其是這些年來，自從欽次轉到工程界服務之後，他一直不斷地努力參加「職業工程師」（即Professional Engineering, PE）的考試，以獲取許多州的工程師執照（後來他居然拿到了二十六州的執照），主要就是為了能隨時配合我的何去何從。這次他將要轉去紐約，對我也比較方便——因為我想，只要能在東岸找到教書的工作，即使我必須通勤也不至於太難。

於是我們決定，等七月間我從中國旅行回來，就立刻開始出售我們在密蘇里州的房子。之後我們就可以在普林斯頓附近買個房子，欽次也就可以每天從普林斯頓到紐約通勤，非常方便。

所以僅僅在短短的幾個月之間，我們居然完成了一連串的搬家計畫。（其中有一段時間，欽次居然還被派到泰國出差，為了解決工程方面的緊急問題。）總之，後來我們很幸運地在離普林斯頓不遠的一個名叫 East Windsor 的小鎮買到了一棟十分不錯的房子，總算安定下來了。

一九七九年九月，我開始在塔夫茨大學教書。當時我一個人在離學校不遠的 Arlington 城租了一間公寓。通常是從週一到週四，我每天都忙著上課，但也經常開車到哈佛大學去看書找材料。就在那段期間，我認識了哈佛燕京圖書館的館長吳文津（Eugene Wu）先生，他為人善良，以助人為樂，他讓我享有不受任何限制的借書特權，也同時把我介紹給圖書館中文部的胡嘉陽女士和善本書室的沈津先生，所以我那一年的研究工作一直很順利。但每到星期五我就得從波士頓火車站直接乘 Amtrak 火車回到普林斯頓的家中。然後星期日又再乘火車返回波士頓。每週來回總共要花掉十二個小時以上的時間在火車上，當時我就利用坐火車的時間備課或者批改學生們的作業。但時間久了也漸漸覺得如此辛苦的通勤方式不是長久之計。

葛思德東方圖書館

一九八〇年春天，我又開始申請教書工作。遺憾的是，那年在中國文學的領域裡，全美國只有一個大學有個終身（tenure track）教職的空缺——那就是，位於康州New London城的康州學院（Connecticut College）。大約三月初，我很幸運地拿到了康州學院的應聘通知書（offer）。但正當我還在考慮斟酌中，牟復禮教授突然告訴我有關普林斯頓大學的葛思德東方圖書館正在找一位新館長的消息，他勸我一定要申請。有了牟先生的鼓勵，我感到十分榮幸，於是就立刻申請了。不久又與招聘委員會（Search Committee）的人士面談。沒想到很快就得到總圖書館館長唐納德·科普（Donald W. Koepp）的電話和來信，說他們已經決定要聘我作下一任的葛思德東方圖書館館長，問我願不願接受。這真是一個大好消息，能得到母校的信任，令我特別開心。而且，我們既然已經在普林斯頓附近買了新房子，我又能在普大工作，也不必再受通勤之苦，算是非常理想了。所以，我立即選擇接受普大圖書館的應聘。

在我的心目中，普大的葛思德東方圖書館一直代表著早期美國漢學界拓荒者的偉大精神。首先，該圖書館的創始人葛思德（Guion Moore Gest）早在一九一〇—一九二〇年代就從中國買來了許多珍貴的中文圖書（通過他在北京的友人義理壽〔Irving Van G. Gills〕的幫助）。當初那批總量頗大的藏書乃是加拿大的麥吉爾大學（McGill University）圖書館的一部分，由美國女漢學家孫念禮（Nancy Lee Swann）擔任那一大批藏書的館長。孫念禮很了不起，她是美國第一位獲得中國歷史學博士的女性，不但學問淵博，而且做事一絲不苟，是她首先把那一批藏書整理出來，並將它發展成一個更大的館藏。後來那批藏書被美國普林斯頓的高等研究院（Institute for Advanced Study）購買，孫念禮也隨著藏書到了普林斯頓，繼續作該館的館長，直到一九四八年正式退休。[17]那年高等研究院終於決定將該批藏書轉讓給普林斯頓大學，並從此成為普大總圖書館（Firestone Library）的一部分。一九五〇年，普大聘請著名的胡適博士擔任葛思德東方圖書館的新館長，兩年之後由胡適的助手童世綱先生接任館長的職位。童先生任職始終兢兢業業，一直到一九七七年榮譽退休。

我很佩服以上這幾位拓荒者的的創業精神和成就。尤其是，孫念禮和胡適都是學者兼圖書館員，在任職館長的期間，他們不但把館內的大量圖書整理得層次分明，而且還能善用圖書館的珍藏來發揮他們自己的學術研究。例如，孫念禮的代表作 *Food & Money in Ancient China*（《漢書・食貨志》）就是她在當館長的期間，利用時間努力研究館中的圖書而寫成的一部巨作。而為這本書題寫中文書名的人，正是與她志同道合的胡適先生！[18]

---

17. 有關孫念禮（Nancy Lee Swann）的成就，請見 Diane E. Perushek, "Nancy Lee Swann and the Gest Chinese Research Library," *Journal of East Asian Libraries*, 1985 (77): 16-24.
18. Nancy Lee Swann, *Food & Money in Ancient China: The Earliest Economic History of China to A.D. 25* (Princeton: Princeton University Press, 1950).

有關葛思德東方圖書館的藏書，我一向最熱愛其中的善本書。在我當博士生的年代，就對該館所藏的大量明版書籍感到震撼。尤其每當我選修牟復禮教授的課程時，更是經常進出那個資料豐富的善本書室，當然也熟讀了屈萬里先生所著的《普林斯頓葛思德東方圖書館中文善本書目》（一九七五年出版）。等我畢業之後，牟先生又告訴我一個好消息，說普大校方正在計畫邀請臺灣著名的文獻學和版本學專家昌彼得先來進行有關葛思德東方圖書館內所有中文古籍的編目工作。據牟先生說，這項龐大的編目工程正好延續了從前屈萬里先生的書目工作，而且已經得到了美國教育部的資助。後來昌彼得及其助手們於一九七九年抵達普林斯頓，開始進行古籍的編目工作。

不用說，在那個重要的時刻，我能被選為葛思德東方圖書館的第五任新館長，乃是我個人意想不到的莫大榮耀。

遺憾的是，才剛開始上任兩三個月，我已經被排山倒海而來的行政工作和沒完沒了的人事糾紛壓得整個人喘不過氣來。每天上班時，眼見一行一行排列在圖書館書架上的書籍，令人羨慕，卻沒有時間去打開那些書。那些書雖然近在眼前，卻遠在天邊。作為一個讀書人，我尤其感到失望。當時昌彼得先生早已回去臺灣，因為他已成為故宮博物院圖書文獻處處長，後來又兼副院長的職位。辛虧他的助手吳哲夫先生（也是研究文獻學的專家）還留在葛思德圖書館裡繼續處理古籍的編目工作，我也經常請教他。

然而我是一個凡事都想做得完美的人。每天回到家中，晚間還得開夜車趕作與圖書館有關的事，通常一直奮鬥到午夜之後，即使週末也不例外。尤其是，在那個年代，圖書館長必須負責選書的任務，因為當時館內還沒有「目錄學圖書館員」（Bibliographer）那個職位。同時，上一任館長（即童世剛先生的接班人）在短期間內就已經留下了堆積如山的書目單，所以我只得利用晚間和週末的時間努力趕工，逐一完成清單。

在這種情況下，我開始對自己的前途感到憂慮。能做一個紮實的學者一直是我的終極目標。當初我之所以放棄康州學院的聘請，而決定選擇普大葛思德圖書館館長的職位，乃是因為我衷心希望自己能步幾位傑出的前輩館長（尤其是孫念禮和胡適）的後塵。（當然，另一個主要原因是，我希望從此不必再受通勤之苦）。看來，時代已經變了。在從前那個年代，身為館長的胡適先生每天的主要任務就是泛讀館內的收藏並加以整理並作筆記。也就在那時，胡適為葛思德東方圖書館的閱覽室寫下了那幅廣為人知、至今仍被傳頌的題詞：「開卷有益」。

總之，我很快就發現自己陷入了一個進退兩難的處境。如果我開始申請教書的工作，相信圖書館內的所有工作人員一定會感到不快，甚至對我產生很大的誤解。（同時，在申請教書工作的期間，一旦被某個學校請去演講並面試，幾乎所有的人都會知道，因為那是一個公開的程序。）而且，我將很難向母校總圖書館的科普館長和東亞系的諸位教授（尤其是牟先生）交代。因為當初是他們對我的信任和支持才讓我得到這個葛思德圖書館的館長職位的，我實在不能讓他們失望。

所以一連幾天，我的心一直懸著，我不知道應當怎麼辦。

幾天後我終於決定要正面接受現實，我決定要「激流勇退」，以便將來能繼續走學者的路。我也決定要推心置腹地把心裡的話老實告訴科普館長和牟先生，所以我就和他們兩位相約會面。見面時，我很誠懇地就把這兩三個月以來我在圖書館工作的感想一五一十地向他們述說了一遍。接著又說，我希望能在任職滿一年之後（即次年七月中旬）從「館長」的職位退下來。但請他們兩位一定要保密，一直到我快要離職之前才公布我的辭職信息，以免驚動館中的其他工作人員。正如所料，他們兩位聽了都感到很失望。但我再三地向他們強調，在剩下的幾個月時間，我願意以百分之百的精力為葛思德東方圖書館全力以赴，並設法改善館中的不足之處，好讓下一任的新館長有一種承先啟後的安頓感。最後他們只好接受我的請求，說他們一定會保密。

沒想到一九八〇—一九八一那段期間（即在我任職館長的期間）後來居然成為一個極為豐收的年度。首先，我決定把全部時間都貢獻給圖書館，暫時擱下我自己的研究計畫。同時科普館長對我所提出有關改進葛思德東方圖書館的各種建議，都十分支持，他還特別向校方申請資金給予資助。他特別贊成增加一個「目錄學圖書館員」職位的建議，所以他很快就組成了一個招聘委員會，由我來擔任該委員會的主任。同時他也很慷慨地撥款，讓我得以增加館內善本書室（Rare Book Room）裡的一些收藏，並開闢更多專為研究生使用的 carrels（個人書桌）等。可以說，在短短的幾個月裡，我似乎經驗了一場「大興土木」

的挑戰。

此外，我也在葛思德圖書館的財務預算和分配方面做了革命性的改進。當時我聽說每次葛思德圖書館內發生「中日戰爭」（Sino-Japanese war），都是由於購買中、日文書籍的經費分配之糾紛而引起。於是我就開始做調查，也特別請教個別的圖書館員和東亞系的教授們，尤其是有關買書方面的資料和信息。後來我終於證實，從前在中、日文購書經費的分配方面確實有不公平的地方——那就是，圖書館中文部的購書預算經費每年都比日文部多出許多，而日文書一般都要比中文書貴得多，難怪日文部的圖書館員和一些教授們經常埋怨。於是我當機立斷，很快就呈上一份很詳細的報告和「財務預算訴求」（budget request）給總館長科普先生，請他考慮從此讓日文部和中文部的購書預算完全一致，平分秋色。沒想到科普總館長次日就批准了。

有關以上的「預算分配改革」，牟先生也非常同意，他認為凡事要公平才對。而教日本史的詹森（Marius B. Jansen）教授更是舉雙手贊成。就在那段期間，我從詹森先生那兒學到許多有關日本史的知識，也開始閱讀他的一些著作——包括他那本出版於一九五四年的拓荒之作，*The Japanese and Sun Yat-sen*（《日本人與孫逸仙》）。可惜我從前當學生時，沒有機會選修他的課。事實上，詹森先生也算是普大東亞系的拓荒者之一，他的地位與中文部的牟先生相當。詹森先生早在一九五九年就回到普大教書（他從前是普大的本科畢業生，後來又到哈佛唸博士學位）。雖然牟先生是普大東亞系的最初創始人，但一九六九年

「東亞系」正式成立時，牟先生卻推薦詹森教授擔任該系的第一任系主任，從此中日兩個部門合作無間。總之，在葛思德圖書館工作那年，我才真正對普大東亞系的歷史背景有了更深刻的瞭解。

在那同時，我也以葛思德東方圖書館館長的身分，主持了幾個文化項目，其中有幾個項目特別令我難忘。首先，我聽說沈從文夫婦將於不久訪問美國，一時感到非常興奮。其實，在那以前，早在我上任圖書館長的第一天（一九八〇年七月一日），就收到了從文先生一封用毛筆寫的七頁長信（該信是六月十七日發出的）。但當時從文先生還不知道他自己將會有一次美國之行。原來，在一九七九年六月間，我已在北京見過他和他的妻子張兆和女士。那次他們告訴我，沈先生因為經不住多年來的政治運動，為了與人無爭，早已轉到歷史博物館工作了三十年，他已從文學創作的領域徹底轉移到物質文化的研究，而他的那部《中國古代服飾研究》的書也正在準備出版。當時我聽了很是驚訝，因為在中國文化史中，惟獨服裝史一直被忽視了，沒想到鼎鼎有名的小說家沈從文已經成了這方面的專家。心想，有一天他若到美國來訪問，我一定要設法請他作一次有關中國古代服飾的演講。

所以，一九八〇年十一月間，當我接到沈從文夫婦將要來訪的消息之後，我立刻與耶魯大學的傅漢思（Hans H. Frankel）教授及其夫人張充和女士聯絡（因為沈先生的妻子張兆和是張充和的二姊）。後來從文先生的演講安排在一九八一年一月初，題目是「服飾與扇子」。那次的演講在普大東亞系的「壯思堂」會議廳舉行，來自各方的聽眾擠滿了整個廳堂。記得沈老雖已七十八歲的高齡，卻從頭到尾一直站著講解，慢條斯理，神情自若，令人感動。等他演講完畢，只見所有聽眾拍手拍個不停。

那次沈老夫婦在我們家一共住了三天（同行的傅漢思夫婦則住在旅館裡）。那次有幸能招待從文夫婦真是一次很寶貴的經驗。除了演講以外，他們還參觀圖書館並遊普大校園。那次從文先生最開心的就是終於看見了葛思德東方圖書館善本室裡收藏的那件著名的「作弊袍」（the cheating gown）。那件作弊袍初看可真華麗，但仔細再看，只見整件衣衫繡滿了和螞蟻一樣大小的文字，全是引用四書五經的句子，可見從前那位作弊先生（年代仍待考證）的用心良苦。沈老一邊欣賞那些文字的刺繡，一邊瞇著雙眼微笑著。他問道：「我可以用手摸一摸嗎？」我說：「當然可以。」（其實我們通常是不准的。）

我發現，當從文先生看到「壯思堂」會議室裡各色各樣的彩色玻璃窗（stained glass）時，他也忍不住就去撫摸每片玻璃。我說：「從文先生，你知道這些彩色玻璃窗上鑲的是什麼圖案嗎？其實這些圖案都是與愛因斯坦有關的數理公式啊！」他聽了十分驚訝，於是我就向他講解有關東亞系這個「壯思堂」會議室的歷史。原來，從前愛因斯坦的辦公室就在 Jones Hall 這棟樓裡（當時叫做 Fine Hall），而這個會議室也就是當時的「數理圖書館」。所以玻璃窗上的那些圖案都是有關「拋物線」（parabola）、「橢圓形」（ellipse）、「圓形」（circle）、「雙曲線」（hyperbola）等數理公式。記得從前欽次還在普大唸書時，就經常到這個「數理圖書館」來看書借書，我後來也陪他來過幾次。一九七〇年春季，普大東亞系搬進這棟樓裡以後，那個「數理圖書館」就成了東亞系的「壯思堂」會議廳。而那個為「壯思堂」會議廳題字的人正是普大藝術史系的著名校友傅申先生。

總之，我以為「摸」的藝術對從文先生十分重要，他特別喜歡那種與某種物質碰觸的感覺，他尤其珍惜那些自己不能再見到第二次的東西。這就是為什麼從文先生不但喜歡研究古代的服飾，他對所有的物質文化都感興趣——包括傢俱、建築、銅鏡、玉器、瓷器、瓦器等。至今，我仍經常賞玩他從前在北京贈我的一件瓦器，名為「四人下棋」——那是當時剛出土的古物仿製品，也是一九七九年我從中國大陸帶回來的最佳禮物。

且說，一九八一年初沈從文先生那次來普大訪問，也直接促成了我心中早已醞釀許久的另一個文化項目。首先，由於牟先生和浦安迪多年來一直在進行《金瓶梅詞話》的研究，我特別為葛思德東方圖書館採購了許多有關那方面的書籍，尤其涉及小說中的唱曲研究，可謂應有盡有。後來浦安迪曾向我建議，希望圖書館和東亞系能合作主持一次「金瓶梅唱曲大會」，並請耶魯的崑曲專家張充和女士來演唱小說中的曲子。

於是我們就趁著沈老來訪的好機會，正式向充和女士提出了邀請。

在那以後不久，有一天我收到紐約大都會藝術博物館（New York Metropolitan Museum）何慕文先生（Maxwell K. Hearn）的電話，說大家一直在期待的「明軒」（Astor Court）基本上已經大致完工。雖然要等到六月中旬才能正式對外開放，但他們想在那以前，可以先讓普大的人到「明軒」去舉行一次《金瓶梅》唱曲大會，並由崑曲專家張充和女士主唱。

那真是個大好消息，尤其因為紐約的「明軒」是仿照蘇州網師園中的「殿春簃」而建造的，而充和女士從前在一九三〇—一九四〇年代就經常在蘇州演唱崑曲。聽說當初一九四六年聯合國派人到蘇州考察中國崑曲文化的成就時，張充和就曾經當場示範傳統崑曲的藝術。於是我就立刻打電話給普大藝術史系的方聞教授，向他致謝，因為我知道方先生是建造「明軒」背後的靈魂人物，若無他的許可，紐約大都會藝術博物館絕對不會如此破例地邀請我們的。我也同時通知浦安迪先生和耶魯大學的張充和女士。

後來「明軒」的唱曲大會定於四月十三日下午舉行。前後一個半鐘頭左右，充和女士一直站在「明軒」的冷香亭台上演唱《金瓶梅》裡的時曲，那些時曲雖非後來所謂的「崑曲」，但也可以籠統以「南北曲」稱之。那天充和還特別請紐約的陳安娜女士吹笛伴奏，所有在場的觀眾都聽得十分過癮。尤其是「明軒」的景色十分雅致，又配上園中的綠竹白石等，一切美景盡收眼底，令人彷彿回到了蘇州。可以說，那個唱曲會十分成功。當天普大大約來了五十個人左右——包括方聞先生、高友工先生、浦安迪、唐海濤、袁乃瑛、趙榮琪、陳效蘭等人和不少研究生。同時，紐約的夏志清先生及其夫人王洞女士，以及舞蹈家江青也都出席了。此外，研究《金瓶梅》的專家芮大衛（David Roy）教授也特地從芝加哥趕來參加該次的盛會。

就在明軒「唱曲會」過後不久，我又與普大東亞系合力邀請「愛荷華大學國際寫作計畫」的兩位創始人——保羅・安格爾（Paul Engle）和聶華苓——來做一場有關翻譯中國大陸當代文學的演講。演講時間訂於一九八一年五月底。安格爾與聶華苓本來就是一對「才子才女」型夫妻，兩人均屬多產作家，尤其在那個年頭，在美國研究當代中國大陸文學的人還不多，但他們兩人卻別樹一幟，早已在那個領域裡出版了幾本令人矚目的書。首先，聶華苓於一九七二年用英文發表了 *A Critical Biography of Shen Tsung-wen*（《沈從文評傳》）一書。此外，他們夫婦兩人合作譯成的 *Poems of Mao Tse-tung*（《毛澤東詩選》）也於同年出版。那次他們兩位到普大演講，也正好有兩部新書即將出版——第一部就是安格爾個人所寫有關中國的詩歌集，題為 *Images of China*（《中國印象》）；第二部就是兩人合譯有關中國大陸「百花齊放」時期的文學，共有兩大冊，書名是：*Literature of the Hundred Flowers*（《百花齊放文學》）。記得那次他們在普大的演講也在東亞系的壯思堂舉行，只見演講尚未開始，整個廳堂就已經爆滿了，因為許多不懂漢語的聽眾也來了，包括普大總圖書館館長科普先生。原來安格爾先生早已是美國人心目中的天才詩人，他還不到二四歲那年就獲得了「耶魯青年詩人獎」的頭銜，而他的第一本詩集 *Worn Earth*（《破爛的地球》）也於一九三二那年由耶魯大學出版社出版，從此奠定了他在美國詩界的聲譽。所以當天有不少聽眾也就慕名而來。可想而知，那天的「夫妻檔」演講十分成功，聽眾也不斷踴躍提問，十分精彩。

當天晚上，欽次與我請安格爾和聶華苓兩人在著名的 Nassau Inn 旅館飯廳裡用餐。晚飯時，我一直在回憶：我們最初與他們夫婦認識是在一九七三年的春天，當時我和欽次還住在南達科達州。有一天我突然接到聶華苓從愛荷華大學的來信，說她們的國際寫作中心想請我為他們翻譯一些有關百花齊放的文章，因為她聽說我才寫完一本關於英國十九世紀作家卡萊爾和毛澤東的英雄形象的英文碩士論文。當時我和欽次正好有事，正忙著要出發前往東岸，所以我們答應在返回的路途中要順便到愛荷華去拜訪他們。

記得他們在山坡上有個美麗的房子，我們那次順著彎曲的車道開上去，頗有情調。整個下午我們都在他們的客廳裡聊天，一直到快天黑時才依依不捨地離開，匆匆趕往當地下榻的旅館。在那以後不久，我很快就為他們完成了英文翻譯，後來知道她和安格爾都很滿意，也就放心了。總之，一九八一年大家又能在普林斯頓大學相聚，很是開心。（順便一提，四十多年後，我讀到著名詩人王家新所寫的一首題為〈愛荷華杜比克街一一〇四號——給聶華苓女士〉的詩時，更是感慨萬千。該詩的開頭寫道：「又是飄零的秋天／我彷彿又看見你，遠遠地／在那個山坡上的房子裡／緩緩穿行……」那首詩很自然地又把我帶回到了過去。）

回憶我當年在普大葛思德東方圖書館當館長的期間，以上所述那幾個我所策劃的的文化項目特別讓我有一種「滿足感」。有一天，普大總館長科普先生在校園裡偶然遇見了我，他甚至還當面向我恭喜，說許多普大的人都在議論道：「原來葛思德圖書館也能提供如此有趣的文化交流。」當時我不假思索地回答：「那些都是館長分內所應當做的事呀。」

轉眼間一九八一年六月底終於來到了，離我要卸職的時候愈來愈近了。沒想到就在那幾天，葛思德圖書館中有一位我特別欣賞的館員郭季宣女生因患癌症而去世。從前還在臺灣的時候，郭女士曾是欽次在高雄中學唸書時的地理老師，所以我一向把她當師長看待。於是，我懷著哀痛的心情，努力為她籌備葬禮。在她去世後的第三天，我親自在普林斯頓的墓園裡為她主持葬禮儀式，所有圖書館員都哭了。讓我感到慶幸的是，在我離職之前，我終於為她的家人從校方爭取到了一筆可觀的保險金。

後來，六月三十日（星期二），科普館長一早就到葛思德圖書館來當眾宣布我將要離職的消息。果然不出所料，所有在場的人都大吃一驚。當科普先生說，我將於七月十五日離職時，只見有幾位館員立刻面帶愁容。於是我立刻起身致辭，很誠懇地向全體館員表示最大的謝意，特別感謝他們一年來與我合作效力，並與我共同完成了許多有關有益於圖書館的項目。但我強調，我之所以要在這個時候離職，主要是為了專心做自己的學問研究，將來也會繼續使用葛思德圖書館的藏書，也依然與他們保持聯絡。

雖然七月十五日是我正式離職的日子，但實際上我到圖書館上班的最後一天卻是七月三日。這是因為，為了獎勵我一年來對葛思德圖書館的的辛苦效勞，科普先生特別請校方給我兩個星期的帶薪休假（paid vacation）。而我也計畫利用那段休假期間，到日本去經歷一次「文學懷古」的遨遊，尤其希望能造訪詩人芭蕉曾經遊歷過的主要地點，那也是我多年來的一個夢想。

記得七月三日那天正好是星期五，圖書館的人為我舉行了一次盛大的歡送會，雖說是向我道別，其實更像是預祝我的日本之行一路順風。

日本之行其趣無窮

七月五日那天，我準時從紐約甘迺迪機場飛往日本東京。當時我的老同學李英雄（Ian Levy）正在日本度假，他早就答應要做我的導遊，並為我安排好了旅館。七月六日那天，他準時到東京機場接我。

次日清晨，我們迫不及待地趕到早稻田大學的政治經濟學部的三號館及六號館，因為那是我父親從前在早稻田大學上課的地方。李英雄知道我從小就有一種不尋常的「東京情結」，主要因為我父母當年是在東京唸書時相遇的。可想而知，那次聽說我將要去日本一遊，我的父母特別興奮。早在父親節那天（一九八一年，六月二十一日），家父已從亞利桑那州的鳳凰城寄來一封充滿懷舊的信函。無形中，我父親那封信成了當天李英雄帶我參觀早稻田大學的導遊地圖：

> ……早稻田大學的大隈講座（Ohkuma Kōdō）聽說還在，妳可在前面攝影留念。大學圖書館不知健在否，那是我每天埋首看書之處。Edgar Snow 寫的 *Red Star Over China* 是第一次在早大圖書館讀的，印象頗深。早大附近一帶當年劃在牛込區之內，校園前

邊有一條大學街，叫鶴巻町，其北有一條小河曰江戶川，河邊有一小小公園叫江戶川公園，是我年青時朝夕瞑思默想之地。再往北在大塚區有鬼子母神墓地，其中有文學家夏目漱石之墓。也是當年我同你媽媽、你大舅常往憑吊之所。早大附近最熱鬧的地區叫新宿，昔日已甚繁華，我初到東京先住中央線上的東中野學寮，後遷神田區的學寮。神田是東京最負盛名的書店街，彷彿北京的琉璃廠（北新華街往南，出和平門不遠即是）。書的吸引力太大了，我當年幾乎天天逛神田的書店，流連忘返。以上這幾處是我在東京住得最久的，也是極懷念的地方，不過經過二次大戰，盟軍轟炸，可能大部已夷為平地……

在那以後，我們首先遊訪著名的千住（即所謂的「下町」），那是從前詩人芭蕉北上旅行的起點。千住區一如中國的秦淮舊地，是騷人墨客酒食徵逐之處。於是，午飯後即與李英雄自高田馬場馳乘地下鐵東行。約四十分鐘抵上野站。只見街道喧鬧，行人不絕，多閒蕩無聊者。我不禁想起西鶴筆下的町人（商人）生涯，這裡雖非大阪，但《好色五人女》中所描寫的小人物不就在這種「下町」環境裡飽經滄桑的嗎？如今身歷其境，反覺一切似在夢中。梁啟超當年寫〈祈戰死〉一文，想是以上野那條街道為背景的。那天我們安步當車，走過無數花街小巷，後來我們走進一家古色古香的酒樓，只見處處懸燈結彩，坐滿了各色男女，飲酒輪唱。我們入座不久，酒店主人立刻含笑而來。他以為李英雄不懂日語，就望著我，滔滔不絕地說了一大堆話。我一時心急，完全不解其意，只聽見他一直說什麼「下町，下町」的。這時李英雄便搶先用日語向店主說：「其實我是她的翻譯。我們都很喜歡下町，這兒的人最豪放不羈了，請不要介意。」接著就點了一壺日本酒。原來主人誤以為我是日本人，他怕美國人嫌「下町」人太隨便，希望我能向李英雄說明「下町」的好處。豈知金髮碧眼的李英雄卻能說一口道地「下町」腔的日語，真使主人驚異。當初我入座時，確有些不自在，慢慢才習慣於那充滿酒色財氣的環境。不久，夜已深，輪到李英雄獨唱，他居然唱出那支風行日本的流行曲《東京、大阪》來，惹得在場酒客拚命拍掌，狂吟豪飲個不停。這就使我想起，三百多年前，詩人芭蕉就在附近與他的「下町」詩友灑淚作別之後才北上的，後來他又由白河之關經松島、平泉、象潟而抵佐渡島，環繞日本一周。

第二天我們就乘「新幹線」火車西行，草草游過京都，又於七月九日由京都乘小火車到大津，為了參觀義仲寺內的芭蕉墓。接著我們又連夜趕到大阪，因為那是詩人芭蕉一生旅遊的終點。後來我們又從大阪轉車到《萬葉集》的故地飛鳥，即今日的「明日香村」。那是著名的「大和文化發源地」，但今日已成了一片稻田村落，真令人難以想像。幸而有《萬葉集》的權威李英雄做嚮導（很巧，就在那個月，李英雄的《萬葉集》英譯本也才剛出版），讓我一路上側耳傾聽他所吟唱的「長歌」和「短歌」，並學到許多有關《萬葉集》的神話故事。後來我們又去了奈良的春日山，以及宇治的「平等院」和「宇治橋」，總算讓我終於親眼見識到《源氏物語》小說裡「宇治十帖」的實際地理背景了。

為了紀念那次的日本之行，李英雄特別在一張美麗的餐巾紙上親手寫下詩人芭蕉的一首俳句，算是給我的禮物。

七月十五日那天我按計畫從東京回到了美國。那天正好是我正式從普林斯頓葛思德東方圖書館離職的一天。

▲
孫康宜與小弟孫觀圻。1982 年春季，孫康宜剛轉到耶魯大學教書，那是她學問研究和事業上的重要轉折點。

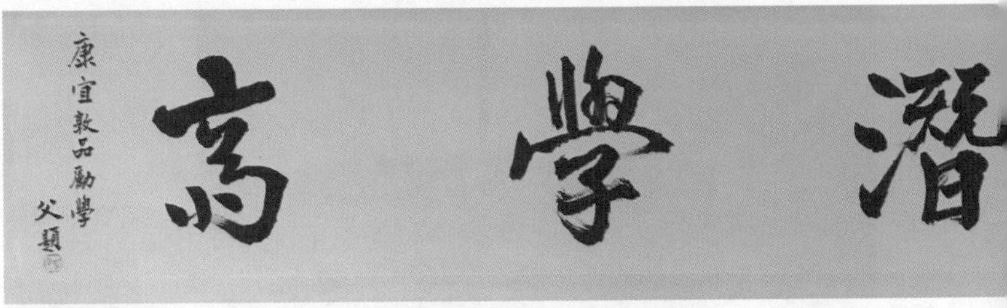

▲
1982 年春季，孫康宜的父親為孫康宜的新書房命名為「潛學齋」，並贈「潛學齋」書法一幅，以為鼓勵。從此孫康宜決定，將來無論搬到何處，她的書房一律叫做「潛學齋」。2010 年孫康宜把「潛學齋」的八千五百多冊藏書捐贈給北大國際漢學家研修基地，北大稱該書庫為「潛學齋書庫」，並在書庫入口處展現孫康宜的父親這幅「潛學齋」的書法影印版。2018 年，孫康宜把她父親這幅書法的原本捐贈給耶魯大學神學院圖書館特藏部，作為「孫保羅裕光特藏」的一部分。

▲

1983 年 5 月 23 日，孫康宜第一次參加耶魯大學畢業典禮的遊行，並參加戴文坡住宿學院「頒發學生畢業文憑」的儀式。當時孫康宜（後排左二）和同事傅漢思（Hans H. Frankel，後排左一）一同坐在教授席上。

▲

這個紀念已故校長嘉馬地（President Giamatti）的石椅坐落於耶魯的老校園中。石椅上刻了兩行嘉馬地的名言——左邊寫著 “A Liberal education is at the heart of a civil society”（「通才教育是公民社會的核心」），右邊寫著 “And at the heart of a liberal education is the act of teaching”（「教書工作則是通才教育的核心」）。照片中的女孩是孫康宜和張欽次的女兒 Edie，當時才四歲大。照片攝於石椅剛建成不久（1990 年春）。

▶

孫康宜與女兒 Edie。這是 1991 年「母與女」的經典合照，當時耶魯大學圖書館的前頭尚未有「女人桌」。巧合的是，兩年之後（1993 年）林櫻（Maya Lin）所設計的「女人桌」就在「母與女」拍照的地方。（張欽次攝，1991 年春）

◀

1995 年 8 月 24 日，在飛往北京的飛機上，孫康宜的鄰座居然是著名的陳香梅（Anna Chen Chennault）女士。那天陳香梅全程都在與孫康宜分享她作為一個女性的人生閱歷，使身為晚輩的孫康宜感受到一種燦爛的生命火花，至今難忘。

◀

1996 年 6 月 6 日孫康宜終於到了上海親自拜見了神交已久的施蟄存先生。當時施蟄先生已是 91 歲的老人，第一次見面，他就責備孫康宜：「你怎麼到現在才來看我？你再晚一點來，就見不到我了。」（陳文華攝）

▲

1998 年冬，孫康宜與耶魯東亞語文系的同事 Edwin McClellan 教授（大家都喊他為 Ed）合影。地點是 Ed 的辦公室，牆上右側懸掛的是 1987 年余英時教授在前往普林斯頓之前所贈的臨別禮物，那是余英時特別為 Ed 所抄錄的唐代詩人張繼〈楓橋夜泊〉的一幅書法：「月落烏啼霜滿天／江楓漁火對愁眠／姑蘇城外寒山寺／夜半鐘聲到客船」。（張欽次攝）

▲
余英時先生（左），與孫康宜（中）和張欽次（右）合影。（陳淑平攝）
2000 年 5 月，Edwin McClellan 教授退休。普大的余英時教授和他的妻子陳淑平特地從普林斯頓趕來參加 Ed 的退休慶祝會。（該退休慶祝會在孫康宜和張欽次的木橋鄉家中舉行。）

▶
2000 年 8 月，孫康宜與她的大弟孫康成在加州圓石灘（Pebble Beach）「十七里路」（17- Mile Drive）上的著名「孤松」（Lone Cypress）景點合影。另外，他們也參觀了「十七里路」海岸上一個名叫「周氏景點」（Point Joe）的地方，「周氏」乃為 1900 初的一個華人，他曾用水上飄來的浮木搭起了一座簡陋的木屋，以賣紀念品和牧羊為生。

▲
宇文所安（左一）、田曉菲（左二）、孫康宜（左三）、張欽次（左四）。2000年10月底，孫康宜和張欽次在康州木橋鄉家中舉行了一次慶祝宇文所安和田曉菲的生日大會（太巧了，他們夫婦兩人的生日居然是同一天），那天一共請了三十多位客人來參加。

◀
瑞典漢學家馬悅然（Göran Malmqvist）與孫康宜在耶魯大學校長室合影。2001年11月，正當耶魯大學在慶祝300週年的時候，耶魯東亞研究中心邀請了馬悅然先生來演講。他那次是著名的愛德華·休謨演講系列（Edward Hume lecture series）第42屆的演講者。當時的耶魯校長雷文（Richard C. Levin）還特別接見了他，並請他參觀校長室的那棟大樓（Woodbridge Hall）。（Regina Starolis 攝）

◀
德國漢學家顧彬（Wolfgang Kubin，左）於2004年春天來耶魯演講，並與當時耶魯大學東亞圖書館副館長龔文凱（Wen-kai Kung，右）合影。他們兩位都曾寫過有關唐代詩人杜牧的博士論文。（孫康宜攝）

◀
陳效蘭與張欽次合影。（Max Mote 攝）
2006年8月，張欽次特地到科羅拉多州的Granby山中（位於海拔很高的Rocky Mountains山區）去拜訪恩師牟復禮的夫人陳效蘭女士，並收集牟先生生前的照片和相關資料，以為後來在臺灣舉行的「紀念牟復禮教授學術研討會」（由中央大學的王成勉教授主持）作準備。當天效蘭還親自下廚，為欽次準備了豐盛的午餐。

2008 年，張欽次（左）陪高友工教授（右）在紐約街頭漫遊。（孫康宜攝）
對於丈夫張欽次和恩師高友工，孫康宜一直是感恩的。據孫康宜回憶，多年前自己曾經在學術旅途上走投無路：「如果不是 1973 年 9 月的那個晚上，欽次一時衝動，突然拿起電話筒給高先生打了那個電話，今日的我絕不可能走到了今天的位置上。」

孫康宜與姪女孫凱音（Vivian Sun）。（黃麗娜攝，2011 年夏）這是紐黑文附近一個叫做「燈塔」（Lighthouse）的海邊，是孫康宜經常帶耶魯學生去的地方。

◀
2013 年 5 月初，張充和女士一百歲，充和（左）與孫康宜（右）合影。她們手中握著一些珍貴的照片，那是有關充和在 1949-1959 年間為加州柏克萊分校的朝鮮「淺見文庫」善本書的函套所寫的書法。根據柏克萊東亞圖書館館長周欣平回憶，充和當年「所寫的函套數量上千……她的題字至今仍優雅清新，光彩奪目，是張充和一生賜墨最大的一批題字」。

▶
2014 年春季，在耶魯大學慶祝孫康宜七十歲生日的會議中，主講人蘇源熙（Haun Saussy）的結語很是風趣。他說：「孔夫子……說過這句名言：『七十而從心所欲不逾矩』。康宜，妳盡可以做妳從心所欲的事情吧，凡是了解妳的人都不會擔心妳逾矩的。」

◀
2014 年秋季，孫康宜與同事石靜遠（Jing Tsu）合力策劃邀請哈佛大學的王德威（David Der-wei Wang）來耶魯演講。耶魯人一直記得王德威是著名的愛德華・休謨演講系列的講座高手。

▲
王安憶第一次訪問耶魯是 1983 年，當時她才 28 歲。三十三年之後，2016 年 8 月間，孫康宜（左三）又邀請王安憶（左二）來訪。那時王安憶正在紐約大學當訪問學者，孫康宜請該校的博士生 Todd Foley（左一）帶領王安憶和她的丈夫李章（右二）從紐約來到耶魯校園。中午大家一起到紐黑文最有名的法國餐廳 Union League Cafe 用餐，當時孫康宜的助教曾昭程（Cheow Thia Chan，右一站立者）也在場。

▲
2017 年 9 月，貴人 Gram 的孫女 Anne Huntington Gannon（左一）特地從愛爾蘭老遠飛來與孫康宜和張欽次重聚，那次 Anne 的女兒 Fiona 也來了，所以四代友誼持續不斷。（Fiona Gannon 攝）

▲
2019 年 5 月，孫康宜與張欽次參加耶魯畢業典禮。當天她有一個學生拿到博士學位，她的名字是紀曉蘭（Mary Ellen Friends）。同年 12 月，孫康宜的博士班「關門弟子」凌超也接著畢業了。

▲
孫康宜（右）與高友工教授生前的摯友江青（左）在高教授的追思會中合影。追思會於 2017 年 3 月 11 日在普林斯頓大學 Jones Hall 的壯思堂中舉行。那是慶祝高先生瀟灑一生的追思會，幾乎所有上台發言的人都談到了高先生令人難忘的笑容，那是高先生的真傳之一。

▲

2019 年秋季，孫康宜（右二）與張欽次（右一）參加耶魯大學圖書館慶祝中文館藏 170 年的展覽會開幕典禮，並與東亞圖書館館長孟振華（Michael Meng，左一）和耶魯校友容閎（Yung Wing）的銅像合影。且說，於 1854 年畢業於耶魯學院的容閎不但是第一位在美國獲得本科學位的中國人，他也曾對耶魯大學圖書館建立中文館藏有極重要的貢獻。請參考孟振華主編，《美國耶魯大學圖書館中文古籍目錄》上、下冊（北京：中華書局，2019）。

▶

2021 年 5 月，耶魯東亞語文系贈給孫康宜的退休禮物是個「耶魯缽」（Yale Bowl），那是耶魯教務長 Scott Strobel 親自精工製作的。

◀

這是 2021 年捷克文版的《走出白色恐怖》的封面。「那是一個令人震撼的封面，它很樸實地展現了我父親（一個白色恐怖受難者）所繪的一雙禱告的手。」

▶

孫康宜與她的「第二代」學生張尚仁（Samuel Chang）合影。之所以稱張尚仁為「第二代」學生，乃因為張尚仁的母親蔡崇儀（Eva Tsai）是從前 1980 年代孫康宜的學生。原來蔡崇儀是著名耶魯校友蔡中曾的長女，半個多世紀以前，蔡中曾從臺灣來到耶魯大學的法學院讀書，先後獲得耶魯的法學碩士（L.L.M.）和法理學博士（J.S.D.），後來他首創臺灣的第一個律師事務所。尤其自從耶魯大學法學院建立 Paul Tsai China Center（蔡中曾中國中心）以來，蔡家的名聲在耶魯校園裡更是如雷貫耳。

▶

與耶魯的學生古愛華（Edward Kuperman）在戴文坡學院飯廳的「畫像」底下合影。

▲

2023 年 3 月，孫康宜與兩個孫女合影。自從孫康宜過了七十歲之後，她就經常對自己說：「我已開始懂得『含飴弄孫』的樂趣⋯⋯覺得人生沒有比親情更重要了，從此以後，我一定要放鬆自己，好好享受晚年了。」

▶
兩位1980年代的普林斯頓大學葛思德東方圖書館館長（左：白迪安〔Diane Perushek〕；右：孫康宜），於四十多年後在耶魯大學東亞圖書館合影。懸掛在圖書室門楣上的「東亞圖書館」題匾乃為張充和的書法。（孟振華攝，2023年5月8日）

奔赴耶魯即歸處

第四章

With what stillness at last
you appear in the valley
your first sunlight reaching down
to touch the tip of a few
high leaves that do not stir...

你終於靜悄悄
浮現於山谷
你的第一縷陽光
抹過樹梢
照在幾片靜止的樹葉上……

——W.S. Merwin

自從我自普林斯頓葛思德圖書館卸職之後，一直躲在家中專心撰寫學術文章，同時也開始留意有關教書工作的就業機會。然而，令人失望的是，整個一九八一年的秋季，全美國的東亞系居然沒有一個涉及中國古典文學方面的教授職缺。

一九八二年一月間，正當我面臨山窮水盡的時候，突然聽到一個消息，說耶魯大學東亞系有一個空缺，因為那兒教中國古典詩歌的宇文所安（Stephen Owen）先生將去哈佛大學繼承剛退休的海陶瑋（James R. Hightower）教授的職位。於是我立刻申請那份耶魯的工作。後來我有幸得到耶魯大學的應聘，職稱是中國文學助理教授（Assistant Professor of Chinese Literature），聘用期將從一九八二年七月一日開始。

不用說，我和欽次都感到欣喜萬分，因為我終於找到了一個理想的教書職位，而教書工作也是我一直以來的願望。美中不足的是，欽次的通勤將會變得十分艱難，因為如果乘火車從康州的紐黑文到紐約市，單程就得花上兩個鐘頭，再加上從家裡開車到車站的時間，以及停車的時間，總共就要花掉三個小時之久。所以每天來回的通勤時間將會是六個小時左右。想來頗令人擔心。但欽次一直安慰我，說許多從長島（Long Island）到紐約市上班的人，不也要花同樣的時間通勤嗎？何況他也可以利用坐火車的時間休息或準備工作報告。心想，欽次說的也對。

記得當初剛得知被耶魯應聘的好消息那一刻，我確實非常開心。但更重要的是，我心懷感激之情，所以第一時間我就跪下禱告，向上帝獻上感恩。我深知那個耶魯的教職得來不易，尤其是在申請那工作的過程中，我還經歷了突如其來的身體挫折，使我差一點得不到那份工作。那是因為，在我必須到耶魯面試並做演講的前一天，突然患上很嚴重的流行性感冒，除了連續幾天發高燒之外，又得了喉嚨的併發症，嗓子一時喪失功能，使我完全失去了說話的聲音。可想而知，我的內心充滿了焦慮，而醫生也愛莫能助，說必須保持耐心的態度，那個病毒自然會慢慢離去，但需要時間。然而，耶魯東亞系的人已經開始來催促，說如果時間拖得太長，校方可能會取消那個職位的空缺，因此他們也開始著急起來了。後來足足等了兩個半星期之後，我的嗓子才完全恢復，而我也終於順利地完成了我在耶魯的面試和演講。顯然是為了爭取時間，耶魯東亞系的「遴選委員會」在我離開紐黑文當天，就立刻開會投票表決。沒想到，那天剛回到普林斯頓家中不久，我就接到耶魯東亞系系主任 Edwin McClellan 傳來的好消息。

總之，每次回憶那次申請耶魯工作時所經歷的磨難和試煉，就忍不住要說：好險啊！

如魚得水的耶魯生活

我的耶魯同事傅漢思

初到耶魯東亞語文系辦公室報到，是一九八二年七月一日。記得那天上午我很早就到了耶魯校園，先在我早已熟悉的老校園（Old Campus）裡徘徊片刻（那是從前一九六八年我和欽次蜜月旅行的第一站），就往約克街（York Street）的方向快步走去，映入眼簾的是美麗高雅而形狀各異的幾棟「住宿學院」（residential colleges），接著就是那座高大聳立的耶魯總圖書館（Sterling Library），再往前走，就到了研究所大樓（Hall of Graduate Studies），樓上第三層就是東亞語文系的所在地。一走進系辦公室，發現系裡的秘書Sharlin早已在那兒等我，她首先遞給我一串鑰匙——包括我的辦公室、系辦公室、女性教職員專用洗手間、以及進入研究所大樓的鑰匙。接著就坐下來和我開始聊天。

正在聊天時，只見傅漢思教授微笑地走進系辦公室，一看見我，他立刻伸出手來與我握手，表示歡迎。接著他就指著系辦公室早已為我準備好的信箱（mail box），那信箱上頭寫著我的名字「Kang-i Sun Chang.」他說：「妳看見了嗎？妳的信箱裡已經有一個包裹在等著妳了。」我感到很好奇，這究竟是誰寄給我的東西？一打開那個大信封，才發現那是漢思先生送我的一本書，就是約翰·賀蘭德（John Hollander）剛出版的新書，書名為*Rhyme's Reason*《詩律的理念》。突然間我想起一年多以前，當漢思先生造訪普林斯頓大學時（那次他與妻子張充和陪沈從文夫婦到普大演講），我曾告訴他我特別欣賞耶魯教授約翰·賀蘭德所寫的詩歌，而且當我還在普大攻讀博士時，也曾旁聽過約翰·賀蘭德的弟弟羅伯特·賀蘭德（Robert Hollander）教授的那門有關義大利詩人但丁的熱門課，所以我非常佩服兄弟兩人的文學成就。不用說，漢思先生送給我的這本新書《詩律的理念》實在太珍貴了。

其實漢思先生早已和我說好，約定七月一日那天中午要在他的辦公室裡碰面，然後他要請我和比較文學系的傑弗里．哈特曼（Geoffrey Hartman）教授一起出去吃中飯。沒想到他這麼早就來了！原來他想給我一個驚喜，讓我先收到他的禮物。漢思先生真是個有心人啊！

那天的三人午餐安排在約克街上的一家餐廳裡。剛坐下來，我就告訴哈特曼先生，說我早在南達科達州唸英文系的時候，就已經讀過不少他的作品，尤其是他那本有關英國浪漫主義詩人威廉．華滋華斯的書，*Wordsworth's Poetry, 1787-1814*，使我深刻了解到所謂「自然詩人」（nature poet）的真正意義。同時我也趁機請教他有關耶魯解構學派的近況，因為哈特曼一向以耶魯解構學派（Yale Deconstructionists）的「四人幫」之一而著名。但一聽到「四人幫」那個詞，他忍不住大笑，立刻回應道：「耶魯哪裡有四人幫？在耶魯是一人一幫呀。」聽到這個說法，坐在一旁的漢思先生也頻頻點頭同意，表示很欣賞哈特曼的幽默感。

哈特曼比漢思小十三歲，但他們之間的談話十分投合，沒有絲毫的代溝。我想他們的堅固友誼大部分是建立在他們的種族文化認同上。他們兩人都是猶太人，都生於德國，年輕時代都為了逃離納粹的迫害，以難民的身分最終都移民到了美國。他們都同樣經歷過艱險顛沛的流亡歲月，所以他們之間有共同的語言。我突然聯想到，當初耶魯比較文學系之所以成為美國首屈一指的文學研究基地，實與那些早期來自歐州的實力派拓荒者之貢獻息息相關。於是，那天我也順便請哈特曼談談有關他從前在耶魯唸博士時的兩位大名鼎鼎的老師——雷納・韋勒克（René Wellek）和埃里希・奧爾巴赫（Erich Auerbach）。哈特曼一直說，他很幸運曾在兩位傑出學者的指導下完成了他的博士論文。同時，與他本人的背景相似，那兩位教授也是來自歐陸的移民。韋勒克教授是耶魯比較文學系的創建者，是個來自捷克的移民；奧爾巴赫教授則為赫赫有名的*Mimesis*《模仿論》的作者，他為了躲避納粹的迫害，先逃難到土耳其，後來移民到了美國，終於在耶魯大學渡過了他那短短的劫後餘生。那天談話間，我也順便告訴哈特曼，說我從前在普大寫有關詞的博士論文時，曾受他的老師奧爾巴赫的《模仿論》很大的影響，尤其是該書比較西方文學文體的兩大傳統——即希伯來傳統和希臘傳統。一種是平行並列（paratactic）的文體，另外一種則是連接漸進（hypotactic）的文體。我說奧爾巴赫的想法對我啟發很大，因為我發現傳統中國的「詞」體也可以用類似的比較方法來闡發。

那天午飯的收穫可謂收穫累累。不久之後，漢思先生也把我介紹給斯拉夫文學系的語言學家 Edward Stankiewicz 教授，他也是一位逃過納粹大屠殺的傑出猶太人。後來漢思又推薦我成為戴文坡住宿學院（Davenport College）的教授成員（fellow）。當時那個住宿學院的 Master（院長）是著名的歷史系教授 Henry Turner，以教德國史著稱，他也十分關照我。不知不覺之中，我學到了許多有關德國的歷史故事。

一見如故的布魯姆

且說七月一日那天，吃完午飯之後，我就順便到飯廳的隔壁一家書店（Book Haven）去閒逛一番。當我走到「文學批評」（Literary Criticism）那個角落時，突然瞥見一個很面熟的臉孔。我想這人大概是英文系或比較文學的某位教授。幾秒鐘之後，我終於想起來了，那個人一定是我經常在報章雜誌上看到的哈羅德·布魯姆（Harold Bloom）。於是我就勇敢地走過去，輕聲問道：「啊，你不就是寫 *The Anxiety of Influence*（《影響的焦慮》）那本書的作者哈羅德·布魯姆嗎？我一直是你的忠實讀者……」只見他馬上轉過身來，眼睛放出了兩道智慧的光芒，微笑說道：「我就是。」我高興極了，立刻自我介紹一番。

一聽說我是教中國古典文學的，他就很感興趣。他說，他從前曾經讀過《詩經》、《楚辭》、以及李白、杜甫等經典詩人作品的英譯，所以知道古代中國曾經產生過和但丁一樣的偉大作家。他說他也讀過不少有關儒家和道家的書籍，尤其佩服孔子的文化修養，以為西方只有蘇格拉底一人能與孔子相比。但他說，比起孔子，蘇格拉底還是不夠尊重詩歌。孔子從頭就把詩歌放在第一位，從不貶低詩歌的重要性。但蘇格拉底卻一直把哲學與詩歌分開來，甚至對立起來。總之，布魯姆說他一直很崇拜中國文化。

那天我從那家書店買了一本布魯姆先生剛出版的新書，名為《破器》（*The Breaking of the Vessels*）。那本書收集了布魯姆一系列有關「浪漫主義」主體性的演講，其中還涉及希伯來人的聖經傳統。臨走前，布魯姆與我交換各自的電話號碼，他答應不久就要請我到他家去喝下午茶。最後他瞇著眼，笑著說道：「咱們一言為定，從此你不要再稱我為教授，就喊我作哈羅德（Harold），我也喊你 Kang-i（康宜）好嗎？這樣最好，我們每次才能暢所欲言。」

自從那次偶然在書店裡認識，我就成為布魯姆家的下午茶常客。他和他的妻子 Jeanne 多年來一直住在離校園不遠的林登街（Linden Street）。每次到他們家去，Jeanne 總是準備不少好吃的點心，還有可口的英國茶。而布魯姆總是情不自禁地朗誦起詩歌來，他最喜歡朗誦美國作家 Hart Crane 和 Wallace Stevens 的詩。他那種超人的記憶力確實令人佩服。據他說，他很小就迷上閱讀，所以向來閱讀的速度很快，而且他的記憶力從小就很強，經常過目不忘。因此幾乎所有的英語詩歌他都能倒背如流，就連有些散文篇章，他也能背得出。他說，在這一方面，他基本上是聖奧古斯丁（St. Augustine）的忠實信徒，相信一個人是靠記憶來擁有一切的。因此，他對今日的美國教育十分失望，因為美國兒童已經不再學習如何閱讀和記憶，而他們所讀的書也越來越少了。記得有一次，布魯姆很感嘆地對我說：「我基本上是個教書的人，也是文學批評家兼學者。我的工作主要是教人如何欣賞詩歌；可以說，和你的工作很相似。可惜目前從事這種工作的人太少了，所謂『閱讀詩歌的藝術』（the art of reading poetry）早已在美國的學界和大眾文化中消失了。這個現象很令我失望。」

又有一回，我很好奇地問布魯姆，問他知不知道中國讀者經常稱他為耶魯解構學派的「四人幫」之一。他立刻反駁道：「我怎麼會是解構學派的人？其實我一直在打一場所謂『反解構』的戰爭，我的攻擊目標都是同事兼前輩師長——包括保羅．德曼（Paul de Man），雅克．德里達（Jacques Derrida），和J．希利斯．米勒（J. Hillis Miller）等解構學家。我的爭論重點主要是有關詩歌『意義』的闡釋問題。解構主義者主張詩歌的意義都是不可決定的（indeterminate），因為語言本身就是不可捉摸的。但我不同意，我以為語言本身不能為我們負起大腦思考的作用。重點是你如何用你的心和判斷力去閱讀詩歌的文本。雖然哲學家海德格（Martin Heidegger）不能為我們闡釋詩歌的意義，但詩人莎士比亞卻能，因為他早已通過他的劇本點出了詩歌的真義。」

因為要鼓勵我多認識一些美國詩人，布魯姆特別把我介紹給後來到耶魯執教的駐校女詩人露伊絲．葛綠珂（Louise Glück）。露伊絲不但是優秀詩人，也是十分盡責的教授。記得有一回，露伊絲突然發給我一封緊急的電子郵件，說她正擔任人文學科（Humanities Program）的「大四論文」評判組主席，並要請我盡快閱讀一篇有關比較古希臘和中國古代詩歌的論文。我立刻答應，並連夜趕出有關該論文的評語兼分數。（後來二〇二〇年露伊絲獲諾貝爾文學獎，我更加想念過去，尤其感激布魯姆當初把我介紹給露伊絲，可惜布魯姆已於二〇一九年去世。）

我一直很佩服布魯姆那種對閱讀詩歌文本的堅持，所以每學期我都推薦研究生到英文系去選修他的文學課，而我自己也曾經到他的課上去旁聽。記得我第一次去旁聽他的課，那時他正在教莎士比亞的劇本，一走進教室的門口，就聽見他正在背誦《馬克白》（Macbeth）劇本中的一段台詞，一時我彷彿走進了另一個世界。後來我聽說他正在教二十世紀美國詩歌，我又去旁聽他的課。有一次他專門討論耶魯詩人賀蘭德的詩歌。那次我特別開心，因為傅漢思送我的那本《詩律的理念》終於可以派上用場了。

由於布魯姆的關係，我和詩人賀蘭德很快也成了好朋友。賀蘭德正好住在我家附近，故經常往來。有一年賀蘭德正在研究有關貓的詩歌，他問我能否為他找出中國古代最早的一首提到貓的詩。我告訴他，貓大概最早出現在《詩經．大雅》的〈韓奕〉篇，其中有兩句詩是：「有熊有羆，有貓有虎。」沒想到他迫不及待，次日清晨六時整就開車到我們家來取那首詩的原文和英譯。那次與賀蘭德有關貓的討論給了我很大的啟發，於是不久我就在我的「人與自然」（Man and Nature）那門課裡增加了有關「貓詩」的教材，許多課上的學生讀了之後都愛不釋手。當時著名的小說家張潔正在附近的衛斯理安大學（Wesleyan University）當訪問學者，有一天耶魯東亞研究中心（Council on East Asian Studies）邀請她來演講。晚間聚餐時，我就坐在她身旁，記得她曾告訴我，她最喜歡貓，但不久前她的愛貓死了，讓她足足傷心了半年。我說，「愛是不能忘記的」，她點點頭，表示同意。她說，沒想到我一語雙關，居然把她的那本小說《愛，是不能忘記的》引申到人與貓的關係上。後來又有一年，我在「人與自然」的課上高聲朗誦了宋朝詩人陸游所寫的三首〈贈貓〉詩，其中一首是：「裹鹽迎得小狸奴，盡護山房萬卷書。慚愧家貧策勳薄，寒無氈坐食無魚。」直到四十年後，有一天我忽然想起這首陸游的詩，一時感慨萬千，就請我的碩士生盤隨雲將該詩譯成英文，並展現在我的書齋中，以為紀念。[1]

令人敬仰的 Edwin McClellan

第一次與 Edwin McClellan（埃德溫．麥克萊倫）見面是在一九八二年的三月初，地點是他在研究所大樓的辦公室。那是我從普林斯頓趕到耶魯來面試和演講的那一天，當時他是東亞語文系的資深系主任（他早在一九七三年就開始任職系主任，從此就一直破例地連任了好幾回）。記得初次見面時，我就對他的印象特別深刻。他很客氣地伸出手來說道，「請坐，請喊我做 Ed 就好。」我一眼就看出 Ed 是個英國紳士，是個正人君子，他的思想敏捷，作風正派，而且是領導能力特強的人。在那以前，我早已知道他是著名的日本文學 Sumitomo 講座教授，也是日本文學研究的泰斗。一九七七年他榮獲美國人文與科

1. 今抄錄盤隨雲的英譯如下：
A packet of salt welcomed my little cat servant,
Who is to guard all the thousands of scrolls in my mountain studio.
Ashamed that my family is in such poverty, my achievements so meager,
That there is no blanket for him when it is cold, no fish in his plate.

學院（American Academy of Arts and Sciences）院士的頭銜。（多年之後，耶魯大學也授予他最高的講座教授頭銜，即所謂的 Sterling Professor 頭銜。）他自幼富有文才，二十多歲時就因翻譯夏目漱石的長篇小說《心》（*Kokoro*）榮獲美國的第一等寫作獎，該書成為UNESCO（聯合國教科文組織）的特選文學作品。所以他的文學成就很早就啟發了像我這樣的晚輩。而且他的人生經驗極其特殊，父親是英國人，母親為日本人；他在日本出生，從小就有良好的雙語背景。他兩歲時母親不幸去世，青年時代與父親回到英國，先加入英國皇家的空軍隊，後轉而進入著名的貴族學校 St. Andrews 大學攻讀英國史。就在 St. Andrews 唸書時，他遇見了他後來的終身伴侶 Rachel.

當我第二次又與Ed見面時，那已是一九八二年的七月底。那時他「暫時」從系主任的職位退下來。（我之所以說「暫時」，乃是因為我當時早已預料到，不久之後，他一定又會被任命為系主任，因為當時的東亞語文系極需像他那樣的天才領導人。果然，不出所料，在新的系主任 Hugh Stimson 任期完畢之後，下一任又輪到Ed當系主任了。）總之，記得在那個距今已是四十多年前的炎熱七月天，我又到Ed的辦公室去拜見他。當時我正在為將要來臨的新學年度努力備課。因為那是我第一次將在耶魯教課，又由於年輕缺乏經驗，我特別需要像Ed那樣的長輩給我指示。同時，我早已從他的學生 John Treat 那兒聽說，在學生的眼中，Ed是世界上最有睿智的導師，他的近代日本文學課尤其令人稱道，但選他的課很費工夫，因為每個星期他都要求學生們一定得讀完一整本小說。因為他在課堂上說話總是具有一種召喚性和信服力，他早已成為學生們的偶像。（難怪後來全美國學府年輕一代的日本文學教授大多是他的學生——例如，他的學生任教於哈佛、哥倫比亞、密西根、芝加哥、加州柏克萊、和耶魯大學等校。）

且說，那次與 Ed 在他的辦公室裡聊天，非常愉快。除了我的教課以外，我們也談到關於一些共同朋友的佳話。他告訴我，他和他的妻子 Rachel 最欣賞余英時和 Monica（陳淑平）那對夫婦，以為他們是最有智慧和幽默感的一對文化人。他說有一次他們兩對夫妻一同從波士頓乘 Amtrak 火車到紐黑文，一路上有說有笑，天南地北地聊天，覺得有生之日，從沒如此開心過。

此外 Ed 也告訴我有關哥倫比亞大學夏志清（C.T. Hsia）教授的一段往事。他說，自從一九七二年他們從芝加哥搬到紐黑文以後，他的夫人 Rachel 就一直在耶魯大學圖書館的「博斯韋爾資料特藏」部門（Special Collection of the Boswell Papers）擔任全職工作，而該特藏的主任就是 Frederick A. Pottle 教授，一向以研究蘇格蘭的傳記作家詹姆斯·波斯韋爾（James Boswell）而著名。正好 Pottle 教授就是夏志清從前在耶魯英文系唸博士時的導師，所以夏志清經常到耶魯圖書館來拜訪他的恩師，而他每次來訪，Rachel 都在場。據 Ed 說，有一次 Rachel 親眼見證了一個有趣的場面——只見夏志清一進門（當時 Pottle 教授還來不及回過頭來歡迎他），說時遲那時快，他已經伸出雙手按住老師的雙肩，大聲說道：「Ah, you old hunchback!」（你這個駝背的老頭子！）於是兩人就大笑不止，可見師生兩人親密無間的關係。多年之後，我寫〈快人夏志清〉一文，設法捕捉夏先生那種「反應快、思路快、心直口快」的個性，大概也是受了當初Ed告訴我的這個原始故事的啟發吧！

在耶魯教書將近四十年的生涯中，我有幸與Ed共事十八年之久。在這期間，我一直把他當做老師來看待。在我逐漸成熟的每一階段，他都給我伸手扶助。所以他對我的影響是積累性的，至今難忘。他於二〇〇〇那年正式退休，二〇〇九年五月過世。

余英時與陳淑平

早在普大當研究生時，我已經認識了余英時先生。當時余先生還在哈佛任教，他有一次被邀請到普林斯頓東亞系演講（詳細情況，請見本書第三章）。後來我又在一年一度的亞洲研究學會（Association of Asian Studies）的開會期間遇見他，所以早已是老朋友了。一九七七年，余先生從哈佛轉到耶魯教書，在耶魯他一人跨兩系，不但是歷史系的講座教授，也是東亞語文系的資深教授成員。所以一九八二年初，當我剛得到耶魯的教書工作時，他和夫人陳淑平（Monica）都非常高興，兩人還打電話到普林斯頓向我們恭喜。不久，陳淑平還特別向我和欽次介紹紐黑文當地可靠的房地產經紀人，讓我們很快就買到了滿意的房子。

但我們一直到一九八二年九月初快要開學時，才首次見到陳淑平本人。那一天欽次和我到他們橘鄉（Orange）的家中拜訪，剛一進門，陳淑平就很熱情地說，請我們以後就喊她做Monica，喊余先生為「英時」，所以一時之間我們頓感輕鬆自在。以她的言談和風度，Monica天生就是一個有教養的知識女性。她是陳雪屏先生的女兒，所以我迫不及待地告訴她，從前我在臺灣唸小學和中學時，曾獲得不少獎狀，其中有一張是我書法得冠軍的獎狀，那是她父親蓋章簽名的，當時陳雪屏先生是教育廳長，在我幼小的心靈中，深受鼓勵。聽到這個故事，他們在座的兩個女兒Sylvia和Judy都高興得眉開眼笑。而Monica更是感動不已，說她下次打電話給她父親時，一定會向他轉告我的問候。（許多年後我才發現，原來就在我最初認識Monica之前不久，英時先生為他的岳父八十歲生日獻上兩首詩，題為「賀雪屏丈八秩大慶律詩二首」，當時書法家張充和女士還特別為該祝賀詩用工楷寫出，並加「福壽康樂無疆」等祝詞，且加蓋閒章「大吉祥」。陳雪屏先生一直把那幅寶貴的祝賀詩書法懸掛在他臺北家中的書房。）

且說，英時最喜歡聊天，Monica又是個廚藝的拿手，所以自從我們搬去紐黑文之後，我們兩家人經常相聚，很快也就成為無話不談的好友了。Monica和我尤其親密無間，兩人每星期都打電話互通消息。而且剛到耶魯的時候，我正開始準備寫我的第二本書《抒情與描寫：六朝詩歌概論》，所以我也經常向英時請教有關詩人陶潛的種種問題。尤其是，當時英時才剛發表了他所謂的中國思想「四個突破」的那篇文章，其中第二個「突破」正是漢魏之際，也就是陶潛之前不久的時代。此外，我也屢次向英時請教有關其他學術上的問題，也經常鼓勵我的學生們到歷史系去選修他的課。我的早期博士生蘇源熙（Haun

Saussy）就曾上過英時有關宋明理學的課，終生受益良深。

然而一九八七年的春天，英時卻突然宣布，說他已在耶魯教了十年書（從一九七七年到一九八七年），但由於個人因素的考慮，他決定要接受普林斯頓大學的聘請，預備轉去普大教書。對於這事，我和我的耶魯同事們都有一種複雜的反應。我們相信，在遊說英時的過程中，普林斯頓的校方人士一定是苦心積慮，曾經花過一番心力的，否則英時絕不會輕易作出這樣的決定。後來我們才知道，英時早於一年前，在赴普林斯頓的途中，就已經寫過一首詩，特意抒發他此次個人抉擇之艱難。首先，該詩的首句標明了普大一事的偶然性：「招隱林園事偶然」。那就是說，英時從來沒想過要「跳槽」，但偶然間來自普林斯頓的這個「招隱」的感召力實在太大了，終於贏得了他的心，使得他無法拒絕普大。所以詩中又說道：「榆城終負十年緣」，表明他不得不離開榆城（即紐黑文）的傷感。後來五月間，在英時與Monica離開耶魯之前，我們還特別在家中為他們舉辦了一個歡送會，許多系裡系外的師生都出席了那次盛會（包括傅漢思先生和他的夫人張充和女士）。就在那次聚會中，英時把他特別為我們重新抄寫的那首「招隱」詩親自送給了我和欽次。

當時英時給好友Edwin McClelland的臨別禮物就是他親自抄錄唐代詩人張繼〈楓橋夜泊〉的一幅書法：「月落烏啼霜滿天／江楓漁火對愁眠／姑蘇城外寒山寺／夜半鐘聲到客船」。張繼這詩是日本人最喜歡的一首唐詩，所以Ed非常珍惜英時的這份禮物，還請當地最著名的畫廊 Merwin's Art Shop 把英時的書法加上美麗的鏡框。後來二〇〇九年

Ed去世後，耶魯東亞語文系把英時的這幅字交給我個人收藏，至今仍掛在我的書房「潛學齋」裡。

「雙喜臨門」代價高

很巧，正當余英時將要離開耶魯之前的那段期間，我有幸生下了一個女嬰名為Edith（中文名字張詠慈），接著又幸運地獲得了耶魯大學的終身職（tenure），可謂雙喜臨門。然而那次「雙喜臨門」的代價很高，可謂得來不易，請讓我慢慢道來。

話說當初，大約是我剛來到耶魯兩年後，有一天系主任Ed和英時一起請我到約克街上的一家飯館吃午飯。談話間，他們告訴我，因為系裡的傅漢思教授不久將會退休，所以系裡可能會提前考慮我的「終身職」。然而，根據耶魯大學一直以來的慣例，每次有教授的職位空缺，校方必須公開登廣告，邀請他校的人也來申請，所以我將面對很大的挑戰。那天我突然悟到，兩位前輩對我的關懷實在太讓人感動了，我真的很感激他們事先告訴我，讓我心裡有所準備。心想，我無論如何也不能讓他們失望。

於是，一九八四年初夏，我開始整天埋頭苦幹，下定決心非得在秋季開學之前完成我的第二本書 *Six Dynasties Poetry*（《抒情與描寫：六朝詩歌概論》）的初稿不可。在那個年頭，我們還不會使用電腦，所以我每天從早到晚不停地奮筆疾書，欽次每天從紐約下班回來，第一件事就是用電動打字機把我的手稿一頁一頁地打印出來。我們這種持續的「接力賽」非常幸苦，但也很管用，只有七個星期不到的時間（從六月中旬到八月初）我已完成了整本書的初稿，只剩下中文詩歌的英譯尚未動手。（當初我的計畫是，先趁著暑假的期間集中精力，爭取快速完成整本書的英文初稿，等秋季開學之後再用一整年的時間，逐步修訂並譯完書中所引用的中文古典詩歌。）

其實那次趕寫《抒情與描寫：六朝詩歌概論》的初稿雖然辛苦，但收穫可不少。首先，它促進我對許多有關文史方面的深度思考。雖然那段期間我基本上是足不出戶，但也經常會去耶魯圖書館查考資料。有一次我偶然遇見歷史系的同事史景遷（Jonathan Spence），我告訴他，我正在寫有關六朝詩人的一本書，他聽了很是興奮，立刻問到：「How do you explain the relationship between literary creativity and political disunity?」（「妳想，詩人的文學創造力和政治上的四分五裂有什麼對應的關係嗎？」史景遷這個問題問得太好了，它很清楚地為我提出了一個很具體的寫作指標。有趣的是，拙作《抒情與描寫：六朝詩歌概論》的最後一句結尾等於是給史景遷一個正面的答覆：「……但在文學上，作為一個偉大的詩歌革新時代，『六朝』還活著。在這個時代，儘管政治上不統一（或許正因為政治上不統一），中國詩歌之抒情被探索到了無所不至的境界。」[2]

當時余英時那篇論文〈名教思想與魏晉世風的演變〉也給了我許多啟發，尤其因為我的《抒情與描寫：六朝詩歌概論》也正好從陶淵明開始入手。此外，我以比較的方式論述陶淵明和謝靈運兩位詩人，以「抒情」（expressive）和「描寫」（descriptive）兩種視角作為貫穿全書的審視標竿。當時我的研究頗受八〇年代初期美國文學批評的影響，所謂「描寫」或視覺經驗也正是當時許多批評家所探討的重點。從某種程度看來，這種對「描寫」的熱衷乃是對前此的二十世紀六〇—七〇年代專注於情感「表現」的文化思潮之直接反應。現代人所謂的「表現」其實很像中國古代詩人的「抒情」，而「描寫」則與六朝人所謂的「狀物」與「形似」類似。我發現，六朝詩歌就是在表現和描寫兩種因素的互動中，逐漸成長出來的一種既複雜又豐富多彩的抒情文學。可以說，在撰寫《抒情與描寫：六朝詩歌概論》一書的過程中，我嚐到了一種把實際生活與學問結合起來的愉悅感。

然而寫書確實幸苦，寫完書稿之後的那幾天，我感覺有如一個用力過度的馬拉松長跑者一般勞累。正好普大的老同學白迪安（Diane Perushek）打來電話，說想要約我一起到巴黎旅遊。（當時 Diane 已是普林斯頓葛思德東方圖書館館長。早在一九八一年我從葛思德圖書館辭退之後，她就成為我的接班人了。）那天 Diane 在電話中再三告訴我，她完全可以做我的導遊，因為她從前大學時代唸的是法文系，也經常去巴黎，所以她這次能帶我好好地走遍巴黎。而且她說，如果我有興趣的話，她還可以先和法國國家圖書館（Bibliothèque

2. See Kang-i Sun Chang, *Six Dynasties Poetry* (Princeton: Princeton University Press, 1986), p. 184: "In literature the Six Dynasties period survives as an age of great poetic innovation, one which, in spite of –of perhaps because of—political disunity, explored China's poetic lyricism to the utmost."

Nationale de France）的館長打個招呼，先訂好我們前去參觀的時間。

不用說，我當下就很興奮地接受了 Diane 的邀請。我們於八月十四日從紐約甘迺迪機場起飛前往巴黎。印象最深刻的就是，剛抵達巴黎的那一天，我們就沿著美麗的塞納河畔（La Seine）散步，沿途參觀了幾個咖啡館，後來就走進了著名的巴黎聖母院（Cathédrale Notre-Dame de Paris），果然名不虛傳，高聳的哥德式建築加上美麗巨大的玫瑰窗令人嘆為觀止。當天晚上我們就到一個名叫力普（Lipp）的餐廳吃飯。次日我們參觀了歌劇院廣場（Place de L'Opéra），見到了巴哈的牌匾，也到埃菲爾鐵塔（La Tour Eiffel）附近的美食餐廳 LaPérouse 享用了一頓難得的晚餐。第三天晚上我們有幸得到法國著名華裔作家程抱一（François Cheng）和他夫人 Micheline 的邀請，先到一家中國餐館用餐，接著參觀了一家莎士比亞書店，又一同欣賞巴黎的夜景，頗具詩意。

以後幾天的行跡，更是樣樣值得留戀。記得我們參觀了賽努奇博物館（Cernuschi Musée），館中有許多稀奇的珍藏品。尤其是，在那個博物館附近，Diane 偶然發現了一個富有詩情畫意的公園，走進去之後我們才發覺，原來那就是著名的蒙索公園（Parc Monçeau）。雖然那是一個所謂的「英國式公園」，但園中卻有許多類似古羅馬時代的圓柱和拱門，還有各種名人雕像也散布其中，周圍又有美麗的樹林圍繞著，彷彿是個仙境，多年後那個景象經常徘徊在我的腦海中。此外，我們也參觀了吉美博物館（Musée Guimet），那是亞洲地區以外最大的東亞藝術收藏地之一，我在那兒看到了一幅巨大的梁武帝畫像以及不少來自敦煌石窟的藝術品。有趣的是，在我們參觀法國國家圖書館的當天，鬧了一個笑話。我們只見前來迎接的秘書推了一個輪椅過來，一邊微笑說道：「歡迎歡迎！這個輪椅是專門為那個前任的普大葛思德圖書館館長預備的。她已經到了嗎？」一時間，Diane 和我忍不住捧腹大笑，原來他們以為「前任」館長一定年紀很大，所以他們事先準備了一個輪椅給我。於是我笑著說道：「我就是那個前任的館長啊！」那個秘書看我還那麼年輕，真是嚇了一跳。（原來她以為「前任」館長一定年紀很大了。）後來我們在法國國家圖書館逗留了好幾個鐘頭，那是我生平第一次親自看到敦煌詞的寫本，親手摸到那些唐人的手卷。當我找到〈定風波〉那首敦煌詞時，特別興奮。

在巴黎那幾天，我們除了遊著名的香舍里榭大道（Ave des Champs Élysées），巴黎凱旋門（Arc de Triomphe）等旅遊點，並在新型的餐廳 Petit 用餐之外，還參觀了許多名人的故居。最令人難忘的是維克多・雨果（Victor Hugo, 1802-1885）的故居（Maison de Victor Hugo），那是雨果年輕時代（一八三二—一八四八）的住處，也是他撰寫《悲慘世界》（*Les Misérables*）的地方。我一直以為雨果只會寫小說，沒想到他也是一位多產的畫家，在他的故居裡就能看到他四百幅以上的畫作，真令人大開眼界。還有巴爾札克（Honoré de Balzac, 1799-1850）的故居（Maison de Balzac），也極富歷史意義，那是巴爾札克晚年（一八四〇—一八四七）的居所，也是他出版那本小說《高老頭》（*Le Père Goriot*）（即《人間喜劇》*La Comédie Humane* 系列的代表作）之後的那幾年。那次我們還看了一個有關巴爾札克的電影，很受啟發。同一天我們也參觀了紀念喜劇家莫里哀的噴泉 La Fontaine Molière，發現噴泉中間有一個莫里哀雕像，令人肅然起敬。又有一天，在參觀盧森堡公園（Luxembourg Gardens）之後，我們拜訪了現代主義文學先鋒葛楚德．史坦（Gertrude Stein, 1874-1946）的家，那就是她當年著名的文藝沙龍，名為 27 Rue de Fleurus。葛楚德．史坦生前善於社交，她的沙龍深刻影響了許多現代的文學家和藝術家，包括美國的作家海明威（Ernest Hemingway, 1899-1961）。

記得在旅遊的最後一天（八月二十一日），我們參觀了拉雪茲神父公墓（Père Lachaise Cemetery），那是巴黎規模最大的墓園。那天我們造訪了不少名人的墓地——包括巴爾札克、王爾德（Oscar Wilde, 1854-1900）、馬賽爾．普魯斯特（Marcel Proust, 1871-1922）和蕭邦（Frédéric Chopin, 1810-1849）等人的墳墓。後來我們趕到蒙珀納斯公墓（Montparnasse Cemetery）去參觀薩特（Jean-Paul Sartre, 1906-1980）的墳墓時，已是傍晚時分，但我還是很慶幸能見到薩特的大理石墳墓。當時薩特才去世四年，所以那墳還很新。記得後來墓園的大門關閉之後，我們就靜坐在墓園外頭的一個長椅上，兩人各自神思了許久，一直到日落。現在已經記不得我當時在想些什麼，只記得或許是想得太專心了，我居然把一件最心愛的黑外套留在公墓的長椅上了。直到晚間回到旅館，才發現那件外套給丟了。我只好自我寬慰道：「那就算是送給薩特的告別禮吧！」

次日，我們準時飛回紐約。在短短一個星期之內，我與 Diane 自由自在地享受到巴黎的一切——彷彿到了另一個世界，所有之前所積累的疲勞都頓然消失了。

從巴黎回來以後不久，耶魯就開學了。

記得一九八四—一九八五年度是我在耶魯教書最忙碌的期間之一。首先，那年秋季，耶魯東亞研究中心（Council on East Asian Studies）正好人手不夠，因為許多教東亞研究的教授們都在休假中，所以當時的系主任Stanley Weinstein 教授就破例推舉我當一個學期（秋季）的東亞研究中心的研究所主任（Director of Graduate Studies）。（之所以說「破例」，乃因為校方規定，必須擁有終身職的教授們才有資格當研究所主任，而我當時才只是一個助理教授〔Assistant Professor〕）。有趣的是，幾個月之後，連我們東亞語文系（Department of East Asian Languages and Literatures）也破例請我擔任春季的研究所主任。這樣一來，我就成為全校最忙碌的助理教授了。問題是，所有尚未獲得終身職的人都無法享受定期休假的特權。所以，我當時不但要全職教學，還得在行政工作上做出貢獻，而且身為助理教授，必須加緊出版更多的作品（英文俗語說「Publish or perish」，意即「不出版就死路一條」），以爭取獲得終身職，所以壓力很大。

但同時我也聽說，文理學院的助理教授可以申請校內的摩爾斯獎學金（Morse Fellowship），如果幸運得獎，就能在次年休假一年。可想而知，那個獎學金的競爭性很大，所有申請者都必須提交一份很扎實的選題報告（proposal）。正好一九八四年秋季我開了一門有關晚明詩歌的討論課（seminar），於是很順利就寫成了一份有關晚明詩人陳子龍的選題報告，正式向校方申請一九八五—一九八六年度的摩爾斯獎學金，為了專心撰寫我的第三本專著。我一向對危機型的時代（例如六朝，晚明等時代）有興趣，因為這種時代往往最能顯現出人的精神本質。尤其是明清之際，中國詩人發生了很大的轉向，他們的作品經常飽含著詩人自己在一個大時代中流離、掙扎的痕跡。但當時在西方漢學界裡，這方面還有待開發，所以我很想藉機寫一本英文書，進行一種補白的工作。當時我特別得到我從前的導師高友工和牟復禮的鼓勵。同時我也頗受陳寅恪先生的《柳如是別傳》的啟發。而且上海的施蟄存先生寄來一本他剛出版的《陳子龍詩集》（共兩冊，與馬祖熙合編），後來又陸續請友人先後轉來《柳如是戊寅草》和《小檀欒室匯刻百家閨秀詞》等書籍。這些寶貴的中文材料很快就使我專注在陳子龍和才女柳如是的詩詞上。尤其是，施先生是松江人（與陳子龍同鄉），他不斷教給我許多有關松江的歷史和文化知識。而陳子龍的身世也特別讓我感動。作為明代的遺民，陳子龍不願降清而選擇投水自盡，在後世的研究者看來，他屬於民族英雄，他的人格與詩文影響深遠。即使到了十八世紀，清朝的乾隆皇帝還為了表彰忠義而追謚陳子龍為「忠裕」。當時我初步想到的研究重點就是有關「情」與「忠」方面的討論。我發現在他的詩歌裡，陳子龍經常很直接地表達他與柳如是之間的愛情，尤其是「情」與「忠」不再對立。這是因為到了晚明，婦女已不再被視為紅顏禍水，所以在那樣的時代，陳子龍和錢謙益都把自己的愛人視為自己抗清的伴侶與同志，而且也珍惜她們的才華，替他們出版作品。有趣的是，陳子龍喜歡用自己早年愛情詩詞中的意象（譬如相思、清淚、雨打風吹等意象）來指涉、隱喻作為晚年的愛國詩。所以從一開頭，我就將我的英文書名定為：*The Late-Ming Poet Ch'en Tzu-lung: Crisis of Love and Loyalism*。（中譯本則為《情與忠：陳子龍、柳如是詩詞因緣》。）

且說，當初一九八五年二月間，我首先接到校方發來的好消息，說我已經順利贏得了摩爾斯獎學金，所以我可以在一九八五—一九八六學年休假一整年專心寫這本新書。記得那天正好是我的四十一歲生日，我與欽次就趁機大大地慶祝了一番。

然而第二天（二月二十二日）我們就接到來自普林斯頓的消息，說我們多年來的恩人 Gram 已於當天清晨去世，享年九十六歲。其實在那之前兩個月多月，我們已經感覺到 Gram 的記憶突然變得模糊，氣力大衰。記得十二月十五日那天，我早上四時打電話去，Gram 說：「I'm not far from there.」（「我離死亡不遠了。」）沒想到 Gram 於一九八四年發出的聖誕卡竟然是她平生設計的最後一張卡片，而她在卡片上所用的那首詩也是她所寫的最後一首詩，題為「Assurance」〈信心〉，詩曰：「我的眼睛看不見湖的彼岸／但它的倒影／映在安靜的湖面上／讓我知道它的存在」。[3]那張聖誕卡還印有一張卡內基湖的

3. 那首詩的英文原文是：“My eyes cannot reach the opposite shore./ But its reflection/in the quiet lake/ Tells me that it is there.”

風景照，還有 Gram 個人的近照。這真是一語成讖，兩個多月後，在她臨終前，Gram 囑咐家人把她的骨灰撒入她最心愛的卡內基湖中。後來在三月二日的追思禮拜中，我當眾朗誦了 Gram 於一九七七年所寫的一首詩，題為：「It Is The Spirit」（〈就是那聖靈〉）。當天追思會的程序表列出了 Gram 的生卒年月：「一八八九年二月四日——一九八五年二月二十二日」，為了慶祝一位活得既長壽又有極其豐盛的生命體驗之世紀老人。

十四個月之後，我的女兒於一九八六年五月八日在紐黑文誕生，我們就用 Gram 的正式名字 Edith 來給女兒命名，以表達我們全家人對於 Gram 的思念。

在那以後不久，我的第二本專著 *Six Dynasties Poetry*（《抒情與描寫：六朝詩歌概論》）準時由普林斯頓大學出版社出版，而我也就很順利地拿到了耶魯的「終身職」職位，總算終於鬆了一口氣。那段時間，有不少朋友接二連三地來信向我道喜，祝賀我「雙喜臨門」，因為我不但平安地生下女兒，也同時賺得了耶魯的鐵飯碗。據說當年耶魯全校擁有終身職的女教授還不到二十人，而男性的終身職教授則有六百位以上。

不用說，我的內心深處一直是充滿著感恩之情的。然而，生命總是雜糅著喜悅與悲傷。就在女兒才誕生三個星期後，欽次的弟弟道成（Jacob）不幸於手術中去世，死時才三十八歲，令人心痛。道成從小就有音樂天才，青年時代屢次獲得最佳鋼琴獎，可惜後來因為學醫而未能繼續發展音樂方面的成就，殊為可惜。記得他逝世的當天正好是 Memorial Day（悼亡日）的前一天，所以那個週末我們一家人在安靜的哀悼中渡過。那時欽次的父母和其他家人都已順利移民美國，定居波士頓，沒想到在他們的晚年，居然還要經歷一場「白髮送黑髮」的悲劇。幾年後，我就把我那本有關陳子龍和柳如是的新書獻給道成，在該書的扉頁（title page）上寫道：「紀念張道成（一九四八—一九八六），以及他所代表的藝術精神。」[4]

耶魯校長嘉馬地

在許多美國人的心目中，耶魯校長嘉馬地（A. Bartlett Giamatti）永遠是一位英雄。一九七八年他剛被選為耶魯校長時，他才四十歲，是耶魯歷史上最年輕的一位校長。當時他已經是一位著名的文學教授，是文藝復興時代文學的權威。後來我經常聽說，他也是耶魯歷史上最令人欽佩的一位人品高潔、樂於助人的校長之一。他敢做敢言，經常為少數族裔或移民的後代說話。例如，一九八〇年代他開始提倡增加「猶太文化研究」（Judaic Studies）課程，為了使得當時的猶太學生獲得公平的待遇，也可藉此提昇耶魯之所以作為一個理想「大學」（university）的信譽。[5]

4. 英文原文是："In fond memory of Tao-cheng Jacob Chang (1948-1986) and the artistic spirit he stood for."
5. Dan A. Oren, *Joining the Club: A History of Jews and Yale*, Second Edition (New Haven: Yale University Press, 2000), p. 316.

一九八二年秋季，我剛到耶魯不久，有一天懷著興奮的心情，到嘉馬地校長的官邸參加了一次茶會。印象最深刻的就是，嘉馬地校長居然那麼平易近人，又和藹可親，他要我們都喊他的小名 Bart。後來我又在嘉馬地的家中參加了幾次聚會，有一次他和我討論美國的小說《白鯨記》，他說他很崇拜《白鯨記》的作者 Herman Melville，因為他的寫作指向人的終極意義——那就是，人人都必須對自己誠實，也要勇敢地活出個人的最高理想。

一九八四年底，有一天我接到嘉馬地校長的一封信，邀請我成為遴選下一任耶魯本科生學院院長（deanship of Yale College）委員會（Search Committee）的成員之一。那次遴選委員會的主席就是研究中國歷史的史學家史景遷。經過幾個月的努力，最後我們的委員會交出了一個精選的候選人名單，並特別推薦專攻分子生物學（Molecular Biology）的著名教授 Sidney Altman。不久嘉馬地果然聘請 Sidney Altman 為耶魯本科生學院的新院長。後來一九八九年，Altman 院長榮獲諾貝爾化學獎（與 Thomas R. Cech 同獲該獎），一時耶魯師生興高采烈，有如喜從天降。

一九八四—一九八五年度，耶魯發生了一次很嚴重的工職員罷工。嘉馬地本來就是一個任勞任怨的校長，他天生就主持正義，也講求公共服務。但罷工的那群人後來變得有些無理取鬧，我親眼看見有人居然往他的臉上吐唾液，令人難以接受。當時我很擔心，心想嘉馬地會不會因此感到灰心。果然一年後（一九八六年），嘉馬地校長決定辭職，因為罷工人士所提出的一些要求不是他所能苟同的。

不久嘉馬地成為聞名全美國的「足球全國聯賽」（National League）的主席（President），後來又成為該「聯賽」的總裁（Commissioner）。

但不幸的是，一九八九年九月一日，一個星期天，突然傳來嘉馬地因心臟病突發而在麻省逝世的消息，死時才五十一歲。一時之間，整個美國陷入了哀悼的情緒。當時有人說，嘉馬地其實是死於一種左右為難的困局，以及那種困局所帶來的精神壓力。本來嘉馬地就是一個為理想和正義而奮鬥的領導者，所以他不得不提起勇氣把犯規的著名棒球明星羅斯（Pete Rose）開除掉。但內心的痛苦抉擇卻使得他因而驟然早逝。這種為正義奮鬥而無悔的精神一直存在耶魯人的記憶中。

我永遠忘不了一九八九年十月初，在耶魯 Woolsey Hall 的大禮堂舉行的那場動人的追思會。那天除了當時的新校長 Benno C. Schmidt Jr.，以及嘉馬地的兩位兒子 Paul E.V. Giamatti 和 Marcus B. Giamatti 先後致辭之外，最令人感動的就是彼得·布魯克斯（Peter Brooks）教授在追思會中朗誦一首嘉馬地所翻譯的義大利詩，譯自詩人 Giacomo LeoPardi 的一首短詩「L'Infinito」（英譯「The Infinite」，意即「永恆」）。據彼得·布魯克斯說，那首抒情詩是嘉馬地生平最心愛的詩歌。這是嘉馬地英譯的最後幾行詩句：

...And as I hear the wind stream through the woods,
I then begin to match this voice to that

infinite silence; and I remember the eternal
and the dead seasons, and that living present
giving its own sound. And so amidst
this vast immensity, my thought drowns
and sinking in this sea is sweet to me.

……我聽到風聲穿過樹林，
這聲音堪比那無垠的沉寂，
我記得永生和逝去的季節，
以及眼前這活躍的聲響。
我沉思在無邊的空闊中
恬然浸入這片汪洋。[6]

這首詩反覆出現的「聲音」意象特別觸動了我的心靈。於是有一天，靈感突然來到，我就提筆寫下了一首紀念嘉馬地的白話詩：

耶魯校長嘉馬地

讓馨香的泥土把你包裹好，
因為你曾轟轟烈烈地活過。
每日清晨我走過若無街，
隔著墓地的高牆
我總是聽見
一陣陣琴音
紛紛崛起
在重演一個
美妙的故事。

今天我走在路上
我聽見有風吹來，
是時間流動的聲響，

---

6. 感謝我的耶魯同事康正果後來將這幾行詩句譯成中文。

不知從哪兒來。
我伸出右手，
將那聲音握住，
在手指間
用力捏住。

我想，
這就是嘉馬地，
是他，就是他。
我第一次與他握手時
也有同樣的感覺。

一直到多年後，我又回憶當年的景象，才請我的學生 Victoria Wu 將這首詩譯成英文：

Yale President Giamatti

Let the fragrant earth embrace you well

Because you once lived passionately…
Each morning I walk past Grove Street
Over the high walls of the cemetery
I always hear
A swell of piano music
Crescendo suddenly
Echoing a lovely story.

Today I walk on the streets
I hear the wind blow towards me
It is the sound of time moving and flowing
I do not know from whence it comes.
I extend my right hand
To grasp that sound
Pinching it tightly
Between my fingers.

I think
This is Giamatti
If it is him, then it is him,
The first time I shook his hand
I felt this same emotion.

且說，一九九〇年，嘉馬地的同班同學為他建造了一個「紀念石椅」，坐落於著名的「老校園」（Old Campus）之中。對於耶魯人來說，那個石椅象徵著「通才教育為上」以及「教書工作為上」的信念。這是因為，那個石椅深深刻上了兩行嘉馬地的名言——左邊寫著「通才教育是公民社會的核心」（A Liberal education is at the heart of a civil society），右邊寫著「教書工作則是通才教育的核心」（And at the heart of a liberal education is the act of teaching）。多年來，我經常帶學生或訪客去參觀那個紀念石椅，每次都忘不了要講述我所認識的嘉馬地校長。

說故事的能手 Peter Brooks

我一直很佩服彼得・布魯克斯（Peter Brooks），他是惠特尼人文中心的創始人（founding father），做過兩任該人文中心的主任，也是耶魯比較文學系和法文系的著名教授。他著作等身，曾是嘉馬地的好友兼同事，所以在紀念嘉馬地的追思會中，他扮演了一個關鍵的角色。

其實我很早就認識了彼得・布魯克斯。自從一九八二年我來到耶魯之後，就一直在探索有關「跨學科」（interdisciplinary）的領域，因為那是耶魯大學的強項。於是我開始參加彼得・布魯克斯在「惠特尼人文中心」（Whitney Humanities Center）所舉辦的活動。記得一九八三年春天，有一次我去聽結構主義批評家保羅・德曼（Paul de Man）的演講，會後還與他聊天，沒想到那是最後一次見到保羅・德曼，他在那年的年底就去世了。

每次有人演講，不論講的是那一方面的題目，彼得・布魯克斯總是向聽眾先介紹講員。而他在介紹講員時，都從一個小故事開始，非常引人入勝。一九八四年我讀了彼得・布魯克斯的書，*Reading for the Plot*（《閱讀故事情節》），更加對他把敘事文學和心理學以及法律問題合併在一起討論的「跨學科」視野十分拜服。在那以前我已經拜讀過他的《戲劇性的想像》（*The Melodramatic Imagination*〔一九七六〕），後來又讀他與法律系的葛維寶（Paul Gewirtz）教授合編的《法庭的故事》（*Law's Stories*〔一九九六〕）。他的《亨利・詹姆斯遊巴黎》（*Henry James Goes to Paris*〔二〇〇七〕）更是引起我的興趣，因為我一直是亨利・詹姆斯的小說迷。尤其是彼得・布魯克斯在那本書中，述說了一段少有人知的故事。那是有關亨利・詹姆斯早年於一八七五—一八七六年間（當時他才三十二歲）從美國搬去巴黎住的故事。有趣的是，根據彼得・布魯克斯的分析，當時年輕的亨利・詹姆斯雖然住在巴黎，卻不懂得如何欣賞近代法國文學和當時正在流行的藝術新潮，包括法國的印象派畫作等，所以不久之後他就前往倫敦去定居了。然而二十年後，已經五十多歲的亨利．詹姆斯卻經常在倫敦回味他從前年輕時在巴黎的所見所聞，也經常想到當時他曾認識的許多法國的前衛小說家（例如 Flaubert、Zola、Maupassant 等）和許多印象派的畫家。沒想到後來亨利．詹姆斯的晚期小說卻大大受到了法國印象派的影響。總之，這些年來，我從彼得．布魯克斯的書中得到了莫大的啟發。目前他已年高八十五歲（他生於一九三八年，與嘉馬地校長同年生），最近又出版了一本轟動美國文壇的新書，題為《故事的誘惑：談敘事的用處及流弊》（*Seduced by Story: The Use and Abuse of Narrative*, 2022）。每次讀完他的書，我都學到許多有關「說故事」的藝術與西方文化史的深度關聯。

能與彼得．布魯克斯成為朋友，乃是我的幸運。記得一九八八年初，他曾贈我一本當時剛出版的書，題為《閱讀王維的十九種方式》（*Nineteen Ways of Looking at Wang Wei*），是由 Eliot Weinberger 和後來榮獲諾貝爾文學獎的奧克塔維奧．帕斯（Octavio Paz）共同主編的。那本書通過不同語言的翻譯，讓許多不同國家的讀者能從多方面欣賞王維的那首短詩〈鹿柴〉（「空山不見人，但聞人語響。返影入深林，復照青苔上。」）。彼得．布魯克斯告訴我，那本書是他母親送給我的禮物，希望我能珍藏。那書後來成為我的「人與自然」那門課的主要教科書。

二〇一二年春季，我與彼得．布魯克斯同時得到耶魯大學最高教學獎 DeVine Medal

動章，由「全美大學優等生榮譽協會」（Phi Beta Kappa）的耶魯分會（Yale Chapter）頒獎。那天彼得・布魯克斯得到的動章是「DeVane研究生教學及學術研究傑出獎」（DeVane Medal for Excellence in Graduate Teaching and Scholarship），而我得到的是「DeVane本科生教學及學術研究傑出獎」（DeVane Medal for Excellent in Undergraduate Teaching and Scholarship）。那天我特別激動，因為我以為，除了二〇〇九年得到Malcolm G. Chace' 56的講座教授職位以外，那個「教學及學術研究傑出獎」乃是我從耶魯大學所得到的最高榮譽。但同時我也覺得慚愧萬分，與彼得・布魯克斯相比，我自認不如。當時的我感覺到自己彷彿是一座小山，而眼前的學術前輩則有如一座高不可攀的高山。

與耶魯學生逍遙遊

能到耶魯教書，乃是我一生中最大的幸運。我從小就喜歡教書，當初在臺灣鄉下唸小學時，每次當班長，都經常被老師點名請到台上去當幾分鐘的「小老師」，給班上的同學們講解數學難題。那時正值白色恐怖的期間，我父親仍被關在監牢裡，所以我幼小的心靈中充滿了憂傷。但我每次一上講台當「小老師」，就能忘卻所有的煩惱，彷彿進到了另一個世界裡。後來長大成人之後，教書一直是我心目中最理想的職業。

記得一九八二年剛抵紐黑文不久，我就被耶魯特殊的教學方式給迷住了。主要是，在耶魯當教授，不管你的資歷多深，不管你的年齡多大，你必須教本科生的課程，不能只教少數的研究生。即使有助教們（Teaching Fellows）在大班課裡幫忙負責「討論」小組（discussion groups），卻不能請助教代課，否則算是犯規。對於這樣的嚴格要求，或許有些教授會感到負擔過重。但我卻特別喜歡教耶魯的本科生，認為那是我教書經驗中最大的享受。所以，雖然我每年都有助教幫忙負責本科生班上的二十分鐘討論，但我卻一直堅持要由我自己親自批改所有學生的作文，這就是為什麼我的每門本科生課程最多只能收二十五名學生。其實我的朋友布魯姆也是一樣，我們都是喜歡教本科生的人，都對教書生涯懷著全力以赴的奉獻精神。所以，在漫長的教書年代裡，我們都一直堅持這樣的教書方式。可以說，數十年如一日。

在耶魯教書將近四十多年來，我一共教過幾近兩千多位本科生。本科生通常特別充滿好奇心，興趣廣泛，與我志同道合。有些我教過的本科生，即使過了幾十年，他們仍繼續與我保持聯繫。例如，長期在臺灣教書的康豹（Paul Katz）和在韓國工作多年的貝一明（Emanuel Pastreich）都是我在一九八〇年代初的學生，至今仍繼續與我往來。

又，多年來，我一直記得一個叫 Ben Beinecke 的學生。二〇〇五年他選了我那門「人與自然」的課。Ben 很文靜，也很低調，我從一開始就猜想他大概是著名的 Beinecke（就是捐獻百內基善本書圖書館的那家人）的後代。後來我們關係很熟了，有一天我們在一起吃午飯，我忍不住就問：「你是不是和 Beinecke 那家人有關係？」他很害羞地答道：「是呀，捐贈圖書館的人就是我的曾祖父 Frederick W. Beinecke，以及他的哥哥 Edwin J.

Beinecke。」幾天後，他就送來他的祖父 William S. Beinecke 剛出版不久的兩本書：一本是個人的回憶錄，書中曾提到當初一九六〇年代、作者的父親 Frederick W. Beinecke（即 Ben 的曾祖父）和他的家族捐贈百內基圖書館給耶魯大學的前後經過。另外一本則是 Ben 的祖父 William S. Beinecke 所寫有關他自己的祖父 Bernhard Beinecke 當初於十九世紀中葉從德國移民美國的生平傳記，十分感人。Ben 告訴我，他們家族都一直教育後代，要養成在艱難中刻苦自立。後來 Ben 為了繼續學習中文，於二〇〇五年秋天到北京去。學期結束後，他在中國到處旅遊，身上故意帶很少的錢，一路上與他的哥哥和其他朋友們從四川騎摩托車往拉薩的方向去。有一次在路上摩托車拋錨了，身上也沒有足夠的錢，他們只好把摩托車賣給當地的西藏人，又添了些錢再買一輛，又繼續騎車前進，一直折騰了兩個禮拜才抵達拉薩。回到美國後，他很高興地跟我說：「我收穫很大呀。」

此外，二〇〇一年有一位十六歲的大一學生李文瀚（Haninah Levine）也選了我的「人與自然」那門課。在那以後，他一直長年不斷地與我保持密切聯絡。他曾在華府內政部（U.S. Department of the Interior）任職律師七年半，目前已晉升為美國國家環境品質委員會（White House Council on Environmental Quality）的副首席法務官（Associate General Counsel），但他仍經常寄來他的問候和新的詩作。他雖然不懂中文，但從前在我的課上曾閱讀了許多中文詩歌的英譯，他尤其喜歡白居易的作品，多年後仍舊能把那些英譯的詩背誦如流。記得當初他還在上耶魯本科時，他專攻物理，但以一個物理系的學生居然能在英文系主辦的作文比賽中獲得冠軍，實在令人驚嘆。他從耶魯本科畢業後，被聘入美國華府的「智囊圖」（Think Tank）。後來又申請法學院，被哈佛和耶魯同時錄取，但他選擇進耶魯的法學院，主要因為他比較喜歡耶魯的小班制。自從獲得耶魯大學的法學博士（J.D.）後，他一直任職於美國政府的機構。二〇二一年，我從耶魯退休之後，他還特別寄來一首贈詩，詩曰：

To Kang-i Sun Chang, After Her Retirement

Another autumn, another dogwood adagio
Who will teach students to count leaves with the old masters?
Ah! But your letters still arrive in my mailbox
And save me from standing illiterate before the oak tree

by Haninah Levine
October 20, 2021

賀孫康宜教授退休

又是秋天，又是山茱萸慢板
誰來教諸生翻動書葉讀古代大師的詩篇？

你的書信總是平安到達我的信箱
使我不至於一字不識地站在橡樹前

李文瀚
二〇二一年十月二十日

其實我不僅引我的本科生為傲，也非常喜愛我的研究生們，只是我從來沒想過自己的學術研究要如何藉著研究生們傳承下去的問題。我一向把學生當朋友看待，所謂教學相長，對我來說真是名符其實的。有恩師高先生作為榜樣，我很自然地學會「因材施教」。所以，將近四十年來，我的耶魯博士生大多是研究不同領域的人——例如一九八〇年代，蘇源熙（Haun Saussy）的博士論文寫的是有關《詩經》的題目；鄺龑子（Charles Kwong，已從香港嶺南大學退休）專攻六朝詩人陶潛。一九九〇年代，王瑷玲（臺灣中山大學教授）研究明清戲劇；錢南秀（萊斯〈Rice〉大學教授，已逝）研究《世說新語》；嚴志雄（Lawrence Chi-hung Yim，香港中文大學教授）研究明清文人錢謙益。二〇〇〇年代，黃紅宇（哈爾濱工業大學〈深圳〉人文與社會科學院副教授）研究明清詩人吳偉業；王敖（衛斯理安〈Wesleyan〉大學教授）研究中唐詩人元稹。二〇一〇年代以來，柯夏智（Lucas Klein，美國亞利桑那州立大學 Arizona State University 副教授）研究有關唐詩和現代詩的翻譯理論；高岩（Edwin Van Bibber-Orr）研究李清照和朱淑真；雷安東（David Andrew Knight）研究唐代的賦；張強強研究六朝詩人謝靈運；紀曉蘭（Mary Ellen Friends，迪爾菲爾〈Deerfield〉私立中學資深導師）寫的是有關牛郎織女研究的博士論文。我的博士班的「關門弟子」淩超（香港城市大學助理教授）寫的則是有關六朝詩人庾信後半生在北朝期間的文學成就，包括碑刻銘文等方面的特殊貢獻。

此外，還有許多東亞語文系的博士生（包括中文部和日文部的博士生）都曾當過我的助教，他們通常與我關係不錯，也喜歡選我的課，而我也經常成為他們博士班口試的考官，或者是博士論文的顧問（Dissertation Committee members）之一。其中有好幾位至今仍與我保持密切聯繫——包括葛浩德（Frederik H. Green）、王國軍（Guojun Wang）、曾昭程（Cheow Thia Chan）、王萌筱（Mengxiao Wang）、陳柏旭（Po-hsi Chen）、沈德瑋（Dewei Shen）、李程（Cheng Li）、莫娜（Simon Glasl）、Brian Steininger、Riley Soles、金彤惠武（James Scanlon-Canegata）、聶傑夫（Jeffrey Niedemaier）等人。

除了博士生之外，我也指導了不少從事東亞研究的碩士生——包括麥威力（William Minter）、康路華（Luke Waring）、楊力坤（Likun Yang）、黃元意（Sophia Huang）、黃麗玲（Liling Huang）、戴怡然（Yiran Dai）、顧佳瀅（Jiaying Gu）、麥馬莉（Mary Mulcahy）、陳婧雯（Jingwen Chen）等人。有一位神學院的碩士生郭程遠（Rene Guo），他雖然沒跟我寫碩士論文（他的導師是司馬懿〔Chloë Starr〕），但曾選過我的課，一直與我密切聯繫，也可視為我的學生。嚴格地說，我的最後一位研究生是盤隨雲，他是我碩士班的「關門弟子」（他目前已是哈佛大學的博士生）。

至於其他科系的研究生，只要我的課堂還容得下，我一向採取「來者不拒」的態度，很歡迎他們來參加我的古典文學討論課。當時藝術史系的班宗華（Richard Barnhart）教授就經常推薦他的博士生來選修我的研究生課。其實，我早在普大唸書的期間就認識了班宗華，因為他於一九七六—一九七八年間正好在普大教中國藝術史，後來一九七九年他才又回到耶魯大學教書。自從我到耶魯之後，我一直很喜歡教班宗華的博士生，尤其因為他的學生們經常為課上的其他學生們帶來一種新視野，所謂「詩中有畫，畫中有詩」，他們在課上的討論經常是「跨學科」的。記得班宗華的學生李慧淑（Hui-shu Lee，目前為加州大學洛杉磯分校教授）幾乎每個學期都來上我的課，前後她一共選了我五門課。所以，在我心目中，她似乎是我的「半個」門生，一直到今日我們仍保持著密切的聯絡。

且說，二〇〇一年左右，班宗華退休後，他留下來的研究生們就由耶魯大學藝術館亞洲美術部館長江文葦（David Sensabaugh）繼續指導。在江文葦當館長的前後二十年間（一九九七—二〇一七），他一共指導了不少研究生，其中有四位學生曾順利完成博士學位。在這期間，他的研究生們也經常來選修我的文學課，因而不知不覺地與我的研究生們打成一片。因此，我的最後一位博士生凌超一開始就以「跨學科」為學習的目標，也選修了江文葦的藝術史課程，終身受益非淺。

另外，耶魯藝術史系的曾藍瑩教授（Lillian Lan-ying Tseng，主教中國古代藝術史與考古）也曾經給了我的學生們多方面的啟發。例如，二〇〇五年我和比較文學系系主任Michael Holquist邀請曾藍瑩與我們團隊一道去北京參加耶魯與北大合辦的「比較視野中的傳統與現代」（Tradition and Modernity: Comparative Perspectives）會議，曾藍瑩就發表了一篇涉及東西方文化碰撞的會議論文，題為「Traditional Chinese Painting Through the Modern European Eye: The Case of Ludwig Bachhofer」（「現代歐洲眼裡的中國傳統繪畫——以路德維格．巴哈佛為例」）。那篇論文後來多少影響了我的幾個本科生對比較文化的興趣。即使後來（二〇一〇年）曾藍瑩離開耶魯，轉到紐約大學的古代文明研究中心（Institute for the Study of the Ancient World）執教，她的研究成果（以哈佛大學東亞出版中心出版的*Picturing Heaven in Early China*一書著名）也繼續為我的耶魯學生們在「跨學科」方面提供了許多新的研究視角。

總之，不論是哪種學生，我從來不喜歡他們成為書呆子。我經常鼓勵學生們要以「遊」的態度來做學問，這樣才能開闊視野，也才能從浩瀚的資料中找到自己研究的重點和愛好。而且因為靈感無處不在，我不要他們只活在書本中，要從無窮無盡的周圍世界得到豐富的材料，再將之轉化為自己的東西。

說到「遊」，那不只是個隱喻。實際上，我經常帶著學生們到附近的公園等處遊歷，希望他們把讀詩的樂趣和欣賞美景的精神合在一起。例如，在我的「人與自然」那門課上，學生們特別喜歡唐代詩人王維所寫的《輞川集》中的那二十首絕句。雖然他們閱讀的是英譯本，但他們基本上很能欣賞王維詩中所描寫的意境，也很能想像詩人王維從前隱居在輞山谷的情況，以及他和友人裴迪經常在閒暇中互相以詩唱和的樂趣。正好離紐黑文不遠的地方，有一個名叫 Innisfree 的公園是以王維輞川園為構圖基礎而建造的。所以，有一個週末，我就把班上的學生帶到 Innisfree 公園去參觀。果然所有學生們都被整個公園的風景給迷住了，因為園中所展現的各種小景，居然很巧妙地捕捉了王維〈輞川園〉詩中所描寫的二十個不同的小景，而且整個公園有如按照中國山水畫軸的展現方法慢慢地展開。然而，Innisfree 公園之所以特殊，卻是因為它也同時表現出一種中西比較的視角。除了園中的二十個小景以外，Innisfree 公園的中央還有一個大湖，主要為了紀念英國愛爾蘭詩人葉慈（William Butler Yates, 1865-1939）那首「The Lake Isle of Innisfree」（〈Innisfree 湖心島〉）詩中所描寫的世外桃源之境界。難怪多年後，有些學生告訴我，他們對那次的春遊終身難忘，因為不論從任何角度來觀賞那園中的奇景，都可以得到各種不同的想像。

此外，有一次我還和幾位研究生到一個叫做「燈塔」（Lighthouse）的海邊，上了一堂有趣的詩歌課。那天我們讀到蘇軾的〈定風波〉詞，詞曰：「莫聽穿林打葉聲，何妨吟嘯且徐行。竹杖芒鞋輕勝馬，誰怕！」沒想到，剛讀完那首詞，突然傾盆大雨，我們趕緊跑到附近的「旋轉木馬」（Carousel）遊戲場去避雨。記得當時有位臺灣來的研究生有感而發，她說：「人生有如那個旋轉木馬，周而復始，轉個不停。但東坡先生早已看透了人生，所以他才能那麼瀟灑，無論遇到任何處境，他都會說『誰怕！』。」我聽了非常高興，立刻讚賞她。

又有一個週末，我曾帶幾個研究生到附近的小城 Thomaston 去參觀著名的「牡丹園」（Peony Garden，又稱為 Cricket Hill Garden），有個學生居然當場朗誦起武則天所寫的那首〈臘日宣詔幸上苑〉，詩曰：「明朝遊上苑／火急報春知／花需連夜發／莫待曉風吹。」[7]原來在那首詩中，武則天居然命令所有上苑的牡丹都必須連夜開花，否則要處罰它們，以彰顯她作為「皇帝」的威權。據說那些牡丹果然聽從了「則天皇帝」的命令，都全部如期開花了。記得牡丹園的主人 David Furman 和女主人 Kasha 聽到這個有關武則天的故事之後，都興奮得手舞足蹈。

靈感來自教學互動

憑良心說，這一路走來，我最大的靈感來自我的學生。不論是課上的討論或是他們所寫的論文或報告，都給我意想不到的啟發。耶魯的學生一般都程度很高，又富想像力，所以教起來特別有意思。例如，我曾告訴他們，中國古代的詩人有時喜歡在樹葉上寫詩。據說唐代有一個名叫王鳳兒的宮女，她寫了一首「題花葉詩」在樹葉上，並將那片樹葉扔入宮殿的護城河中，讓它隨水漂出後宮。後來該詩為一進士所得，德宗皇帝得知，遂讓兩人結成夫婦，皆大歡喜。我班上的本科生特別喜歡這個故事，覺得居然能用樹葉寫詩，實在很浪漫，也極富詩意。於是，二〇〇三那年有位名叫 Becky Best 的大一學生，她就模仿中國古人在樹葉上寫詩。交報告的當天，她就交給我十片樹葉，上頭寫了十首詩，可謂別具一格。

另外有一位大二的學生也交來一份十分有趣的作業，她的名字是 Yilin Nie。他寫了一首英文詩，為了模仿東晉（大約公元第四世紀）女子蘇蕙所作的「璇璣圖」，並藉此探討中英文的異同之處。原來蘇蕙的「璇璣圖」是用刺繡的方式把她對丈夫的思念繡成「迴文詩」——那就是，讀者可以從各個方向來閱讀那幅刺繡圖中的詩句，可以上下讀、左右讀、反讀、橫讀、斜讀、交互讀，而每個方向所讀出的詩都有所不同，可以有幾千種不同的讀法，充分展現了中國文字的特殊功能。反觀英文，若要創造這種「璇璣圖」的格式則十分困難，這是因為英文本身的限制。但我的學生 Yilin Nie 卻想試著用英文來作一首類似中國古代的「迴文詩」，於是她絞盡腦汁，終於寫出了一首既能上下讀，也能左右讀的英文詩，也頗有創意。我已經記不得那首詩的詳細內容了，只記得若從左讀到右，那是一首很悲觀的詩，意即一個人的孤單和寂寞之情，無法用言語來表達，即使有文字的幫助，一切都是「空言」

7. 幾年後，藝術史的博士生李慧淑（Hui-shu Lee）把這首詩譯成英文：
Tomorrow morning I will make an outing to Shanglin Park,
With urgent haste I inform the spring:
Flowers must open their petals overnight.
Don't wait for the morning wind to blow.
請見：Kang-i Sun Chang and Haun Saussy, eds., *Women Writers of Traditional China: An Anthology of Poetry and Criticism* (Stanford: Stanford University Press, 1999), p. 49.

（empty words）。但若從上讀到下，整首詩卻變成一首很樂觀的詩，大意是說：文字的感召力是很大的，它可以充分表達內心的痛苦和憂鬱之情。由此可見，從不同方向來閱讀，可以得到不同的詩。此外，文字的句法和位置，也會影響詩的語言與詩的不同功能。有趣的是，這種現象也可以支持解構主義者的看法，因為解構主義者相信文字本身已經含有某種意義，並非都是作者本人的原意。這樣也就證實了讀者的重要性，因為讀者可以創造詩的各種讀法，使得詩的意義無窮無盡。

又有一回，一個班上的男生寫了很多首詩，說是為了模仿老子的《道德經》，他說：「老子還沒寫完《道德經》，我幫他完成。」另一位男生則把唐代詩人司空圖的《二十四詩品》增加到二十五品，他稱這一品為「第二十五品：一首丟失的詩」（「The 25 th Category: The Lost Poem」）。他說這是為了討論一個後現代的英文讀者如何找回中國古典詩歌的魅力。（當然，我也順便提醒他，近年來已有不少中國學者提出疑問，以為司空圖大概不是《二十四詩品》的真正作者。）

總之，我這些年來從耶魯學生身上所得到的靈感，是無法用語言來形容的。可以說，我得到的最大啟發來自我的學生們。所謂教學相長，就是這種感覺。

有朋自遠方來

這些年來，我與學生們所分享的樂趣實在太多了，多不勝舉。其中最大的樂趣之一就是邀請其他學者和作家來耶魯演講。每次有人來演講，我的學生們總是很興奮，因為除了向來訪者求教之外，他們還經常可以陪吃晚飯。同時我也不斷得到耶魯東亞研究中心和東亞語文系的全面支持。

我第一次邀請前來耶魯演講的人是張隆溪先生，他是錢鍾書的得意門生，那時他剛從中國大陸來到哈佛大學的比較文學系博士班深造。那是一九八三年的十一月中旬，當時文革才結束七年，我們很少有機會聽到有關大陸學者研究中西比較文學的情況。張隆溪講的是有關「道」和 logos（邏各斯）的比較，學生們對他一口流利的英語和中西文學的全面掌握十分佩服。不久張隆溪又到普林斯頓大學給了一場十分轟動的演說，被列入普大著名的 Eberhard Faber Class of 1915 Memorial Lecture 演講系列之一。

同年十一月下旬，我和其他東亞研究中心的同事——包括人類學系的蕭鳳霞（Helen Siu）教授——共同邀請茹志娟和王安憶一對母女作家，以及吳祖光先生等人來做一次座談。那時他們剛從中國來到美國，正在參加聶華苓和其夫婿保羅·安格爾所主持的愛荷華寫作班，所以我們就利用機會邀請了他們。當時王安憶才二十八歲，但已經獲得了大陸的全國優秀短篇小說獎，還出版了兩部小說集，而她的母親茹志娟更是早已著作等身，是著名的小說家，所以他們這對母女作家格外耀眼。後來，二〇一六年八月間，有一天我邀請王安憶從紐約再來重遊耶魯校園。那時她正在紐約大學當訪問學者，三十三年不見，卻有說不完的話，令人感慨萬千。中午我請她到紐黑文最有名的法國餐廳 Union League Cafe 用餐。王安憶的丈夫李章也參加了這場充滿歡欣的重聚。李章是個樂隊指揮家，又有幽默感，午飯時他說了一些他與王安憶生活上的故事，特別有趣。當天我的助教曾昭程 Cheow Thia Chan（當時剛獲耶魯博士學位）也在場。必須一提，曾昭程的博士論文中有一章專門研究王安憶，那一章非常精彩，尤其涉及到一段鮮有人知的往事。原來王安憶的父親王嘯平出生於新加坡，戰前曾在新華文壇嶄露頭角。一九九一年王安憶曾以歸僑後代的身分來到新加坡參加文藝活動，堪稱一次難得的尋根之旅。後來王安憶寫《傷心太平洋》那部小說，也反映了那次尋根之旅對她的強大震撼力。

時間回到一九八五年，那年九月我和耶魯同事傅漢思共同邀請臺灣大學的林文月教授來做有關六朝詩人謝靈運的演講。那次林文月談到謝靈運山水審美觀對後來中國文人的影響，也曾引用唐代詩人白居易對謝靈運的評價：「謝公才廓落／與世不相遇／壯志鬱不用／須有所泄處／泄為山水詩／逸韻諧奇趣。」（出自白居易〈讀謝靈運詩〉）[8] 其實我個人一直認為林文月本人就是「六朝美文」的象徵，她不但人美、文字美、想像力亦美。記得那次她送我一件令我至今仍然非常珍惜的禮物，那就是胡適先生的手跡拓片：「山風吹亂了窗紙上的松痕／吹不散我心頭的人影。」那個鑲得很美的拓片一直是我的書房「潛學齋」裡所收藏的珍品之一。順便一提，後來二〇〇二年，我和教日本文學的同事 Edward Kamens 共同邀請林文月來作一場日文（夾雜著中文）的演講，那次林文月大大地點燃了我們系裡研究生對中日比較文學的嚮往。記得學生們特別欣賞林文月在她的《源氏物語》中譯本的「和歌」翻譯，尤其佩服她以中國古代〈大風歌〉的形式來體現日本「和歌」的功力。我個人最欣賞林文月翻譯的那一首有關宇治橋的詩：「宇治橋兮長又長，因緣堅固永不朽，情比橋長兮莫心慌。」（《源氏物語》第五十一帖），以為那是神來之筆。

且說，一九九二年春天，英若誠先生曾到我的「中國詩學」的課上與學生討論中英文翻譯的問題。因為班上許多學生都看過《末代皇帝》的電影，一下子就認出英先生就是電影中扮演溥儀的檢察官那一位，都興奮得難以形容。同時，我也發現，原來來自中國的英若誠就是我從前在臺大唸外文研究所時的老師英千里教授的兒子。（在臺大中文系教書的林文月自然也認識英千里。）遺憾的是，英千里教授自從一九四九年隻身赴臺後，直到一九六九年去世，就再也沒見過自己的家人。沒想到數十年之後，我居然在耶魯與他的兒子英若誠相遇，可惜英若誠當時已經見不到他的父親了。多年之後，我讀到英若誠的英文自傳 *Voices Carry: Behind Bars and Backstage during China's Revolution and Reform*[9]（中譯本《水流雲在》），很是感動，但那時他也早已去世多年。

一九九三年九月，剛開學不久，我邀請著名小說家白先勇前來放映謝晉導演的《最

8. 有關此詩英譯，請見拙作：Kang-i Sun Chang, *Six Dynasties Poetry* (Princeton: Princeton University Press, 1986), p. 78.

9. 這本英文書於二〇〇八年出版，由英若誠與 Claire Conceison（康開麗）合寫而成。

後的貴族》（據白先勇小說《謫仙記》改編），並與學生們討論電影與小說原著的關係。電影是一九八九年由上海電影製片廠製成的，拍攝地點包括上海、紐約、威尼斯，是第一部具國際性的中國大陸影片。當時電影一出，立刻就在紐約上演。然而，當時由於美國尚未刮起「東方影片熱潮」，所以該片並未引起應有的號召力（雖然，《時代雜誌》和《紐約時報》都先後介紹了這部影片。）但不久就來了一陣「東方熱」的新潮流，例如《喜宴》與《霸王別姬》也都廣受美國觀眾的矚目。是在這樣一個令人耳目一新的氣氛下，我特別請白先勇來放映一部由他的小說改編的中國電影。同時，我也希望能藉此進一步探討文學與電影之間的關係。加上耶魯大學的「電影學系」也是首屈一指的（當時有 Shoshana Felman、Paul Fry、Geoffrey Hartman、Howard Lamar、Alan Trachtenberg 諸位名教授），於是我就名正言順地「宣傳」一番，希望有更多攻讀比較電影學、比較文學，及東亞語文學的師生來欣賞《最後的貴族》的演出。那次我代表我們系租了新港市內的電影院 York Square Cinemas 為放映之場地——對耶魯大學來說，這也是破天荒之舉。後來果然一切如願，電影放映的當天來了很多觀眾，而且多數人都已經讀過白先勇的原著《謫仙記》才來的。一般觀眾都很欣賞電影導演謝晉對女人心理的處理方式，尤其是電影的後半部帶給人很多的想像。由潘虹來飾演女主角李彤再合適不過，因為潘虹在電影中所投入的感情意象都令人聯想到一種悲劇性的女性。後來電影結束後，白先勇開始主持討論。記得那天大家的討論都集中在電影和小說的情節異同之問題上——例如電影始於上海李彤家的生日舞會，以及李彤與男主角陳寅的心契情合；但小說《謫仙記》一開頭就說明陳寅已與慧芬結了婚。再者，電影結尾把李彤在威尼斯跳水自殺的情景以詩意的方式具體呈示出，但小說只藉著一封電報來宣布死亡的消息。在某一程度上，電影與小說之異主要基於觀點之異。《貴族》一片採用的是一種戲劇性的「演出」（即 Wayne Booth 在 *The rhetoric of Fiction* 中所謂的「Showing」或「呈示法」），但《謫仙記》用的是第一人稱「敘述法」（即 Wayne Booth 所謂的「telling」或「講述法」）。由於藝術性媒介不同，觀點有異，二者所做的表現方式亦因之而異。那天白先勇從頭到尾都以一種輕鬆自在的口吻進行討論，當時贏得了許多觀眾的喝采。

同年十月分，我請威斯康辛大學的周策縱教授（我們都稱他為「周公」）來講有關宋朝詞人周邦彥的故事。他的演講題目是：「詩歌、黨爭與歌妓：周邦彥蘭陵王詞考釋」。本來我擔心那個題目太專，但以「周公」的淵博學問，相信他一定能以一種舉重若輕的方式博得聽眾的好感。我當時的博士生嚴志雄特別向我保證，說那次演講絕對不會讓人失望，同時他也答應一定會盡全力招待他的恩師周策縱（嚴志雄當年是由威斯康辛大學轉到耶魯大學的博士生）。果然，那天的演講很成功，而周先生對周邦彥那首「蘭陵王」詞的新闡釋，也居然引起了一次革命性的震盪，主要因為他不但引用了許多文學證據，同時還牽涉到當時宋朝的法令，終於證明周邦彥那首詞應當是詞人年輕時（三十二歲）因犯法而被驅逐出境時所寫的作品。（有趣的是，那首膾炙人口的詞一向都被其他學者們認為是周邦彥的晚年之作，被誤以為是寫於詞人六十三歲、正當德高望重之時。）周策縱先生本來就是一個敢說真話的學者。在那之前，他早已出版過《五四運動史》一書，但因為書中所持的民主自由立場不合當時的黨派教條，故此書曾在中國大陸和臺灣都成了禁書。

一九九五年三月，我邀請以主編《婦女研究叢書》著稱的李小江教授，從中國特地來到耶魯做了一場學術講座。該講座由我們的東亞語文系和東亞研究中心合辦。在那次講座之前，我先請班上的學生閱讀李小江的作品，包括一九八八年出版的《夏娃的探索：婦女研究論稿》一書。記得當天講座還吸引了許多其他系的師生參與，現場十分熱鬧。當時我最感興趣的就是，李小江談到有關中國的「女性主義」的特殊性。她一針見血就指出中國婦女解放和西方女權運動的最大不同處——那就是，它主要是出於馬克思主義的婦女解放的思想意識，而不是來自西方所謂的「女權主義」。換言之，從一開始，中國的婦女解放就被視為是被壓迫階級的解放，而不是一種企圖建立「女性主體」的運動。就因為如此，我特別對李小江教授在挖掘、收集和整理有關中國女性文獻所付出的空前貢獻由衷地佩服，因為她所主導的「婦女研究運動」就是為了幫助中國女性如何走向「女人」的成就，如何建立女性主體（agency）。

一九九五年春季，我也請臺灣中央研究院的黃進興（哈佛博士）來講有關孔廟的祭祀制度與儒家道統意識的關係。那時他剛出版《優入聖域：權力、信仰與正當性》一書不久，所以許多系裡系外的研究生都參加了那次演講，也非常踴躍地發問。尤其是，黃進興是以說故事的方式來開講的，所以大家都聽得津津有味。最近（二〇二一），黃進興的英文書*Confucianism and Sacred Space: The Confucius Temple from Imperial China to Today* 終於由哥倫比亞大學出版社出版，日文版也相繼出版上市。每次憶及二十多年前他到耶魯演講的情景，一切仍歷歷在目。

也就在一九九五那年，《白鹿原》的作者陳忠實有一天來訪（通過哈佛大學圖書館張鳳的聯繫），並給學生們演講有關他寫那本小說的艱辛歷程。他的穿著和舉止很是樸實，很像我們想像中的中國農民，學生們也特別感到新奇。後來我到西安旅行，陳忠實幫了大忙，他特別請陝西博物館的要人陪同並供給交通工具，他也一路領我到長陵去參觀武則天的陵墓。一九九六年，陳忠實因《白鹿原》而榮獲茅盾文學獎，消息傳來，我的許多學生都熱烈地拍手慶祝。

一九九七年四月三日，我也請哈佛大學的訪問學者張宏生（當時他還是南京大學教授）到我的研究生班上演講。此前，我曾提出希望他向學生們介紹一下中國學術界近年來唐詩研究的狀況，特別是希望了解一些新動向。講座中，張宏生大致談了下面幾個問題：（一）宏觀研究與微觀研究的關係；（二）傳統的經典詩人研究的狀況和一些新出現的動向；（三）唐詩流派和群體的研究；（四）唐宋詩的關係研究，等等。但可惜由於時間的限制，有些問題只能匆匆帶過。但當時最引人注目的是有關兩位學者（即復旦大學陳尚君和汪湧豪二教授）所提出的《二十四詩品》非唐代詩人司空圖所作，而是明人所作的問題。

這個問題石破天驚，因為有史以來大家都以為《二十四詩品》是司空圖的經典著作。但自從一九九四年這兩位學者在 唐代文學國際學術研討會上提出《二十四詩品》的作者問題之後，幾年來一直不斷引起爭論，成為中國大陸重要的學術熱點。那天張宏生在演講的時候，班裡的同學們都全神貫注，很佩服他的學問淵博。

二〇〇一年十一月，正當耶魯大學在慶祝三百週年的時候，我邀請了瑞典漢學家馬悅然（Göran Malmqvist）來演講。他那次是著名的愛德華·休謨演講系列（Edward Hume lecture series）第四十二屆的演講者。[10]當時的耶魯校長雷文（Richard C. Levin）還特別接見了他，並請他參觀校長室的那棟大樓（Woodbridge Hall）。記得馬悅然的演講很賣座，整個 Luce Hall 的講堂座無虛席，尤其因為馬先生是著名的瑞典學院院士和諾貝爾文學獎評審委員，所以有不少人都慕名而來。當天的演講題目是：「Reflections of a Retired European Sinologist」（「一位退休的歐洲漢學家的反思」）。馬悅然主要是在介紹二十世紀初開始的漢學研究各個領域的建立以及後來所經歷的巨大變化。他還講述一九五〇年他第一次上他的老師高本漢（Bernard Karlgren）教授的課時，如何學習分析古代編年史巨著《左傳》的情景。他特別談到中國古代書面語和口語之間的關係，很具啟發性。他也談到自己學術生涯的後半生為何大都花在翻譯上（包括翻譯古典和現代文學）的原因。他說：「在過去四十年裡，我已經付出大量時間和精力把中國文學作品翻譯為我的母語瑞典語。……我有幸熟悉中文並從中受益匪淺，這使我覺得有責任花時間把漢語作品翻譯給我的國人……。」[11]後來演講完畢，全體聽眾起立，向年高七十七歲的老漢學家致敬。當天的晚餐特別安排在富麗堂皇的 New Haven Club 裡。歷史系的同事史景遷及其夫人金安平也參加了那次的盛會。（順便一提，後來二〇一四年和二〇一五年我又與同事石靜遠〔Jing Tsu〕合力策劃邀請了哈佛大學的王德威〔David Der-wei Wang〕和宇文所安〔Stephen Owen〕兩人，他們先後來到耶魯東亞研究中心演講，也都是著名的愛德華·休謨的演講系列之講座高手。）

且說，二〇〇二年秋季，我邀請專攻比較文學的李奭學博士（當時他已任職於臺灣的中央研究院）來東亞研究中心講有關西方漢學與翻譯的問題。當天除了東亞語文系的聽眾之外，也吸引了許多比較文學系的同仁和學生。該演講的主要論點是：如果沒有翻譯，就

10. 愛德華·休謨演講系列（Edward Hume lecture series）始於一九六〇年，那年費正清是第一屆的演講者。從那以後，耶魯大學每年請來一位在東亞研究方面的傑出學者。例如，後來的演講者包括崔瑞德（Denis Twitchett，一九六六）、Marius Jansen（一九六七）、何炳棣（Ping-ti Ho，一九六九）、牟復禮（Frederick W. Mote，一九七六）、孔飛力（Philip A. Kuhn，一九八二）、Howard S. Hibbett（一九八三）、傅高義（Ezra Vogel，一九八五）、費俠莉（Charlotte Furth，一九八六）、史華慈（Benjamin I. Swartz，一九八八）、高居翰（James Cahill，一九九六）、卜正民（Timothy Brook，二〇〇九）、曼素恩（Susan Mann，一九九八）、韓書瑞（Susan Naquin，一九九九）等人。

11. 引自吳承學教授的中譯：馬悅然，〈一位退休的歐洲漢學家的反思〉，《書城》（二〇〇二年，二月號），第六九頁。

不可能有西方漢學的誕生。記得李奭學也曾提到晚明天主教耶穌會在翻譯和註解《證道故事》方面的貢獻。他當天所引用資料之豐富，令人拜服。那些都是他多年奔走於梵蒂岡圖書館、耶穌會羅馬檔案館、巴黎法國國家圖書館，和北京、上海、芝加哥大學與大紐約地區的重要圖書館所積累的心得。且說，在那以前，在一九九〇年初，我幸虧得到芝加哥大學余國藩教授的幫助，把我介紹給他當時的博士生李奭學。後來李君只花了幾個月的時間就把我的兩本英文專書譯成中文，他在翻譯方面的功力至今仍令我嘆為奇跡。[12]

二〇〇三年五月，我請哈佛大學的田曉菲教授來我們東亞語文系做一場有關陶淵明的專題演講。話說，我很早就與田曉菲相識，很欣賞她的才華，也一直是她和宇文所安的知心好友。我們有許多機會見面，因為宇文所安經常回母校耶魯的惠特尼人文中心演講。每次他們夫婦兩人前來耶魯，我和欽次都十分開心，有一種「有朋自哈佛來，不亦樂乎」的感覺。記得二〇〇〇年十月底，我們特別在家中舉行了一次慶祝宇文所安和田曉菲的生日大會（太巧了，他們夫婦兩人的生日居然是同一天），我們一共請了三十多位客人來參加。其實那次我就想請田曉菲到我們東亞語文系裡演講，但因為彼此的時間排不過來，故一直延遲至二〇〇三年五月，才終於請到她。她當天的講演題目是：〈Hard Evidence：Interpreting the Drunken Stone〉（「鐵證：有關醉石的闡釋」）。當天她還解讀了朱熹那首有關「醉石」的詩：「予生千載後／尚友千載前／每尋高士傳／獨嘆淵明賢／及此逢醉石／謂言公所眠……」[13]我特別佩服田曉菲那種尋找和分析不同手抄本的功力，以及解讀各個時代的讀者們從傳世手抄本中所見到的不同的「陶淵明」，那是研究文學接受史（history of reception）很重要的工作。後來，那篇演講稿成了田曉菲第一本英文書 *Tao Yuanming & Manuscript Culture: The Record of a Dusty Table*（《塵几錄：陶淵明與手抄本文化研究》）中很重要的一個章節。我與賓州斯沃斯莫爾學院（Swarthmore College）的柏士隱（Alan Berkowitz）教授（已故）都分別為該書的書封底撰寫了「推薦語」（blurb）。記得我的推薦語是：「A tremendously important book. Tian's approach combines literary analysis with cultural studies, and close readings of texts as well as those of material culture.」（「這是一本

---

12. 李奭學首先為我把耶魯大學出版社於一九九一年出版的拙作 *The Late Ming Poet Ch'en Tzu-lung: Crises of Love and Loyalism* 譯成中文，中譯本的書名是《陳子龍柳如是詩詞情緣》，由臺北的允晨文化出版（一九九二）。在那以後，李奭學又接著翻譯普林斯頓大學出版社於一九八〇年出版的我的第一本英文書 *The Evolution of Chinese Tz'u Poetry: From Late Tang to Northern Sung*。該中譯本的書名是《晚唐迄北宋詞體演進與詞人風格》，由臺北的聯經出版公司出版（一九九四）。
13. 田曉菲的英譯：
I am born in a thousand years later,
and yet I befriend people who lived a thousand years ago.
Every time I peruse the biographies of noble recluses,
I sigh at the worthiness of Yuanming alone.
Coming to this place, I encounter the Drunken Stone,
People tell me the Master once slept on it...

極其重要的書，田的方法結合了文學分析與文化研究，以及對文本和物資文化的細讀。」）[14]雖然短短幾句話，那個「推薦語」表達了我對田曉菲一貫的讚賞。（後來，二〇一六年十一月，我又與我的新同事盧本德〔Lucas Bender〕一同邀請田曉菲到耶魯來做了一次有關六朝詩人庾信的演講，那是後話。）

二〇〇四年的春天，我邀請德國的漢學家顧彬（Wolfgang Kubin）來做了一場有關中西文學比較的演講。顧彬也是著名的詩人，有些學生早已讀過他的詩，所以那天全場爆滿。我已經記不得他當天的演講內容了，只記得他頭髮灰白，面帶微笑。即使在微笑時，他仍帶著憂鬱的眼光。他的面孔很容易讓人聯想到他的那篇題為〈論中國人的憂鬱〉的文章。會後，不少學生都要求加進「陪客」的行列，我只好臨時聯絡東亞研究中心的行政主管，請她破例批准較多的學生參加那次的晚餐。當晚我們到 Mory's 餐廳用餐，正好著名的 Whiffenproofs 音樂團隊到餐廳來演唱。能聽到如此高水準的演唱，又能一邊聊天一邊喝酒（顧彬最喜歡喝酒），真是皆大歡喜。

就在同一個春天，我也請中國學者范子燁來表演魏晉時代「嘯」的藝術，並做一場專題演講，題為〈中國中古時代的嘯音〉。嘯是一種抑揚頓挫的長吟，也是中古時代名士的流行癖好。學生們很受那場演講的啟發，尤其因為當時他們正在讀西晉人成公綏（二三一—二七三）的〈嘯賦〉。後來，我們讀到嵇康的〈琴賦〉和向秀所寫的〈思舊賦〉時，我則邀請我從前的學生溫侯廷（Austin Woerner）來班上彈古琴，有些學生感動得流下淚來。想到當年嵇康在刑場將要被處死的片刻，他居然還能專心「顧日影而彈琴」，真不可思議。（順便一提，幾年之後北京的中央電視台請求參觀我的「人與自然」那門課，我建議那次在我家的「潛學齋」上課。那天我也請我從前的一位本科生艾瑞祥（Michael Alpert，當時他已在耶魯醫學院上學）來表演古琴，該演奏從頭到尾淋漓盡致地表現出中國文化的藝術精神，並贏得了熱烈的掌聲。當時艾瑞祥正好是負責每天在耶魯的哈克尼斯鐘塔（Harkness Tower）準時敲鐘的人，有一天他特別帶欽次一道走上哈克尼斯鐘塔去敲鐘，雖然只有十分鐘不到的時間，但那個難得的經驗讓欽次終身難忘。

二〇〇四年九月底，我邀請北京大學著名的「夫妻檔」陳平原教授和夏曉虹教授來耶魯的東亞研究中心做兩場講座。陳平原講座的題目是「作為『繡像小說』的《天路歷程》」。演講的大意是：在晚清的教會讀物中，大英長老會傳教士賓為霖（William Chalmers Burns, 1815-1868）於一八五三年傳教廈門時所譯《天路歷程》，對於後來中國的影響極為深遠。在他的講座中，陳平原利用倫敦大學亞非學院圖書館收藏的羊城惠師禮堂同治十年（一八七一）鐫刊粵語本《天路歷程土話》為文本，探討譯／刻者如何將其做為一部圖文並茂的「長篇小說」介紹給中國讀者的經過。有趣的是，《天路歷程土話》的三十幅插圖，

14. 感謝我的碩士生盤隨雲（後來他成為田曉菲的博士生）把我的「推薦語」譯成中文，那是多年之後的事了。

各有四字標題；而將諸題集合起來，便是完整的故事梗概。對比約略同時期出版的英文版插圖本《天路歷程》中，可以看出中國人用「繡像小說」的傳統來詮釋及表現《天路歷程》，其中的故事聚焦、人物造型、場景刻畫，以及具體的線條、構圖等，都會出現許多耐人尋味的文化闡釋和變異。

夏曉虹教授的講座則是有關民國初年戲曲的演出對於當時女子教育和社會改良所產生的巨大影響。在她的講座中，夏曉虹首先以一九〇五年十二月滿族婦女惠興因在杭州辦女學經費短缺而自殺為契機，集中討論了北京各界對此事件的反響。當時報界與戲曲界密切合作，成立了北京婦女匡學會。而以梆子戲名角田際雲排演《惠興女士傳》新戲為中心，向社會各階層普及了女學思想，並大力推動了清廷承認女子教育的合法化。這一個案充分顯示了晚清的戲曲改良在開民智、易風俗方面的大有作為。

記得，聽完以上兩場講座之後，我的學生們深受文本研究及現代歷史研究方面的啟發。我告訴他們，這就是所謂的「文學文化史」，即使他們專攻古典文學研究，也必須注意現代文學和歷史的相關研究。

二〇〇五年十一月，我請當時執教於香港大學的陳國球（K.K. Leonard Chan）教授來東亞研究中心演講。他的演講題目是：「褉祓於文學風景中：看胡蘭成的《中國文學史話》」（「Cleansing in the Landscape of Literature: Reading Hu Lancheng's Remarks on Chinese Literary History」）。當天的演講吸引了許多聽眾，主要因為胡蘭成是現代中國的名人之一，他曾是著名女作家張愛玲的第一任丈夫，也曾追隨過汪精衛，曾被指責為漢奸，但也有很多人很欣賞他的文學風格。有趣的是，陳國球的演講把胡蘭成於一九七七年出版的《中國文學史話》一書和中國古代的「禊祓」儀式聯繫在一起。原來「禊祓」的風俗始於漢代，當時人們經常在春季上巳日（後來定為舊曆三月三日）在水邊舉行祭禮，一方面洗滌污垢，又能驅逐不詳，人稱為「禊祓」或「祓禊」。根據陳國球的分析和解說，胡蘭成之所以在他的晚年（當時已經七十一歲）出版他的《中國文學史話》一書，乃為了洗清他生平的所作所為以及他那充滿爭議性的名譽，有些像古代人的「禊祓」經驗。那次陳國球的演講實在令人大開眼界，那是我第一次領悟到：原來一個人撰寫「文學史」也能積功德，也能得到「禊祓」的效用。（後來，九年後的一個春季，我又再邀請陳國球來講「中國抒情傳統論」，當時他已是香港教育學院〔Hong Kong Institute of Education〕的院長〔Dean of Faculty of Humanities〕了。目前他已轉往臺灣的清華大學執教。）

時間回到二〇〇九年。那年的春天，我與耶魯的 Whitney 人文中心主任 Maria Rosa Menocal 合作，共同籌備邀請中國大陸的著名作家殘雪（原名鄧小華）來演講並參與一周左右的學術活動，目的是為了慶祝殘雪的英文版書 *Five Spice Street*（即小說《黃泥街》的英譯）即將由耶魯大學出版社出版。那次主要的節目被安排在四月十六日和四月十七日兩天。第一天下午由殘雪朗讀她的小說《黃泥街》的片段，第二天則是殘雪與耶魯學者們的兩場討論會，包括有關翻譯方面的討論。記得那次我有點兒受寵若驚，因為殘雪事先向校方要求，說想與我和布魯姆教授兩人先來個特別的會面機會。後來我們決定於四月十六日上午與殘雪見面，地點就在 Whitney 人文中心的會議室裡。那次雖是非正式的閒聊，卻給我留下了很深刻的印象。沒想到殘雪對西洋文學和哲學都很精通，我們那天從卡夫卡聊到西方現代派文學，也談到西方經典的一些問題，足見她已讀過大量的外語原版書，而且還能用英語交談，使得布魯姆特別開心。

同年二〇〇九年秋季，我邀請當時還在加州大學聖塔芭芭拉分校（University of California, Santa Barbara）執教的艾朗諾（Ronald Egan）教授來耶魯演講。那次演講屬於東亞語文系的 Kempf Fund 講座系列之一。記得那次艾朗諾的夫人陳毓賢（Susan Chan Egan）也一道來訪，相見甚歡。其實，早在一九八五年春季，我與欽次兩人就與艾朗諾夫婦結緣，並特地邀請他們從哈佛大學來到耶魯藝術館參加一個梅花畫展，名為「Bone of Jade, Soul of Ice」「玉骨冰魂：中國藝術中的梅花」。畫展中「玉骨冰魂」四個字是張充和題寫的。多年來，我一直很佩服艾朗諾的漢學根底以及陳毓賢的寫作天賦，早已想邀請他們來作一次演講和訪問。後來我聽說艾朗諾正在開始寫一本有關才女李清照的書，而我們東亞語文系的 Kempf Fund 講座系列也剛成立不久，所以我就把艾朗諾推薦給該講座系列的支持人。果然，艾朗諾演講的當天，講堂座無虛席，尤其因為李清照一直是我那門課「女性與文學」（Women and Literature）的熱點，幾乎所有班上的學生都出席了。艾朗諾那次的演講題目是：「為什麼趙明誠不給李清照寫家書？」（「Why Did Zhao Mingcheng Not Send Letters

Home to Li Qingzhao?」）他的演講專注於李清照作品的真偽問題，以及有關中國傳統的自傳體解讀之問題。艾朗諾以為，向來解讀李清照的最大難處是，人們經常把詞中的女子等同於李清照本人。問題是，雖然男性詞人常以代言體填詞，人們卻一直有個偏見，以為女詞人不可能採用代言體。這就造成了有關李清照和她的丈夫趙明誠為何經常離別的多種解讀之困境。那天艾朗諾對李清照這種全新的解讀方式，贏得了許多聽眾的熱烈掌聲。記得當天晚上我們在著名的 Scoozzi 餐廳（在耶魯劇院 Yale Repertory Theatre 的隔壁）用餐，我們一邊吃飯，還一邊討論李清照。幾年之後，艾朗諾轉到史丹佛大學執教。二〇一三年，他終於出版了那本巨作：*The Burden of Female Talent: The Poet Li Qingzhao and Her History in China*（中譯本《才女之累：李清照及其接受史》，二〇一七年）。

二〇一二年二月二十七日，我請臺灣佛光大學文學院院長李紀祥教授來講有關司馬遷筆下的刺客，那次演講吸引了不少歷史系的研究生。其實，我在東亞語文系的博士生們早已對李紀祥的作品耳熟能詳，這是因為我曾經為李先生的《時間．歷史．敘事》一書寫過序，也特別強調他經常把「歷史敘述」和「文學敘述」的關聯做出了深刻的探討。尤其是，他還把傳統意義上所謂史實之「真」和「假」進行了令人十分信服的「解構」。所以在二〇一二年那次的演講中（該演講題目是〈司馬遷筆下的刺客與刺客外傳〉），李先生的「解構」精神正符合我許多研究生們的口味。其中一個令人回味無窮的問題就是：東漢武梁祠壁畫既然繪有六幅刺客畫像，為何司馬遷在他的〈刺客列傳〉中只有五人？武梁祠多出的一位就是要離，而要離卻沒有出現在司馬遷的〈刺客列傳〉中，這是為什麼？如今我已經忘記當天演講的詳細內容了，只記得學生們頻頻提問，後來的討論也十分熱烈。加上李先生的說話方式帶有一種樸素、溫暖、真誠的態度，也特別引人入勝。

二〇一四年三月我請德國法蘭克福大學（Goethe University of Frankfurt）的楊治宜教授（普林斯頓大學博士）來講有關汪精衛的詩歌，題目是：「Lyric Truth of Poetic Persona: Reading Wang Zhaoming（一八八三—一九四四）」。有關汪精衛的歷史地位，本來就具有許多爭議性——有人認為他是漢奸，又有人視他為烈士。所以我的學生們都對那次有關汪精衛的演講充滿了期待。而且，當時汪精衛（汪兆銘）的《雙照樓詩詞藁》才在香港發行後不久（於二〇一二年正式出版），加上余英時先生也為該《詩詞藁》寫了一篇長序，因此那次演講更顯得非常及時。後來楊治宜果然不負眾望，她的演講十分成功。她的主要論點是：汪精衛的抒情詩是他生命中很重要的一部分，研究歷史的人不應當忽略詩歌的真實性。可想而知，楊治宜那篇精彩的演講稿也就很順利地出版了。[15]

在那以後一個月，我又邀請了衛斯理安大學的吳盛青教授來演講。那次的演講題目是：「Seeing is (Dis) Believing: Theatricality and Truth Claims in the Photographic Culture of Late Qing China.」那是一個極為新穎的題目，所以吸引了許多電影和戲劇系的學生。在那次演講的過程中，吳盛青不斷提出一些極富啟發性的問題——例如，當抒情傳統在一八四〇年代遇到現代攝影時，所謂「詩書畫」的相融組合，在何種意義上得以擴展到新興的媒介環境中？技術化的攝影又如何能成為抒情的媒介？總之，那天吳盛青的演講主要專注於傳統審美經驗如何在現代技術語境中延續這一議題，同時她也探討晚清民國肖像攝影中不斷豐富的敘事性與戲劇性特徵，也具體描述了民國化裝照如何搬演傳統詩詞、戲曲場景等。此外，她對攝影媒介中真實與虛構的關係，以及中國視覺現代性等議題，也都加以討論，並以一連串的PPT不斷展示之。所以那天的演講內容可謂五花八門，極其豐富多彩，演講結束時，聽眾的掌聲不斷。不久之後，就聽說她那本有關「攝影詩學」（Photo Poetics）的書已被哥倫比亞大學出版社接受了。[16]

二〇一五年春季，臺灣大學的鄭毓瑜教授正在普林斯頓大學擔任客座教授，所以我很幸運能請到她來耶魯擔任 KempfFund Lecture Series 的演講人。她的演講安排在四月二十二日那天，講題是「The Geographical Scale of Traditional Poetic Language: On the Use of Allusion in Huang Zunxian's "Poems on Miscellaneous Events in Japan」，主要涉及晚清詩

15. 該篇演講稿（文章）出版於二〇一五年的《CLEAR》雜誌上。又，楊治宜所寫有關汪精衛的書也已經出版。請見：Zhiyi Yang, *Poetry, History, Memory: Wang Jingwei and China's in Dark Times* (Ann Arbor: University of Michigan Press, 2023). 該書的中譯本將由聯經出版，書名為《詩歌、歷史、記憶：汪精衛與中國的黑暗時代》。

16. Shengqing Wu, *Photo Poetics: Chinese Lyricism and Modern Media Culture* (New York: Columbia University Press, 2020).

人黃遵憲（一八四八—一九〇五）的《日本雜事詩》中的典故運用。那是一個跨文化的新鮮題目，所以吸引了許多對中日文學感興趣的學生。尤其是，黃遵憲一向以「舊風格含新意境」（梁啟超的話）而著名，所以許多研究現代文學的研究生也來了。那天鄭毓瑜以她一貫的卓越演講風格，很技巧地展現了詩人黃遵憲的特殊詩歌風格。首先，根據鄭毓瑜的解說，黃遵憲的《日本雜事詩》即使在運用平仄方面較不嚴格，同時也採用了類似民歌性質的竹枝詞來描述他在日本的海外見聞，但他的詩歌語彙仍然布滿了傳統的歷代典故。然而這些歷代典故的背後卻牽涉了一套新的認知方式以及組合事物的方法——包括域外的史事、制度或風物的「發生」關係和場所。所以，黃遵憲的的獨特書寫不但凸顯了文化間的邊界（boundary），也同時成為跨文化的橋樑（bridge）。

次日（四月二十三日）系裡安排鄭毓瑜與學生們在研究所大樓（Hall of Graduate Studies）進行一場餐敘。當時鄭毓瑜的夫婿王勝德教授也在場。誰知餐前五分鐘，我突然收到一份 FedEx 郵件，打開來原來是一份令人驚喜的好消息——我居然榮獲美國人文與科學院（The American Academy of arts and Sciences）的院士榮銜。於是那個午餐就成了慶祝會。下午我請鄭毓瑜和王勝德教授，以及學生們一起到我們木橋鄉（Woodbridge）的家中一遊。那天我和欽次早已準備好了蛋糕，為了慶祝鄭毓瑜的生日，所以那也是給鄭毓瑜的一個大驚喜。在我的記憶中，二〇一五年四月二十三日一直是個難忘的「驚喜日」。

二〇一七年秋季，我邀請北大的臧棣教授來朗誦他的詩歌。其實我早就從衛斯理安大學的王敖教授（即我從前的博士生）那兒聽說，他從前的老師臧棣是個天才詩人，年僅十八歲就寫了一首十分不尋常的詩，題為〈誓言〉，只記得該詩的開頭和結尾是這樣的：「總有一天，這些封條都會撕去／我將在一枚綠葉中／恢復我的原形」，「我將在遠遊的白雲中／恢復我的面容／總有一天，這些都不再是秘密。」時間證明，詩人就是詩人。多年之後，臧棣教授被選為二〇一七年「普林斯頓詩人節」（Princeton Poetry Festival）的「特邀詩人」（Featured Poet）。當時臧棣的詩集 *The Roots of Wisdom*（《慧根》）即將在美國出版，譯者就是我很佩服的詩人顧愛玲（Eleanor Goodman）。所以我很早就請耶魯東亞研究中心發邀請給臧棣教授和顧愛玲。後來，臧棣與顧愛玲（由王敖陪伴）如期於十月九日來到耶魯，兩人輪流朗誦從 *The Roots of Wisdom*（《慧根》）一書中所選出的許多首詩，並以雙語進行極為精彩的闡釋和討論。當天有不少學生聽眾正在選我的那門「人與自然」的課，特別對臧棣所朗誦有關人與自然的詩歌（例如有關北大未名湖的詩）感到興趣。對我個人來說，那次臧棣來訪尤其是個難忘的一天。主要因為，在那之前不久，臧棣的九歲兒子才死於意外，令人心酸。而那天的紐黑文城正好籠罩在細雨朦朧的情景中，給人一種淒迷卻又昇華的詩意。

我最後請來的一位演講者是蘇州大學的季進教授，演講日期是二〇一九年十月二十八日，正好是疫情（COVID-19）在美國爆發前的幾個月。當天季進的演講題目是「錢鍾書與跨學科研究」，那次的演講吸引了不少外系的聽眾，包括神學院的司馬懿（Chloë Starr）

教授。季進首先介紹了錢鍾書創作與學術雙向互動的歷程，指出《管錐編》體現了鮮明的的「打通」立場與跨學科研究的特徵。尤其是，錢鍾書認為，在這個多元的世界上，「人文科學的各個對象彼此繫連，交互映發，不但跨越國界，銜接時代，而且貫串著不同的學科。」「人文各科水乳交融，密不可分，因此，「窮氣盡力，欲使小說、詩歌、戲劇，與哲學、歷史、社會學等為一家。」」接著，季進從錢鍾書與歷史研究、錢鍾書與文化人類學講到錢鍾書與宗教，以及錢鍾書與心理學幾個方面，並例舉了《管錐編》在打通中西、彙通學科方面的精彩個案。根據季進的分析，正是由於錢鍾書跨學科的立場與視野，使得《管錐編》等著作成為眾聲喧嘩、彼此映照的話語空間。所以，中西不同文化、不同學科的邏輯性的歷史敘述，在錢鍾書跨學科思維下，彙成了一種本然、具象的話語空間。因此這種中西浩瀚淹博的文化現象和文學現象，在其中交相生發，立體對話，開拓出話語空間的巨大可能性。記得演講結束後，我的東亞語文系同事盧本德（Lucas Bender）忍不住說道：「季進，你真了不起啊！」後來，我們幾位一起到附近的 Study 餐館吃晚飯。參加者除了司馬懿、盧本德、孟振華（東亞圖書館館長），和申正秀（Jeongsoo Shin，耶魯東亞研究中心訪問助理教授）以外，還有語言部的蘇煒、張永濤、孫川梅等人。

在耶魯教書將近四十年的期間，我還邀請了其他無數位學者和作家來作專題演講，他們分別來自世界各地——其中包括恩師高友工（Yu-kung Kao）、浦安迪（Andrew H. Plaks）、徐朔方、余國藩（Anthony C. Yu）、伊維德（Wilt L. Idema）、林順夫（Shuen-fu

Lin）、羅多弼（Torbjörn Lodén）、龍應台、葉山（Robin D.S. Yates）、金文京（Moonkyong Kim）、魏愛蓮（Ellen Widmer）、崔溶澈（Yong-chul Choe）、田菱（Wendy Swartz）、吳妙慧（Meow Hui Goh）、黃亦兵（麥芒）、蘇童、余秋雨、劉再復、康達維（David R. Knechtges）、何谷理（Robert Hegel）、戴景賢、王成勉（Peter Wang）、馬幼垣、李豐楙、芮瑞娜（Lena Rydholm）、史華羅（Paolo Santangelo）、安平秋、袁行霈、王寧、蘆葦、徐永明、張伯偉、卞東波、牟嶺、曹虹、王昌偉（Ong Chang Woei）、王洞、徐志嘯、蘇精、范銘如等人。如果再加上數十年來我從世界各地請來參加我所主持的國際會議的許多學者們，那就數不勝數了。不用說，這些學人的來訪經常給我和學生們帶來很大的啟發。就如蘇軾曾經在一首〈題西林壁〉的詩中說道，「橫看成嶺側成峰，/遠近高低總不同」，我的學生們經常從這些人學到如何以各種不同的角度來閱讀人生與文學的面面觀。確實，我和耶魯學生們之間的情誼和溝通總是在共同學習、共同遊戲的經驗中逐步生成，也形成了之後的堅固友誼。

活在忙碌的夾縫中

自從我於一九八四—一九八五年度破例任職東亞語文系研究所主任之後，我就注定要長期與耶魯的行政工作結緣了。屈指一算，在耶魯教書幾近四十年，其中一共做了十四年的研究所主任，加上六年（一九九一—一九九七）任職兩任系主任，所以至少有一半的時間，除了全職教書和做研究以外，還得扛起繁重的行政任務。甚至過了古稀之年，我還當過「代理系主任」半年（二〇一五年春季），也曾被任命為或許是校園裡最老的一位研究所主任。此外，我總是被選為學校裡各種委員會（committees）的委員，整天忙得不可開交。有趣的是，我的一位耶魯同事曾經寫過一首贈詩給我，題為〈為康宜解嘲作〉，詩曰：「截止期限排隊過，／取消決定如穿梭。／只緣入選委員會，／身不由己事常多」。另一位臺灣中央研究院的朋友黃進興則說我天生喜歡「為人民服務」。而余英時卻開玩笑說，我應當效法我的女兒，因為她還是嬰兒時，喜歡睜一隻眼閉一隻眼。余英時以為「睜一隻眼閉一隻眼」是最有智慧的人生哲學，在任何情況之下都很管用。

但我必須承認，在女兒還小的時候，尤其是我當兩任東亞語文系系主任的六年期間（一九九一—一九九七），有時行政工作會成為很大的考驗。加上欽次每天早晚還得忙於紐黑文和紐約之間的通車，所以生活更加緊張。幸虧女兒非常懂事，從小就很合作。但一九九一年我開始當系主任時，我真的被一個巨大的挑戰給嚇住了。但我知道這條路必須勇敢地走下去，不能後退。後來做了一學期的系主任之後，開始有了自信，不再畏懼，因為我終於學會了如何掌握每天的日程，也逐漸知道如何在行政、教學、研究、寫作、以及照顧女兒的空隙之間抓住每一段寶貴的時光。當時在網路尚未普及的時代，一切都靠口傳和親筆書寫，所以確實不易。當然那個年代也有不少好處，不像後來電腦技術發達之後，我們開始被電子郵件（emails）搞得很多時間都被「碎片化」了，難以專心寫作。

大學的危機與救贖

在我開始任職東亞語文系系主任之後的幾個月後（即一九九二年春季），耶魯大學突然問題重重，怨聲載道。首先，教務長（Provost）Frank Turner 以及本科生院院長（Dean of the Yale College）Don Kegan 相繼於三月和四月間辭職，接著校長 Benno Schmidt 於五月初宣布下台，後來《紐約時報》也同時發表了這個震撼人心的消息。其他不少報章雜誌也藉機渲染，把耶魯大學說成是一個充滿赤字、人心惶惶的地方。

那是我平生第一次見到如此嚴重的大學行政危機，但也同時見證了美國精神最強勁的發揮——那就是，危機可以經常把我們引向新的機會和進步。首先，耶魯校方很快就聘了一位眾望所歸的老教授拉麻（Howard R. Lamar）為臨時「代理校長」（Acting President）。事實上，拉麻早已準備於六月底退休，所以當校方選他為代理校長時，他確實驚奇不已。但經過考慮之後，深得人緣的他終於答應做一年的臨時代理校長。當時幸而有拉麻挺身而出，並以犧牲小我的精神來挽救學校的危機（他每天工作到深夜），否則耶魯絕不可能如此順利地度過難關。而且拉麻一向為人謙虛和氣，才漸漸把上任校長 Benno Schmidt 所遺下的諸多問題轉變為團結與希望，其功不淺。（但憑良心說，上任校長 Benno Schmidt 只是不幸處在耶魯大學開始出現經濟危機的時刻，為了挽救學校的命運，不得不提議削減一些科系的教授職位，因而激怒了全校的師生。但在耶魯史上，Benno Schmidt 還是有貢獻的。由於他不斷募款，耶魯的基金曾經破紀錄地增多了許多。此為後話。）

其實我早已認識當時的「代理校長」拉麻。一九八二年我剛從普林斯頓來到耶魯教書時，拉麻是耶魯大學的本科生院院長，他是歷史系的著名教授，一向以研究美國西部史而聞名。他每年都在歷史系教一門有關牛仔與印地安人的課，該課一直為校園裡最熱門的課程之一。有一天我有個機會拜訪了拉麻，向他請教有關西部牛仔的問題。我開門見山地告訴他，七十年代初我曾住過南達科達州，所以對牛仔文化很感興趣。沒想到，那次交談一拍即合，我們很快就成為朋友。後來一九八四—一九八五那年，我被選為東亞研究中心和東亞語文系的研究所主任，所以經常與其他系的教授一起到拉麻院長的辦公室去開會。有一次開會完畢，趁大家正在閒聊之際，我又向拉麻提起有關牛仔的問題。於是拉麻笑著說，當初他之所以開始對牛仔和西部文化感到興趣，只是因為他從小就迷上了西部電影。他生在南部的阿拉巴馬州，該地區本來就比較偏僻，所以在他孤寂的成長過程中，逐漸培養了看電影的樂趣。後來他幾乎每星期都要看上四場電影，無形中電影就成了他做夢的管道。當時好萊塢電影中所描繪的牛仔和西部情景一直都是他最喜好的主題，因為電影中的風土人情使他想起自己的成長環境。在他的家鄉阿拉巴馬州，到處都可以看見飼養牛羊的牛仔工人。此外，他的祖母喜歡說故事，尤其喜歡向他講述美國南北戰爭的故事，這些經驗都直接影響了他日後研究學問的方法——他總喜歡用詩歌或其他的文學材料來討論歷史。

一九八五年六月底，拉麻從院長的職位上告退下來，心想可以開始專心教課了。沒想到幾年後（一九九二年），正預備退休時，又被推舉為臨時代理校長，這次真的無法拒絕了。

在與人相處和用人方面，拉麻確實完美無缺，他充滿智慧，又有知人和識才的胸懷。在很短的幾個月內，他已經把學校的行政危機轉為一個大有作為的生力軍。首先，當時經濟系的系主任雷文（Richard C. Levin）才在上一任校長 Schmidt 辭職前五天被任命為新任的研究生院院長（Dean of the Graduate School），而拉麻校長一上台就與雷文攜手努力，合作無間。幾個月後，拉麻又聘了英文系的系主任 Richard H. Brodhead 為本科生院院長（Dean of the Yale College）。

一九九二年的秋季，耶魯校方開始進行「選新校長」（Presidential Search）的委員會籌備活動。我很幸運，由於公職在身，也被選為該委員會（Search Committee）的委員之一。委員們的責任之一，就是到處去收集教授和學生們的意見，並定期提供信息給委員會參考。至於整個委員會的任務就是：在一定的限期內，我們必須向校方交出一個精選的候選人名單，並加上詳細的說明。

但自從我們的委員會交出那個名單之後，新校長卻一直遲遲未能選出。於是大家就開始散布謠言，說或許那是因為耶魯校董會（Yale Corporation）的諸位成員們意見太分歧的緣故。也有人說，或許拉麻代理校長還無法如期退休。但突然間，一九九三年四月十五日早上十一時，我接到校長室秘書的電話，說校董會已選出雷文院長為新校長，正式消息將於五個小時之後才能公布，並請我於當天下午四時到 Woolsey Hall 去參加宣布大會，但在那之前請我暫時保密。

雷文被選為新任校長的好消息，確實令我感到驚喜。據我所知，雷文自己本無做校長的野心——不像許多可能被考慮的人士經常公開地表示他們的野心，而他們的名字也經常在報章上出現。相較之下，雷文顯得很低調，他只是安心地做自己任內的事。

那天，四月十五日下午四時，我準時抵達 Woolsey Hall，發現許多其他系的系主任也都來了。只見著名的耶魯董事陸克斯（Vernon R. Loucks）先生已站在過廳的中間，正準備宣告有關新校長的好消息。這時不少路過的師生們也好奇地停下了腳步，大家就圍成了一個大圈。令人感到意外的是，陸客斯在宣布雷文將於七月一日正式成為新任的校長之後，立刻又宣布了一則有關拉麻的消息——原來耶魯校董會才全體投票通過，已將拉麻的職稱從「代理校長」改為「第二十一任校長」（雷文則將成為耶魯的第二十二任校長）。這突來的消息使得在場的人忍不住流淚，都頻頻向滿頭白髮的拉麻校長致敬。最後校董事陸克斯先生轉頭向拉麻說道：「您是我們的英雄，我們對您的感激無法用語言來表達。」接著大家掌聲如雷，在一片歡呼中離去。

且說，雖然雷文本人從未料到自己會被選為為耶魯的新校長（而且還是有史以來第一位身為猶太人的耶魯校長），但已故的嘉馬地校長卻早在許多年前就預言過，有一天雷文將會成為耶魯校長（當時雷文才只是個三十歲出頭的助理教授）。本來嘉馬地的預言早已被人淡忘了，但雷文一旦被中選了，大家又開始談論起嘉馬地的話來。據說，耶魯董事陸克斯先生就曾經嘆道，說其實嘉馬地並非什麼算命先生，他也無法預卜先知，他只是有過人的智慧，才能看出天才的潛力來。

事實上，新校長雷文也有過人的「智慧」。後來他不僅在治校的政策上不負眾望，而且還被譽為是耶魯校史中一位特別有智慧的校長。在逐漸變得複雜的後現代的世界裡，所謂「有智慧」就是懂得用理性思考問題的意思。首先，身為一位傑出的經濟學家（三十五歲就拿到經濟學系的終身職教授職位，四十四歲榮獲著名的 Frederick William Beinecke 講座教授席位），雷文一直是以理性的思考作為研究學問的方法。而他的治校方法也是以理性的思考為其根基，所以我曾經寫過一篇有關雷文的文章，題為〈經營的頭腦〉，主要在分析為何當初雷文在眾望所歸的情況下被推舉為校長的原因。

一九九三那年，已有將近三百年歷史的耶魯確實需要這樣一位有經營頭腦的校長來引領它平安地走向二十一世紀。總的來說，雷文校長在兩個方面特別有貢獻：重建耶魯校園；協助改造紐黑文城。許多人都知道，耶魯大學一向以美麗別致的建築風格著稱。凡是走過校園的人總會用藝術的眼光來欣賞那些無數具有古典歐洲風味的建築物，以及遍布於各處的雕像、圓柱、石壁、石凳等。但很少有人會想到，要維持這樣的校園景觀是極其昂貴的。尤其是，上世紀的八〇年代到九〇年代的期間，校園里的建築開始呈現出頹敗的現象（其他幾個歷史悠久的常春藤大學也有同樣的問題），大家都知道學校遲早必須作一次大規模的重建。然而，若沒有足夠的經費來源和遠大的經營策劃，任何一位校長都不能也不敢輕易地開始進行這個艱巨的大工程。就這點看來，雷文校長確實是耶魯大學的救星。最令人佩服的是，他在一九九三年剛上位不久，已經安排好往後幾十年的校園重建計畫。他以一種未雨綢繆、防患於未然的態度，按部就班地從事校園的改建。為了保持耶魯的古老建築的壯觀，他還特地由歐州請來許多專家，希望盡量在舊的建築基礎上把仿古的優雅和現代技術配合起來。當初，座落於校園中心的斯德靈圖書館和具有東歐格調的英文系系館先進行重建的工作；後來又開始改建規模宏大的法學院。此外，耶魯每年還重修一個住宿學院，後來果然只用了十二年的時間，按期完成了十二個住宿學院的重修。在那段期間，雷文也已經開始計畫有關兩個全新住宿學院的建造。（後來，雷文於二〇一三年退休之後，接任的新校長 Peter Salovey 繼續努力，終於在二〇一七完成了兩個全新的住宿學院，名為 Pauli Murray College 和 Benjamin Franklin College。）如果說一八五〇年左右和一九三〇年左右是耶魯史上兩次擴建校園建築的著名年代，那麼我們可以說，雷文校長從一九九三年以後的「重建工程」乃是耶魯有史以來第一次以如此大規模的方式進行「重建」的時代。另一方面，雷文也以同樣有計畫、有步驟的方式與紐黑文城的市長合力主導該城的改造工程。雷文把這個「新的榆城計畫」

視為耶魯全面策劃的一部分；為了這個城市的改造，校方貢獻了許多筆極為可觀的資金。目的是為了紐黑文城成為一個繁榮而優雅的「藝術聖地」（Arts Mecca），一個以藝術館、博物館和各種劇場著稱的大學城。

就在雷文校長致力於耶魯校園的重建工程和進行「新的榆城計畫」的期間，我有幸被選為與雷文校長一同訪華的「耶魯大學代表團」成員之一。那次訪華被安排在二〇〇一年五月上旬，也算是那年慶祝耶魯建校三百年的重要活動之一。該訪華團，包括雷文校長及其夫人林珍（Jane Levin）在內，共有十二人。除了我以外，其他還有三位教授也被邀請參加——即法學院的葛維寶（Paul Gewirtz）教授，國際研究中心的泰博特（Srobe Talbott）教授，和護理學院的葛麗絲（Catherine Gilliss）教授。那次的籌備工作主要是由雅禮學會（Yale-China Association）的主任賈南溪（Nancy E. Chapman）和高級主管王芳（Fawn Wang）負責，並由耶魯大學副校長羅琳達（Linda K. Lorimer）在旁督導，因此所有細節都安排得十分周到，令人讚嘆。我印象中最深刻的是住在北京釣魚台國賓館的那三天。特別是，釣魚台國賓館是從前乾隆皇帝的行宮，許多建築和外景仍保留了清朝行宮的原貌。我至今仍難忘養源齋、清露堂、蕭碧軒、和古釣魚台那種清新典雅的意境。記得，雷文校長和夫人林珍最喜歡觀賞那塊「乾隆御題璞玉」，還屢次招呼我一起共賞。

其實早在一九九二年，當雷文還在擔任研究生院院長的時候，我就認識了他。當時我就發現，雷文不但有傑出的領導能力，而且也有很了不起的人文修養。記得一九九七年的畢業典禮中，雷文為了鼓勵畢業生們如何努力尋找「自己」，他還用兩名經典作家——即英國十九世紀的桂冠詩人華滋華斯（William Wordsworth）和十七世紀的著名詩人米爾頓（John Milton）——的例子來說明，所謂「尋找自己」可快可慢。一個人即使很晚才找到「自己」也無妨，例如米爾頓一直到三十六歲那年才寫第一首詩，雖然華滋華斯早在十九歲時已決心要成為一個將寫出不朽之作的詩人。我每次回憶雷文的那次演講，就不得不佩服他。

且說，我一直很慶幸當年拉麻校長聘了英文系的系主任 Richard H. Brodhead（大家都喊他為 Dick）為本科生院院長（Dean of the Yale College）。自從一九八二年來到耶魯教書，我就注意到 Dick 在美國文學方面的貢獻，尤其因為我從前研究過美國文學，還曾經寫了一篇有關《白鯨記》的作者梅爾維爾（Herman Melville）的學士論文。後來聽說，Dick 是一位天才教授，二十五歲時就拿到耶魯文學博士學位，專攻美國文學，而且他的作品屢次獲獎，頗得學生們的愛戴。總之，我一直廣泛地閱讀 Dick 的著作。我首先讀他那本 *Hawthorne, Melville, and the Novel*（《霍桑、梅爾維爾和小說》）的書，覺得他用文化史的角度來研究十九世紀美國小說，十分富有啟發性。在那以後，我又勤讀他的 *The School of Hawthorne*（《霍桑學派》），更是不忍釋手，以至於多年後我開始著手撰寫《文學經典的挑戰》一書時，大大地受到了該書的啟發。記得我在書中還特別引用 Dick 有關霍桑在美國文學史上的地位忽起忽落（vicissitudes）的原因。原來二十世紀以來，霍桑的文學地位逐漸衰微，正與霍桑往日在世時的旭日東升相反。所以，Dick 以為，霍桑在美國現代文學史上的地位變遷正可用來作為我們研究一般文學經典的演變史的參照點。

同時，Dick 也提醒讀者，正當大家逐漸淡忘霍桑之時，當年與霍桑同時代的小說家梅爾維爾的文學地位卻戲劇性地升高。作為梅爾維爾的小說迷，我自然認為這是十分可喜的事。但我以為，一向被忽視的的梅爾維爾，居然在死後這麼多年還能奇跡地登上經典地位，實與 Dick 和他的同事們熱心提倡梅爾維爾的小說《白鯨記》有關。尤其是，Dick 與 Emory Elliot 早已於一九八六年出版了一本 *New Essays on Moby Dick*（《白鯨記新解讀》），甚得讀者的推崇。我經常在想，或許那書無形中也啟發了讀者們重新閱讀梅爾維爾小說的興趣吧。

後來 Dick 成了本科生院的院長之後，校方給他預備的房子居然就在一個外型有如白鯨 *Moby Dick* 的耶魯溜冰場對面。可以想見，每天 Dick 從他的家中窗戶向外眺望，第一眼就可以看見那個「白鯨」的雄姿。真可謂生活與學問、Dick 與 *Moby Dick* 無形中都溶合為一體了。當時的耶魯學生經常把這個名字的巧合當作美談，他們一方面非常崇拜 Dick，一方面也把他當作真正的朋友看待。因為 Dick 是個很有情趣的人，他總是給人一種親切的感覺。你和他說話時，他會全神關注，以誠懇的態度和你溝通，好像你頓然成了世上最重要的人。與他交往，你會覺得自己經常瞥見生命的亮光。如果你遇到挫折，你會因為他的鼓勵而振作起來，因為他會告訴你，人生就是一連串的學習、探險與挑戰。記得有一次他給一年級的新生演講，他說：「我想用小說 *Moby Dick*（《白鯨記》）裡的一句話告誡你們：『我要嘗試所有的事情；我凡事盡力。』」

就在 Dick 任職本科生院院長的那段期間，我有幸成為 Dick 的親信和好友。當時我還是東亞語文系系主任，經常被 Dick 推薦到一些委員會裡當審查委員。記得所有參加委員會的同事們都很喜歡 Dick，尤其喜歡他的真摯和熱誠。他的態度莊重，但富幽默感，聽他說話，實為人生一大享受。

後來我發現，他的電子郵件，哪怕只是三言兩語，也都寫得十分中肯，總讓你感受到一個真正文化人的修養、氣度、和才華。記得有一回，欽次剛從密蘇里州的聖路易城出差回來，就忍不住給 Dick 發了一封電郵，說他在聖路易的拱門博物館牆上看到美國早期作家馬克吐溫的一句話：「你應當做個好人，但你會因此變得寂寞。」（「Be good and you will be lonesome!」）欽次之所以發出那封電子郵件，主要因為他知道 Dick 是研究馬克吐溫的專家。誰知，幾分鐘之後，Dick 立刻寄來他的回覆：「啊，C.C.，你的來信令我感到親切！但馬克吐溫也曾說過：『要隨時做好事。這樣會帶給別人快樂，也會讓其他的人感到驚訝。』（「Always do right. This will please some people and amaze the rest.」）」接到那個又迅速又有趣的回音，我們都笑了，也特別佩服 Dick 那種出口成章的本領。

後來二〇〇三年九月初，我的韓文譯者申正秀來耶魯一遊，因為時間匆促，我只能走馬看花地帶他參觀一下耶魯的校園，連拍照的時間都沒有。我對他說，可惜沒有機會把他介紹給耶魯學院的院長 Dick Brodhead，否則他一定會對耶魯的人文精神有更深刻的印象。

沒想到，一走出圖書館，就看見Dick出現在面前；原來他剛開完會，正要走回他的辦公室。Dick一看見我們就很興奮，經過一番介紹之後，他自動要為我和申正秀拍照。我說：「這不行，耶魯學院的院長怎麼可以被用來做照相師？這那裡敢當？」但Dick很輕鬆地說道：「誰說不能，我不是你的好朋友嗎？」於是，他就為我們拍了一張照片。後來那張寶貴的相片成為拙作《抒情與描寫：六朝詩歌概論》一書韓文版（申正秀譯）的封底照。

沒想到，幾個月之後，即二〇〇三年十二月十二日那天清晨，北卡的媒體卻公布了該州頭條新聞——那就是，耶魯大學本科生院（即耶魯學院）院長Richard H. Brodhead將成為Duke大學新校長的消息。幾分鐘之後，消息傳開，很快就成了全國新聞。

對於這個新聞，耶魯校園的人都不約而同地感受到有如地震一般的起伏不定，久久不能平息下來。這是因為Dick是大家公認有史以來耶魯學院最成功、最有魄力的少數院長之一。在此之前，三百多年之間，只有另外一位院長有過類似的成績。現在突然聽說Dick要離開耶魯到他校去當校長，初聽到這樣的消息，大家自然感到難以接受。但另一方面，耶魯校友們卻為Dick能被選為Duke大學的新校長一事感到驕傲。因為Dick是耶魯校友，是標準的耶魯人（一九六四年他十七歲時進耶魯大學，一九六八年得耶魯學士，一九七〇年得耶魯碩士，一九七二年得耶魯英國文學博士，之後即留校服務至今）。據說，此次Duke大學的董事會，為了把Duke大學全面推進，以便在新的二十一世紀裡更上一層樓，故苦心積慮，一共精選了兩百位候選人。最後他們全體一致推舉Dick Brodhead，以為新校長之職非他莫屬。因此，在遊說 Dick 接受校長職位的過程中，他們是花過一番心力的。有關這事，耶魯的校友們也不得不引以為榮了。

其實對 Dick 來說，人生就是一連串的學習、探險與挑戰。據他當時在 Duke 大學的記者招待會中（press conference）所說，他從未想過有一天要離開耶魯；當 Duke 大學的委員會開始接洽他時，他只是感到好奇。後來 Duke 的人真的選中他為新校長，他才發現自己必須作出一個明確的決定。他說：

> 後來，我發現自己就如（馬克吐溫小說中的主角）Huck Finn 所說的那樣，「我永遠必須在兩者之間選擇其一」。我知道，擺在面前的兩個選擇就是：究竟要選擇那個早就熟悉了的好日子呢，還是選擇到 Duke 大學去迎接冒險？
>
> 你們當然知道，我最後選擇的是什麼……

我想，他之所以願意到 Duke 大學去「迎接冒險」，乃是因為 Duke 大學是一所正在發展中的好學校。以 Dick 一向對於大學教育所持有的理想和經驗，他正好可以為那所「年輕」的大學效力。而且，Duke 大學規模雖小，各方面的資源都十分豐富，潛力甚大。此外，與耶魯相同，Duke 大學也以跨學科的教育為其目標。這一切的考慮，最後終於使他甘心情願地接受了這個富有挑戰性的工作。

但一直到二〇〇四年春天，Dick 將要離開耶魯之前，全體耶魯師生還存有一種非常複雜的情緒。當時我曾發表了一篇文章，登在《耶魯通報》（*Yale Bulletin*）上，題為「Dick as I know Him」（〈我所認識的 Dick〉）。[17]最有趣的是，畢業典禮當天，全體的大四畢業生居然在 Cross Campus 掛出一面錦旗，上頭寫著幾個大字：「Dick, Can we marry you?」（「Dick，我們可以跟你結婚嗎？」）足見學生們的幽默與真情，但這可真是耶魯史無前例之舉。

話說，十三年後（二〇一七年）Dick 從 Duke 大學退休之後，他又搬回康州定居。這次耶魯人更是以雙手歡迎他的歸來。

我每次回憶三十多年前，當初拉麻校長處在學校危急的關頭，居然能如此善於用人，才選出像 Dick 這樣傑出的領導人物，可謂英雄眼中識英雄。

二〇二三年，二月二十二日，拉麻校長以九十九歲高齡去世。在耶魯校史中，他終究是永垂不朽的。

17. "Dick As I Know Him," by Kang-i Sun Chang, translated by Matthew Towns, *Yale Bulletin*, 32.28 (April 30, 2004): 4.

同事安敏成病逝

一九九二年八月二十三日（星期日）深夜，我的東亞語文系同事安敏成（Marston Anderson）病逝於耶魯醫院。但我是次日（星期一）的上午九時才知道這消息的。當時我正在辦公室裡等待安敏成的電話，因為他上個星期五答應要在星期一給我電話。所以當電話鈴響時，我以為是安敏成的來電，沒想到是校方來報告死訊的。（我當時是系主任，所以校方首先通知我。）一時我真不敢相信自己的耳朵。等到我意識稍微恢復時，才終於領略到，那位在我心目中最善良、最具責任感的同事兼摯友就如此不別而去了。想到他年紀輕輕，才四十歲，就如此一去不返，一時讓我悲痛萬分，無法接受死的事實。當初我沒有勇氣宣布這個噩訊，獨自一人坐在辦公廳裡，心緒紛亂。不知過了多久，才勉強走到系裡的新秘書 Sharon Sanderson 那兒，請她把消息通知本系所有教授職員及學生們。（不巧的是，那天是 Sharon 第一天到我們系裡上班。）我記不清自己那天打了多少電話——許多朋友在電話中痛哭失聲，為了失去一位好人、好老師，也為了耶魯，為了稍縱即逝的人生。後來我走到研究所大樓（Hall of Graduate Studies）的樓下，碰到雷文先生（當時他還是研究生院的院長），我也就把這個消息告訴他了。

接著我又陸續接到了許多本系畢業生的信函，其中一封是臺灣的王瓊玲（曾是安敏成的博士生）寄來的，信的開頭寫道：「返臺後原以為可以稍稍休息，沒想到天外傳來

Professor Anderson 過世的噩耗，接電話的手似乎已不屬於我，驚愕傷痛，我一時不能相信這是事實……上蒼為何不多給我一點時間，讓我回報我的老師？……我是他的第一個學生，也是跟他最久的……」

另有一位學生名叫貝一明，他是耶魯一九八七年的本科畢業生，安敏成曾是他的畢業論文指導教授。記得貝一明的畢業論文寫的是有關沈復的《浮生六記》。後來貝一明到日本留學五年，與導師安敏成一直通信不斷。一九九二年暑假，貝一明剛從日本回到紐約，急於和導師見面，想談一談有關自己將來在美國讀研究所的前景和方向。但貝一明連續打了幾天的電話，每次都只聽到安敏成的錄音，最後他終於聯繫到我。在電話中，我告訴貝一明說，安敏成教授已於幾天前病逝。次日，貝一明立刻乘火車趕來耶魯校園，特別與我和教中文的 Vivien Lu（即著名的「陸太太」）相聚，那天我又把安敏成兩個月來與病魔抗爭的前後經過述說了一遍。像安敏成那樣有才學的年輕教授已寥寥無幾了，他的過世令人哀悼不已。

後來我聽說安敏成在逝世前五天（八月十八日）的夜晚居然還拖著虛弱不堪的身子，獨自一人趕往研究所大樓的三樓辦公室，只為了要出考題給本系研究生 David Cornell 的「文言文測驗」。安敏成的責任感令我深深感動。但一直要到他去世後二周，系裡秘書 Sharon 交給我一份未改完的試卷時，我才想到似乎這一切都是命定：安敏成走了，卻留給我一份未改完的試卷，等待我來為他完成。

回憶我與安敏成共事六年，有許多經歷都一一浮掠眼前：我忘不了那條共同走過的校園小路，每當校務會議完畢，安敏成總陪我走一段路，直到停車場為止；我忘不了他對中國文學研究的極度熱誠，他的巨著 *The Limits of Realism*（現實主義的局限）光彩奪目；我忘不了我們一面喝咖啡一面談《紅樓夢》的情景；我忘不了一九九二年六月間我們共同參加的「加州文學會」，那或許是他生前最後一次被拍照之處；我忘不了他的微笑，還有他在大會中發表的絕佳論文。我也忘不了他給我女兒詠慈（Edith）的無限關愛；更忘不了最後一次與他在電話中談心的情景，他在病中總還是惦記著他的學生們。

後來一九九二年十月三日，我們為安敏成舉辦了一個追思會，地點是在耶魯老校園中的教堂 Dwight Chapel. 當天安敏成的父母也來了。同時，那是我第一次見到安敏成的女兒，他的長相與安敏成一模一樣，確實令人驚嘆。那天我請耶魯的校牧 Rev. Frederick J. Streets（即 Jerry Street）主持追思典禮，並由我和社會學系的同事戴慧思（Deborah Davis）教授先後致辭。同時我也請詩人鄭愁予（也是我的東亞語文系同事）朗誦他的詩歌，接著又由安敏成的女弟子 Eleanor Lim 朗誦安敏成生前的一首詩。不用說，貝一明也從紐約趕來參加追思會。

記得追思會之後，系裡秘書 Sharon 就將安敏成所留下來的藏書分發給系裡的教授、學生和校友們，而且每本書都貼上「Memory of Marston E. Anderson」的標籤，以為紀念。後來我們又利用本系校友的捐款，設立了一個「Marston Anderson Dissertation Prize」（安敏成博士論文獎）的基金。從此每年畢業典禮時，本系的博士畢業生總是爭相競逐這個榮譽獎金。

百忙中開拓性別研究

回憶在一九九〇年代初，當我剛任職東亞語文系系主任時，真是忙得不可開交，很難集中精力做研究。幸虧在那段期間，我終於大膽地走出我從前的專門領域，在百忙之中努力開拓新的研究方向——那就是所謂的「性別研究」。真是船到橋頭自然直，一條新的路就這樣被我找到了。

首先，在美國的常春藤盟校中，耶魯大學的「性別研究」一直遙遙領先。早在一九七〇年代，它就成立了婦女研究系（即後來性別研究系的前身），並提倡以女性批評為主的跨學科研究。當時正是耶魯的結構主義開始盛行之際，被譽為結構主義批評大師的保羅·德曼自然也影響了校園裡的性別研究。其實當初是保羅·德曼的幾位女博士生合力把正在流行的女性主義引入校園文化的中心領域的。例如，從一開始，保羅·德曼的得意門生Barbara Johnson（當時執教於哈佛大學）就採用所謂「差異」（difference）的策略來進行「解構」傳統性別的偏見，因為她以為女性本來就不同於男性，所以在闡釋文學中的女性時，讀者必須採用一種有別於男性的視角，以免產生混淆。有關Barbara Johnson這一方面的代表作品，包括她的*The Critical Difference*（1980）和*A World of Difference*（1987）等書，以及以解構「大男人」批評視角著稱的一篇文章："Gender Theory and the Yale School"（from *Rhetoric and Form: Deconstruction at Yale*, edited by Robert Con Davis and Ronald Schleifer (1985), pp. 101-112). 後來這種「差異」觀和「解構」觀也隨之成為一般西方女性主義者所持的批評準則了。

當初一九八二年我剛到耶魯不久，我就開始關注性別研究，並且很早就加入了耶魯婦女研究系的附屬教授（affiliated faculty）行列。但一直要到一九九〇年我寫完 *The Late-Ming Poet Ch'en Tzu-lung: Crises of Love and Loyalism*（《情與忠：陳子龍、柳如是詩詞因緣》）一書後，才開始有時間思考所謂「性別研究」與漢學研究的關係。漸漸地，我發現近代西方性別研究所謂的「差異」觀雖然極富有啟發性，卻不能生吞活剝地套用於漢學研究。例如，自古以來中國文人就流行著一種表彰才女的風尚，有才的女子被成為「女史」、「彤管」、「女博士」等。而且傳統中國的才女基本上是認同男性的，她們掌握了男性文化的精華，但並沒有顛覆男權的秩序。事實上，中國的男性文人還用各種策略來提高女性的文學地位——包括熱心出版女性文學的選集，品評女性的作品，把女性作品提升到和《詩經》、《楚辭》等古代經典的權威地位。重要的是，中國傳統的男女一直在分享一個共同的文化，男女也用共同的語言在認同這個文化。有趣的是，中國傳統的男性經常喜歡用女性的聲音來發抒自己內心那種懷才不遇的情懷。所以中國這種「男女互補」的精神與西方經常存在的性別差異（和競爭）的觀念，顯然有了基本的不同。

然而我發現傳統女詩人與西方女詩人也有許多共同點，值得深思。當時美國學術界紛紛吹起了一陣重新發現女作家作品之風，許多被遺忘的女性文本都陸續被整理出版。因此我經常和婦女研究系和英文系的同事（如 Nancy Cott，Margaret Homans 等人）討論這一方面的問題。另一方面，我也從我的另一位英文系同事 Sara Suleri 那兒認識到後殖民時代的第三世界「沒有女人」的事實。一九八九年，芝加哥大學出版了 Sara Suleri 的成名作 *Meatless Days*《（國定）無肉日》，那是一本回憶錄，詳細敘述她從前在巴基斯坦所經歷的無限艱辛之成長經驗，此書一出，震撼了整個美國學界，並立刻得獎，因而吸引了許多普通讀者。原來 Sara 的父親是巴基斯坦人中的異議分子，母親是英國威爾士（Welsh）人，長年在巴基斯坦的學校裡教英文。書中尤其讓我感動的是有關她母親 Mair Jones Suleri 的逝世，以及她的姊姊 Ifat Suleri 如何離奇地喪命於車禍的故事。Sara 比我小九歲，於一九八四年開始到耶魯大學的英文系任教，但我一直到一九八九年讀了她的 *Meatless Days* 一書後，才開始與她接觸，有時向她請教有關後殖民文化理論的問題，對於她豐富的學養和敏銳的觀察力十分佩服。一九九三年 Sara 嫁給美國的著名富豪兼企業家 Austin Goodyear，因而改名為 Sara Suleri Goodyear。二〇〇八年，她才五十五歲就從耶魯大學退休了，專心寫作。（誰會料到，許多年後，我從耶魯退休後，學校分配給我的「新辦公室」居然就是 Sara 從前退休期間所用的辦公室。那個辦公室的空間雖小，卻居高臨下，十分雅觀。然而令人傷心的是，Sara 已經病逝，享年才六十八歲。）

時間回到一九九〇年。且說，十月十日那天，著名的墨西哥詩人帕斯（Octavio Paz）被邀請來耶魯演講，我也趁機向他請教。（沒想到那天恰好是他榮獲諾貝爾文學獎的前一天，那是誰也無法預料的。）記得在演講前的一個宴會中，和藹可親的帕斯一見面就問我最近讀什麼書，寫那一方面的書，喜歡哪一國的詩歌？他還問我，中國傳統女詩人中，除了李清照之外，還有什麼優秀的女詩人？我告訴他，世界上沒有一個民族比傳統中國產生過更多的女詩人，僅從十六世紀到十九世紀末，就有上千個女詩人。只見帕斯眼睛一亮，衝口而出：「這些女詩人中有多少個女道士？」

我很高興帕斯提出這個問題，因為前不久（一九八八年）他那本有關蘇華納修女（Sor Juana）的巨著才被譯成英文，由哈佛大學出版社出版。此書一出，立刻成為學術界的暢銷書籍。蘇華納是十七世紀聞名拉丁美洲的一位女詩人，無論在她的詩歌或生命體驗中，都令人對她另眼看待。在我的「女性與文學」課上，我也曾經採用了帕斯這本書，拿它來做中西文學比較的資料之一。後來我從事撰寫 *The Late-Ming Poet Ch'en Tzu-lung: Crises of Love and Loyalism* 一書時，也多次引用了帕斯的論點。所以我告訴帕斯，說傳統中國是有不少女道士，例如唐代女詩人魚玄機，只是她們當初是歌妓，後來才轉而變成女道士的。同時，中國女道士與西班牙女詩人蘇華納有極相似之處——她們都希望解除女性傳統的羈絆，都是既有才識又富創見的人，在文學史上，她們的貢獻很大，她們主要在爭取心靈中的自由空間，她們的詩歌就是一段「心史」（history of the heart）。記得當時帕斯立刻反應道：「其實任何一個詩人都在爭取心靈的空間及自由。」

一九九〇年年底，耶魯大學出版社的文學主編 Ellen H. Graham 主動向我約稿，希望我能編一部大型的英譯中國傳統女性詩集，基本上以西方讀者為對象，希望能給西方的批評界帶來一個新的性別視角，或許也能改寫文學史。我後來建議與蘇源熙共同主編這部選集，並請 Charles Kwong 為「副編輯」（Associate Editor），同時也請高友工教授和余國藩教授為「編輯顧問」（Consulting Editors）。後來我們邀請了六十三位學者參與英譯，書名定為 *Women Writers of Traditional China: An Anthology of Poetry and Criticism*（《中國歷代女作家選集：詩歌與評論》）。在文本的選擇上，則以「多樣化」（diversity）為原則，主要在廣蒐各種類型的中國傳統女性詩作，從漢朝開始一直到晚清。除了一般閨秀之外，還有后妃、宮女、畫家、歌妓、農婦等也都成為入選的作家。記得 Ellen H. Graham 看了我們的「申請大綱」（Proposal）之後，十分興奮，立刻與我簽了出版合同。

然而簽完合同之後的第二年，Ellen H. Graham 就從耶魯大學出版社退休了。加上如此龐大的工程，又涉及六十三位譯者的翻譯，其中編輯工作的繁瑣，可想而知，所以我們一直到一九九六年才正式交稿。可惜當時耶魯大學出版社的文學部新主編一直把編輯我們這部選集的工作一拖再拖，最後我們忍無可忍，決定轉給史丹佛大學出版社出版。總之，好事多磨，這部書終於在一九九九年底很順利地出版了。全書共八百九十一頁，書中收有二百多位女作家的作品。該選集的最後一部分也收集了許多傳統男性文人為女人作品所寫的序言和評論，主旨在反映一個事實——那就是，女性與男性之間的關係也是中國歷代女性詩歌所體現的一個重要的題材。

必須一提的是，我們特別請著名書法家張充和女士（即我的耶魯同事傅漢思教授的妻子）為該選集的封底題了個很大的「女」字，並工筆書寫了選集中所有二百多位古今中國女詩人的姓名。可以說，充和書法的魅力從一開始就成為讀者注意的焦點。

「明清婦女與文學」國際研討會

且說，當初一九九一年的夏天，我請耶魯東亞語文系的秘書 Sharon 發出我與 Wesleyan 大學魏愛蓮教授共同主持的「明清婦女與文學」國際學術會議的正式通知，說我們將計畫於一九九三年六月二十三至二十六日在耶魯校園舉行大會。通知書上列出幾組議題，說如願參加，請快速報上題目，並寫幾句有關論文的提要。當時在美國的漢學研究方面，還談不上什麼關於婦女與文學的系統研究，所以我們的會議算是開先鋒的嘗試。

我們之所以將大會命名為「明清婦女與文學」國際學術會議，乃是因為我和魏愛蓮都一致認為：有史以來最奇特的文學現象之一，就是中國明清時代才女的大量湧現。在那段三四百年的期間，就出版了三千多部女作家的專集或選集。至於沒出版過專集或將自己的詩文焚毀的才女更不知有多少了。上頭已經說過，與英美女作家不同，中國女作家的文藝創作一般不但沒受到男性文人的排斥，反而得到男性的鼓勵及表揚，而在明清時代，這更是一個特殊的文化現象。對於這一特殊的文學現象，我們想藉著那次國際會議，把明清時代女作家的空前繁榮置於明清文化的「上下文」（context）中作一新的詮釋。

為了爭取到外界的資助，魏愛蓮和我兩人盡了很大的努力，最終總算成功地得到了四筆贈款（grants）——這些贈款分別來自美國學術團體協會（ACLS），美國國家人文科學基金會（National Endowment for the Humanities），蔣經國基金會（Chiang Ching-kuo Foundation），和吳東昇主導的德富基金會（Wu Foundation）。所以那次會議從發起到召開，歷時整整兩年。

後來會議果然非常成功。大會共分為九個討論專題（panels），每個專題都明顯地體現了對明清婦女的「新闡釋」的目標，也為我們的討論奠定了新的切入點。那次與會者共有四十多位學者，其中包括 Charlotte Furth（費俠莉）、Susan Mann（曼素恩）、Maureen Robertson（雷邁倫）、Dorothy Ko（高彥頤）、Judith T. Zeitlin（蔡九迪）、Wai-yee Li（李惠儀）、Ann Waltner（王安）、Patricia Ebrey（伊佩霞）、Grace Fong（方秀潔）、Pauline Yu（余寶琳）、Susan Naquin（韓書瑞）、史景遷、余國藩、Wu Hung（巫鴻）、Pei-kai Cheng（鄭培凱）、蘇源熙、Paul S. Ropp（羅溥洛）、Shuen-fu Lin（林順夫）、Chun-fang Yu（于君方）、Oki Yasushi（大木康）、徐朔方、康正果、葉長海、蘇者聰、葉嘉瑩、樂黛雲、林玫儀、張靜二等諸位學者。同時美國著名的女性主義批評家 Nancy Armstrong 也來了，並在會議結尾前作了〈從中西比較的角度看中國婦女〉（「Chinese Women in a

Comparative Perspective」）的發言，成了那次會議的高潮。

很巧的是，一九九三年六月二十三至二十六日我們開會的地點就是耶魯大學 Cross Campus 的 Sudler Hall（薩德勒廳），恰好與快要建成的 Women's Table（女人桌）〈由著名女建築師 Maya Lin（林櫻）設計〉離得很近。「女人桌」位於耶魯大學圖書館前面，就在美麗的 Rose Walk（羅斯走道）上，[18]所以在大會期間，我偶爾也會帶幾個與會者到 Rose Walk 附近散步。不過當時的「女人桌」還在興建中，附近都是工人，所以我們也只能從遠處眺望。當時聽說「女人桌」會在三個月之後完成，等完成之後耶魯新校長雷文（Richard C. Levin）將會為「女人桌」舉行一次剪綵典禮。後來一直到秋季「女人桌」正式開放，我才真正得知耶魯「女人桌」的來歷：原來早在一九八九年，當時的耶魯校長 Benno Schmidt 就請 Maya Lin 設計一個紀念耶魯「男女合校」二十週年的紀念碑。但富想像力的 Maya Lin 卻另有想法，她後來構想出一個由大理石做成的「女人桌」，並在桌面上精心設計了一連串的年代和相對的耶魯女生人數——例如一八七〇年的「零」（〇）、一九八〇年的「四一四七」等。以耶魯數百年的悠久歷史，以及早期女生之罕見，可以相見桌面上刻有無數的「零」字，似乎在象徵耶魯女性「從零開始」的辛酸史。總之，在那個女人桌上，年代與女生數目都很規則地（呈螺旋狀）顯露出來。另一方面，桌面的中心卻不斷地湧出泉水，使得字跡若隱若現，很富有詩意。

沒想到我們的「明清婦女與文學」國際學術會議正好碰上了耶魯「女人桌」的誕生。

在我的記憶中，像我們那樣由許多不同國家和地區以及不同學科的男女學者們聚在一起、集中討論明清女性文學的會議，大概還是破天荒的一次。因此許多與會者都十分珍惜這次會議，覺得自己有如拓荒者一般。

後來魏愛蓮和我合編了一部大會選集，題為 *Writing Women in Late Imperial China*（明清女作家研究集），於一九九七年由史丹佛大學出版社出版。

且說，當我還在忙著編女作家選集的期間，正好遇上聯合國第四屆世界婦女大會將在北京舉行，大會議題是：「透過婦女的眼睛看世界」，主要目標是共同商定如何在邁向二十一世紀的過程中提升婦女的地位。記得那是一九九五年的八月二十四日，我與許多美國婦女一同飛往北京。其實那是個巧合，我那天之所以要去北京，主要是為了擔任北京中央電視台主辦的國際大專辯論會的評委之一。（除了我以外，還有杜維明、余秋雨、王元化、江平等人當評委。）有趣的是，在飛往北京的飛機上，我的鄰座居然是鼎鼎大名的陳香梅（Anna Chen Chennault）女士。她就是一九四〇年代嫁給美國飛虎隊（Flying Tigers）陳納德將軍（Lieutenant General Claire Lee Chennault）的那一位中國女子，後來她成為美國華裔共和黨籍的重要政治人物，榮譽滿滿。遇到這樣的前輩，又是如此卓越的女性，我自然

18. 美麗的 Rose Walk（羅斯走道）是著名的 Rose 家族三兄弟 Frederick P. Rose、Daniel Rose、Elihu Rose（均為耶魯大學校友）所贈。

利用這個大好機會向她求教。記得那天她全程都在與我分享她作為一個女性的人生閱歷，使我感受到一種燦爛的生命火花，至今難忘。

來自西安的康正果

時間回到一九九三年，「明清婦女與文學」研討會剛結束不久，那次與會者羅溥洛和林順夫都先後告訴我，他們對來自西安的康正果在大會中的表現十分佩服，認為康正果那篇有關《西青散記》和才女雙卿的論文不僅是此次會議中的頂尖佳作，而且幾天下來，從連續不斷的個人交談中，對他的「學富五車」表示由衷地讚嘆。因此，他們兩人都想邀請康正果到美國來當訪問學者。尤其是羅溥洛在會議期間與康正果同住一室，兩人談個不停，而羅溥洛正好是個雙卿迷，正在著手準備寫一本有關農民才女賀雙卿的書，希望能得到康先生的幫助，所以他想立刻就要向他的學校詢問有關次年（一九九四—一九九五學年）邀請訪問學者的可能性。後來羅溥洛與林順夫商量之後，兩人決定一起合作，由羅溥洛邀請康正果於一九九四年秋季到 Clark 大學訪問半年，並由林順夫邀請康先生於一九九五春季到密西根大學當半年的訪問學者。同時，他們也希望我能為康先生寫一封推薦信。

對我來說，為康正果寫推薦信並不難。其實我早在一九九〇年的六月間就由於某種偶然的因緣「認識」了康正果。那時我正在準備下學期要開一門「明清婦女詩詞」的討論課，正在苦於找不到足夠有關古代婦女與文學的中文書籍。有一天我的學生王瑷玲送給我一篇她從報上剪下來的短文，主要在介紹中國大陸河南人民出版社剛出版不久的《婦女研究叢書》（由李小江教授主編）。讀了該叢書的書目之後，有一本書名特別吸引我，那就是康正果的《風騷與豔情：中國古典詩詞的女性研究》。於是我立刻請朋友從中國買一本給我，並以國際特快寄到美國。

沒想到我收到該書後，有如著魔一般，一直無法放下那書，從頭到尾只費了兩天的時間就把一本三百五十多頁的書全看完了，而且還邊讀邊記筆記。那是我第一次讀到如此富有深度的中國古典女性研究，而且全書的敘述架構與一般的婦女文學史截然不同，令我十分受益。

我決定要訂購幾本康正果的書，作為選課學生的參考讀物。因為該書的「後記」標明作者服務於西安交大，所以我很快就寄出一封航空信給西安交通大學的康正果先生，向他請教有關訂購《風騷與豔情》的渠道。不久之後就收到康先生的回函，信中告知出版社和責任編輯的通信地址。

於是我寫了一封謝函給康正果，接著那邊又有來信回應，開始有了學術信息上的交流。後來我告訴康正果，說我特別欣賞他在書中所描寫的唐代詩人白居易，因為「白居易是個出於『風騷』與『豔情』之間的詩人，他既倡導『新樂府』，也工於豔詩」。不久他就寄來他的一篇文章，題為〈白居易在長安〉（寫於一九八九年十月）。沒想到那篇文章又令我大開眼界：原來康正果當時執教的西安交通大學校園就是唐代大詩人白居易的私邸所在地，也是白居易在長安居住最久之處，那是我從未聽過的信息。據康先生在信上解釋，一九八九年西安交大正在準備百年校慶，因為他是當時學校裡教研室教師中唯一拿了碩士學位的人，專業又是唐宋文學，所以學校的領導就派給他一個任務，請他寫文章考證白居易曾在交大這塊土地居住過，並說學校準備建立一座白居易紀念亭云云。於是康正果拿校方給的經費，買了些有關白居易的書籍，深入閱讀，研究一番，終於寫了篇長文〈白居易在長安〉。當時中國還沒有電腦，原稿是手寫的，而我收到的只是一份在蠟紙打字後的油印本，但其內容之豐富，撰文之美妙，令我拍案叫絕。

後來又經過幾次信件來往，我才知道康先生的生平際遇很不尋常。原來康正果是個書痴，他從前僅僅為了想閱讀和翻譯一本書，曾惹出大禍，並因而付出了極為慘痛的代價。據他說，在文革剛開始的期間，他因為找不到更多的書可讀，便開始醉心於俄文翻譯。有一天他偶然在《人民日報》（一九六七年五月十二日版）讀到有關蘇聯當局前不久已准許公開出版帕斯捷爾納克（Boris Pasternak）的小說《齊瓦哥醫生》的消息，從前那本書曾被公開批判並被視為反動的小說。然而，此書雖然已在蘇聯被官方平反，中國卻依然把它列為反動書籍，還是一本禁書。但康正果讀禁書的衝動使他一時昏了頭，於是在看完報上那篇報導之後，他立刻提筆用俄文給莫斯科大學寫了一封索取《齊瓦哥醫生》的短函，匆匆趕到郵局寄出。不幸的是，信剛發出，就被人截獲，並以「妄圖與敵掛鉤」的罪名被判三年，因而落戶到農村，一直到十年之後才得到平反。

我把康正果的故事講給欽次聽，他也覺得太不可思議了。欽次本來就是一個極富同情心的好心人，他一直為康先生叫屈。但我卻以為康先生當初寫信索書之舉實在太天真幼稚了。

話說，一九九一年夏天，康正果也是收到我們發出的「明清婦女與文學」國際學術會議「通知書」的中國學者之一。他當時正在讀有關女詩人雙卿的《西青散記》，所以不久就寄來他那有關邊緣文人和才女情結的題目和摘要，後來他居然也是與會者第一個交論文的人。當時我與魏愛蓮都對康正果的論文很是讚賞。這也說明了為何後來在一九九三年的會議期間，康先生得到許多同行學者們的肯定。

但有關後來發生在康正果身上的一系列偶然性，至今仍讓我感到驚奇。好像在他的命運中，冥冥中早已有某種安排，為了補償他從前所遭遇的一連串冤枉的災禍。

首先，一九九四年春天，羅溥洛和林順夫兩位先生很順利地為康正果申請到了一九九四—一九九五年度訪問學者的身分。正在同一時間，耶魯東亞語文系的「語言部」突然急需聘用一位教文言的高級講師，正式教課將由一九九四年秋季開始，所以時間很緊迫。當時我以系主任的身分立刻組織了一個 Search Committee，希望能如期聘到一位理想的人。但我們很快就發現，在美國本土很難找到這樣一個人。最後，所有委員會中的教授們一致贊成，為了配合我們系裡當時的特殊要求（該職位要求很深厚的國學根底），康正果乃是最佳人選，尤其是通過「明清婦女與文學」的會議，教授們已經與他有過一面之緣，知道他絕對可以勝任。

耶魯大學很快就發了聘書給在西安的康正果。但康正果卻有難言的苦衷，因為根據當時交大校方的政策，如果他接受耶魯的聘書，一個人獨自到美國工作，他的妻子和兩個兒女就得從交大掃地出門，從此無家可歸，所以康正果來信要求帶全部家屬一起赴美。我當時想，這個可真難，耶魯校方一定無法批准。尤其是，我從未聽過耶魯從國外聘請來的語言教師中曾有過這種先例。

於是，我就去請教當時耶魯的副總務長（Associate Provost）Arline McCord。沒想到她居然大發慈悲，立刻同意康正果的要求，並主動請耶魯國際中心的辦事人員以最快的速度寄給康正果一家四口辦理簽證所需的所有文件。當時我十分驚訝，以我數十年來在美國工作的經驗，我從未見過如此奇妙的事。（一直到現在，我仍經常提醒康正果，說那位如今已過九十高齡的 Arline McCord 是他生命中的貴人。）當然，後來簽證的程序也並不簡單，當他們一家人到北京的美國大使館簽證時，也遇到了重重障礙。當時幸虧我們東亞語文系秘書 Sharon 即時與大使館的人取得聯繫，連夜電傳了許多所需的資料，才終於勉強過關。

不用說，後來康正果及其家屬抵達紐黑文之後，他們遇到了許多衣食住行方面的重重挑戰，因為一切都得從頭開始。當時幸而有不少人（包括欽次、嚴志雄等人）群起動員，互相配合予以幫助，才終於使他們一家人的生活漸漸地安定了下來。

另一方面，耶魯大學在康正果身上所花費的一切總算沒有白費。作為一位教文言及現代漢語課的高級講師，他始終盡職盡責，以百分之百的精力完全奉獻在語言教學上，所以很快就贏得了學生們的愛戴。唯一的批評是，他給學生的分數太過於嚴格，但學生們也知道，選修他的課可以學到很多其他地方學不到的東西，所以也只好加倍努力。

二〇〇七年，康正果得到譯者 Susan Wilf 的幫助，以出版他的英文自傳 *Confessions*（《自述》）轟動了美國的出版界。首先，該書能由著名的 W.W. Norton & Company, Inc. 出版社出版，已經很不簡單了，何況一連串的好評還接連不斷。記得當時最有名的《紐約時報》（*New York Times*）評論家 William Grimes 還特別撰文推薦，說康正果的《自述》是「一本迷人的書……是一部十分傑出的文學著作」（「A mesmerizing read ...A literary work of high distinction.」）。著名的漢學家林培瑞（Perry Link）特別為康正果的書寫序，也在《紐約書評》（*New York Review of Books*）發表了一篇分量很重的書評。

當時哥倫比亞大學夏志清教授也讀了康正果的 *Confessions*，很是讚賞。於是有一天我和欽次就帶著康正果和另外一位康州朋友周劍岐到紐約去拜訪夏先生。有趣的是，一見康正果原來是個高個子的關中大漢，夏先生立刻把他比成《三國演義》裡的關羽。他說：「啊，你的個子真大，真像關公。你那本自傳寫得真好呵！你真是千古第一奇人。你獨行千里，單刀赴會，你真勇敢。我就喊你『大康正果』吧。」接著夏先生又說：「但是，康正果，你實在太過分天真了。你在中國大陸遇難的那幾年，完全是自投羅網。你怎麼會在蘇聯解凍的危險期間，膽敢自個兒寫信給莫斯科大學，何況只是為了翻譯《齊瓦哥醫生》那本小說！啊，你太天真了，你差一點丟了性命。」

夏先生一向妙語連珠，總令人既驚嘆又佩服。而他那次更是繪聲繪色地勾畫出康正果個性上的長處與弱點。

此外，普林斯頓大學的余英時教授尤其對康正果的為人有很深刻的了解。有一年余先生把康正果的一部書稿推薦給臺灣聯經出版公司的林載爵先生，信中曾經寫道：「康先生今日在電話中偶然提到他此書不易找出版者……今讀後甚為感動與佩服，故敢逕與兄相商」，「……但康先生並未托我，他是最正直最有尊嚴的學人，從不求人為他的著作之出版向任何方面說情……」[19]。我以為余先生的話特別給人一種一針見血的印象。

二〇一二年，康正果自動從耶魯大學退休，為了專心寫書，並享受老年的自由生活。這些年來，他的兒女在美國都做得很成功，如今他和妻子已有兩個孫女和一個孫兒，全家人都過著幸福的生活。但始終不變的是：康正果是個孜孜不倦的讀書人和作家，不論他的遭遇是好是壞，他總會把個人的經驗化為文字，而從文字中得到了某種救贖。

康正果那種多產的寫作習慣也感染了幾個耶魯周圍的中國文學愛好者，我自己就是其中一個受益者。

中文教學的「四名大將」

回憶一九九〇年初，我們東亞語文系裡所有的中文語言教師都來自臺灣，或是一九四九年前後早已隨家人移民到美國的華人。康正果是第一位直接來自「新中國」的語言教師。後來由於康正果的教學給系裡帶來了新的視野，我們東亞語文系決定再聘用幾位新一代的「大陸人」。在我繼續任職系主任的期間，我又聘來了三位新的「中國」語言教師——他們分別是牟嶺、蘇煒和周雨（William Zhou）。這三位新來的中文語言教師都曾經在美國受過高等教育，並拿了美國的學位，但他們原來也來自中國大陸。當時有人聲稱我們東亞系語言部的「四名大將」（指康正果、牟嶺、蘇煒和周雨四位）乃是耶魯中文語言教學的救星。果然名不虛傳，除了康正果的教學成績有目共睹以外，牟嶺後來曾任系里中文語言部的主任（Director），而多年後周雨和蘇煒都相繼榮獲著名的理查德・布魯海德最佳教學獎（Richard H. Brodhead '68 Prize for Teaching Excellence）。

記得周雨是二〇〇七年畢業典禮的前一天得獎的，當時在耶魯校園裡很是轟動。十二年後，二〇一九年五月初，當蘇煒得獎的消息剛傳下來，周雨感到由衷的喜樂。他在給我的英文來信中大大地稱讚了蘇煒：

I meant to write to you about Su Wei's winning of the teaching prize. I am so happy for him, and he very well deserves it. He is the most dedicated teacher I have ever met in my

19.《余英時書信選》（臺北：聯經出版公司），二〇二二，頁二〇七。

career. He is so selfless when it comes to giving his energy and time to his students. No wonder his students love him.

有關蘇煒榮獲教學獎的事，我一直要告訴您：我很為他感到高興，而且這個獎賞完全是他所應得的。他是我平生所見最有獻身精神的老師。他對學生總是無私地奉獻精力和時間，難怪學生們都愛他。

此外，康正果（當時已榮休），也同時賦詩獻上給蘇煒的祝賀：

耶魯同事蘇煒獲優秀教學獎日，有蝴蝶飛止，久留不去，拍照出示微信朋友圈。賦詩祝賀：

蝶來人正喜，春去樹常青。
非做莊周夢，光天化日靈。
阿蒼熱淚眼，動輒欲盈眶。
歲月熬磨久，甘泉回味長。[20]

康正果詩中所述「阿蒼熱淚眼，動輒欲盈眶」正好說中了蘇煒一貫的赤子之心。就我所知，蘇煒曾「捧著一顆心」閱讀劉再復的《漂流手記》；他曾被鄭振鐸冒著生命危險去保存民族典籍的熱情感動得「淚水濕潤了」眼眶；他也為章詒和的回憶文章「動容落淚」。又，蘇煒平生最喜歡晚清詩人龔自珍，特別欣賞他那「落紅不是無情物，化作春泥更護花」的詩境，但卻沒有龔自珍那種「空山徙倚倦遊身」的落寞之感。就因為蘇煒擁有一顆赤子之心，所以他充滿了好奇心，而他的日常生活也就有了無窮無盡的樂趣。他每天都在努力深入瞭解不同的人和不同的文化傳統。他甚至努力向他的耶魯學生們學習，他一邊耐心地修改他們那些可愛的病句——例如「我很病」、「我一定要見面她」、「我對他不同意」、

---

20. 這是幾年之後耶魯本科生古愛華（Edward Kuperman）的英譯，題為「Butterfly, By Kang Zhengguo」。

As we gathered on that happy day--
is that a butterfly coming towards me?
Spring had left but left the evergreen tree.
I wasn't dreaming like a Master Zhuang;
By light of day it set my spirit free!
Warm tears sprang up from A-cang's eyes;
they raced to flood their rims with zeal.
Though bitter days marched on for many moons,
the sweet spring water's lingering aftertaste
from my mouth will never disappear.

「我要使平靜別人的痛苦」等病句——一邊被他們的精彩故事感動得「淚光瀅瀅」。總之，蘇煒從他的美國學生身上讀到了西方人的單純、質樸和誠實。此外，蘇煒還自動給學生們開每週的課外書法課，並且來者不拒，令學生們感激萬分。有一位名叫屈光平的美國學生就曾在信中寫道：「我們學生們大概不知道我們有多麼幸運。」

同時，蘇煒也是一位傑出的作家。自從他於一九九七年來到本系工作之後，我又多了一位中文寫作的顧問。

火山爆發似的中文寫作靈感

回憶一九六八年我移民美國之後，由於職業和教學上的需要，二十年間一直都只用英文撰寫專書及論文。除了偶爾用中文寫短信之外，很少有機會出版中文的文章。一九八八年春天，我突然感受到一種「語言危機」，有一天提起筆來，發現自己幾乎已經不會用流利而標準的中文（我的母語）寫作了。這個發現令我惶恐不已。於是我立刻求救於研究生王瑷玲。那天我們一同到紐黑文一家咖啡館去喝咖啡，我說：「給我幾天的時間，看我是否能寫出一篇像樣的中文文章，然後再請妳為我批改潤色，如何？」沒想到就這樣，我開始痛下決心，發誓從此要努力學習用中文撰寫文章，也盼望能因此踏上中文寫作的途徑。

記得我第一次感覺到自己有一種火山爆發似的中文寫作靈感，乃是為了撰寫一篇影評。一九八八年三月中旬，那時恰好就在我和王瑷玲喝咖啡之後不久，當時剛獲九項金像獎的影片《末代皇帝》陸續在紐黑文區上演。我請我的全班學生一同去看這部電影，並希望不久能在班上討論該片的內容。看完那部影片之後，我深受感動。雖然細節上有不少虛構之處，然而電影的結構緊湊，戲劇性突出，很吸引人。我個人尤其欣賞片中的意象設計，例如「圍牆」的象徵意義，處理得相當出色。溥儀在自傳中曾說：「我這一生一世總離不開大牆的包圍」，又說：「我溜到牆根底下，望著灰色的大牆，心中感慨萬千。」這種無可奈何的疏離感，在影片中表達得十分生動。剛開始小皇帝被「關在」紫禁城牆裡，偽滿時代又變成日本太上皇的牆中傀儡，後來被俄國人俘虜之後，又做了中共獄牆裡的囚徒。這一連串的意象捕捉，給了我極深刻的印象。所以看完電影的當天晚上我就忍不住提起筆來，用中文寫了一個〈與耶魯學生看《末代皇帝》〉的短篇。等王瑷玲為我潤色之後，我就匆匆投稿給臺灣的《中國時報·人間副刊》了。

時間又過了兩年。有一天，耶魯大學出版社的文學部主編 Ellen Graham 突然打來電話，說他們剛出版了一部十分不尋常的書，書名是 *Sexual Personae*（性之代喻），作者是費城藝術大學 Camille Pagalia（佩格利亞）教授。她說因為 Camille Paglia（耶魯大學布魯姆的女博士生）所持之理論與當時流行的文學批評方向（包括女權主義）相反，所以曾連續被七家出版社拒絕過，最終還是母校耶魯大學的出版社有眼識泰山，終於願意退出此書。總之，Ellen Graham 說，現在她準備了一本贈書給我，請我到她的辦公室去取。

後來我一看到那書的封面就立刻被愣住了。該書的封面是個一分為二的臉：左半邊是古埃及女王 Nefertiti（納芙蒂蒂），右半邊則是美國近代女詩人 Emily Dickinson（艾米莉・狄金森）。顯然左邊是指古代，右邊指現代。我這才發現該書的副標題是：「*Art and Decadence from Nefertiti to Emily Dickinson*」（《由納芙蒂蒂到艾米莉・狄金森的藝術與頹廢》）。原來這是一本有關西方文明與文學、藝術的書。有趣的是，納芙蒂蒂的半邊臉代表一種與「男性文化」混合而成的「陰性美」（femininity），主要是象徵「男女合併」的優美風度，它已與最原始的所謂「女人本質」（femaleness）大相逕庭。我發現《性之代喻》十分厚重，長達六百多頁，尤其是作者的文筆十分驚人（是屬於有寫作天才的那種筆調），而且其內容之豐富（跨越了整個西方文明史），規模之大（幾乎涉及所有西方的經典作家），實令人望洋興嘆。於是整個週末，我就不知不覺地沉迷在那本書中了。我一邊寫筆記，一邊構思，心中卻一直在想：「這真是一本大書，如果我要寫一篇中文的書評，應當如何寫才好？」後來我下決心提起筆來，只管奮筆疾書（當時我還沒有電腦），終於寫出了一篇中文書評，題為〈《性之代喻》：介紹一部轟動歐美文壇的近著〉。經過一番潤色之後，終於發表在《中國時報・人間副刊》，一九九二年十二月十日。

一九九四年秋季，我在馬里蘭大學（University of Maryland）的一次文學會議中遇到來自威斯康星大學（University of Wisconsin）的博士生范銘如，當時兩人初次見面就談得十分投機，尤其是有關寫作與人生的問題，從此她就成為我中文寫作的「小朋友」兼督促者（她比我整整小二十歲）。記得就在那次會議中，我也認識了於梨華。也就在那段期間，哈佛大學圖書館的張鳳女士開始經常邀請我北上用中文演講，同時也參加她主持的許多文學寫作會議。無形中這些活動也助長了我學習用中文寫作的動力。

在那以後，我漸漸對寫中文散文有了較大的信心。而當時許多出版社的發行人（如臺灣允晨的廖志峰、爾雅出版社的隱地等）以及報社和雜誌社的主編（如香港《明報月刊》的潘耀明、大陸《讀書》雜誌的沈昌文、臺灣《聯合報》的陳義芝和宇文正〔鄭瑜雯〕、《世界日報副刊》的田新彬和吳婉茹、聯合文學雜誌社的許悔之、《青年日報》的李宜涯、《中央日報》的林黛嫚、《宇宙光》的邵正宏等）也都經常向我約稿，所以我從此就不再以英文為唯一的書寫文字了。每次只要有寫作的熱情，就立刻下筆，或英或中，左右逢源，只是不要拖延，免得失去寫作的靈感。然而進行雙語寫作也不是一件容易的事。在十分忙碌的英語世界中，我必須在生活的夾縫中隨時抓住機會寫中文，否則我的中文寫作又會退步。

有一天，我和我的耶魯同事布魯姆聊天，順便提到有關自己活在雙語寫作的夾縫中之問題。沒想到他卻笑著對我說：「我也和你一樣，也有類似的雙語經驗。」原來他小時候在家裡一律說德國猶太的意第緒語（Yiddish），當時他的英文閱讀完全是自學的，是通過眼睛（不是耳朵）慢慢學會的。後來五歲半上了小學才開始學會說英語。長大之後，他白天一概用英文寫作，但每次晚上做夢，總是在夢中說意第緒語，等於是每天都在作雙語寫作。

斯拉夫文學系的幾位同事

在我開始雙語寫作之後，我經常和耶魯斯拉夫文系的同事們進行交流。首先，以介紹和翻譯巴赫金（Mikhail Bakhtin）而一舉成名 Michael Holquist 給了我很大的影響。Michael 於一九八六年早已回到耶魯教書，但我一直到一九九〇年代中期才開始真正認識他，經常與他討論學問和思想。後來他成為比較文學系的系主任之後，他邀請我成為比較文學系的「附屬教授」（affiliated faculty）之一，相互的往來也就更加頻繁了。許多年前他曾是耶魯斯拉夫文系的博士生，於一九六八年獲博士學位，在母校耶魯教了幾年書之後，就轉到美國中西部去開拓他的新天地了——曾任教於德州大學（University of Texas）和印第安納大學（Indiana University）。總之，Michael 後來又回到耶魯工作，不但是耶魯大學的幸運，也是我個人的幸運。他是一個思想非常活躍的人，而且創造力很強，在他的努力之下，耶魯的比較文學系變得更加多元，更加「跨學科」。也就在他的幫助之下，我又以一種新的眼光重新閱讀有關俄國語言學和文學批評的書——包括著名語言學家 Roman Jakobson 的作品。同時，在 Michael 的啟發之下，我曾拜訪了他從前的博士論文指導教授艾里克（Victor Erlich）。

在美國的學術界裡，人人都知道耶魯的維克多．艾里克（Victor Erlich）是第一個把俄國形式主義介紹給英文讀者的人。他那本《俄國形式主義》（*Russian Formalism*）的書初版於一九五五年，後來屢次再版，一九九〇年代仍以十分入時的姿態站在許多書店的書架上。這本書不僅在美國成了文學批評的經典之作，而且早已聞名於世界各國，此書有德文、義大利文、西班牙文、中文、韓文、俄文等譯本。

與他的著作相同，艾里克本人也是經年不衰，我拜訪他那年，他已年過八十，但仍十分健康。自從他的愛妻去世後，他開始過著獨居生活，只是偶爾喜歡出去旅行散散心。其實一九八二年我剛到耶魯教書時，早已與艾里克相識，當時我的辦公室緊鄰斯拉夫文學系館，所以幾乎每天都可以看到他在校園裡進進出出，但自從一九八五年他退休以後，也就很少看見他了。[21]

在那以前，我只知道艾里克是研究俄國形式主義的專家，後來讀了他的另一本書《雙重意象：斯拉夫文學裡的詩人意識》（*The Double Image: Concepts of the Poetic Slavic Literatures*），才知道他在詩歌的研究方面也有很深的功力。書中所貫穿的一個主題很有趣，那是有關詩人如何塑造自我、闡釋自我的問題。這個問題運用到詩人普希金的身上，尤其發人深省，因為在普氏的作品中，我們可以不斷發現詩人各種不同的聲音。我特別喜歡艾里克的書名「雙重意象」，那是取自古代希臘人對詩人所持的二元論：人們一方面崇拜詩人，相信詩人的創作靈感得自神助，但另一方面卻對詩人充滿了懷疑和不信任，甚至存有

21. 艾里克已於二〇〇七年十一月去世，享年九十三歲。

敵意，如何在這樣矛盾的文化情境中保持自我意識，確是每個現代詩人不斷面對的問題。

一九九四年，我又讀了他由哈佛大學出版社出版的《現代主義與革命》（*Modernism and Revolution*）一書，深為拜服。在該書的首章，艾里克把俄國的現代主義追溯到普希金，他引用了一九二一年 Alexander Blok 在普氏逝世八十四週年紀念會上所發表的演說，並強調普希金對自由與和平的信念。在這本書中，艾里克以一種充滿詩意的筆法來寫文學批評，熔美學與人生的感受於一爐，這種寫法特別令我感動。

後來我到艾里克的 Hamden 家中去拜訪他時，他正好剛從莫斯科回來。他在莫斯科主要是參加「普希金二百週年誕辰記念會」。所以我迫不及待聽他地講他的莫斯科經驗。

他說：「沒想到過了四十多年後，俄國學者們還是對我的第一本書《俄國形式主義》最感興趣。這次會議中，大家都在談論我的那本舊書。我想這是完全可以理解的，因為以一九一五年莫斯科語言學小組和一九一六年彼得格勒詩歌語言研究會為首的俄國形式主義，確實是本世紀第一次最重要的文學研究思潮。那是有史以來人們開始如此有系統地把文學當成一種具有特殊性的文字藝術（verbal art）來研究的運動。在羅曼·雅各布森（Roman Jakobson）和維克多·施克洛夫斯基（Viktor Sklovskij）的領導下，俄國形式主義確實在二〇年代的俄國起了舉足輕重的作用，於是所謂的文學性（literariness）和陌生化（defamiliarization）一時成了文學批評裡的新概念。因為我的那本書是第一次全面地介紹這個文學潮流的著作，所以現在俄國學者們自然對我特別感到興趣。」

他微笑地望著我，接著又用他那頗為響亮的聲音繼續說下去：「但更重要的原因是，三〇年代以後，由於史達林政權的高壓控制，以「文學性」為主的形式主義頓然淪為禁忌，成了政府要打擊的目標，因而形式主義也漸漸地從俄國境內銷聲匿跡了。所以當世界各國正在研究俄國形式主義的這些年代裡，唯獨俄國本土被排除在外了，一直到最近才有人把我的那本《俄國形式主義》譯成俄文，終於在三年前順利出版了。這一次我在莫斯科，就有不少年輕的俄國學者告訴我，他們剛讀完我的書，正在努力研究俄國形式主義，突然間，我覺得自己好像回到了五〇年代的年輕的我，一時對我那本舊書又有了一種新穎的認識。我很喜歡這些年輕人，覺得自己和這些俄國的學者有一種感情上的連繫，我很自然地把他們當成我自己的同胞。雖然我三歲半就離開俄國到了波蘭，但我的母親終其一生都用俄語和我們交談，而且經常教給我們有關俄國文化的知識，因此在感情上，我總覺得自己是半個俄國人。」

那次與艾里克的訪談一直深深地印在我的腦海中，至今難忘。

在那次訪談之後，我發現當時耶魯斯拉夫文學系系主任 Vladimir Alexandrov（他教俄國現代小說）的辦公室正是從前艾里克退休以前的辦公室。不久我認識了 Vladimir，才知道在一九七〇年代我們同是普林斯頓的博士生，雖然我們當時互不相識。沒想到許多年之後，我們居然也同時在耶魯教書。有一次，我到他的辦公室去聊天，他告訴我一段有關他家的心酸史。

他說：「奇怪的是，我並不生在俄國，但比起美國的威廉斯堡，俄國的列寧格勒更讓我感到有吸引力。我想這是因為我的父母及祖父母都生在俄國的緣故。」原來他的祖父母和外祖父母都是蘇聯政府的異議分子，為了與政府積極對抗，他們不惜賠上自己的生命（他的外祖母是四人中的唯一倖存者，她被流放到西伯利亞二十年，一九六三年才終於到美國與他們團聚，於一九八〇年以九十三歲高齡逝世。）至於他的父母早就移到烏克蘭住，二次世界大戰期間，他們趁著德國打進烏克蘭的機會逃往德國。一九四七年，Vladimir 生於德國，不久就與父母移民美國。按理說，Vladimir 本人並非來自俄國，但他的家庭背景一直與俄國文化息息相關，他雖然長在美國，但自小在家中講的卻是俄語。

一九九一年，Vladimir 出版了一本名為 *Nabokov's Other World*（納博科夫的彼岸世界）的書，書剛一出版就得到文學界的一致好評。有一次他告訴我，他至少在兩個方面與納博科夫有共通之處：流亡者的心態及對自然界的嚮往。由於他特殊的家庭背景，Vladimir 很能了解納氏大半生的流亡生涯。對於納博科夫從俄國流亡到歐洲，由歐洲到美國，再由美國移居瑞士的坎坷過程，頗有一種感情上的認同，尤其是納氏描寫二次大戰的流亡小說最能在他的心中產生共鳴。另外，納博科夫對自然界的熱愛也深深感動了他，Vladimir 自幼喜歡大自然，父母又都是地質學家，所以在大學裡他原是攻讀地質學的，但後來因為覺悟到自己雖懂得自然卻不了解人，才毅然決定進研究所改讀比較文學的。也許是緣分，從一開始，他就喜歡上了納博科夫的自然觀。

記得一九九〇年代許多耶魯人都稱 Vladimir 為「納博科夫專家」。尤其是他編訂的那部《納博科夫大全》（由來自九個國家的四十二位知名學者合作撰成）出版後，他的學術聲譽更如旭日東升，不可一世。

必須一提，多年後（二〇一三年）Vladimir 出版一本題為 *The Black Russian*（《俄國黑人》）的傳記，一時轟動了美國出版界，頓時成為暢銷書。那是有關上一世紀美國黑奴 Frederick Bruce Thomas（1872-1928）從密西西比州逃離美國，前往歐洲，後來終於抵達俄國莫斯科，成為當地大富豪的真實故事。總之，那又是另一種驚人的流亡故事。

女詩人艾米莉的窗口

一九九七年三月間，任教於阿默斯特（Amherst）學院的藍樺教授邀請我去作一次演講，我就趁機請幾位耶魯同事一道開車上去。演講之前，我提出要參觀附近女詩人艾米莉·狄金森故居的要求。那時正逢故居尚未開放的季節，特蒙館長辛蒂·狄金森（Cindy Dickinson）破例為我們安排一次非正式的參觀。

從安默思學院的校園漫步過去，僅僅穿過兩條街就到了那座紅磚白頂的故居。從高大的樹叢間，我早已看見那座僻靜而孤立的美麗建築，它好像在持續的靜默中隱藏了許多年代久遠的秘密。但它所面對的緬恩（Main）大街卻又是一條汽車必經之道，很難想像那位以孤僻聞名的女詩人就住在此處。依照約定，我們一行人向故居的後門走去，早已看見館長準時在那兒等候。一陣寒暄之後，我就開門見山地問她是否是艾米莉一家人的後代，但她搖頭笑道：「不，我是湊巧也姓狄金森。艾米莉那一門的狄金森家族早已不存在了。現在所有姓狄金森的人都不可能是他們的後代。」

一進門我就發現整個房子顯得空蕩蕩的。館長一直解釋，因為還在準備展覽開放的階段，所以看不見許多擺設；而且那件有名的白色衣裳也不巧給當地的博物館借去了。心想：這樣也好，我寧願集中精神去體會這座故居的原始特質，好比在讀艾米莉的詩歌時，我總是特別欣賞那種樸實而精確的語言，有一種精確到令人震撼的感覺。這屋裡的樸素正給我一個探視女詩人心靈世界的「窗口」。

那天館長領我們匆匆走過客廳，很簡單地介紹了牆壁上的照片，包括女詩人生前拍過的唯一獨照。接著，我們就來到了廚房。最令我感到意外的是，艾米莉是個喜愛下廚、勤於家務的人。這與向來批評家所描述的那個走火入魔的女詩人形象大相逕庭。艾米莉的每日生活程序大約是：早起就忙家裡雜務，接著煮飯做麵包，澆水種花，照顧病床上的老母親，平時在忙家務時，如果詩的靈感突然來臨，她就隨便抓住身邊的一塊小紙頭（哪怕只是寄帳單的信封）火速地寫下一些詩句。等到晚間入睡前，她才有時間和精力把零散的詩稿整理出來。她日復一日，任勞任怨地努力，有如自己詩中所描寫的蜘蛛（spider）一般，每夜在清淨的臥室中織出一圈一圈的珍珠絨線。然而，對許多鎮裡的人來說，艾米莉只是一個有錢人家的女兒，以做菜餅有名。他們不知道她所織成的「珍珠絨線」乃是一連串的偉大詩篇。作為一個得不到出版界賞識的才女，她的內心是寂寞的。

寂寞的女詩人常以種花、看花為消遣。在廚房的東邊有一個花房，完全歸艾米莉本人管理：她喜歡各種各樣的花，紅花、白花、黃花，應有盡有。加上周圍種滿了綠木成蔭的櫻桃樹、蘋果樹等植物，整個後院成了一個十足的私人公園。不難想見，艾米莉在做完家務事之餘，一定可以從廚房的窗口看到美麗的花樹。她也曾在詩中說過，她經常將自己藏在花叢中，顯然她是把花視為知己了。如果說，門有關閉的功能（她最後十五年間足不出戶），窗子卻有開展的意義。門是實用的，窗子是審美的。通過窗子，女詩人可以盡情想像，可以毫無目標地欣賞那些含苞待放的花朵。她也會想到，在另一個屋裡、另一個窗口，或許也有人像她一般寂寞。艾米莉生前沒沒無聞，屢次投稿屢遭退稿，最多只用「不具名」的方式在雜誌上刊登了不到十首的小詩。出版的無奈迫使她躲在個人的寫作世界中，默默耕耘，靜靜寫作，長年把那縫成冊子的詩稿存放在抽屜中。如果不是她的妹妹維妮（Vinnie）在她死後偶然發現那些近千首的詩稿，我們今日也不可能看到艾米莉的詩集。誠然，與眾多的中國古代才女一般，艾米莉雖懷才而鮮為當世人所知，她只在她的「窗口」稍稍露了個頭。

館長似乎猜得出我心中的想法，突然說道：「從樓上的窗口看院子，可以看得更清楚。」於是，我們大家就一同走上樓梯。到了樓上，我的眼前一亮，顯然這就是當年艾米莉寫作的中心所在。向右轉就到了那間有名的臥室：米色的床單、白色的窗簾，配上床邊多彩多姿的乾花，一切都令人想起那位樸實的女詩人。館長開始解釋，牆上所掛的幾張相片都是艾米莉生前親自掛上的：有英國女作家喬治・愛略特（George Eliot）、伊莉莎白・白朗寧（Elizabeth Browning）等人的獨照。靠窗的小型寫字桌就是艾米莉晚間用來整理抄寫詩稿的桌子（那桌子只是翻版，原來的那個桌子已存博物館中）。

我慢慢走向書桌旁的那個窗子。往外一看，果然外頭的景象一覽無遺。我看見那條緬恩大街，來往車輛絡繹不絕。這才領會到這個窗戶的特殊功用：這個窗代表著艾米莉與外界的密切聯繫，透過它女詩人可以看見人間的熙熙攘攘。這種由裡向外觀看的角度不但能提供美感的情趣，而且可以促發個人對人間各種可能性的想像。我想起了艾米莉的一首詩：「I dwell in Possibility--/A fairer house than Prose--/More numerous of windows ......（「我住在可能之中，一個比文章更美好的屋子裡，還有更多的窗戶......」）[22]對艾米莉來說，那個擁有「更多的窗戶」的屋子就是詩歌的世界。

回到耶魯校園之後，有一天我在「女性與文學」那堂課中，特地引用宋代女詩人朱淑真（一一三五？—一一八〇？）的詩歌以為比較。在她的〈寓懷・二首其一〉一詩中，朱淑真曾經寫道：

孤窗鎮日無聊賴，

編輯詩詞改抹看

"Alone by the window, I pass a day of boredom and lethargy,
Editing my poems and songs, experimenting with words erased and changed."[23]

記得那個學期，班上就有一位學生寫了一篇期末論文，專門討論女詩人與「窗口」的關係。

造訪上海的施蟄存先生

且說，自從一九八〇年代以後，遠在上海的施蟄存先生一直是我研究女性文學的導師。後來一九九六年六月六日那天，我終於有機會到上海親自拜見了神交已久的施蟄存先生。當時他已是九十一歲的老人，第一次見面，他就責備我：「你怎麼到現在才來看我？你再晚一點來，就見不到我了。」

22. 此詩的題目是「I Dwell in Possibility」（〈我住在可能之中〉）。

23. 英譯取自 Sophie Volpp, "Zhu Shuzhen," *Women Writers of Traditional China: An Anthology of Poetry and Criticism*, edited by Kang-i Sun Chang and Haun Saussy (Stanford: Stanford University Press, 1999), p. 102.

話說，我與施先生的友誼始於一九八四年一次偶然的因緣。那年春季某天，我收到母校普林斯頓大學所轉一封來自中國的短函，拆開一看，原來是海內外著名的作家施蟄存教授所寄。該信的大意是：施先生正在辨他的《詞學》集刊，說是欣聞我剛出版了一本有關詞的英文專著，希望我能寄贈一冊給他。施先生一直是我非常崇拜的三十年代老作家，沒想到他會突然來信！那天我一時按捺不住興奮之情，就立刻用國際特快把書寄到上海給他。從此以後，兩人就在上海和紐黑文兩地之間展開了多年的通信。

一九八八年，施先生托茅于美教授（已於一九九八年去世）轉來他剛出版的《唐詩百話》。該書深入淺出，篇篇俱佳，其論點之深刻、文體之精練，都讓我佩服至極。我於是把它作為耶魯研究生課的教科書。後來我曾在臺灣的《聯合報副刊》（一九九二年十二月二十四日）發表了一篇〈語訛默固好——簡論施蟄存評唐詩〉的文章，專門討論施老在他的《唐詩百話》一書中，如何解讀韓愈的「落齒」一詩。從前我從未讀過韓愈的「落齒」詩，因為該詩（或許是題材太尋常了）從不被歷代選集選取，也幾乎沒被「齒及」，施蟄存算是第一位討論此時的學者專家，所以我特別將它介紹給讀者。

一九九一年施先生從上海寄來他的詩稿《浮生雜詠》八十首，尤其讓我感動。從那個詩集裡，我深深地體驗到：施老自幼的教育背景、長年以來所培養的閱讀習慣、以及個人的才華和修養，都很自然地形成他這樣一個人。首先，在「暮春三月江南意」那首詩（第二十三首）的自註中，我發現他的幼年教育始於古典詩歌的培養。那時他才剛上小學三、四年級，國文課本中有一課，其中有一段詩意濃厚的文字：「暮春三月。江南草長，雜花生樹，群鶯亂飛。」他的同班同學「皆驚異，以為無意義，蓋從來未見此種麗句也」。唯獨幼年的施先生已經得到啟發，自此以後他「始知造句之美」，後來讀杜詩「清詞麗句必為鄰」，更加相信「文章之內容當飾之以麗句」。後來上中學三、四年級，英文教育又成為他人生的一大關鍵；三年級上學期開始讀莎士比亞，三下讀霍桑的散文（第二十七首自註）。從此他開始廣泛地閱讀外國文學，學習翻譯，也讀《新青年》、《新潮》諸雜誌，並「習作小說、新詩」等。難怪他二十歲不到就開始投稿了。

此外，施先生的《浮生雜詠》之所以如此動人，乃是因為在那部詩集裡，我可以自由地發掘出許多我們這一輩人所不熟悉的「文化記憶」。該詩集記錄施先生從幼年時期一直到中日大戰前夕所經歷的一些個人經驗，而那一段早期的現代歷史也正是我最想知道的。所以當我讀到他所敘述有關與大學同舍生「一燈共讀對床眠」、與戴望舒等人在二十年代白色恐怖中害怕國民黨「奉旨拿人犬引狼」的往事，以及有關松江老家「蕪城門巷剩荒丘」的景象時，心中尤其感到震撼。當我讀到詩集中的第六十八首，有關一九三〇年代魯迅小題大作，給施蟄存莫須有地戴上了「洋場惡少」的帽子時，我不得不對當時施先生的處境喊冤，心想將來一定要設法為施先生平反。重要的是，施先生寄來的那本《浮生雜詠》校樣中有好幾處有他的親筆更正，所以特別珍貴，我因而小心珍藏之。

我很佩服施先生既有紮實的國學根底，也受到良好的英文訓練，所以我也按期郵寄美國的《紐約書評》、英國的《泰晤士文學副刊》以及一些外文書籍給他。我也特別欣賞施先生的文字，無論是他的詩作或是他的信件，都給我一種「如見其人」的印象。其中有幾封施老的來函令我終生難忘。記得一九九一年春天，他寄來了一封信，開頭寫道：「你的郵件，像一陣冰雹，降落在我的書桌上，使我應接不暇。朱古力一心、書三冊、複印件一份、筆三枝，具已收到。說一聲『謝謝』，就此了事，自覺表情太淡漠，但除此之外，我還能說什麼呢。」其形象之生動，文字表達之真率，令人百讀不厭。次年又接到他生病住院的消息，我表示很遺憾，由於公務在身及家累的緣故，無法親自到上海去看他，但立刻他來信安慰我：「……我不是病，而是老；病可醫，老則不可醫。今年八十八，尚能任文字工作，已可謂得天獨厚，不敢奢望了。我與足下通信多年，可謂神交莫逆……雖尚未有機會一晤，亦不拘行跡，足下亦不須介意，千萬不要為我而來……」

令我感到欣慰的是，一九九六年的那個六月天，我終於在上海拜見了施老。記得當天他本來必須到醫院去作全身檢查，但他堅持要見了我之後才放心進醫院。後來見面時，他居然滔滔不絕地講了四個鐘頭的話。就在那次的深談中，施老給我講了許多有關早年的經歷，也使我真正了解到，早在文革之前，施老就開始了「靠邊站」的生活：一九五七年他正式被貶為右派；一九六〇年以後被派在華東師範大學中文系資料室打雜。在那段將近二、三十年的漫長期間，政治形勢所造成的不利環境反而給了他安靜做學問的機會，所以他轉而致力於古典詩詞、金石碑帖等研究。但他卻被剝奪了任何著作的出版權利，所以在很長的一段期間，施先生一直扮演著被遺忘的角色。有趣的是，在大半生扮演了被遺忘的角色之後，年過八旬的施老卻成了一個「被發掘者」。突然間，他三十年代所寫的創作小說「卻和秦始皇的兵馬俑同時出土」，一夕之間頓成寶物。這個突來的榮譽使得施老感到驚奇，但也有些招架不住，因為對於名利，他「早就看淡了」。在一個頗為自嘲的「簡歷表」中，他曾經寫道：「四十年代：三個大學的教授。五十年代：從資產階級分子上升為右派分子。六十年代：摘帽右派兼牛鬼蛇神。七十年代：『五七』幹校學生，專業為退休教師。八十年代：病殘老人，出土文物。」

施先生告訴我：「活著就是勝利。」其實他不僅長壽又多產，而且目睹了整個二十世紀中國人所經歷的翻雲覆雨的變化。我以為他真正的秘訣是：不論遇到任何挫折和磨難，總是對生命擁有希望和熱情，只要人還活著，每天都要活得充實。我最佩服他的是，即使在被鬥的文革期間，他總是保持「唾面自乾」的態度。這種豁達的生活態度確實充滿了智慧。

那天與施老的會面和交談令人難忘。當晚施老還特別託他的女弟子陳文華（代表他）請我到一家高級的餐館用餐。我早已聽說陳文華是施老的得意門生，所以很高興能有機會認識一位難得的中國朋友。很巧，我們兩人居然都出生於一九四四年，而且是同行，也都研究古典詩詞，所以飯桌上談得很開心，可謂一拍即合。我與陳文華的友誼至今一直持續不斷。

那次拜訪施老之後，我去了一趟西安。七月初，在返回美國之前，我又去探望施先生一次。那次陳文華也在場。臨別之前，大家都有一種傷感，因為我們不知道何時能再見面。我只記得施老交給我一包雨花石，慢慢說道：「這是我八十年代初從南京帶回來的紀念品，現在送給你做禮物。」接著他又不忘叮嚀我，要我努力從事中文寫作。他說：「對你來說，成天活在英語的世界中，用英語寫作自然較為容易。但你一定要下定決心，最好把自己訓練成一個散文作家。通常人大多像一塊麵團，總是很被動地接受了社會環境的塑造。但我勸你無論如何要用自己的毅力來塑造你的生活環境。其實說穿了，每個人的人生都像一個大舞台，開始時你總是不太清楚自己所要扮演的是什麼角色。但後來隨著自己的努力，就會成為劇中的女主角、男主角、丑角等。我看你從此就扮演一個『文化使者』的角色吧。我勸你一方面能繼續用英文把中國文化介紹給西方讀者，一方面也能多用中文把西方文化介紹給中國的讀者……」他邊說邊微笑，依依不捨地把我送出了他家門口。

我一直忘不了施先生對我說的那段話。可以說，只要時間許可，我總會在生活的空隙中抓緊機會，努力學習用中文寫作。在構思和寫作的過程中，我經常會想起施先生來。他曾說，他的人生目標就是超越名利，並且「順天命，活下去，完成一個自己喜歡的角色」。

那段期間我正在研究明清婦女文學，有時在美國很難找到有關那一方面的中文典籍。所以，我經常在信中向施先生提出有關古籍和研究方法的問題，而他總是每問必答，為我指點迷津，而且還為我旁搜各種典籍和文獻。施老正好是明清文學和閨秀詩詞的專家，所以他陸續請友人（包括顧廷龍、李歐梵、Jerry D. Schmidt等人）先後轉來許多明清才女的作品，大多屬於稀有版本，有些是他個人的珍藏，有些是他託人在他處複印的。例如，他曾為我到處搜尋《柳如是詩集》（包括上卷《戊寅草》、下卷《湖上草》、和尺牘）、《名媛詩歸》、《眾香詞》等。他最感遺憾的是，他從前曾擁有一部明末女詩人王端淑所編的《名媛詩緯》（明刊本），是一九三三年買到的，但可惜在抗戰時因日軍轟炸而毀去——否則他也願意慷慨割愛。後來我從日本獲得《名媛詩緯》以及王端淑本人的詩集《吟紅集》影印本，施老非常高興，還請我影印三卷《吟紅集》給他。可以說，當時我之所以順利收集到許多有關明清女詩人的原始資料，大都得自於施老的幫助。

後來我有機會讀施先生的詩作〈讀翠樓吟草得十絕句殿以微忱二首贈陳小翠〉，更加能體會他對古今才女那種深入獨到的認識。在他自己的日記中，他也曾自豪道：「此十二詩甚自賞，謂不讓錢牧齋贈王玉映十絕句也。」「王玉映」即明末清初才女王端淑也。有趣的是，在該組〈贈陳小翠〉的詩中，施先生卻把現代才女陳小翠比成王端淑：

> 綠天深處藕花中，為著奇書稿作叢。
> 傳得古文非世用，何妨詩緯續吟紅。

當初讀到施老「何妨詩緯續吟紅」之詩句時，我感到特別興奮，因為那時我剛找到王端淑的《名媛詩緯》和她的《吟紅集》。

一九九一年底，施老送來一張新年賀卡，那原是他於一九八八年為紀念才女陳小翠逝世二十週年而製作的卡片。卡片上註明「北山樓印」，上印有小翠的「寒林圖」及題詩「落葉荒村急」等語。後經考證方知，原來少年時代的施先生曾與能書能畫的才女陳小翠有一段奇妙的因緣。一九二一年，周瘦鵑主編的通俗小說半月刊雜誌《半月》在上海出版創刊號。那年施先生才十七歲不到，就為該雜誌封面《仕女圖》作題詞十五闋；主編並請天虛我生的女兒陳翠娜（小翠）續作九闋。施先生後來自述：「其每期封面，皆為仕女畫，出謝之光筆。其時余年十七，初學為韻語，遂逐期以小詞題其畫，凡得十五闋，寄瘦鵑，未得報書。《半月》出版至第二卷第一期，忽刊登拙作，並倩天虛我生之女公子陳翠娜女士續作九闋，以足全年封面畫二十四幀之數。瘦鵑以二家詞合刊之，題云〈《半月》兒女詞〉。」（〈翠樓詩夢錄〉）當時有人想將兩人聯姻，施父亦頗為積極，但年輕的施蟄存卻「聞之大驚異，自愧寒素，何敢仰托高門，堅謝之，事遂罷」。

後來又過了四十多年（正是施先生的閑寂時期），由於一個偶然的機會，施先生聽說陳小翠已移居上海（從友人處得到陳小翠的住址），乃於一九六四年一月間前往上海新邨陳小翠的寓所拜訪之。當天小翠贈他新印的《翠樓吟草三編》，幾天後施蟄存即作詩〈讀翠樓吟草得十絕句殿以微忱二首贈陳小翠〉以為答復。此後兩人陸續有詩文往來。可惜不久文革開始，小翠受不了兇惡的批鬥，竟在一九六八年七月一日以煤氣自盡。後來施先生寫〈交蘆歸夢記〉（一九七六）、〈翠樓詩夢錄〉（一九八五）等短篇以紀其事。

陳小翠的故事令我心酸，經常使我想到古今許多才女的命運。另一方面，施先生對才女的看重與提拔，同樣令我我感動。一九六〇年代至一九八〇年代間施先生還先後與陳家慶、陳穉常、丁寧、周錬霞、張珍懷等人交往並搜集她們的作品。一九九六那年，我到上海拜訪施先生時，曾當面問過他：「您為何特別看重女詩人？」他說：「我看重女詩人，主要是在『發掘』她們，因為她們經常被埋沒。」

一九九九年十二月底，我與蘇源熙合編的 *Women Writers of Traditional China: An Anthology of Poetry of Criticism*（《中國歷代女作家選集：詩歌與評論》）終於由史丹佛大學出版社出版。該書長達八百九十一頁，分量極重，特別是施先生曾為該書的初步計畫提出寶貴的意見，所以我們首先就想要寄贈一本給施老。後來我於 Valentine's Day 那天用國際特快將書寄出，並附上一封短函：

蟄存教授：

在這個 Valentine's Day 寄給您這本詩集，特別有意義。此選集剛出版，在「序」中特別謝了您（見 p.vii），但還是語猶未盡，因為若非您的幫助，許多女詩人的作品很難找到。多年來您對我們（指六十三位漢學家）的幫助，豈是語言可以表達的？

書中的書法是張充和女士寫的。這也是值得紀念的！

孫康宜敬上
二〇〇〇、二、一四

二〇〇三年十一月十九日施先生以九十九歲高齡在上海去世，當天我托他的女弟子陳文華轉呈我對他的悼念：「施老千古，施老千古。言志抒情，終其一生。逝矣斯人，永懷高風。」

自從施老去世後，我經常翻閱他的著作，一直希望能多寫點有關他的舊體詩，這是因為施蟄存的詩作是他的作品中很重要的部分，可惜尚未受到應有的重視。二〇一三年，我終於完成並發表了兩篇長文，分別題為：〈施蟄存的詩體回憶：《浮生雜詠》八十首〉，和〈施蟄存的西行逃難詩〉。這兩篇文章各有中、英文版，是我平生花費比較多精力和時間的作品。

二〇一四年，我與施先生的另一位弟子沈建中（即《施蟄存先生編年事錄》的作者）合作，出版了《從北山樓到潛學齋》一書（由上海書店出版社出版）。此書由沈先生當編者，主要是將施蟄存（北山樓）與我（潛學齋）多年來的來往書信公諸於眾。（其實，早在二〇一〇年我已經把施老那批信札，連同我當時的八千五百多冊藏書一起捐贈給北大，由該校的國際漢學家研修基地永久收藏。所以，為了出版《從北山樓到潛學齋》一書，我們只好麻煩北大國際漢學家研修基地的同仁掃描那批信件，其中費時甚多，不勝感激。）此書問世後，十分受歡迎。後來又在臺灣又出版了繁體版（秀威，二〇二〇年）。

其實，當年施先生不只給我一人寫信。當年施老的海外筆友數量之多，實在驚人。以一個終日在書齋中努力治學寫作的老人，居然還能拿出精力和時間來應付那麼多信件的來往，實在令人不可思議。關於這一點，施先生的女弟子陳文華教授曾在她的〈百科全書式的文壇巨擘——追憶施蟄存先生〉一文中說道：

「施先生晚年足不出戶，但這並不妨礙他與世界各地學者的聯繫。對於來自港、澳、臺乃至世界各國的後輩學者，他照樣來者不拒，熱情指導和幫助。耄耋之年的先生，每天晚上必做的一件事就是給海內外求教者回信……」

二〇一七年七月，詩人茱萸（原名朱欽運先生）從蘇州來訪。因為他早已讀過《從北山樓到潛學齋》一書，深知我與施蟄存的多年交情，所以一見面就贈給我兩冊施老的藏書——即著名經學家兼史學家崔適（一八五二—一九二四）的《史記探源》全二冊。那是茱萸特地從華寶齋古籍書社買來的珍貴禮物。茱萸一向喜歡刊印線裝書，那天他也贈我一本他剛刊印的《千朵集：集李商隱句》，其中刊有我的耶魯同事康正果為該書所寫的兩首「題辭」。我忍不住向茱萸說道：「如果施老還在世，他一定也會欣賞你這部『集李商隱句』的現代線裝書，因為我知道施先生一直是個李商隱迷。」

母親如同一粒麥子

我的母親特別喜歡聽我講有關施老的故事。記得一九九六年十月初，當我那篇題為〈施蟄存對付災難的人生態度〉的文章剛發表在《明報月刊》時，母親還從加州灣區打電話來，說她很高興在書店裡看到了那篇文章。

當初一九九六年七月底，我的父母之所以搬去加州灣區居住，主要是為了好好地享受一下晚年，因為我母親一直以為加州灣區是她夢想中的人間樂園。而且大弟康成一家就住在灣區的 Milpitas 和 Fremont 附近，所以非常理想。可以說一九九六年的後半年是我父母生平感到最放鬆、最悠閒的一段期間，他們幾乎玩遍了加州附近的所有旅遊景點。

沒想到好景不常。一九九七年元月底我母親突然病得厲害，屢次被送到 Fremont 城的華盛頓醫院。從一開始，醫生對母親的病，就表示束手無策——如果藥用得重，腎可能會好，但會使得白血球下降，十分危險。而且她一直在服用的藥已經是最好的藥了，如果臨時換藥則效果會大大減少。

不久醫生就為母親裝了固定的洗腎管。在母親住院的期間，大弟康成每晚下了班都到醫院裡服侍母親，經常深夜才回家，他的妻子麗娜則每日白天都不停地在醫院中陪伴母親。他們夫妻的付出令我和遠在北京出差的小弟觀圻感到十分虧欠。在那段期間，家父更是愛莫能助，只能淚向內流，每日不斷地禱告上帝。後來母親短期出院，曾回家療養一陣子，只是每週由麗娜定時帶她到到醫院洗腎。

但八月二十三日那天，母親情況卻更嚴重，又進了醫院。一早父親去醫院，見母親「遍體鱗傷，昏昏欲睡，手腳臉上都發腫，心中不忍」。[24]等母親清醒了，父親趕快乘機問她：「醫生說打算給你作手術，把直腸割掉，妳要不要？」母親立刻堅決地說：「不要。」於是父親就吩咐我們姊弟三人，說我們將尊重母親本人的意願，拒絕動手術，請醫生不再拖延她受苦的時間。

就在那一天，我急忙飛往加州，連續在醫院裡陪了母親十天。在那十天裡，我親自見證了一個基督徒如何面對死亡的經驗。母親一見我走入她的病房，就微笑地說：「啊，小紅，我感覺到自己已經在天空飛翔了三個星期了。天上的彩雲真美，一切都令我感到很輕鬆。上帝快要給我冠冕了。」說完那話，母親就握住我的手不放。（當時我立刻聯想到聖經《啟示錄》裡的那一句話：「你務要至死忠心，我就賜給你那生命的冠冕。」二：一〇）。[25]那時醫生已開始為母親定時注射止痛劑，但我知道她身上一定還是很疼。但奇

---

24. 見父親一九九七年八月二十三日日記，今已收入耶魯大學神學院圖書館 Paul Yu-kuang Sun Family Collection 特藏。

25. 有關這段經文，我最喜歡的英譯出自 The Living Bible: “Remain faithful even when facing death and I will give you the crown of life.” See “The Revelation,” 2:10, from *The Living Bible* (Carol Stream, Illinois: Tyndale House Publishers, Inc., 1971).

怪的是，她從來不埋怨，也從不顯出憂傷的樣子。母親唯一放心不下的是，生怕兒女會因為她的病情惡化而操心。每次聽說我和小弟觀圻又要乘飛機來看她了，母親就表現出十分不安的樣子，因為她恐怕我們會因此耽誤了各自的工作。

在醫院的病房中，我經常回憶從前一九五〇年代母親曾經獨自一人、不顧一切地養活我們姊弟三人的那段艱苦而漫長的日子。我記得當年母親每天晚上都迫不及待地撕下當天的日曆，因為每撕下一張日曆，離父親出獄的日子就近了一天。這使我聯想到，我在耶魯每年教「女性與文學」（Women and Literature）那堂課，都會讓學生們閱讀清代女詩人席佩蘭（一七六二—一八二〇？）的一首題為〈寄衣曲〉的詩，那首詩僅只短短四句，但卻深刻地捕捉了一個寂寞婦人的複雜心境：「欲制寒衣下剪難／幾回冰淚灑霜紈／去肘寬窄難憑準／夢裡尋君作樣看。」[26]而我每次在課堂上朗讀那首詩，都會想起當年在父親入獄十年的白色恐怖期間，母親為父親製作衣裳時的情景，那是一種「作衣時難別亦難」的心境。

但每次我向母親提起過去，她總是微笑地說：「能活著就是個奇跡了。」原來她是把每天都當作奇跡來活的，她的一生全是憑她對基督的信心所經歷的奇跡。

記得我是九月二日那天傍晚和病床上的母親說「再見」的，因為當時耶魯已經開學，我必須於次日趕回康州。臨走前，母親還特別告訴我，說她已經提醒父親，囑咐他在她離世之後，一定要繼續為上帝作工，並記得把他所有的福音講稿整理出來。

幾天之後，母親開始處於昏迷狀況。九月十日下午五時（加州時間）我接到大弟康成的電話，說母親才剛剛去世，很是安詳。接了電話，我忍不住悄然淚下。但心想，以母親從前在白色恐怖期間受難時一直在死亡邊緣掙扎的那種身體情況，最後居然還能活到七十五歲的高齡，已經算是個奇跡了。當天夜裡我與欽次，以及女兒 Edie 急忙飛往加州。九月十三日在家人「惜別禮拜」中，許多遠近的親戚（包括欽次的母親、欽次的小弟張道惠和小妹張媖鶯等）都來了，[27] 一同瞻仰棺木中母親的遺容。最令人難忘的是，那天才是母親過世後第三天，但父親卻親自上台證道。父親除了陳述母親如何在我們一家人受難的年代「含辛茹苦，獻出了自己的生命」之外，還特別引用了《詩篇》一百一十六章第十五節的經文：「在主眼中看聖民之死，極其寶貴。」（「Precious in the sight of the Lord is the death of his saints.」）

九月十七日那天（當時我和欽次已經又回到康州），父親同大弟康成夫婦一起赴火葬

---

26. 見此詩英譯「A Song of Sending Clothes」：
I want to sew a winter gown for you, but cannot cut the cloth,
And again and again my frozen tears sprinkle the frost-like silk.
I can no longer assume you are the same size as when you left:
In my dreams I look for you so I can take your measurements?
取自：Wilt Idema and Beata Grant, *The Red Brush: Writing Women of Imperial China* (Cambridge, M.A.: Harvard University Asia Center, 2004), p. 596.

27. 欽次的父親已於一九九四年去世。

場，舉行火葬禮。次日他們又一道去取母親的骨灰盒。

九月二十六日，母親的骨灰安葬於史丹佛大學附近的 Alta Mesa Memorial Park 墓園，當天我與欽次以及其他家人也同時在場，由張德立牧師主禮。次日，我們在 Fremont 的基督之家（Home of Christ）為母親舉行追思會。記得追思會的節目單上，除了附有聖詩的歌詞之外，還包括大弟康成的「中秋憶母斷腸時」以及小弟觀圻的「我的母親陳玉真」等追悼文字。當天會眾所唱的歌曲之一就是父親為母親所作的「離世歸家歌」，另外欽次也負責鋼琴獨奏，所彈的曲子是 Robert Schumann（一八一〇—一八五六）的「First Lost」（「第一次的失落」）。我和姑姑孫毓賢，以及好友陳麗秋也都上台致辭，表達對母親的思念。最後父親還特別向所有會眾發出感謝的話。

在那以後一個多月，我又飛到加州去探望父親。在我返回東岸的前夕，父親問我想不想帶回幾件母親的衣服做紀念。我一邊整理母親的衣物，一邊不停地拭淚。在她生前，母親一直是個傑出的服裝設計師，她所教過的學生豈止上百，但她總是親手為我們縫製衣服，對我來說，母親的愛都「縫」進了她的一針一線中；她每件衣服的背後總深藏著一段動人故事。現在面對她遺留下來的衣服，我不忍心把它們送給別人。我說：「爸，這些衣服都給了我吧……」

很巧的是，回到紐黑文之後，我的那門「研究生課」（Graduate Seminar）正好上到「中唐詩」那一部分。那天我們讀到元稹的一首〈遣悲懷〉的詩：「昔日戲言身後事，今朝都到眼前來。衣裳已施行看盡，針線猶存未忍開……」那首詩描寫詩人喪妻後的悼亡之痛。大意是說：「從前我們曾經開玩笑講些死後要如何如何的事，而今天一切都在眼前應驗了。你的衣服我拿去送給人家，幾乎快要分完了。只是你生前所做的針線活兒仍好好地收存著，不忍打開……」

奇妙的是，去年我與系裡同事共同設計今年的課程時，當然無法預料到母親將於今秋逝世，但我們卻不約而同地選了元稹這首〈遣悲懷〉的詩，而且正巧安排在此時（母親過世後七個星期）討論愛與死亡的主題，這一切都令人感到不可思議。

下課後，我立刻打電話給遠在西岸的父親。我想像父親在孤獨中也在吟誦這首詩：「昔日戲言身後事，今朝都到眼前來……」

幾個月之後，我突然又有一股衝動，就臨時買下機票，坐上了開往加州的飛機。我想去母親墳前掃墓，希望再一次把思念之情獻給她。

一下飛機就看見大弟康成手上捧著兩束花。顯然他早已讀出了我的心願，他知道我想立刻就到墳地去，所以事先就買好了獻給母親的花。康成是個內向而含蓄的人，見了我只微微一笑，然後輕聲地說道：「我特別選這些白色百合花，我想媽媽會喜歡，還有這許多襯托的綠葉子，你看怎樣？」

當初父親和我和兩位弟弟之所以看上這個 Alta Mesa 墓園，主要因為園內有許多廣闊的草地，在那極其靜謐的世界中，一切都散發著草的青色氣息。而且與新英格蘭不同，加州的氣候一年到頭都像是春天，所以那草地總是綠油油的。記得我們第一次走進這個墓園，正是夕陽西下的時刻，園內清靜無聲，只見一片片草地散落在一排排墳墓的周圍。

那天我和康成又在黃昏的時刻來到了這個美麗乾淨的墓園。我先把花插在墓碑兩旁的特製花盆裡，接著就坐在不遠的石凳上，開始欣賞起周圍的風景來。我發現黃昏的墓地上仍充滿著淡淡的草葉的氣息。整個墓園十分清靜，沒有別人，只有我們姊弟兩人。於是我靜靜地閉上眼睛，彷彿試著捕捉母親所代表的那個神聖而美麗的精神世界。突然間，不知從何處傳來一聲聲剪刀的裁剪聲，那麼遙遠又那麼逼近……

我張開眼來，發現大弟蹲在墳前，手上拿著一把剪刀，正在專心地修剪草地。那修剪的聲音聽來十分輕微，卻又頗為動聽。我走過去，低聲問道：「這兒有人鋤草，怎麼你還要帶剪刀來剪草？」大弟喃喃地，半閉著眼睛說：「他們鋤得不乾淨，所以我每回都重新修剪一番。」說完又繼續剪草，每一根小草都不放過，就像當年母親在榻榻米上教人作裁縫一樣，要先把每塊布料剪得精確而乾淨。

一年多之後（一九九八年十二月），父親終於出版了《一粒麥子》一書，書中包括一連串的靈修文字，主要為了幫助年輕人解決信仰上的問題。但那書其實是為了紀念母親去世一週年而寫的。在父親給我的贈書扉頁上，他以顫抖的手寫下了這樣一段話：「經過百般曲折，印刷又再四拖延，冒著隨時心臟停擺、雙目失明之險，這本小冊子終得出版，獻給在天家的媽媽。」

那次我居然有幸能為父親撰寫那本書的「序文」。尤其令我感動的是，那書之所以取名為「一粒麥子」乃是因為父親將母親比成一粒麥子：「她如同一粒麥子，落在地裡死了，就結出許多子粒來——激勵很多人的信心。」（摘自一九九七年九月二十四日父親日記）

耶魯的若無街墓園

母親去世後不久，我們開始計畫在耶魯校園旁邊的若無街墓園（Grove Street Cemetery）買一塊墓地，不但為了預備我們自己將來的葬身之地，而且有時我們也可以到墓地來思念母親。（雖然母親的骨灰是葬在加州的 Alta Mesa Memorial Park。）此外，這些年來，我們也一直想要為多年前夭折的嬰兒 David（岱暐）安置一個紀念碑（marker），也可以藉此機會完成一份心願。後來通過墓園主管 William M. Cameron 夫婦的大力幫忙，我們終於買到了一塊很理想的墓地，墓址是 48 Cedar Ave.（即雪松路四十八號），附近有韋伯思特（Noah Webster）和韋勒克（René Wellek）等人的墓地。

很巧的是，母親去世那年（一九九七）正好是若無街墓園成立的兩百週年。該墓園正式成立於一七九七年，墓地的創始人則是當地著名的參議員詹姆士・希爾豪士（James Hillhouse）先生。原來當初若無街墓園的淵源始於一個偶然的災禍。一七九四—一七九五年間新英格蘭區黃熱病（yellow fever）一時猖獗，僅僅數月間紐黑文市民死亡無數。於是，一向作為市民葬身之處的「紐黑文綠地」（New Haven Green）爆滿，人們只得另尋墓地。

此時，Hillhouse 先生立即發起另建墓園的計畫。同時，他也趁此機會發揮自己的審美觀，把墓園建成一個個「家族公園」的模樣。據考證，那是美國第一個建有如同住宅區一般格局的墓園，它也是最早的「集體」家族墓地——在此之前，美國人傾向於各人葬或各家自理，頗無規則可尋。據說 Hillhouse 先生一向以熱愛榆樹而聞名；紐黑文城之所以到處種有榆樹，當初完全出自他的構想，故至今該城常被稱為「榆城」（Elm City）。所以在設計若無街墓園的事上，他花了不少心力，而其中最重要的一點是：樹木花草要繁盛多彩，四季均宜。他的想法很快地得到當地有錢人士的贊助。不久大家就合力買地建墓，於一七九六年修建完成，一七九七年正式對外開放。後來 Hillhouse 本人和其後代也葬於若無街墓園。

嚴格地說，若無街墓園並不屬於耶魯，但它正與耶魯校園為鄰，所以很自然地被視為校園的一部分。多年來，選擇葬於此處的人大都是文化界及政界的人士。此外，不少耶魯校長和一些教授也葬在此處。另外還有許多主張解放黑奴的民主人士，和不少無家可歸的外國人也在此地安息。

自從我們買下那塊墓地之後，我經常帶友人參觀若無街墓園。記得有一次（二〇〇一年），瑞典的馬悅然教授來耶魯演講，我曾帶他參觀了墓園。那天他也特別到去看了我們將來的墓地，當他發現以編纂字典著名的 Webster 和其家族的墓地也在同一條「雪松路」（Cedar Ave.）時，他打趣地說道：「啊哈，太好了，妳居然有這麼好的鄰居，妳將來離開這個世界時，就可以不必帶字典去了。」記得那次我也順便帶馬悅然教授到 Temple 街去參觀 Webster 故居的牌匾。

二〇〇四年，德國的顧彬教授趁著到耶魯演講的機會，也來參觀了若無街墓園，他尤其對我們嬰兒 David 的紀念碑及其背後的故事深受感動。於是當天晚上他就在耶魯校園裡寫了一首題為「Yale」的德文詩，該詩的開頭就是有關他參觀我們的墓地之後的感觸。當時我請耶魯博士生 Frederik Green 把該詩譯成英文，這是開頭的兩段：

Someone decides upon a grave
before it is time
amidst Webster and Wellek.
no dictionary, no literary theory,
sharing only the ashes with others
in a strange urn.

Someone remembers her child
Those 40 days in the hospital,
The first and only,
Or a late death, the emblem,

Scratched into a slab with heavy blades,
So that earth may have a hold above.

有人決定他的墓地
早於時辰之前
在韋伯思特與韋勒克之間
沒有辭典沒有文學理論
和別人僅僅分享灰燼
在陌生的骨灰甕

有人紀念他的孩子
那醫院裡的四十天
那最初和唯一的
或是某個遲延的死亡那象徵
以沈重的刀刻鑿一塊板
好讓大地能握著天空。[28]

後來二〇〇六年，詩人 Andrew Parkin 來耶魯演講。在參觀若無街墓園之後，也寫了一首詩贈給我和欽次，題為「A Grove Street Elegy」，主要也在紀念我們那個早逝的嬰兒：

...Gaze at this other grave:
Child, slipped from this life's grip
After just one month on earth.
The short span of a leaf's turning,
Falling in October,
You rest in a place
Where, bringing flowers, she recalls
The helplessness back then.
They, not you, little one,
Heard the Yellow Bamboo song.
Child, never given a chance
To become one of the great,

---

28. 詩人顧彬與張依蘋譯自《影舞者》（波恩：Weidle 出版社，二〇〇四），頁四七。

Near the heartless cedar,
You await your parents
Among venerable names.
And yet—yes—you belong!

……望著眼前的孤墳：
孩子，降生人世才一月
就撒手夭折了。
倏忽一葉飄零，
隕落於十月，
在你的長眠之處，
她帶來鮮花，
想起當初的萬般無奈。
是他們聽到了黃竹歌，
孩子，你並沒聽到。
你永無機會
卓有成就，

在無情的雪松旁
你等候你的父母
伴隨眾多可敬的亡靈
就在這屬於你的地方！[29]

尋找廢墟

自從母親過世後，我開始有了遊歷廢墟的慾望，好像企圖藉著歷史的遺跡來找尋生命中多樣的神秘性。有一次我又飛到加州去探望父親和大弟康成一家人。康成建議我們一起到附近的天使島（Angel Island）走走，因為那兒有早期華人的遺跡，或許我會喜歡。

記得那次我們向著陽光，乘船到了天使島。到了島上我才發現，最感人的廢墟其實不是具體的斷壁殘垣，而是殘餘的文字痕跡。我在島上一個叫做「移民站」（Immigration Station）的四周牆壁上看見了無數中國詩的遺跡。由於年代久遠，牆壁早已呈現出或深或淺的陳舊顏色，但許多牆上的詩卻仍隱約可見。看見牆面上不規則地顯露出一行一行的中文字跡，令人如置身一個剛出土的「碑林」，只是不見有任何作者的簽名。壁上總共有八、九十首詩，雖然都是打油詩一類的作品，但它們卻代表著早期華人的辛酸史，是一群無名

29. 黃竹歌是中國古代周穆王唱給西王母的別離歌。

的移民在最痛苦的時刻，用文字來發泄內心苦悶的見證。直至今日，對許多華人來說，天使島仍是個充滿了傷痛的歷史印記——即使舊金山海灣的浪濤長久不斷地沖洗下去，也沖洗不掉那個歷史的印記。

事情發生在一九一〇至一九四二年極其漫長的三十多年間，當時由於美國移民政策的關係，華人不准隨便移民美國。於是，在那段期間，所有剛入境美國的華人（三十年間總共約有十七萬五千名華人入境）全都要先被關在舊金山對岸的天使島上，一律被當成犯人來看守著。有些人幾個月之後即被釋放，有些人被遣回中國，但有人卻積年累月不得自由。無論如何，這些人所受到的種族歧視及汙辱都是苦不堪言的。我們可以理解，當這些被拘留的華人徘徊於孤獨無援的境況中時，他們只能借助詩歌文字的媒介來宣洩沉埋心底的心聲。那是一些無名的心聲，一種發自心靈深處的絕對孤獨的聲音。對我來說，天使島彷彿是一種心靈的「廢墟」。

大弟康成告訴我，天使島上許多無名氏的「殘跡」令他想起了附近有名的「十七里路」（17 Mile Drive）海岸上一個名叫「周氏景點」（Point Joe）的地方。據傳說，周氏（不知Joe的中文名字為何，現姑且譯為「周氏」）乃為一位早期移民至美的華人。一九〇〇年初他曾在太平洋岸邊用水上飄來的浮木搭起了一座極其簡陋的木屋，以賣紀念品和牧羊為生。他死後，人們為了紀念他，就在他的木屋遺址上立了一個「Point Joe」的牌子。目前如今那兒已不見有木屋的影子，只有一片空地，和那個富有紀念性的牌子。

後來有一天，大弟循著「十七里路」迷人的海岸開車過去，我們很快就到了Point Joe。那正是清晨的時刻，我扶著面向大海的欄杆，注視著太平洋海浪一波波地忽起忽落，心中頗有一種茫然而又超然的感覺。後來走到附近的海灘上，我們突然發現一塊很大的浮木，那浮木正孤寂地躺在沙灘上。其粗糙卻整齊的形狀使人不得不停下腳步來注視它。我發現那浮木有被打磨過的痕跡，像是被用作建築材料的。正在細觀默察之間，突然聽見大弟高聲地叫了起來：「啊，說不定這塊浮木就是一百年前Joe的木屋的一部分啊！」我舉起頭來，心中充滿了莫名的興奮，我說：「這浮木倒像個碑，讓我們把它立起來，就在這裡立個碑吧。」

那是二〇〇〇年八月十九日早上，天剛亮不久，月亮仍高掛雲中。我拿出筆來，毫不猶豫地在碑上刻下了「十七里路雲和月」幾個字。我在那浮木上一筆筆把自己所題的字再次描深，彷彿刻進了早期華人的靈魂。我一直在想：那塊從海裡飄來的浮木正象徵著華人長期以來的漫遊與飄浮，它代表了一個無名的文化廢墟。

迎接新的挑戰

一連串學術會議的召喚

從一九九〇年代後期開始，我就被一連串的學術會議邀請書包圍著。與許多同行的學者們一樣，參加學術會議成了我必要的「專業教育」之一。這是因為，通常是通過學術會議，我們才最能有效地得知學術界的新方向。所以數十年來，我所參加過的學術會議實在太多了，可謂數不勝數。那些會議都給我留下深刻的印象，今日回憶起來，仍然歷歷如繪。例如，僅只「千禧年」那一年，我就到外地參加了兩個特別有趣的學術會議。

首先，二〇〇〇年元旦剛過不久，我就收到瑞典斯德哥爾摩大學（Stockholm University）羅多弼（Torbjörn Lodén）教授的邀請，說他們將於五月初開個千禧年的「文化詮釋」國際會議，並說那個會議將在 Lidingö 島上一座著名的別墅（名為 Högberga Gård）中舉行，他希望我一定要參加這個「面臨海洋」的迷人會議，千萬不要推辭。於是我排除萬難，忙裡偷閒，於大會開始的前一天（五月四日）我飛抵斯德哥爾摩。羅多弼當天還派他的得意門生 Lena Rydholm（也就是從前一九九八年我到瑞典為她主考論文答辯的博士生）到機場來接我。那天 Lena 帶我參觀十八世紀瑞典女王 Lovisa Ulrika 的別墅以及附近的皇家避暑皇宮。記得瑞典女王 Lovisa Ulrika 的別墅特別令我印象深刻。原來那個別墅是公元一七五三年瑞典國王 Adolf Fredrik 贈給他夫人（即女王）的生日禮物。當時由於東印度公司的影響，瑞典人開始對中國藝術的仿製品（即所謂的 chinoiseries）產生了強烈的興趣，所以該別墅擺滿了中國藝術仿製品，故名為 Chinese Pavilion（中國別墅）。據說在當天的生日典禮中，年僅七歲的小王子 Gustav 還穿上了中國衣服，儼然像個中國皇儲。

二〇〇〇年五月五日，當我抵達大會會場時，果然發現那個「面臨海洋」的別墅迷人極了，簡直像個仙境。大會一共邀請了四十多位學者，但為了促進深刻而豐富的討論，大會只安排了十四個與會者發表論文，其餘皆為評論者、發問者或是幾場討論會的主持人。會議前後共四天，只專心討論十四篇論文，故其討論的深度與持續性十分特別。在這一方面，我特別感受到瑞典人的嚴謹和徹頭徹尾的性格。

說到「嚴謹」的氣質，我自然聯想到年過古稀的馬悅然教授。那天馬教授正好是大會開幕致辭的其中一人，他以謙和、嚴謹的聲音向大家分享他自己數十年來研究中國文化的心得。而大會的主人羅多弼（從前是馬悅然的學生）也是不卑不亢，他以一種嚴謹而溫和的態度主持第一場有關「全球化」（globalization）的討論。全球化的問題本來就是一個充滿矛盾而容易變成的兩極化的問題，但羅多弼的持平之論引來了許多掌聲，因而也成了幾天大會研討方向的指標。

大會中的另一高潮就是「東西方的宗教與烏托邦思想」的那場討論。首先，香港漢語基督教文化研究所的劉小楓提出千禧年與烏托邦的根本意義上的不同。他說，「千禧年」是指向一種緊急狀態，一種災異，一種表現上帝憤怒的神性時間，其目的乃為了發揚上帝的公義及其終極的審判。據《聖經．啟示錄》所示，「千禧年」代表著善與惡的決然斷裂。然而，「烏托邦」卻無任何斷裂的危機，它總是指向一種永福的時間。劉小楓認為，中國古代早已有烏托邦的思想，但卻無「千禧年」的「斷裂」意識，最多只是上天對現時政權提出警告，但與「千禧年」所表現的終極觀念不同。這是因為「千禧年」的思想實來自西方的歷史哲學，是上帝表現自己神性的體現：根據這種「千年」王國論，最後這個世界是要由聖父、聖子和聖靈來統治的。因此，劉小楓的結論是，在這個複雜的全球化的時代，我們最需要祈求聖靈來拯救世界。另一方面，以研究清史著名的復旦大學教授朱維錚則談論有關康有為的大同思想。他說明，過去研究康有為《大同書》的人（包括康有為的弟子梁啟超和當代著名史學家蕭公權），都把「大同」說得極其含混，其實康有為的「大同」思想只意味著一種秩序，並非無條件的和平，它原則上指向一種全球性的公共政府，很像目前我們的聯合國，所以通常人把「大同」一詞譯為「great harmony」並不合適。此外，康有為的「大同」思想基本上是西化的（例如，他的《實理公法全書》完全以西方的幾何學為基礎。蓋康氏的大同觀其實是一種「權力哲學」（Power Philosophy），根據這種想法，烏托邦與政治永遠是結合的。有關康有為的「大同」思想，當時也引起了我的一個聯想：康有為晚年曾到過斯德哥爾摩遊歷（約一九二〇年左右），八十年後我們正在該城討論他的大同思想，也是一個有趣的巧合。

我的「性別與文化」那場討論被安排在大會的最後一天。首先，我介紹了西方性別理論在中國古代文學研究中的探索與突破，在報告的過程中，我強調美國漢學界在有關性別的「聲音」（voice）、「欲望」（desire）和「身體」（body）三方面的輝煌研究成果。我說明「性別研究」（gender studies）顧名思義乃是有關兩性的研究，並非只涉及女性。另一位主講人是香港中文大學的 Eva Hung 教授，她在一篇極為深入的文章裡討論到婦女纏足的問題。一般人研究這個題目，總是強調纏足的弊害及其改革的必要——例如，才女兼女英傑秋瑾就曾在她的〈滿江紅〉一詞裡寫道：「算弓鞋三寸太無為，宜改革。」然而，Eva Hung（孔慧怡）卻注意到民國初年，一些已經纏足了的婦女「被迫」還原到天足的苦楚，在這一段過渡的期間，這些婦女不但受到人們普遍的歧視，也受到肉體的折磨——蓋纏足一旦從足布中釋放出來則痛苦萬分，寸步難行。Eva Hung 的觀點十分新穎，因而也引起了很大的反響。比起其他幾場討論，我們的這一場特別引來了最多聽眾的踴躍發問，這或許與當時性別研究的新鮮有關。除了香港中文大學的吳兆朋教授、柏林大學的羅梅君（Mechthild Leutner）教授、斯德哥爾摩大學的 Martin Svensson 和 Lena Rydholm 博士等人提出發人深省的問題以外，還有成中英、沈清松、陳邁平、畢來德和來自臺灣淡江大學中文系的卓福安（Toh Hock An）等人也分別在會上發表了許多關於性別的寶貴意見。

在瑞典討論性別問題真是再合適不過了，因為瑞典是個特別尊重女性的國家，例如，瑞典皇家的避暑皇宮被稱為 Drottningholm 宮，而其中「Drottning」一詞就是「女王」或「皇后」的意思。此外，作為一個耶魯人，我特別感到高興的是：未來的瑞典女王 Victoria 當時正在是耶魯讀書。Victoria 是瑞典國王 Carl XVI Gustaf 的長女，底下有一弟一妹，瑞典人根據男女平等的原則，決定將來讓她繼承王位。當時 Victoria 在耶魯上二年級，平日總是保持民主的態度，一切行動與其他同學無異。據我考察，自十六世紀中葉以來，瑞典已有過兩位執政女王：即十七世紀的 Christina 女王和十八世紀的 Ulrika Eleonora the Younger 女王。

在返美的前一天，我特地去參觀了當時正在皇宮博物館推出的「女王與皇后的展覽」。同時我也利用機會，再一次乘著汽輪沿海而遊。當船隻駛過 Lidingö 海岸時，我突然看見了聳立在高處的大會會場，即那座世外桃源式的別墅 Högberga Gård。於是一種微妙的意境湧上了我的心頭：我想那個美麗的別墅似乎離我很近，但又十分遙遠。真的，藉著這一次國際會議，我好像已瞥見了那個久藏心底的若即若離的烏托邦。

且說，幾個月之後，在美國總統大選之前的最後一個週末，我一大早就提著行李從康州出發到紐約機場，目的地是離伊利諾州的 Champaign 城不遠的一個名叫 Allerton Park 的別墅，在那兒我們將準備召開為期三天（十一月，二日至四日）的六朝美學大會。此次大會一共請了十三位研究漢學的學者，這些人大多來自美國大陸，有幾位來自歐洲，還有一位來自臺灣。抵達 Champaign 機場之後，我發現大會的主持人蔡宗齊教授（伊利諾大學教授）早已開來了一輛大車，等著把我們先抵達的幾位學者先載到會場去。

那是我第二次被邀請到 Allerton Park 開會，第一次是參加一九九七年春季召開的《文心雕龍》大會。所以我早就知道 Allerton Park 的別墅是個世外桃源式的別墅。與瑞典會議「面向海洋」的別墅不同，Allerton Park 的別墅處於偏僻山林中，是一個外人不容易找到的別墅，很容易令人聯想到六朝詩人陶淵明名著〈桃花源記〉裡所描寫的世外桃源。

二〇〇〇年十一月二日那天，當地的斜陽特別美。我們又駛進了 Allerton Park 的大門。過了大門，又穿過一座小小的石橋，小橋兩岸充滿了美麗的楓樹林，只見金黃色的樹葉在黃昏的時刻隱隱約約地閃爍著。「啊……」，這時來自賓州大學的梅維恒（Victor H. Mair）教授突然大聲叫了起來：「這不就是陶淵明的〈桃花源記〉裡所說的桃花林嗎？……真是夾岸數百步，中無雜樹，芳草鮮美，落英繽紛……啊。」一時說得讓我心有戚戚焉，因為那次我要發表的論文正好是有關陶淵明作品的經典化和讀者反應。

有了梅維恒這樣富有詩意的「開場白」，也難怪那次的會議一直讓人恍然進入了桃花源之境，一切討論均給人一種曠達逍遙之感。首先，大會是以「跨學科」的討論方式進行的。記得會議中那場有關書畫和庭園的藝術觀最為精彩。特別是，密西根大學的林順夫教授那篇〈無何有之鄉〉的論文（有關烏托邦和庭園的藝術）引起了熱烈的討論，後來大家就不約而同地把 Allerton Park 喊成了「無何有之鄉」。這是因為在他文章的開頭，林順夫引用了莊子〈逍遙遊〉中有關一棵生長在路旁而被人視為毫無用處的大樹。但對莊子來說，那棵被人遺棄的大樹正可以給人一種真正的「逍遙遊」。所以莊子建議，最好把這棵無用的大樹種在一個虛無寂寥的地方，好讓人徘徊在它的旁邊、逍遙自在地躺在它的下面。在這裡，莊子所謂的「無何有之鄉」（林順夫把它英譯成「Never-anything Villiage」）其實就是不存有任何功利和目的的烏托邦。根據林順夫的分析，莊子的「無何有之鄉」確與西方文化裡的烏托邦（Utopia）暗合，因為兩者都指向一個既完美而又似乎「不存在」的鄉土。所不同的是，莊子的理想國雖然聽起來有些虛無縹渺，但並非完全無法實現。自古以來中國人——上自皇家成員，下至豪門隱士——總是藉著建造各種庭園來創作自己的烏托邦。林順夫還特別指出，無論是「園」、「囿」、或「圃」，都以「囗」字為部首，正象徵著這些庭園所共同具有的一道圍牆——那就是一道把理想國和俗世隔開來的圍牆。

那次會議除了林順夫、梅維恆和我，以及東道主蔡宗齊以外，其他還有以下諸位宣讀論文——他們分別是蘇壽珊（Susan Bush）、艾朗諾、韓文彬（Robert E. Harrist Jr.）、李惠儀、傅熊（Bernhard Fuehrer）、François Martin、韓瑞亞（Rania Huntington）、顧彬和蔡宗陽。此外，必須指出的是，除了在大會中宣讀論文的十三位學者以外，每場討論均分別由伊利諾大學的幾位教授來主持——如 Jerome Packard、Alexander Mayer、周啟榮教授等人。可以說，此次會議的討論之所以如此熱烈而投入，實與每場主持人的特殊功力有關。尤其是周啟榮教授，他自始至終參加大會的討論，而且還不斷地提出極有分量的意見——

例如，他強調，所謂「美」不能只指美，其實還有「善」的意思，此其耶穌基督的十字架之所以永為藝術象征之故也。他的論點，不得不讓我由衷地佩服。

特別令我感到興奮的是，在大會結束以後，我們又安排在開往機場的途中，還要抽空順便到附近的 Springfield 一遊。我想，Springfield 正是林肯總統的故鄉，能在美國總統大選的前夕，有機會到林肯總統的故居和墓地參觀一下，實在難得。所以我第二天一早就打好行李，只等著上車。

大約清晨八點，我們就開始上路了。在車子慢慢開出 Allerton Park 時，我有一種莫名的充實感。我看見清晨的陽光照在那座石橋的每一個角落裡，斜映在兩旁的每一條樹枝上。沒有風，只有滿地的落葉，頗有情趣。那天我們抵達林肯的故居之後，大約花了一個多小時參觀故居裡的各種擺設，最後我們又到著名的林肯墓地一遊。看見林肯的大銅像靜靜地立在墳前，莊嚴而肅穆，崇高而感人。誠然，偉人總有高山似的品格，豈是常人所能仰及？

巴特與蘇珊・桑塔格的啟發

我每年教「女性與文學」那門課，都會讓學生們讀法國符號學批評家羅蘭・巴特（Roland Barthes）的那篇經典文章，「The death of the Author」（〈作者的死亡〉，原文題目是「La mort de l'auteur」），因為作者身分的問題是我那門課的重點之一。巴特的主要論點是：文本是無處不在而又錯綜複雜的語言文化網絡，其意義取決於文本之間的「互文關係」（intertextuality），因此作者本人的意圖（intention）對於文本的終極意義並無絕對的發言權，反而是讀者才更能從事多面而深入的閱讀。早在一九六七年，巴特就發表了他的〈作者的死亡〉那篇文章，而女作家蘇珊・桑塔格（Susan Sontag）也於次年（一九六八年）很快地把巴特介紹給美國讀者，但巴特的學說一直要到在一九七〇年代末期才開始在美國大學的校園裡風行了起來。這是因為在那以前，美國的讀者還很少有人能讀懂巴特的符號學理論。當時唯獨以耶魯大學為中心的解構學派人士（其中有好幾位來自法國的學院派）很早就開始全面地研究起巴特來，而他們最喜歡談論的就是巴特對文本（text）嶄新的看法，所以巴特的閱讀理論實際上也為耶魯的的解構學人士主義奠定了理論的基礎。

但據我個人觀察，一直要到一九八〇年巴特突然車禍去世了，美國批評界才正開始流行起「巴特熱」來。這時，隨著作者巴特的真正「死亡」，讀者們紛紛利用他們的想像，開始創造出各種各樣解讀巴特的方法的。可以說，是死亡的事實使得讀者更加渴望了解巴特其人及其作品。同時，出版商也在此時充分利用這種大眾的好奇心，不斷把巴特作品的各種選本一版再版，至於巴特生前尚未完成的手稿，他們更以各種聳人聽聞的宣傳方式一一予以公開發表。直至如今，我們還能感受到巴特對後現代讀者非比尋常的魅力，而目前學院派裡流行的「文化研究」（cultural studies）也同樣受到了巴特的影響，這主要當然是由於巴特本人的研究興趣十分廣泛的緣故。他的文化評論不但涉及傳統的學科，而且也延展到了大眾文化的許多層面——如攝影、服裝市場等領域。對巴特來說，即使非文字的材料也算是文化網絡中的重要「文本」。這種由各種文本交錯而成的網絡，很容易使人想起今日大家所熟悉的網路Internet。所以，雖然巴特本人無法預料到我們現在所處的全球化網絡系統，但他的思考方式和特殊的「文本」意識早已為我們現代人引向了一個新的文化方向。

記得就在千禧年（二〇〇〇年）的十二月八日至九日，耶魯的惠特尼人文中心（Whitney Humanities Center）特別為紀念巴特去世二十週年而召開了一個盛大的國際會議，大會的主題是：「二十年後說巴特。」會議背後的靈魂人物是我的好朋友彼得・布魯克斯（Peter Brooks）教授，他是著名的法國文學專家，也是該人文中心的主任。我以為這個會議由布魯克斯來主持，真是再恰當不過了，因為從許多方面看來，他確是個標準的巴特信徒，他那跨學科的評論方法不但繼承了巴特的多樣文本分析，而且在心理學、法律研究、身體及欲望諸問題的新視角上，都有很大的貢獻。

在大會前的幾個星期，有一次我在校園裡遇到了彼得・布魯克斯，他很興奮地告訴我，說著名的巴特專家蘇珊・桑塔格已經決定要來參加大會，而且說她的演講題目將涉及巴特的攝影觀，那也是我一向感興趣的題目。所以我不但對那次會議產生了很高的期待，而且也把蘇珊・桑塔格要來耶魯演講的消息在我的班上宣布了。巧合的是，那天我的班上學生剛讀完蘇珊・桑塔格的名著*Illness as Metaphor*（《疾病的隱喻》），為了準備在課堂上討論有關中國古代才女早夭的故事。後來我的好幾位學生都報名參加了那次「二十年說巴特」

的大會。

其實人人都知道蘇珊・桑塔格是第一個把巴特介紹到美國的文化功臣，而且大家早已通過各種媒體熟悉了她的長相，所以那天蘇珊・桑塔格一走進會場就贏得了觀眾的許多掌聲。我想，大家恨不得能立刻聽到她的發言。但在這種場合裡，蘇珊・桑塔格總喜歡保持低姿態，所以她只是靜靜地選了一個角落裡的座位，開始聚精會神地聽別人的演講。我正好坐在她的前排，於是我回頭望望她，向她打個招呼，她立刻點頭微笑。我發現當時幾近七旬的她，雖然經過兩次癌症復發的風險，卻仍保持著年輕人的氣質，她還是那般不修邊幅、黑白頭髮同時展現、一幅長髮披肩的樣子。

蘇珊・桑塔格的演講被安排在第二場有關巴特與視覺藝術的討論（那場討論由我的電影學系同事 Dudley Andrew 主持）。蘇珊・桑塔格不但是巴特生前的知音好友，也是攝影藝術的權威（她的《論攝影》一書早已成為屢次再版的暢銷書了），所以那天她娓娓道來，令人感到十分親切。她開宗明義地說，身為一個富有責任感的作家，她想利用這個機會談談巴特晚年的生活以及他的藝術觀。她說，許多讀者都知道巴特生命中的最後幾年專門喜歡分析人的情感和欲望（例如，他於一九七七年出版了有名的《戀人絮語》一書），我們也應當在這個上下文中談論他對攝影影像的看法。應當說，巴特基本上把攝影看成一種生命的表現和象徵，它甚至是一種「誘惑」（seduction），一種引向原始情感的藝術。但蘇珊・桑塔格以為，巴特之所以撰寫那本 *La Chambre Claire*（中譯《明室：電影縱橫談》；

英譯*Reflections on Photography*）的書，主要還是為了紀念他的母親。原來，巴特的母親於一九七八年十一月間去世，巴特因念母情深才走進了攝影影像的世界裡。這個動人的故事始於一張發黃了的舊相片——在這張相片裡，巴特的母親才只是個五歲大的女孩。巴特喜歡端詳那張相片，那相片既代表生命本身的短暫，也象徵著一種難以忘懷的愛，所以從某種程度看來，那影像還能超越時間的範疇，這樣一來，巴特就自然地把愛和死的主題與攝影連在一起了。所以蘇珊・桑塔格說，*La Chambre Claire* 是一部有關親情之愛的偉大著作。最後在結束她的演講之前，蘇珊・桑塔格還朗誦了美國著名女詩人 Marianne Moore（一八八七—一九七二）的一首紀念母親的詩：〈臉〉，在這首詩裡，女詩人把相片中的母親的臉說成是一種「回憶的攝影」。

蘇珊・桑塔格那場有關回憶和攝影的演講給了我許多啟發。我終於恍然大悟——雖然巴特已經去世多年，但我們這些讀者所謂的「閱讀樂趣」卻仍然離不開那個偉大的作者本人：羅蘭・巴特。所以作者並沒有死亡。

在那以後不久，我開始研究法國的另一位思想家米歇爾・福柯（Michel Foucault），這才發現福柯有一篇題為「Qu'est qu'un auteur」（英譯「What is an Author」；中譯〈什麼是作者〉）的文章，十分有趣。根據福柯的解釋，「作者」的概念還是極其重要的，因為所謂的「作者」具有很重要的「分類的功能」，它促使讀者把與作者相關的文本集合起來，並界定它們，而且還進一步把那些文本和其他文獻區分開來，並加以對照。換言之，作者並沒有死亡。據說那篇文章是福柯於一九六九年在巴黎大學的一次演講稿，主要是為了反駁前一年巴特所發表的「作者的死亡」論。雖然當時福柯並沒有對巴特指名指姓地批評，但很多人相信福柯的批評對象是巴特無疑。

總之，後來我再教「女性與文學」那門課時，我總是讓學生們同時讀巴特的〈作者的死亡〉和福柯的〈什麼是作者〉這兩篇文章。直到如今，文學作品的作者問題還是一個全球學術的關注點。

二〇〇一年九月十一日

二〇〇一年，紐約市發生九一一驚爆事件的當天，我和其他所有人一樣，都抱著十分沉重的心情，並承擔著一種難以形容的焦慮。生平第一次，我忘了帶講稿去上課。走在紐黑文城的街道上，我的整個腦海裡一直重複演出紐約民眾驚惶走避的影像，我為赴援而喪生的兩百多位警察和消防隊員感到傷心，還有四架民航機上無辜而喪生的二百六十六位旅客，世貿大樓起火倒塌後數以千計的傷亡人士，以及華府五角大廈裡遇難的政府官員們。對那些不顧一切而奮身跳樓，卻終究難逃厄運的人，我閉起了雙眼，為他們禱告。我邊走邊想著這場惡夢。儘管耶魯校園裡的陽光仍然很美，一條條道路仍然平坦而乾淨，但我心裡想的全是那些流血喪生的人，以及無數受難的心靈。這真是一個恐怖而令人難以置信的悲劇。

其實，在這場恐怖慘劇中，我扮演了一個十分幸運的人。我的丈夫欽次是個資深土木工程師，通常每天都到紐約上班。他本來早已安排在九月十一日那天上午九點鐘要在世貿中心七十二層樓上和一些工程包商們開會，但因臨時有事必須趕往倫敦，才把那個會延期了。沒想到他的倫敦之行使他逃過一劫。記得世貿被撞擊的當天夜裡，欽次從倫敦打電話回來，兩人都傷心得說不出話來。我們雖然是倖存者，但在這場天驚地變的災難中，我們絲毫不感到慶幸。這個空前的恐怖事件令我們驚惶、害怕、焦慮，我們感到憤慨而不解。說起這一天的瞬間慘劇，欽次在越洋電話的另一端用沙啞的聲音說道：「沒想到僅僅在幾分鐘之間，World Trade Center 倒塌了，我的那些包商朋友們的屍體恐怕也找不回來了。」令人聽了不禁黯然。

那天我臨時取消了幾天後將要飛往布拉格的飛機票，我也通知布拉格查理大學的羅然（Olga Lomová）教授，說實在抱歉，我不能參加他們那次的學術研討會了。

後來九月十五日深夜，欽次終於由倫敦飛回了美國。他帶回了一大堆倫敦的報紙，全是有關英倫人民對死難者哀悼的情景。其中 *Daily Express*（《每日快報》）的標題寫道："A nation's silence says more than words ever could"（「舉國的沉默，比話語更能表達心意」），旁邊還刊出一個正在哭泣的英國婦女擁抱美國國旗的景象，另一個騎自行車的人則停下車來，站在路旁低頭默禱……。誠然，全球到處都是一片震驚的無言，那是一種難遣悲懷的沉默。這使我想起，巴黎、柏林、羅馬、莫斯科等各大城市也都籠罩在這種前所未有的沉默中。

同樣是這種無可言說的沉默籠罩了耶魯校園。記得九月十一日當天晚上，就有數百位耶魯師生以一種驚魂未定的心情舉行了一次默禱。整個 Cross Campus 廣場鴉雀無聲，只見在暗中到處閃爍著美麗的燭光。在這個人群擠擠的露天燭光哀悼會（Candlelight Vigil）裡，只聽見雷文校長以極其沉重的聲音說了幾句話。在耶魯三百年校慶即將來臨之際，我們真沒想到會遇到如此驚天動地的恐怖事件。我看見學生們大多低頭在落淚，有些人抬頭望著夜空，一切都默默無聲。

後來恐怖事件之後的第一個星期日，我和欽次一早就趕到耶魯大學的教堂（Battell Chapel）作禮拜。那是我第一次看見這麼多耶魯人出席主日崇拜。我發現所有在場的人，都同樣在尋求一種心靈的治療。他們都需要從這場人生慘劇中走出來，他們需要讓上帝聽見他們的嘆息，好撫慰他們受傷的心靈。於是，在副牧師 Pamela Bro 的主持之下，我們同聲唱出了一首題為〈主啊，我們的言語無法表達〉（「O God, Our Words Cannot Express」）的歌曲。這首歌詞由 Carolyn Winfrey Gillette 所作，是特別為此次悲劇事件而寫的。

四個星期之後，耶魯大學開始舉行了一系列的三百週年校慶活動（tercentennial celebrations）。記得十月五日那天，在 Cross Campus 的大型慶典中，耶魯還請了第四十二任美國總統柯林頓（Bill Clinton）來作主講人。一時耶魯校園又回到了從前的歡樂和溫馨，許多耶魯人甚至把耶魯的生日當作自己的生日來慶祝。最令人難忘的是，那天雷文校長在眾目睽睽之下，首次切開了一個重達三百磅的巨大「耶魯生日」蛋糕，以為慶祝。當人們在興高采烈的歡呼中吃起了那一片片的蛋糕時，我居然被感動得熱淚盈眶。

一七一三年耶魯老校園

每次有客人來訪我家的「潛學齋」，我總會向他們展示一件收藏品：那就是一幅「耶魯老校園」的小畫。那是某畫家於一七一三年（即耶魯大學剛建校十二年後）所繪畫作的複製本，畫面底部的作者簽名早已模糊不清，但整幅畫面恍若攝影作品，既逼真寫實，又富有韻味。但我之所以特別珍惜一七一三年的那張「老校園」畫作，乃是因為該畫背後所隱藏的一段因緣。

故事發生在二〇〇一年十月初，耶魯大學三百年校慶的期間。有一天我邀請我的日本朋友吉川孝先生（Takashi Yoshikawa）和他的友人 Donna 來耶魯著名的莫里斯（Mory's）俱樂部吃午飯。午飯前我們先利用幾分鐘的時間到附近的畫廊 Merwin's Art Shop 欣賞圖畫。（當時那個畫廊還在約克街，尚未搬去 Chapel 街，所以就和莫里斯俱樂部同在一條街上。）一走進畫廊，我就被眼前的一七一三年「耶魯老校園」畫作給吸引住了。其實那只是一幅高質量的影印，但令我感到驚奇的是：比起那張畫，今日的老校園風貌依然彷彿往昔。雖然老校園在三百年間已陸續增加了一些新的建築和銅像，但其基本布局和情調並未大變，真不愧「老校園」（Old Campus）之稱。於是我當下就對吉川孝說：「Tak（我一直喊他做

Tak），今天下午下完課之後，我一定來買這張畫！」

那天下課後，我匆匆趕到Merwin's畫廊。可惜畫廊裡的職員告訴我，那張畫已被別人買去。而且他說，他們的畫廊裡已經沒有另一幅複製本，因為那種高質量的版本很難再製作出來。

三個星期後，在聖誕節前夕，我又見到了吉川孝先生。那時才發現，他原來是那張「老校園」畫作的買主。吉川孝真是有心人，他當機立斷買下那畫，乃是為了給我一個聖誕節的驚喜。所以他特別叮嚀Merwin's畫廊的老闆，請他千萬不要把那畫的任何複製本賣給我。確實，那天當我打開禮物包裝的瞬間，我真不敢相信自己的眼睛——在那幅美麗的畫面上，我又看到了另一層永恆的價值，那就是真誠友誼的珍貴。

從此每次我到老校園去，也會自然聯想到吉川孝送我的那張一七一三年的「老校園」畫作，彷彿自己已經走入了圖畫中。

後來我寫了一篇短文，題為〈難忘的耶魯老校園〉，在《世界日報·副刊》出版。

走出白色恐怖

其實在美國這許多年，我一直最希望寫的一本書就是有關一九五〇年代我父親在臺灣所遭遇的十年牢獄之災，以及我們一家人在白色恐怖期間所經驗的各種創傷與感受。但這些年來我實在太忙，同時手頭也沒有足夠的第一手資料。有關當時他被逮捕、坐牢、以及被遣送到綠島勞動營的詳細經過，父親一向保持沉默。可以說，只要是涉及臺灣和中國大陸自一九五〇年代以來的政治問題，他全都閉口不言。幸而我母親有時還會憑記憶給我透露一點兒信息，滿足了我的好奇心。但我知道，父親的沉默是由於長期受到心靈的傷害所致，所以我從來不強迫他說什麼。另一方面，臺灣也一直要到一九八七年才開始有了「解嚴法」，才終於慢慢結束了那段接近四十年的白色恐怖。但每次我提起筆來，想要開始寫一本有關白色恐怖的回憶錄時，總是不知從何說起。

然而，自從我的母親於一九九七年去世，而欽次的父母也都分別去世之後（於一九九四年和二〇〇一年），我愈加感覺時光的無情和人生的短暫。轉眼之間上一代就要過去了，如果我再不寫出那本書，就太晚了。

同時我的朋友黃進興和李奭學等人也再三催逼我。記得黃進興曾說：「妳若不趕快寫出來，那段記憶就丟失了。」

於是二〇〇二年六月初，學期剛一結束，我就飛到舊金山灣區去探望八十二歲高齡的父親，準備用一個星期的時間專門採訪父親，盼望他能把他當年在新店軍人監獄和綠島受苦的十年經歷如實地透露給我。

那次我特別帶了一本哈佛張光直教授於一九九八年由聯經出版公司出版的《蕃薯人的故事》給父親，我告訴他，張光直已於二〇〇〇年去世。一看見書皮上登有張光直中學時代的相片，父親就十分激動，手直發抖。這是因為張光直的父親張我軍是我父親從前在北京時代的摯友，當年（一九四六年春天）如果不是張我軍先生的大力幫忙，我們一家人一定很難順利地從上海黃浦江登上輪船，越洋安抵臺灣。於是父親開始回憶一段往事，他說：

一九四九年底，在我被抓進監牢前的幾個星期，曾有機會到張我軍的茶葉舖去拜訪他。我記得張先生那天滿面愁容，言談中也較平日來得安靜得多。當時，我以為張我軍的憂鬱完全是出於一種「懷才不遇」的感傷——特別是，以張先生早年在北大教授日本文學的顯赫地位，今日在臺灣卻如此潦倒，實在不怪他有這樣的想法——所以，也沒去推敲是否還有其他的原因。後來，過了許多年，我出了監獄之後，再回頭去想一九四九年底那次見面的情景，才突然悟到：原來，那段時間正是十七歲的張光直被關在臺北監獄的時候，當時還傳說有不少學生在獄中遭槍斃。可想而知，張我軍當時一定為了兒子的事感到焦慮不堪了。

父親的話令我特別感傷，因為他們那一代的人總是被迫在冷酷的政治面前永遠保持沉默，所以即使和老朋友在一起交談，也不敢私下討論自己兒子所遭遇的政治受難。這使我突然想起，多年前我移民到了美國之後，才聽說原來張光直並非張我軍先生的長子。張光直的大哥張光正先生一直留在大陸，並沒和家人於一九四六年遷往臺灣。而當時在臺灣的張我軍一家人都不敢公開提及張光正的名字。所以，一九五五年十一月張我軍先生去世時，訃告上並沒列入這位真正長子的名字。由此可見，當年人們在臺灣的白色恐怖期間，因為極度恐懼而養成了凡事沉默的習慣。

於是我一面注視父親的表情，一面指著張光直那本《蕃薯人的故事》，滔滔不絕地說起話來：

> 幸虧張光直教授在過世之前有機會寫這本早年的自傳，給歷史做了見證。但與其說它是給歷史做見證，還不如說它是在給生命做見證。我最不喜歡看別人寫控訴文學，我認為那是沒有深度的作品。張光直這本書之所以感人，乃是因為它具有一種超越性。它不在控訴某個具體的對象，而是在寫人。它一方面寫人的懦弱、陰險，及其複雜性；另一方面也寫人的善良、勇敢，以及人之所以為人的尊嚴性。所以，他真是名副其實的人類學家。

「嗯，我看這是一本很重要的書。」父親立刻回答道，「妳將來是否也考慮寫一部類似的自傳？……」父親這句話令我感到非常興奮。原來，他已不再像從前一般地沉默了。顯然，他也不希望我繼續再沉默下去了，他要我也能開始提起筆來，為生命做出有意義的見證。於是，我微笑地看看他，點頭示意。

就在那個星期，我每天都到父親的公寓去採訪他，父親也開始回顧自己過去在臺灣白色恐怖期間所受的迫害。但他所謂一九五〇年代的「白色恐怖」其實是從一九四七年的「二二八」事件開始的。記得他的故事開始於他對一九四七年「二二八」事件的回憶：

在我們抵達臺灣的第二年，二二八事件爆發了，那年妳剛三歲，我二十八歲不到，當時我是基隆港務局總務科長……。就在二二八事件的期間，我第一次見證到臺灣恐怖時期的開始。

我身為大陸人，又是臺灣政府公務員，當時的處境非常危險。一九五〇年初，我們剛從臺中搬到臺北不久，有一天深夜大家正在熟睡，突然有保密局的軍警敲門闖入，立刻銬了我的雙手，把我押走。當晚受了強烈燈光下連續不停的拷問，在天亮之前被推入陰森森的囚房，該囚房只有三個榻榻米大，門一打開，我看見早已有一大堆人橫七豎八地躺在地板上……。

能終於聽到父親親自說出他從前那段坎坷曲折的經驗，乃是我一生中最感到欣慰的事。當然令我心痛的是，父親自幼即受極其良好的語文教育，年僅十六歲就獲徵文首獎，後來並以第一名的優異成績畢業於日本早稻田大學，但到了臺灣之後卻因其不幸的政治遭遇，而無法施展其才華，令人惋惜不已。幸而一九七八年我的父母順利地移民到了美國之後，終於能享受到劫後餘生的一段好時光，也算萬幸。

後來我利用那次暑假日夜趕工，把《走出白色恐怖》那本書的初稿匆匆寫成，再經過幾個月的更改和校對，才終於把書稿交給上海的三聯書店[30]和臺灣的允晨出版社，並於二〇〇二年十二月和二〇〇三年元月分別出版該書的簡體字版和繁體字版。至於英文版 *Journey through the White Terror*（由我本人和 Matthew Towns〈唐文俊〉合譯）則由國立臺灣大學出版中心於二〇〇六年出版，於二〇一三年又出增訂版。記得恩師牟復禮（一九二二—二〇〇五）教授還在世時，早已為我閱稿，並為我寫好了英文的推薦語，令我終身難忘。此外，我也感謝王德威、李奭學、Richard（Dick）H. Brodhead、蘇源熙，及沙特拉醫生（John F. Setaro, M.D.）等人為該書所寫的封面推薦語。那次能得到沙特拉醫生的推薦，尤其不尋常。從一個醫生的角度來看，我的書彷彿成了一個醫學的個案。沙特拉醫生的推薦語是：

In this highly original and emotionally evocative work, Kang-i Chang recounts the memoir of her childhood during the White Terror with profound psychological insight into the critical value of family and faith as she and her parents navigate the shifting tides of politics and fortune. And in an unforgettable way, she again reminds us of the great pain

30. 當時三聯書店把書名改為《把苦難收入行囊》。

carried away by all such survivors, reflecting, in the words of William Faulkner: "The past is never dead. It's not even past."

在這部高度原創且極其動人的作品裡，孫康宜講述了她在白色恐怖期間的童年記憶，她以深刻的心理刻畫表明：家庭和信心至關重要，這些幫助她和父母戰勝了政治磨難。她以一種令人印象深刻的方式再次提醒我們，所有苦難的幸存者，始終與巨大的痛苦如影隨形。用威廉福克納的話來說：「過去從未過去，它甚至就在眼前。」

此外，我的兩位耶魯同事，Michael Holquist 和白彬菊（Beatrice B. Bartlett）也為我準備了英文的推薦語，但因為當時拙作的出版時間很緊迫，來不及將他們兩位的推薦語用上。如今，Michael Holquist 和白彬菊皆已去世，每次憶及他們對我的幫助和激勵，都十分感動。所以現在就利用寫這本回憶錄《奔赴》的機會，把他們從前的推薦語紀錄在下頭，也作為我個人追憶的一部分：

As a Slavist, I have read many Russian memoirs of families forced to negotiate terror and exile, but none has impressed me so much as this book.I will use some of the material from the book in one of my presidential columns for the MLA Newsletter---this book should be more widely known for the lessons about history, character, and family that it teaches.

——Michael Holquist, Professor Emeritus of Comparative and Slavic Literature, Yale University

作為一名研究斯拉夫民族的學者，我讀過許多講述被迫流亡的俄羅斯家庭的驚人回憶，但沒有一本像這本書這樣給我留下如此深刻的印象。我將在 MLA Newsletter 上我的「ＭＬＡ主席專欄」中引用這本書中的材料——這本書應被家喻戶曉，因其涉及的有關歷史、人物和家庭。

——Michael Holquist，耶魯大學比較文學與斯拉夫文學系榮休教授

As a professor who taught the first Taiwan History course outside of Asia, I was in desperate need of good first-hand accounts of the fifty-five years（1945-2000）of KMT rule on the island. What Professor Chang has written wonderfully helped to fill that need. For many years Taiwanese dared not speak out about their sufferings. Today, even though conditions on the island have ameliorated, the habit of silence continues to be preferred as the prudent course. This is why Prof. Chang's book on 'the 228 incident' will be welcome and will, we hope, be followed by further narratives of other incidents and events in this tragic history.

——Beatrice S. Bartlett, Professor Emeritus of History, Yale University

作為一個首次在亞洲以外講授臺灣史的教授，我迫切地需要大量國民黨統治該島五十五年（一九四五—二〇〇〇）時期的第一手資料。孫康宜教授的精彩敘述滿足了我的需求。在很長一段時期，臺灣人不敢講出其不幸遭遇，即使今天這座島上的情況已經非同往日，但緘默的慣性依然使之成為敏感話題。這就是孫教授關於「二二八事件」的書受到歡迎的原因，同時我也希望有關這一歷史悲劇的其他事變和大事件的敘述能夠踵之而起。

——白彬菊，耶魯大學歷史系榮休教授[31]

《劍橋中國文學史》

我與哈佛大學宇文所安（Stephen Owen）共同主編的 *Cambridge History of Chinese Literature*（《劍橋中國文學史》）那套書，早已於二〇一〇年由劍橋大學出版社出版。其實那套書前後的編寫只花了四年的工夫——從二〇〇四年暑假開始，到二〇〇八年暑假交卷為止。但如今回憶起來，還是一言難盡。

記得二〇〇三年十一月間，由於我的耶魯同事 Edward Kamens 的鄭重推薦，英國劍橋大學出版社的文學主編 Linda Bree 給我發來了一封邀請函，說希望我能主編一本《劍橋中國文學史》，作為劍橋世界文學史的系列之一。Linda Bree 告訴我，該系列已經出版了《劍橋俄國文學史》、《劍橋義大利文學史》、和《劍橋德國文學史》，都十分暢銷，而且每一部文學史都是一卷本，其主要對象是受過教育的普通英文讀者。她希望《劍橋中國文學史》也是一卷本，最遲要在二〇一〇年出版，時間上很趕，所以她希望很快就得到我的答覆。

當時我考慮到一卷本實在很難把中國文學史做得理想，因為中國歷史文化如此之悠久，至少也要兩卷才可能撰寫出一套既富創新性又有說服力的「新」的文學史。所以，我很快就把 Linda Bree 的邀請推辭了。後來 Linda Bree 又回來和我商量，看我有沒有可能重新考慮這件事。於是我就趁機向她提出有關兩卷本的要求，而且強調《劍橋中國文學史》兩卷本的好處。我說，如果把十四世紀中葉（大約元明之交）作為上下卷的分野，那麼《劍橋中國文學史》的下卷在年代上正好大致與劍橋世界文學史系列的歐洲各卷相同，而且十分具有可比性。

Linda Bree 立刻贊同我以上的建議，同時我也建議由哈佛大學的宇文所安與我共同主編該書——大致說來，由宇文所安負責主編十四世紀中葉以前的「上卷」；我則負責十四

31. 感謝李保陽將以上三位人士的推薦語譯成中文。

世紀中葉以後的「下卷」，加上處理與整套書有關的許多瑣碎之事。宇文所安很快就接受了邀請，所以不久我們就發信邀請其他十多位歐美漢學家分別撰寫書中各章。我們請來的這些作者都是同時接受東西方傳統教育的人。雖然他們的國籍或許不同，但他們的理論和研究背景有很多相同之處，他們都是同樣受美國或歐洲高等漢學訓練的學者，所以他們很容易互相「對話」。但必須說明，在開始撰寫此書之前，我們曾經把Linda Bree和所有的作者請到耶魯大學來開會兩天，仔細討論各個章節的主要內容、章節之間的連續、參照，以及翻譯詞語等問題。可以說，我們的《劍橋中國文學史》基本上是個「接力賽」，所以作者和作者之間都必須不斷地互相參照、配合。尤其是每一部作品的英譯題目都必須前後一致才行，例如《金瓶梅》必須譯成 *The Plum in the Golden Vase*，《西廂記》必須一致翻成 *The Western Wing* 等。這樣就需要兩位主編十分賣力地不斷查看核對！幸虧有E-mail，我經常會收到某個作者來信問道：「這個書名怎麼翻譯？」我就得立刻給另外三四個作者發電子郵件，討論一下該怎麼翻譯。而我和宇文所安也必須同時以電子郵件互相討論！這是因為《劍橋中國文學史》的主要目的不是作為參考書，而是當作普通的書來閱讀。因此該書盡力做到敘述連貫諧調，有利於讀者從頭至尾地通讀。這不僅需要形式與目標的一貫性，而且也要求撰稿人在寫作過程中要不斷地互相參照，尤其是相鄰各章的作者們。這兩卷的組織方式，是要使它們既方便於連續閱讀，也方便於獨立閱讀。所以我們兩位做主編的確實相當辛苦，對於其他作者們，這也是一件極其辛苦的大工程。但大家之所以願意任勞任怨地為這部新的文學史努力耕耘，主要是因為我們都認為這是為西方漢學界服務，這是我們的義務。

除了配合在歐美世界研究中國文學的讀者需要之外，《劍橋中國文學史》的目標之一就是要面對研究領域之外的那些讀者，為他們提供一個基本的敘述背景，以使他們在讀完之後，還希望進一步獲得更多的有關中國文學和文化的知識。換言之，《劍橋中國文學史》要利用這個凡事追求全球化的大好機會，來質疑那些長久以來習慣性的範疇，並撰寫出一部既富創新性又有說服力的新的文學史。

此外，《劍橋中國文學史》還希望呈現一些與眾不同的特點。首先，它盡力脫離那種將文學史機械性地分割為「文類」（genres）的做法，而採取一種更具整體性的歷史方法：即一種文化史或者文學文化史（cultural history or the history of literary culture）。這種敘述方法，在古代部分和漢魏六朝以及唐、宋、元等時期還是比較容易進行的，但是，到了明清和現代時期則變得愈益困難起來。為此，需要對文化史（有時候還包括政治史）的總體有一個清晰的框架。當然，「文類」問題是絕對需要正確對待的，但是，各種「文類」的出現及其演變的歷史語境將首先放在文學文化史的框架中來討論，而這在傳統一般以「文類」為中心的文學史中是難以做到的。

分期是必要的，但是也必然問題重重。《劍橋中國文學史》並非為反對標準的慣例而刻意求新。但近年來許多中國學者、日本學者和西方學者也已經認識到，傳統按照朝代分期的做法有著根本的缺陷。但習慣仍常常會勝出，所以學者們仍繼續按朝代來分期（就像歐洲學者按照世紀分期一樣）。但我們的《劍橋中國文學史》卻要以一種不同的方式來進行分期，並且以不同的方式去追蹤不同時期思想所造成的結果和影響。例如，人們早已認識到，唐太宗的統治是六世紀傳統的繼續，是一個更大的歷史進程的一部分，在這一進程中，北方（北齊、北周、隋以及初唐）吸收了南方那種複雜精緻的文學文化。按照這一思路，《劍橋中國文學史》在撰寫時就特別認真參考幾個世紀以來批評家們的意見——儘管現存的文學史還是不可避免地要以隋朝或者唐朝建立之時作為斷章之處。此外，《劍橋中國文學史》不是將二十世紀的「五四」置於「現代性」（modernity）的開端，而是把它放在一個更長的進程中。這是認真參考最近學術成果，並重新闡述傳統中國文化在接觸西方時的複雜轉化過程的一種方法。所以，在上下卷的引言中，我們都對分期的理由做了必要的說明。

最後我們決定，在第一冊裡，宇文所安寫的是「文化唐朝」，而那章所涵蓋的時期則是從公元六五〇年到一〇二〇年，與一般以朝代的分期法不同。此外，普林斯頓大學的柯馬丁（Martin Kern）所寫的是古代一直到西漢。西雅圖華盛頓大學的康達維（David Knechtges）寫的是東漢到西晉。哈佛大學的田曉菲寫的是公元三一七—六四九年。當時還在加州大學執教的艾朗諾寫的是公元一〇二〇—一一二六年的那段。另一位加州大學的傅君勱（Michael Fuller）和密西根大學的林順夫合寫第十二至十三世紀那章（包括那段時期的南北文學史）。亞歷桑那大學的奚如谷（Stephen West）則寫公元一二三〇—一三七五年的那段。在第二冊裡，我寫的那一章就是明代的前中期，大約從公元一三七五年到一五七二年左右。我的耶魯同事呂立亭（Tina Lu）寫的則是從公元一五七二年到一六四四年。哈佛大學的李惠儀寫的是從清初到一七二三年。哥倫比亞大學的商偉寫的是公元一七二三—一八四〇年那一段。哈佛大學的王德威寫的是從公元一八四一到一九三七年，而他的哈佛同事伊德維（Wilt Idema）寫的則是有關「說唱文學」的部分。最後加州大學的奚密（Michelle Yeh）寫的是由一九三七年至二〇〇八年的文學，其中還包括耶魯的石靜遠（Jing Tsu）和英國倫敦大學的賀麥曉（Michel Hockx）個別撰寫的篇章。

另一個隨著文學文化的大框架自然出現的特點是：《劍橋中國文學史》盡力考慮文學過去是如何被後世所過濾並重建的（Chinese Literature is a constant rereading of the past）。這當然要求各章撰稿人相互之間進行很多合作。重要的是，過去的文學遺產其實就是後來文學非常活躍的一部分。只有如此，文學史敘述才會擁有一種豐厚性和連貫性。當然，將「文學文化」（literary culture）看作是一個有機的整體，這不僅要包括批評（常常是針對過去的文本），也包括多種文學研究成就、文學社團和選集編纂。這是一種比較新的思索文學史的方法。正是從這一關注出發，我們討論什麼作品為何存留下來、以及為何許多文學作品（尤其在印刷文化之前的時期）會流失的原因。

總之，這個兩卷本的《劍橋中國文學史》既要保持敘述的連貫性又要涵蓋多種多樣的文學方向。如今回憶那前後四年的認真編寫經過，實在有些筋疲力盡的感覺。但沒想到，交稿給出版社之後，此套書最累人的地方竟然是 Index（索引）那一部分。記得大約有一整年的時間（從二〇〇八到二〇〇九年），我們一直在奮鬥掙扎，就是為了努力在幾個月的期間裡完成索引。而且，為了配合書面和各種電子版的需要，編撰索引的過程要比從前的難度高得多；那時劍橋大學出版社所要求的是一種稱為 XML 的 indexing，即使讓一個人每日埋頭苦幹，最快也要花上幾個月的時間才能完工。所以，最後我們聘了一位職業作家兼編輯顧愛玲來為我們做這事。她願意承擔這個編索引的艱苦工作，完全是本著任勞任怨的精神。總之，這個十分繁瑣的工作階段至少又花掉了一年的時間。當然，在這段艱苦的過程中，我們也學了不少東西。後來 *The Cambridge History of Chinese Literature* 兩卷本順利在二〇一〇年四月出版，我們才終於放心了。

二〇一一年，當北京三聯書店準備要向英國的劍橋大學出版社購買《劍橋中國文學史》中譯本簡體版的版權時，我和宇文所安都感到有些不安。我們一直很擔心，恐怕中國大陸的中文讀者會對這部《劍橋中國文學史》的中譯本產生某種誤解，甚至失望。例如，我們這部文學史後頭所列出的《參考書目》只包括英文的資料，並未包含任何中文文獻。「劍橋文學史」乃是一個特殊情況的產物：當初，這部文學史是劍橋出版社特約的書稿，所以有關讀者對象（即非專業英語讀者）有其特殊的規定，同時出版社對我們的寫作也有特別的要求。

所以，我們所編寫的「英文參考書目」也為非專業英語讀者而準備，其目的也只是為了讓有興趣的讀者將來能繼續閱讀一些其他有關的英文書籍。當然，這並不表示我們這部文學史的寫作沒有受中文文獻的影響。事實上，在撰寫每一章節的過程中，我們的作者都曾經參考了無數中文（以及其他許多語文）的研究成果，如果要一一列出所有的「參考」書目，其浩如煙海的篇幅將無限增大，同時也不符合實際的考慮。所以我們只能列出一個有選擇性的英文書目，不包括中文及其他語文的書目。

後來，經過我們的多方溝通，北京三聯書店的編輯們終於很了解我們的立場——那就是，中文版的《劍橋中國文學史》應當反映英文原著的面貌——我們這部書原來就是為了非專業英語讀者而寫的。當初，如果我們是為了中國讀者而寫，我們的章節會用另一種角度和方式來寫。現在我們既然沒為中文讀者重寫這部文學史，我們也沒必要為中文版的讀者加添一個新的中文參考書目。的確，不同的語言和文化會產生不同方式的「文學史」。但可惜的是，由於政治的考量，北京三聯的中文簡體字版的下限時間只截至一九四九年，故原來英文版中所涉及的一九四九年之後的文學文化狀況（一直到二〇〇八年），北京三聯的簡體中譯本都一概刪去。幸虧臺灣的聯經出版公司後來出版了《劍橋中國文學史》繁體字版上下冊的「全譯本」，才終於有了完整的一套中譯本。

父親一步步走完晚年歲月

就在我為《劍橋中國文學史》努力奮鬥的那幾年，我親愛的父親也一步步走完了他的晚年歲月。如今回憶起來，仍令我心酸不已。

我母親去世之後不久，家父就搬去離加州灣區不遠的 Newark 城的老人公寓那兒獨居，大約有五年的時間還算過得不錯，尤其是我弟媳婦麗娜隨時都在關照他。當時大弟康成一個人在臺灣工作。二〇〇四年四月間，康成為了追蹤父親半世紀之前在綠島服刑的受難現場，他特意前往那裡觀覽，並傳來一封感人的英文電子郵件：

I knew I had to go to Green Island to trace the time back to when Dad was jailed there. Well, I finally did it recently. Standing on the beautiful seashore right in front of the jail compound, I felt as if time went back 50 years. My tears welled up, as the wind was blowing-no doubt just like they were decades ago. On the ferry, I saw high waves billowing through the sea, and I suddenly felt the same pain of injustice that Dad must have felt 50 years ago. I prayed to God, for He had kept Dad strong, through it all.

我一直想去綠島去追尋父親當年在那裡坐牢的蹤跡，最近終於了卻了這個心願。佇立在監獄大院瀕臨的海邊，面對眼前美麗的景色，我恍然有時光倒流半個世紀的感覺。海風拂面，我淚如泉湧，身臨此境，也就像回到了當年。在渡口處，我遙望海面上巨浪翻滾，忽然間才真正體會到父親五十年前蒙冤受屈的痛苦。我在心裡向上帝禱告，感謝他賜給父親熬過了那場劫難的堅毅。

收到那信之後，我立刻將它打印出來，快遞寄給當時已是八十四高齡的父親。父親收到康成的信之後，喜不自禁，立刻打來了電話。我也順便告訴父親，說有關拙作《走出白色恐怖》的英譯工作一直進行得很順利，而且還得到學生Matthew Towns（唐文俊）的大力協助，所以大約六個星期之後就能完成英文譯稿了。我說，我給自己定的截止前是將要來臨的父親節。父親聽了更是高興無比，說他等著拜讀。

沒想到還不到兩個月（六月初），父親的身體突然急轉直下，十分反常，只是他從沒透露給我和其他的家人。正好六月十九日（父親節前夕）那天，我剛完成了我的《走出白色恐怖》的英文版，*Journey Through the White Terror*，才用快件把英文書稿寄給父親，作為贈他的父親節禮物。但那天夜裡，我卻做了一個非常奇異的夢。那是一個令我終生難忘的夢——在那個夢裡，我很清楚地看見，我和父親母親一同坐在一個擁擠而吵鬧的會議室裡，那房間又熱又不通風，我們都被悶得很苦。最後，母親建議我們趕快離開會場。於是，我立刻用右手牽著父親的手，左手牽著母親的手，從人群中很快地走了出去。走出門外，才發現外頭十分清靜，而且出奇地涼爽，遠遠望去，只見廣闊的街道上有兩排高高的椰子樹，一路上除了我們三人之外，並無任何人。接著，我很高興地說：「我們慢慢走回家去吧。」

誰知第二天一大早，我就接到麗娜的電話，說我父親不幸跌倒，所以她已把父親從Newark 城的公寓搬進她在 Fremont 城的家中。於是我立刻打電話給父親。他坦誠地說，其實自從五月間開始，他已跌到過三次，但沒告訴我們任何一人。直到前一天（六月十九日）晚上，他跌得很重，最後終於給麗娜打電話求救（可惜大弟康成還在臺灣教書，不在身邊）。我告訴父親，說我當天夜裡作了一個奇異的夢，並把夢中的情景描述給他，他也感到很奇怪。

從那以後，我每天都打電話到加州問候父親。開始幾天，父親顯得十分開朗，六月二十三日那天他還主持了一個家庭查經班。六月二十四日，我和欽次到 Rhode Island 參加女兒的新生訓練營（Freshman Orientation），還特別抽空打電話給父親，他說一切都好，他已收到我的英文書稿，已開始校稿。誰知幾天後，六月二十九日一早，當我再打電話給父親時，他的情緒變得非常低落，記憶力也似乎減退，於是我心中開始憂慮起來。當天下午，麗娜來電話，要我馬上飛去加州，因為父親已經進了急診病房，情況危急。於是我立刻買好機票，凌晨三點從紐黑文出發前往紐約的 JFK 機場。

後來我利用一個星期的時間，每天都和麗娜到醫院裡去探望父親。原來父親開始有了失智（dementia）的毛病，但自從醫生開了新藥之後，已有明顯的進步。我們知道父親還是比較習慣獨居，所以那幾天我與麗娜整天馬不停蹄，最後花了九牛二虎之力才終於為父親在老人退休村 Fremont Retirement Villa 那裡找到了一個理想的住處。記得當時正值美國國慶假日，幾乎所有辦公人員都不上班，但老人退休村的主管 Barbara Roldan 卻特別允許家父住進她的 Fremont Retirement Villa，讓我感動萬分。幾天後，七月八日，父親從醫院退院了，就直接搬進了這個老人退休村。

半年之後，父親又搬進另一個叫做 Fremont Vista Retirement Homes 的老人退休村，那兒有更多專業人員照顧他。總之，在那幾年間，父親就在老人退休村和醫院之間不斷奔波。我也經常飛往加州，每次看到日漸衰弱的父親，都會想起「Footprints in the Sand」（沙灘上的腳印）那首著名的詩。[32]那首詩描寫主人公有一天在夢中看見：他與上帝沿著沙灘走去，但他發現沙灘上有時出現兩雙腳印，有時卻只有一雙。他感到十分困惑，因而質問上帝，問祂為何在他人生最艱苦的時候，沙灘上只出現一雙腳印，難道上帝遺棄他了嗎？但上帝回應他道：「每當你看見那雙單獨的腳印時，也就是我背著你行走的時刻。」（「The times when you have seen one set of footprints, is when I carried you.」）原來，在主人公人生最低潮最衰弱的時刻，上帝一直背著他行走在沙灘上，因此沙灘上只留下了一雙神的腳印。

32.「Footprints in the Sand」的作者是 Mary Stevenson（一九二二—一九九九），寫於一九三九年。

每次父親聽我朗誦這首詩，都感到十分欣慰。

在那段期間，我幾乎所有時刻都必須作好緊急飛往加州的心理準備，也經常禱告，請求神的幫助。記得二〇〇六年八月六日是我一直難忘的一天。話說，那天午後有一個來自香港的基督徒朋友張毅來訪，在他臨走之前，他為我們出聲禱告上帝，特別懇求上帝照顧我在遠處的父親，甚至也祈求上帝能保護我們家那隻可愛的暹羅貓 Bailey。當時我覺得那個禱告的內容有些奇怪，心想：怎麼張毅先生也會為那隻小貓禱告？難道那隻貓（當時才三個月大）也會出事嗎？

那天張毅先生剛在我們家門口說再見，我就接到了麗娜從加州打來的電話，說我父親又被送到醫院的急診室了，希望我能立即趕去。於是，我很快就買好了次日清晨的飛機票，也整好了行李。誰知到了午夜的時分，當時我正忙著在樓下電腦上回覆電子函，突然聽到「砰」的一聲，接著只聽見從牆壁封死的 Wood panel（木板）中傳來小貓 Bailey 的哭叫聲。心想：這一下完了，只要時間一拖長，那隻小貓就會悶死了。於是，我立刻跪地禱告說：「主啊，求你給我們神蹟，救救小貓。」當時我急得像砂鍋上的螞蟻，只聽見欽次大聲喊道：「趕快打電話給 Gary，快快快！」Gary 其實是個水管工人，但他樣樣都會，所以我立刻打電話給他。但 Gary 說他正好有事在密西西比州出差，可惜無法幫上忙。但他說，他有一位木匠朋友名叫 Michael，他住在康州的 North Branford，他或許肯幫忙，但那時已是三更半夜，不知他能不能從老遠開車過來。總之，Gary 立刻打電話到 North Branford 給他那位木匠朋友。Michael真是個好心人，為了救那隻小貓，他立刻放下一切，驅車前來，當他抵達我們家門口時，已是凌晨一點鐘，那時我們已經聽不見小貓的哭聲了，心想：小貓大概已經悶死在牆壁的木板中了。只見Michael一進門就直驅樓下的書房，以最快的速度打開了牆壁周圍的幾排木板。於是，我大聲直呼Bailey的名字，只見那隻小貓慢慢地從打開的木板中走了出來。

次日，抵達加州Fremont城的華盛頓醫院之後，我屢次向父親述說這個有關小貓Bailey的故事，父親聽了很高興，也笑得特別開心，一直反覆說那隻小貓真幸運，咱們就叫他做「神貓」吧。而且，他還問起我們另一隻貓Blackie（黑貓）的近況。那一次令我感到放心的是：即使父親的身體日漸衰弱，他的記憶力似乎進步了。

二〇〇六年，十月二十六日，臺灣政府正式發給我們孫家有關「白色恐怖」受難的賠償。那天正好是父親八十七歲生日的前三天，我特地打電話告訴父親這個好消息。但我發現，從前那段有關「白色恐怖」的臺灣經驗好像已經離他很遠了，他對這事已經漠不關心了。但他一直記得，他已經移民到美國將近三十年了，而他早已在一九八四年（即他移民到美國的第六年）宣誓成為美國公民。有關移民美國之事，他永遠忘不了好友Gram和Senator Clifford Case那種全力以赴的幫助。尤其是，在美國生活的這段後半生，他已經歷了一種破繭重生的基督徒歲月，他也曾一步步走過生命中的一段美好歷程，所以我想他已經把「白色恐怖」畫上了句點。

二〇〇七年五月七日，大弟康成突然發來緊急通知，說父親正在 Fremont 城的華盛頓醫院裡，已經不省人事了。我以最快的速度買了一張 Jet Blue 航空公司的飛機票，半夜就從紐黑文匆匆趕往紐約的 JFK 機場，等不及要搭上前往舊金山最早的一班飛機。

到了機場一走進 Jet Blue 的 terminal（航站樓），就覺得似曾相識。但一直要等走到十五號 gate（登機口）時，才終於領悟到：原來這就是多年前（一九九七年十月間），母親剛去世不久，我和欽次兩人送我父親由紐約飛回舊金山的同一個十五號登機口（只是父親從前乘坐的飛機是聯合航空公司〔United Airlines〕的班機）。記得當時臨別之際，父親獨自一人頭也不回地走進了十五號登機口。當時我心中十分不捨，很為他來日的孤單生活掛慮。眼見他漸漸離去的背影，我忍不住熱淚湧出。

突然間，那個難忘的多年前記憶猶如排山倒海而來。於是我立刻想到，或許這個有關登機口的「巧合」並不是偶然的巧合。或許這是父親在生命邊緣的掙扎時刻，特意傳達給我的一個隱喻。他要告訴我：生命就是一段繼續往前走的旅程，我必須效法他的勇氣，像多年前他頭也不回地獨自走進十五號登機口一樣。於是我一邊落淚，一邊拿出照相機拍了一張十五號登機口的相片。

兩天後（五月九日），加州時間上午十一點，父親以八十七歲半的高齡與世告辭。他走的十分安詳，沒有痛苦的掙扎，沒有任何焦慮的跡象。

後來五月十四日的「孫保羅安息禮拜」（Memorial Service of Paul Sun）在當地殯儀館

的 Chapel of the Roses（羅斯教堂）舉行。按照父親的「遺願」，一切要「簡、快、少麻煩人」。在短短一個鐘頭的追思禮拜中，許多人都上台唱詩禱告，並由大弟康成和欽次分別讀經，也由小弟觀圻朗誦我父親寫給大家的「臨別的話」。同時，父親的兩位忘年摯友沈渠智（Chu-Chi Sheng）和趙新新（Grace Wu）也和大家分享他們各自對我父親的「追憶」（Remembrance）。最後我代表孫家向各位致謝。

在蓋棺之前，根據父親的遺願，我們把父親自己親自手縫的紅十字架布單蓋在他的身上。蓋棺之後，由我和大弟康成和小弟觀圻，以及欽次及其大哥正太（Edward），加上堂弟孫綱，一共六人，我們一起抬棺走出了教堂。緊接著，又按父親的遺願，當火葬禮開始時，則由我負責按鈕火化。次日又在墓園 Alta Mesa Memorial Park 的孫家墓地舉行了安葬禮，由該墓園的參事（Counselor）James R. Ziegler 先生主持。從此父親終於與母親一同安息了。

女兒的畢業典禮

父親過世一年後，女兒 Edie 終於大學畢業了。二〇〇八年五月十七日那天，我和欽次到羅傑．威廉士大學（Roger Williams University）參加她的畢業典禮。該校的校園環境幽美，瀕臨海灣，屬於新英格蘭地區那種規模雖小，卻各以其獨特之處而著稱的通識大學（liberal arts universities）。附近的 Newport 城尤以古典堂皇的龐大別墅建築聞名於世，耶魯大學建築系名教授 Vincent Scully 稱該城為「壯麗而不重現實」（magnificently unconcerned with reality）的城市。

也許正是懷抱著「壯麗而不重現實」的幻想，Edie在中學時代就選中這所風景優美的學校，愛上了它那親密無間的小天地。她以為能在校園裡交到幾個知心的好朋友，能自由自在地發展自己的興趣，可能比事業上的成功更為可貴。

畢業典禮那天，我們在開車前往羅德島州的兩小時途中，我很自然地回憶起女兒這些年來的成長經驗，包括所有甜酸苦辣的經驗。令我感到十分虧欠的是，在女兒的成長期間，由於我一向忙於教書和行政工作，無法好好地照顧她。但我一直忘不了，女兒上小學一年級的時候，曾在一個慶祝母親節的節目中，神氣十足地上台說道：「My mother's greatest achievement is having me at age forty-two.」（「我母親最大的成就就是在四十二歲時生下了我。」）後來她十歲時，在一篇「與母親訪談」的報告中，又重複了這句話。記得那次她曾到我的耶魯辦公室去「正式」訪問我。想到她當時如此小小年紀就已經如此成熟自信，我也放下了。

但那天在開往羅德島州的途中，我卻一直惦記著遠方的另一件事。據報上記載，在中國四川的地震災區，當時已有數萬人死亡。而女兒的畢業典禮那天正是地震發生之後五天。所以一路上欽次在開車時，我一直都在閱讀有關災情的最新報導。突然間，《世界日報》的頭條新聞引起了我的注意：「絕望的母親跪地弓背，頂住坍塌的天地，留下愛的遺言。」報紙記載的乃是一個活生生的有關母愛的真實故事。原來，在中國四川一個災區的廢墟中，有人偶然發現，在一個女人的屍體下面，躺著一個正在熟睡著的嬰兒，那嬰兒的身上居然毫髮未傷。顯然那嬰兒的母親，在那山崩地裂的一刻，為了保護孩子，硬是撐起自己的身子，盡全力來擋住倒塌的房屋，終於讓嬰兒奇蹟般地存活下來。據救援人員的報導，透過廢墟的間隙可以看見那女人死亡的姿勢——她「雙膝跪地，整個上身向前匍匐，雙手支撐身體，就像是古人行禮，但身體已經被壓變形」。最令人感動的是，那個母親在自己的手機螢幕上還留下一個短短的信件：「親愛的寶貝，如果你能活著，一定要記住我愛你。」

看完這則新聞，我忍不住流下眼淚。在如此冷酷慘重的災難中，居然也有這樣令人感到溫暖的故事。是人性的大愛彰顯了生命的寶貴價值。

最奇妙的是，那天在羅傑．威廉士大學的畢業典禮中，我居然也體驗到了另一種有關生死的大愛。首先，在畢業典禮程序表的「得獎名單」上，赫然出現在那之前才剛過世的女學生名字：Tobey Leila Reynolds。原來，那一向品學兼優的 Tobey 不幸在康州的一條公路上被大卡車當頭撞擊而當場身亡。由於這事涉及「是否大客車司機該負全責」的問題，車禍發生的當天就上了頭條新聞。當時，消息傳來，羅傑．威廉士的校園裡激起了一片驚愕與哀傷。Tobey 生前也是女兒 Edie 的朋友，遇到這個悲劇，Edie 和同學們都感到非常傷心。他們尤其同情死者 Tobey 的母親——那是一個單身撫養兩個女兒的偉大母親（Tobey 的父親早已過世）。

在畢業典禮中，校長 Roy J. Nirschel 很激動地宣布 Tobey 得獎的消息；他說雖然 Tobey

已經不在這裡，但她的學業成績優異，學校仍要給她學士學位，並授給她一個特殊的「校長獎」（President's Core Values Medallion）。當Tobey的妹妹慢慢步上台上，為她過世的姊姊領獎時，所有台上和台下的人都感動得壓制不住自己的眼淚。還有人走上前去獻花，緊緊抱住Tobey的妹妹。

我一直在想：Tobey的母親一定會為她得獎的女兒感到驕傲。但遺憾的是，她的女兒已不在人世，已看不到這些。我想像，那個傷心的母親，在畢業典禮的同時，或者會獨自一人在家默禱。或者她會因傑出的女兒得獎而得到安慰？或者她會雙膝跪地，祈求上帝給她更多的勇氣和希望？總之，她必須堅強地活下去。

這時，我看見其他的畢業生們已開始一個個輪流上台領取他們的畢業證書，四周還配上美妙的輕音樂。當司儀大聲唸出Edith Sun Chang的名字時，只見女兒已走在台上，正在從容地從校長手中領取她的畢業證書。這時，我忍不住肅然起立，心裡既虔誠又感激。

我感到自己無形中經驗了一種「畢業」。本來「畢業」（commencement）就是「開始」（commence）的意思。在這畢業典禮的一天，我開始更加體會到：在這個天有不測風雲、人有旦夕禍福的世界上，能活著並能努力奮鬥下去，就是一種恩賜。

王德威的母親姜允中

有朋友曾說，我似乎一直有「老人緣」，因為我喜歡親近長輩，也喜歡從他們身上學到生命的智慧。但與其說我有「老人緣」，還不如說，我每次遇到智慧老人，都有一種「相識恨晚」的遺憾。

我與姜允中女士相識那年（二〇〇六年），她已九十高齡。那年年初我偶然閱讀了《姜允中女士訪問紀錄》（中央研究院近代史研究所口述歷史叢書第八十七，訪問者：羅久蓉；記錄：丘慧君；二〇〇五年出版），深受感動，才發現姜女士原來就是我許多年一直在尋找的那種「道德女子」典範。而且巧合的是，原來姜女士就是哈佛大學王德威教授的母親。

早在一九八〇年代，我已經開始研究有關女性道德力量的課題——包括西方傳統中許多傑出女子因為特殊的人品表現而獲得某種道德權威的課題。尤其是，我對我的耶魯同事 Nancy Cott 研究美國殖民時代新英格蘭區的清教徒婦女在自身道德方面所建立的「道德權威」很感興趣。Nancy Cott 以為，與其說清教徒婦女是父權下的受害者，還不如說她們是女性中的強者，因為她們經常在逆境中自發地化道德為力量，而終於成為生命中的勝利者。Nancy Cott 的理論顯然在男女權力的概念上做了一次革命性的改寫。記得我曾告訴 Nancy Cott，說中國的傳統女性經常對自身的高潔忠貞有一種肯定，因而也經常獲得了一種自信和權威感。用現代英語來講，這些女人的 moral power 不僅是一種 authority（權威），也是一種 prestige（聲望）。

然而，我感到很難從現代女性生活中找到這種「道德權威」的好例子。但一九九五年在一次遊覽中國東北的機會中，我偶然聽說現代的東北婦女特別注重道德觀念的培養，主要因為當地在二十世紀初就有所謂「道德會」的組織。據說這種「道德會」的組織對現代東北女子的德行教育起了很大的效用，每逢宣講日，從四面八方來的婦女都會參加聽道，但可惜這個傳統早已從中國大陸消失了。因為我當時手頭沒有足夠的一手資料，而且自己一向也對民間組織不甚感興趣，所以就沒對「道德會」這個傳統深究下去。

一直要到二〇〇六年，我偶然讀了中央研究院出版的《姜允中女士訪問紀錄》之後，才恍然大悟。原來王德威的母親姜允中女士就是東北道德會宣講人姜鐵光的女兒。姜允中自幼就從她的父親那兒接受了道德教育，十八歲時開始入會工作，後來很快就擔任道德會瀋陽分會的宣講主任。一九四九年遷臺之後，如果不是她和幾位有心人繼續在臺灣努力經營和籌畫，「道德會」這個組織絕不會香火不絕地延續了下來。最讓人佩服的是，姜女士一直本著數十年如一日的精神，始終化險為夷，勤於道德事務，以身作則。她竭力興辦幼稚園和托兒所，而且還創立了老人活動中心和老人社會大學，一切以教育和服務人群為人生目的。其事業之成功以及維護道德傳統之熱忱十分感人。

但我以為姜女士的成功並非來自現代女性所強調的那種「強權」意識，它主要來自一種發自內心的道德信仰和對人的包容態度。諷刺的是，她的道德實踐卻使她獲得比「強權」更大的權威。若用今日美國女性主義的話語來說，她就是一個具有「moral power」的女子。而她之所以具有權威，乃在於她本身對於「道」的執著。因此，她永遠是那個強者、勝利者，而不是受害者。

我尤其佩服她在婚姻愛情方面所表現出來的智慧和大度。原來，在一九八〇年代後期、兩岸親友開始取得聯繫之後，姜女士突然發現自己必須面對其他一些女人也遇到的尷尬局面——那就是，丈夫在兩岸分別有兩個家庭的複雜場面。有許多人遇到這種情況，都陷入了沒完沒了的家庭糾紛，甚至導致各種各樣的人間悲劇。我相信，當時姜女士的心中也一定經過了一番很大的掙扎。原來，年輕時她曾立志終身不婚，以全部生命投入事業，但來臺之後基於某種考慮，決定走上婚姻的道路，所以三十八歲才與王先生結婚。當時她知道王先生在大陸已有妻室兒女。然而身處亂世，兩岸又長期隔絕，故雙方都做了不得已的選擇。所以，姜女士早就打定主意，如果有朝一日丈夫能回大陸，並與原來的家庭團圓，她不應當阻擾。沒想到，三十多年後，在把兩個兒子德威和德輝養大成人後，她真的遇到了一次嚴重的考驗。突然間，在面對兩岸有兩個家庭的困擾，又加上丈夫已經年老多病，在大局和私情之間，她應當如何做出適當的處理？於是她「終夜苦思不眠」。但她最後決定要「把自己的立場放下」，凡事「成全各方」，以「大體為重」。她終於勇敢地挺身而出，自動寫信給丈夫在大陸的兒子。其深明大義的精神果然感動了對方的每個家庭成員。後來，德威的同父異母兄弟德雍來信寫道：「慈母之心，坦蕩胸懷，躍然紙上。我等反覆吟誦來信，無不感淚涕零……讀信後，特別是讀到您對我生母的問候，令人肅然起敬。」一九八七年，姜女士又經過百般努力，竭力促成丈夫與兒子德雍在日本見面相聚的機會。在她的訪談中，姜女士還如此回憶道：「在飛機上我心情十分焦急，但為了王代表，必須保持鎮靜。等我們坐上車，醫生診療後認為王代表身體沒有大礙，我忍不住掉下淚來，心中百感交集，千里迢迢來到日本，無非是為他們父子團圓。」那次團圓乃是父子兩人最後一次見面，兩年後王先生就在臺灣過世了。

最令人感動的是，自從王先生去世後，姜女士還不忘幫忙丈夫在大陸的子女，甚至孫兒們。她兩次遠赴瀋陽探望他們，且不斷在經濟上給予接濟和鼓勵。可以說，她凡事都做到仁至義盡、身體力行，絕不敷衍。

記得，讀完那本《姜允中女士訪問紀錄》的當天，我感動得淚流滿面。那天下午我居然忍不住在短短的幾個鐘頭內寫出了一篇題為〈道德女子姜允中〉的書評，立刻投給紐約的《世界日報週刊》出版。等我的書評登出之後，我才發現以研究現代文化與權力著稱的芝加哥大學教授杜贊奇（Prasenjit Duara）早已在他那本有關滿洲國的近著 *Sovereignty and Authenticity*（《統治權與誠信》）中討論了有關道德會與東北婦女的關係。[33] 杜贊奇以為東北道德會的婦女成員之所以有如此堅韌的生活力，乃因為她們對追求「道德的真實性」（moral authenticity）有一種特殊的使命感。原來杜贊奇在準備撰寫該書的過程中，也曾經訪問過姜女士。

二〇〇六年的暑假，我親自到臺北去拜訪姜女士。那時她早已讀了我的那篇〈道德女子姜允中〉的書評，所以兩人一見面就一拍即合，無話不談。我說：「當初你的兒子王德威勸我千萬不要登那篇書評，因為他恐怕別人會誤以為是他要我寫那書評的，只為了宣揚自己的母親。」但性格坦誠的姜女士立刻回答道：「啊，幸虧妳沒聽王教授的話！我太喜歡妳寫的那篇書評了。」我聽了哈哈大笑，忍不住向前擁抱了她。

從那以後，我每次有機會去臺灣，都會特地去探望姜女士，而她總是十分健談，並待我如自家人。有一次我和欽次和大弟康成一起去拜訪她，她特地安排我們和「道德會」的教師和全體幼稚園的學生們見面，並接受他們的鮮花，那種親和的情景令我至今難忘。

我和欽次最後一次去拜訪姜女士，是二〇一八年五月間，那年她已經一〇二歲了，但仍風采驚人。

二〇二〇年六月她在睡夢中安然去世，享年一〇四歲。

張充和的書法和崑曲

著名的書法家和崑曲家張充和女士是我的耶魯同事傅漢思的妻子，她是另一位讓我感到「相識恨晚」的老人摯友。其實當年我還在普林斯頓大學當葛思德東方圖書館館長時，由於沈從文（充和的二姊夫）的關係，早已認識了充和與漢思，接著我又邀請充和到紐約大都會博物館的明軒演唱《金瓶梅》曲子，那年充和才六十八歲。自從我一九八二年轉到

33. Presenjit Duara, *Sovereignty and Authenticity: Manchukuo and the East Asian Modern* (Lanhan; Oxford: Rowman & Littlefield Publishers, 2003).

耶魯大學教書之後，同事之間自然經常往來，但因為我一直非常忙碌，總是無法找到時間向充和親自請教書法和崑曲演藝。一直要到二〇〇八年的春天（當時充和已經九十六歲），我有幸負責為耶魯大學圖書館準備一個「張充和題字選集」的書法展，那時我才真正領悟到，我必須抓緊機會，努力向充和學習書法和崑曲方面的寶貴知識，否則就太晚了。遺憾的是，那時我的同事傅漢思已經過世五年了。

那次「張充和題字選集」的書展於二〇〇九年四月十三日舉行，書展的地點就在東亞圖書館的圖書室。幾乎所有的耶魯人都知道，那個圖書室也就是懸掛從前充和女士所書「東亞圖書館」五個大字的地方。那五個大字的題匾象徵著充和許多年來對耶魯大學東亞研究的貢獻。充和曾在耶魯藝術史系教授書法多年。自從一九八五年退休後，他仍繼續在家中開書法班，並培育出許多傑出的崑曲學生。她桃李成群，數十年如一日，誨人不倦，幾不知老之已至。

當天展出的充和「題字」大多是充和為各種書本封面所題的書法（即書名）以及她為圖書館和其他建築物所寫的題匾。在為充好準備書展的過程中，我每每對那些各呈神容的題字愛不釋手。心想：書展結束後，我應當立刻把那些美妙的題字收集起來，並設法寫出每個題字背後的故事，因為我自覺有責任為九十六歲高齡的充和把那些故事記載下來、並流傳下去。於是，我把我的心願告訴充和，她欣然同意。

我很快就完成了《張充和題字選集》一書的書稿。當時多虧普林斯頓大學的余英時教授將該書稿推薦給香港牛津大學出版社的主編林道群先生。令人感動的是，林先生以一種盡善盡美的高效率，在幾個月之間就完成了編輯工作，該書於二〇〇九年底之前順利出版。次年，廣西師範大學出版社理想國的曹凌志先生，又為我和充和出版了一本簡體版，將書名改為：《古色今香：張充和題字選集》。記得我曾在簡體版的〈後記〉中寫到：「充和女士……熱情地幫我找出一些她自己早已遺忘了的題字作品，其鍥而不捨的精神令我既佩服又感激。重要的是，我從她身上體驗到了『詩書畫』融合為一的寶貴精神，以及一種超然物外的心靈境界，這一切均非一個『謝』字所能表達。」

其實，對充和來說，所謂「詩書畫」的藝術，還必須包括崑曲。換言之，充和所擅長的是一種詩、書、畫與崑曲合而為一的藝術。

充和經常告訴我，說從前的「曲人」不但精通崑曲，而且還擅長詩書畫。這引起我很大的興趣。

有一天，充和讓我瀏覽她大半生以來所收藏的許多曲人朋友的詩書畫，共三大冊，她把這些冊子取名為「曲人鴻爪」。那三大冊「曲人鴻爪」令我十分震撼！心想：從前充和還那麼年輕，怎麼會想到要把各種曲人的書畫收藏在這麼精美雅致的冊子裡？而且後來經過屢次戰亂，又移民美國，她如何能積年累月，從第一集發展到第二集，最後又有第三集（包括上下兩集），是什麼原因使她那樣不斷地收藏下去？

於是充和開始向我敘述她學崑曲的經過。她說她十六歲時、就開始在她父親所辦的中學選修崑曲課，再加上家裡請來崑曲老師特別指導，所以她對崑曲的興趣很早就被導向專業的品位。她的第一個崑曲老師是沈傳芷，即著名崑曲家沈月泉的兒子。當時還有張傳芳先生教她唱《思凡》，也幫她演出時準備服裝等等。另外她也有幾位教笛子的老師，技藝都十分精到。充和說，她平生第一次演出的地點是上海蘭心大戲院。那次他們演《牡丹亭》裡的〈遊園〉、〈驚夢〉、〈尋夢〉三折戲。充和扮演杜麗娘，她的朋友李雲梅演春香，她的大姊張元和演柳夢梅。大約在那以後不久，充和就開始收藏曲人的詩書畫了，那是一九三七年的春天，那年她二十四歲。當時抗日戰爭還沒爆發。蘇州的崑曲文化一直很盛，到處都有曲社。喜歡崑曲的人經常聚在一起，在各人的私邸定期演唱崑曲。當時蘇州最有名的曲社，名叫幔亭曲社（那是著名曲學大師吳梅先生所題的社名），充和和她的大姊元和、二姊允和都是該曲社的成員。曲會經常在充和家裡舉行。每次開曲會，其他曲社的人也會來參加，大家同聚一堂，又唱曲，又吹笛，好不熱鬧。總之，充和特別喜歡和志同道合的曲友們在曲會裡唱曲同聚。後來她認識的曲人漸漸多了，發現有些曲人不但精通崑曲，還擅長詩書畫。因為充和從小就喜歡詩書畫，所以就請那些曲人，在唱曲之後，就隨意在她的冊子裡留下了他們的詩書畫作品。但她說，有些詩書畫不全都在曲會中完成的。有些是曲人把本子拿回家去寫的，有時是充和親自把「曲人鴻爪」書畫冊送到他們家裡，請他們題詩、題字或畫畫。

令我印象最深刻的，莫過於充和所述有關八年抗戰期間的崑曲活動。她告訴我，在八年抗戰期間（一九三七—一九四五），許多為了躲避日軍轟炸的知識分子和曲人都紛紛逃難到了昆明、重慶等地區。因此，當時崑曲文化最盛的地區是重慶，而非蘇州。諷刺的是，充和平生唱曲唱得最多的就是她在重慶的那幾年。她經常在曲會裡唱，在戲院裡唱，也在勞軍時唱。據她回憶，當年即使頭上有飛機在轟炸，他們仍照唱不誤。後來大戰勝利之後，充和回到蘇州，她和曲友們又經常開曲會，重新推廣崑曲的演唱。有時他們組織所謂的「同期」，那是有如「坐唱」一般的聚會，大家不化妝只演唱，但表演方式要比普通的「曲會」正式一些。同時他們也經常參加上海地區的演唱活動。就在一九四六那年，充和與著名崑曲演員俞振飛同臺演出。他們在上海公演《白蛇傳》裡的〈斷橋〉，俞振飛演許仙，充和演白娘子，充和的大姊元和則唱青蛇。大約就在那時，充和在一個「同期」的曲會裡寫下了她那首著名的〈鷓鴣天〉詞，題為〈戰後返蘇崑曲同期〉。一九四七年，充和受聘於北京大學，教授崑曲和書法。

且說，就在一九四七那一年，充和與美籍德裔傅漢思先生在北京大學結識，兩人於次年結婚。一九四九年一月，她與丈夫傅漢思赴美定居，住在舊金山附近。那年傅漢思開始在加州柏克萊分校教書，充和則在該校的大學圖書館工作，一直到一九五九年傅漢思轉往史丹佛大學任教為止。必須一提，充和在加州柏克萊分校的大學圖書館工作的十年間，她的貢獻很大，尤其是她曾為該館收藏的朝鮮「淺見文庫」善本書（數量上千）的每個函套、用她那著名的書法、一一寫上了書名。那是充和平生所寫的最大一批題字。

後來一九六一年，傅漢思轉到耶魯大學教書。在那之後，他們一直住在離耶魯大學不遠的North Haven（北港城）。充和把他們在北港的家稱為「也廬曲會」；她所謂的「也廬」，其實就是Yale（耶魯）的意思，取其同音的效果。我以為「也廬」比「耶魯」更有深意；它使人聯想到陶淵明那種「結廬在人境／而無車馬喧」的意境。充和說，半個多世紀以來，她對崑曲的愛好一直沒變，她繼續在美國唱、吹、教、演，甚至到法國、香港、臺灣等地表演。通常由傅漢思教授演講，她本人則示範登台演出。在她的「也廬」裡，有不少來自世界各地的學者、書畫家和曲人們都經常來訪。一般說來，來訪的曲人，只要受過傳統詩書畫的修養，大都會在充和的「曲人鴻爪」書畫冊中留下痕跡。然而，近年以來，充和就只請人在她的「簽名簿」中簽名。

有關崑曲，充和最津津樂道的就是一個叫宣立敦（Richard Strassberg）的得意門生。（宣立敦是我從前在普林斯頓大學的前後同學，後來到耶魯大學執教。）宣立敦中文能力特佳，崑曲演唱技巧也極出色。充和一直忘不了，在一九七〇年代後期，她曾與宣立敦同台演出《牡丹亭》的〈學堂〉那一齣的情景——充和演杜麗娘，宣立敦演杜麗娘的家教陳最良（並由張光直的妻子李卉演春香）。後來，宣立敦到北京去拜訪沈從文先生，向他很幽默地說道：「在台下充和是我的老師，在台上她是我的學生。」引得從文先生大笑不止。

我告訴充和，那些有關崑曲的故事都太有趣了。這也使我聯想到，充和所收藏的《曲人鴻爪》書畫冊也大都是曲友們（他們都是文化人）在縱情唱曲之後，所留下的一些不經意的即興作品。唯其「不經意」，所以才更能表現出當時曲人和文化人的真實情況。無論是描寫賞心悅目的景致，或是抒寫飄零無奈的逃難經驗，這些作品都表現了近百年來中國社會轉型過程中傳統文人文化的流風餘韻及其推陳出新的探求。所以我對充和說，我希望能為她寫一本有關「曲人鴻爪」中那些詩書畫曲詞的故事，我想那些背後的故事也可以作為充和與其他眾多曲人的「世紀回憶」的紀錄。

後來大約有一個月的時間，我每天都到充和的家裡，一邊聽充和講有關「曲人鴻爪」的故事，一邊記筆記。欽次則負責在旁處理錄音機和攝影的工作，而充和的管家小吳（吳禮劉）負責泡茶。有時小吳偶爾也會吹笛，充和就立刻隨著笛聲輕輕地哼幾段崑曲。那段日子簡直有如神仙一般的生活。

經過幾個月的努力，《曲人鴻爪》一書（張充和口述，孫康宜撰寫）終於在二〇一〇年一月由廣西師範大學出版社理想國順利出版，三個月後又出版了「重印本」。記得出版後，充和曾對「口述」一詞提出了異議，因為她以為那書是由我撰寫的，表現的是我個人的寫作風格，而且在撰寫的期間，我也參考了許多其他的研究資料，不應當說是全靠她的「口述」。但充和說，書既然已經出版了，也就算了。但她建議，以後該書若有機會再版，請將書名改為《「曲人鴻爪」本事》，那樣也較合乎事實。二〇一〇年七月，臺灣的聯經出版公司出版該書的繁體字版，果然採用了充和所建議的新書名。

後來，二〇一三年，廣西師範大學出版社理想國的主編曹凌志為了慶祝張充和的百歲生日，特意出版了一個「修訂版」，書名改為《曲人鴻爪——張充和曲友本事》。又，二〇二〇年八月，臺灣聯經出版公司副總編輯陳逸華精心策劃了一套《「曲人鴻爪」本事》特裝本的出版，分別使用金絲楠、花梨、冷杉為封面素材，書脊還加上了英文書名：*The Quren Hongzhao: Artistic and Cultural Tradition of the Kunqu Musicians*（By Kang-i Sun Chang, based on Ch'ung-ho Chang's oral history）。此套特裝本美麗絕倫，相信充和在天之靈（充和已於二〇一五年六月十七日去世，享年一〇二歲），一定會珍賞之。

轉眼已步入暮年

贈給北大的一大批藏書

二〇一〇年三月初（三月八日至十日），我與北京大學古文獻中心的安平秋教授共同合作，在北大校園主持了一次盛大的「北大／耶魯」國際會議，請來不少世界各地的學者專家，大家共同討論了許多有關中國古典文獻和文化（Perspectives on Classical Chinese Texts and Culture）的議題。那次的國際會議給了我許多啟發。那也是我第一次從北大袁行霈教授口中聽說北大將要建立一個「國際漢學家研修基地」（International Academy for China Studies）的消息。

回到耶魯之後，我突發異想：我覺得我應當把家中「潛學齋」的藏書捐贈給北大。一者，轉眼之間我已經步入暮年，而那些將近半個世紀以來的藏書早已佔滿了所有的書架，甚至已經侵犯到家中的每一個角落，包括後面的sunroom（陽光房）。二者，父親是當年為「潛學齋」命名、並為「潛學齋」題字的人。而且他早在臺灣的年代就已經為我親自篆刻了一個「康宜藏書」的印章。他一生最感到驕傲的事情之一，就是年輕時代曾在北大教過書。北京（從前叫做北平）也是我和大弟康成的出生地，也是我父母生前住過也最留戀的城市之一。因此我想，如果有可能把「潛學齋」的藏書捐贈給北大，不但能供給學術研究者使用，也能紀念我的雙親，那將有多好？所以，有一天我發出了一封電子郵件給北大的廖可斌教授，向他請教北大是否有可能接受從海外捐贈的書籍，並告訴他有關我個人的想法。但同時我也考慮到許多可能的難度，因為北大圖書館已經有那麼多藏書了。

沒想到次日就收到廖可斌發來的好消息。原來他收信的當天晚上參加了一個北大的宴會，晚餐時他正好被安排坐在當時北大圖書館朱強館長的鄰座，所以他就趁機向朱館長請教有關海外贈書的問題。誰知一聽到是「海外贈書」，而且是來自我的「潛學齋」，朱館長（他早已認識我了）就非常興奮，因為他說北大將要成立的「國際漢學家研修基地」正在計畫要開闢一個專門的場地，希望能掀起一陣海外贈書的熱潮，以建立一個「漢學圖書館」，而且全部捐贈書籍將由北大統一編目，並列入北京大學圖書館的綜合目錄，向所有讀者開放。

不久，四月二三那天，我就收到了北大潘建國教授發來的電子函，信中寫到：「您的藏書慷慨捐贈北大之後，『潛學齋文庫』將庋藏於燕京大學的舊樓中，那是燕園風景最好的地方，我們擬將該樓命名為『大雅堂』，到時您一定會喜歡它們的『新家』的。」後來經過幾次通信之後，我終於與北大「國際漢學家研修基地」的主任袁行霈教授簽了正式的「捐贈協議」。

在那同時，我也與紐約的馬大任（John T. Ma）先生取得了密切的聯絡，因為我聽說馬先生自從退休之後，一直主管美國「贈書中國計畫」（The Books for China Project）的工作。許多年下來，他多方奔走收集藏書，已經通過「贈書中國計畫」的渠道，將許多美國學者的藏書很順利地運到了中國，主要為了幫助發展中國的大學圖書館。二〇一〇年四月間，當我剛聯絡上馬先生時，他已過九十高齡，所以他催促我要趕快爭取時間，趁他還健在的時候，畫快進行運書的程序。

於是五月中旬，我和欽次開始日夜趕工，以最快的速度將八千五百多本藏書打包，共二百零二箱，並通過康州搬運公司 Anthony Augliera Inc. 將那二百零二箱的書籍運送到紐澤西州的一個叫 Round-the-World Logistics (USA) 的倉庫，等待隨時由「贈書中國計畫」負責運抵中國。

後來那二百零二箱藏書於六月六日登上了一艘名為 Mother Vessel（母船）的貨輪，由紐約出發，經過巴拿馬運河，於七月六日抵達臺灣高雄（很巧，高雄正好是我母親的出生地)。接著七月八日,那二百零二箱書又通過遊艇,從高雄被運往中國大陸,於七月九日抵達廈門,並由美國「贈書中國計畫」設在廈門的「收書站」暫時保管。後來那些書終於很順利地被轉運到了北大。不久之後,北大還為那批贈書編制了「捐贈書籍目錄」,並篆刻「孫康宜教授捐贈書籍印」,蓋在每冊捐贈書籍扉頁。

我原來計畫二〇一〇年五月要在香港的一場國際學術研討會上(由香港中文大學的張健教授主持)與北大的袁行霈教授見面,並親自把家父為我篆刻的一枚「康宜藏書」印章親自交給他。這是因為,袁教授曾經告訴我,每冊我所捐贈的書籍扉頁上都將加蓋家父篆刻的「康宜藏書」印章,以為紀念。但後來我臨時病倒住院了,只好取消香港之行。最後是我的門生嚴志雄(他正好到紐黑文開會)將那枚「康宜藏書」印章帶到香港、轉交給袁教授的。

次年,二〇一一年五月十六日下午,由北大主辦的「潛學齋文庫捐贈儀式」在靜園五院二樓會議室舉行。該捐贈儀式由袁行霈教授主持,參加該會的人士包括北京大學副校長劉偉教授、北京大學中國古典文獻研究中心安平秋教授、廖可斌教授、北京大學圖書館館長朱強教授以及北京大學國際漢學家研修基地的程郁綴教授、榮新江教授、劉玉才教授、齊東方教授等人,加上許多文史哲、考古各系的研究生。

那次我的小弟觀圻也參加了潛學齋文庫捐贈的全程儀式。到此,我珍藏了數十年的潛學齋藏書終於回到了我的出生地:北京。

此外還有一些捐贈給北大的手稿部分（如施蟄存先生給我的信札五十四件，顧廷龍的書法拓片四張，錢歌川給我的信札一封，以及我個人的學術論著手稿等），我也先後託我的耶魯同事王海文和她的夫婿傅剛教授直接轉交「北京大學國際漢學家研修基地」。後來通過聯合包裹服務中心（UPS），我又陸續捐給北大一些「潛學齋」的藝術珍藏——包括于右任的書法對聯、沈從文的書法立軸、張充和的書法兼詩詞等。

幾年之後，臺灣的國家圖書館向我索取手稿資料，為了建立「孫康宜手稿特藏」，於是我又在「潛學齋」裡找到了不少書信和手稿。後來通過耶魯大學東亞圖書館館長孟振華（Michael Meng）的熱心幫忙，也都一一捐獻給了臺灣的國家圖書館。其中還包括施蟄存的書法題字、余英時的書法立軸和詩、桑凡的書法對聯，常宗豪的題詩、朱繼榮的水墨畫「江上泛舟」、邱卓凡的書法立軸、黃麗秋的書法立軸、凌超的題簽等等。

耶魯上海生死交

二〇一〇年暑假，有關我把「潛學齋」的大量藏書捐贈給北大的消息，很快就傳遍了耶魯教授們的圈子。當時耶魯醫學院的著名教授 David F. Musto 也剛把他個人的三千多部藏書和不少珍貴的文件捐贈給了上海大學，所以我們很快就成了無話不談的朋友，我和欽次也就直稱他為 David。其實在那以前，我們早已在耶魯戴文坡學院（Davenport College）的「成員晚會」（Fellows' Meeting）上經常見面，但他習醫，我弄文，彼此隔行如隔山，所以見面雖不少，交談並不深。

但我們早已聽說，許多年前 David 曾在卡特總統執政時任「毒品管制政策部（White House Council on Drug Abuse Policy）首席顧問，他著作豐富，在美國醫學界很有影響。後來隨著中美交流的發展，耶魯大學與中國高教科研機構的合作越來越多。經過多方的努力，David 負責籌畫的項目「Center for International Drug Control Policy Studies」（國際毒品管制政策研究中心）才終於在二〇一〇年初於上海大學成立，不久他就應上海大學之邀，將前往上海參加捐贈儀式。

後來 David 與他的妻子於八月六日乘飛機抵達上海，但 David 卻不幸在飛機著陸的那一刻，心臟病突然發作，當場在機艙裡倒地猝亡，享年才七十四歲。消息傳來，耶魯師生無限悲傷。

有關 David，我們似乎和他有一種奇妙的人生遇合與緣分，尤其是後來參加 David 的追思會（Memorial Service）之後，我們更有一種會心的領悟。因而頗感生命中所謂的「偶然」，似乎充滿了一種神秘的「必然」。

且說，早在二〇〇九年秋季，來自上海的一位名叫張勇安的教授突然來訪。原來國內的一位教授托他帶一本雜誌《文衡》給我，所以有一天他找到了我的辦公室。張勇安自我介紹，說他在上海大學歷史系教書，同時也是耶魯醫學院的訪問學者。當天我們相談甚歡，離開之前他就順便在我的「簽名本子」上留言，並答應會再來造訪。

不久之後，我和欽次參加了戴文坡學院的耶誕節聚餐。那天David興致特別高，他把我和欽次拉到一旁，開始告訴我們有關他多年來和上海大學學術合作的情況。他很開心，因為他所籌畫的「國際毒品管制政策研究中心」就快要成立了。那天我第一次發現，我和David之間有許多興趣上的契合。同時，我很驚奇地發現，他雖然是醫學院的教授，卻有很深厚的文史知識。再者，我們都對跨學科研究以及中西文化交流有很大的興趣。

突然間，他很興奮地說道：「我想介紹給你一位從上海來的年輕學者，他專門研究毒品管制，這些年來一直是我的合作者，他現在人就在耶魯。」

「啊，」我幾乎打斷了他的話。「你是說張勇安教授嗎？其實他已經來看過我了。沒想到他就是您的訪問學者，真太巧了。」

那天晚上的談話給我留下很深的印象，從中我也間接地瞭解到張勇安的學術成果。（後來張勇安成為美國著名的Brookings Institute的研究員，此為後話。）我尤其欣賞David的真性情，看他如此熱心地栽培一位來自中國大陸的年輕學者，其中所付出的真誠和努力，都令我肅然起敬。

誰知那次竟是David在世的最後一個耶誕節！

據說二〇一〇年八月六日那天，David及其夫人Jeanne的上海之行，是由張勇安親自陪同的。他不但親眼目睹了David猝亡的現場，也在那次意想不到的事故中分憂解難，照顧和安慰Jeanne，在顛簸造次中協助安排了David的後事。從遺體的火化到葬禮的安排

——包括最後在上海大學的「捐贈儀式」——自始至終，可謂仁至義盡，感人至深。後來他又陪著 Jeanne 飛回美國，一路上一直抱著 David 的骨灰。

後來十二月十八日那天，我和欽次以一種沉重的心情，前往耶魯的 Dwight 教堂參加 David 的追思會。一走進教堂，就發現幾乎所有座位都坐滿了人，只見張勇安和 David 的家人早已安靜地坐在前頭，一切都極其肅穆。

但我發現，這個追思會的氣氛正適合 David 的個性：既帶有溫暖，又吻合他對人生的觀察力，置身其中，我們的感傷心情遂漸次超脫，化為對死者肅穆的懷念。首先，David 的長子彈奏巴哈的聖樂，又由耶魯老牧師 Harry Adams 帶領大家禱告。接著由 David 的次子和當時的耶魯教務長 Peter Salovey（即目前的耶魯校長蘇必德）等人回憶 David 的生平愛好，並告訴大家有關死者生前的一些特殊生活片段——包括他幼時上學即開始廣泛涉獵的情況，和後來教書時的趣事等。此外，David 的幼子和戴文坡學院的院長 Richard Schottenfeld 等人也都先後作了感人的追思。從頭到尾，該追思會讓人深深體驗到 David 一貫的做人態度與其豐富的人生經驗，同時也令人對他產生無比的思念。

追思會後，又在戴文坡學院裡舉行了一個聚餐。聚餐期間，David 家人照舊把張勇安當成他們家中的一員，並請他以「家人」的身分和與會者親切地握手。David 的女兒還告訴我，他們全家人對張勇安感恩不盡。總之，在場的客人，無不為此深受感動。

會後，我請張勇安教授再到我的辦公室重新一遊，並趁機敘舊。我按例把那個「簽名本子」拿出來請他留言並簽名。他翻閱了一下那個本子，突然很吃驚地說道：

「唉，這怎麼可能？世上怎麼有這種巧合？」接著就用手指著他去年在那「本子」上的簽名。「你看，去年我來拜訪您的那天正巧是十月八日……！而今年 Dave 去世那天也正是十月八日啊！」

我把那本子拿過來，仔細端詳一番。真的，我實在不敢相信自己的眼睛，這果然是個奇妙的巧合。

接著他就又在本子上寫道：

> 今日重回耶魯，與去年實是心情完全不同。去年是高高興興赴耶魯，同 Dave 開展聯合研究，高高興興來康宜教授的辦公室聊學問，聊相識之人。而現在同樣坐在康宜教授的辦公室，卻與 Dave 陰陽兩隔……Dave 雖然離我們而去，但他的精神將與我們同在，並陪伴我們一同前行！
>
> 張勇安，二〇一〇年十二月十八日

我把這個有關 David 和張勇安的故事稱為「耶魯上海生死交」，為要紀念一個不尋常的人生機遇。

世紀大雪

二〇一一年一月十三日那天，康州的大雪乃為平生所罕見。首先，下雪的兩、三天前，電視上已頻頻警告，說雪的厚度將達兩英尺以上，說得人心惶惶。本地的學校或公司，平時若逢大雪，多會臨時停業停課，但在當時的耶魯大學，三百年來都沒出現逢大雪學校自動停課的事情。[34]（據說，從前只有一次例外，那是一九七八那年，在一個大雪天，因為康州州長已經下令全州的學校必須關閉，耶魯才只好跟著停課一天。）耶魯的學生通常多住在校內，從宿舍步行到教室，既不困難，也無危險，至於教授們如何從家中驅車來校授課，對校方來說，那完全是他們自己的事情了。

怎麼辦呢？眼看大雪就要來了，要如何對付才好？尤其是，那正好是新學期開始的第一周，我想我無論如何也不能缺課。

左思右想，最後才想出了個妥協的好辦法。於是，在即將下雪的前一天夜裡（即一月十二日），我住進了耶魯戴文坡寄宿學院的招待所，打算第二天就從那裡步行去教室上課。心想：我也可以去學院的餐廳用餐，飲食起居，樣樣都很方便。而且，招待所位於院內特別安靜的角落，住在小小的單人間內，晚上也會感到特別舒適和安謐。明早起來，也就可

34. 一直到二〇一三年二月十一日，耶魯大學校方才開始了第一次的大雪天「全校停課」的政策。

以徑直走向教室，再不必考慮驅車上路的諸多麻煩了。

但沒料到，第二天早上正要出門，房間外頭的那個大門卻怎麼也打不開。我正覺得奇怪，突然發現那扇門是往外的。啊，我的天，一定是門外的雪積得太厚，這扇門被擋住，才無法打開！這下可糟了，我真的被大雪困住（snow bound）了。

我一時心急，翻開電話號碼，也不知要打電話給誰！跑回屋裡，打開電腦，心想是否應當給住宿學院裡的工作人員發郵件，但又想到：下這樣大的雪，辦公室裡絕對不會有人的。最後我靈機一動，急忙上樓，找到學院的 Dean（訓導長）Craig Harwood 的家門口，按了門鈴。

「啊，Craig，」看見他立刻應門，我興奮地叫了起來。「真高興，原來是你……我需要你的幫忙。我急著要趕去上課，沒想到外頭的雪積得太厚，招待所的門打不開呢！」

「嗯……我想有一個辦法可行。」他邊說邊從牆上拿下一把鑰匙，「我看，由於大雪的緣故，昨天晚上本來要住進你隔壁房的那位遠道客人好像沒能來成。或許我們可以先打開那個房間，你再從那房間的大門走出去，因為那門的方向是往裡的，和我們通道那扇門『往外』的方向不同。」

果然訓導長很快就打開了隔壁房的大門。但這時我們發現災難正在眼前！從大門看出去，整個院落的雪已堆積得像山坡一般高，而且雪花還在飄，彷彿沒有止盡，這景象令我們感到驚愕。

「啊，這樣厚的雪，妳怎麼走過去呢？妳怎麼能一個人安全地走到院落的另一邊？」訓導長用一種很焦急的聲音說道。「而且，如果要等到學院的工人最後能順利來到這個角落鏟雪，可能還要幾個鐘頭！妳一定來不及上課了！」

然而，最後我鼓起勇氣，背起書包一步一步在雪上慢慢跋涉，每走一步，雪都幾乎埋到膝蓋上。但幾分鐘之後，我終於走到了院落的另一端，並且欣喜地發現前面的小路已經清除乾淨。這時我才回過頭去，向遠處的訓導長不停地揮手，向他表示感謝。

原來當天一早鏟雪工人就來工作了，只是雪積太厚，學院的範圍又大，不可能一下子清到招待所門前。但飯廳附近的通道都已清掃完畢，我看見學生們正走向飯廳，便也跟著走進去。

早餐後，我很輕鬆地走出了學院，到了約克街（York Street），直朝研究所大樓的方向走去。但路上很滑，我將腰身前傾，慢慢地挪步前進。當時大街上積雪深厚，看不見任何車輛，只見幾個學生在那邊滑雪玩，除了雪還是雪。

突然間我看見有兩三個流浪的乞丐在路旁有說有笑，他們正在喝咖啡，還一面對我大聲說道：「早啊，走路要小心。」他們仍舊衣褲破舊，但一瞬間那種滿意的眼神散發出生命的喜悅。會不會是咖啡店的老闆在這大雪天破例請他們吃早餐，他們才這麼開心？我也微笑地對他們揮手說道：「謝謝。」

我還繼續慢慢往前走，一面仰頭遙望灰色的天空，覺得一切都如此開闊而爽淨。的確，每天生活都充滿了挑戰，但活著總是好的。在這種大雪天，人情溫暖特別顯得珍貴。

有趣的是，那幾個流浪在約克街的乞丐，突然使我聯想到唐傳奇《李娃傳》裡有關滎陽公子大雪天出外乞食的那段故事。很巧，今天上課的題目正好和《李娃傳》有關。那篇傳奇小說的大意是：有一位滎陽公子為妓女李娃花盡千金、後來流落市井，被丟棄路旁，以乞討的方式度日。但故事的關鍵是：後來在一個大雪天，命運卻改變了滎陽公子的後半生。原來，下大雪那天，公子為饑寒所迫，仍舊冒雪外出討飯，乞求之聲極為淒苦。正巧妓女李娃聽出了他的聲音，深深為他的悲慘遭遇所動，當下就收留他，並自己贖身，與滎陽公子從此生活在一起，最後在李娃的鼓勵之下，公子苦讀上進，一舉中第，夫婦兩人終身顯貴。

想著想著，我終於走進了研究所大樓（Hall of Graduate Studies），到了我的辦公室。這時我突發奇想：今天上課，何不就用《李娃傳》那段有關大雪天的感人故事作為本學期課題的「導言」（introduction）？

那天一共來了七位學生。他們果然都十分欣賞《李娃傳》有關「冒雪而出」的那一段，甚至還異口同聲地說，他們將終身不忘那天的閱讀經驗。

後來聽說，有不少教授也和我一樣，在下大雪的前一天就已經住進了學校附近的旅館或其他方便的住處，以便次日可以準時上課。

朝花夕拾惜餘芳

二〇一二年暑假期間，有一天我突然找到了一九六二那年母校高雄女中（Kaohsiung Girls' High School）的畢業生紀念冊，那是多年前我去臺灣開會時、好友張簡滿里贈我的禮物。於是我開始一頁頁翻看那本已經發黃的紀念簿，瀏覽著每一個老同學的相片，也仔細重讀畢業生彼此的贈言。當年一些簡短而平凡的贈言，今日讀來卻格外感人。猛回首，五十年彈指而過，想到如今我已到「鬢邊添了白髮」的年紀，早已過了古稀之年。只可惜畢業後大家各奔東西，除了少數幾位校友——如蔣瑪麗、張簡滿里、鍾玲、方瑜、石麗東和孫曼麗（即許倬雲教授夫人）——以外，我早已和大多數的老同學失去聯絡了。

放下那本紀念冊，我決定要尋找那些失去聯絡的老同學，和她們分享人生的閱歷，或許也能藉機找回那段沉睡了許多年的友誼。於是，我立刻發了個電子郵件給加州的蔣瑪麗（Mary Law），請她設法幫我打聽幾位老同學的聯絡方式。過了這麼多年，憑空找人有如海底撈針，其難度可想而知，所以我也不敢太寄希望。沒想到，一個星期不到就接到了蔣瑪麗的回函，大意是說：她已請老同學黃玲（當時黃玲在紐約州當醫生，今已故）努力查詢，希望很快就能完成這個任務。果然，幾天之後黃玲就來函告知，說她通過幾位老同學的幫忙，已經找到了孫美惠、高靜寬（Grace Chen）、陳淑貞（Susan Chang）、鄭春美（Grace Tsai）和黃玲等人。同時，住在西部的李惠蓉（Ruth Su）也給我寄來部分校友名單，總算讓我回歸到海外校友的總陣營了。大約有兩天的時間，我們都按捺不住心裡的激動，忽而互相打電話問候，忽而交換電子郵件。但她們告訴我，同學中有好幾位已經過世。真是世事無常，人生易老，想到這一切，就更加強化了我積極找尋老同學的決心。

事實上，我這個「尋友」的靈感其實是來自幾年前蔣瑪麗的一個真誠而執著的行動。二〇〇七年五月家父孫保羅於加州灣區去世，當地報紙登出訃聞。訃告上有我和兩個弟弟「同泣啟」的字樣。蔣瑪麗看到報紙，心想報上的這個「孫康宜」或許只是個同名同姓的人，因為她記得我父親的名字好像不叫孫保羅（父親原名是孫裕光）。儘管如此，她還是於五月十四日那天準時趕到 Fremont 的 Chapel of the Roses 禮拜堂參加追悼會。她想，或許就有那麼一個可能，或許這個「孫康宜」就是她多年來一直在尋找的老同學。

誰會料到，那次的追悼會居然成了老同窗敘舊的場合？蔣瑪麗的出現使那天許多在場的親友深受感動。生命中最深沉、最誠摯的友誼就在這事上得到了證明。記得從前在臺灣唸中學時，蔣瑪麗一直是我最親近的摯友，我曾經向她透露有關我父親坐牢的事，雖然我通常對其他同學一概閉口不提那事。奇妙的是，分別了半世紀的老同學居然意外地來到我們中間，不但為我父親送葬，並且見證我在火葬禮中為家父按鈕、進行火化的過程。如果不是那次我有幸重遇蔣瑪麗，後來肯定不會如此順利就找到了這麼多位老同學。

二〇一三年春天，蔣瑪麗告訴我，說她計畫要來東岸旅行，主要想和散布於各地的老同學敘舊。於是，我就和黃玲商量，希望利用蔣瑪麗的來訪，順便在耶魯校園慶祝我們高雄女中同一屆的校友畢業五十一週年紀念，同時我請她幫忙召集住在紐約、賓州等區的老同學。後來，黃玲告訴我，除了她和蔣瑪麗以外，還有陳淑貞、陳彩繁、羅純美諸位——包括她們的先生們——也要來參加該次聚會。後來我們安排在六月三十日舉行慶祝會，說好大家先在紐黑文的 Royal Palace 餐館見面並吃午餐。

記得六月三十日那天，在走進餐館之前，我激動得一直怦然心跳，不知我還能不能認出那些老同學來？但沒想到，我立刻就能叫出每一個人的名字。到底是老同學，雖然經過了半個世紀之久，大家仍像從前一樣，有說有笑，似乎又回到了過去的時光。最後，我們決定，為了談話方便，所有「女生」坐在一邊，其他「男生」（即我們的另一半）則坐在另一邊——好像又回到五十多年前當時臺灣那種男女分校的情況。

飯後，我和欽次帶領大家一起遊耶魯校園。我們首先循著每年耶魯畢業生遊行的路線走去——那就是，由耶魯大學圖書館前面的 Cross Campus 穿過 Elm Street 的街道，再走到老校園（Old Campus）。接著我們又走到約克街，最後走進了研究所大樓的庭院。一路上我們拍了許多照片，彷彿在彌補過去消失的許多歲月。

後來他們也參觀了我們在木橋鄉的家。一直到黃昏時刻，大家才告別。臨走前，我們每個人都依依不捨。望著他們驅車上路，我有一種傷感，但也有一種成就感，因為我們的五十一週年校友團聚進行得非常圓滿。

我把那次老同學的團聚（reunion）取名為「朝花夕拾惜餘芳」的團聚，因為我們有如一群賞花人，在「黃昏」的時刻仍然十分珍惜那些落花所留下的芬芳。

七十而「從心所欲」

二〇一四年二月下旬，在我過七十歲日的當天，我對自己說：「從今以後，我可以『從心所欲』了。」孔子曾說：「七十而從心所欲不踰矩」，但我以為到了七十歲，即使「踰矩」也無所謂了。尤其是，當時我已開始懂得「含飴弄孫」的樂趣（我的大孫女早已出生），覺得人生沒有比親情更重要了，從此以後，我一定要放鬆自己，好好享受晚年了。

就在那段期間，我們東亞語文系和耶魯東亞研究中心卻悄悄地為我籌備了一個七十歲的生日慶典。該會定於三月七日下午四時於研究所大樓的二一七室舉行。在那以前，我一直被蒙在鼓裡，直到大會的前兩天，欽次才偷偷告訴我，說當初是我的幾個博士生與東亞語文系系主任呂立亭（Tina Lu）一起暗中串通，才開始想要給我一個七十歲生日慶典的驚喜。

三月七日那天，我和欽次準時抵達現場。一走進二一七室，只見我從前的博士生高岩（Edwin Van Bibber-Orr）笑著走來向我獻花。當時整個龐大的教室已經坐滿了人——除了我的許多學生之外，還有不少耶魯的同事，包括 Edward Kamens、Aaron Gerow、Chloe Starr、胡明曉（Michael Hunter）、Pauline Lin、康正果、周雨等人早已坐在那兒。此外，耶魯東亞圖書館館長孟振華（Michael Meng）以及遠道而來的馬泰來（普林斯頓東亞圖書館長）和 Wendy Swartz（Rutgers 大學的教授）都在向我揮手。

那天，蘇源熙（芝加哥大學比較文學特級講座教授）也特別從芝加哥趕來。到了會場之後，我才知道他是幕後的籌備人之一，也是當天的主講人。蘇源熙是我一九八〇年代的博士生，他認識我最久，也最知道我的性格。有趣的是，他那次演講的結語居然與我之前為自己所定的七十歲「心志」（resolution）一模一樣：

> Confucius said about himself, perhaps at a birthday party with his disciples ...that 「七十而從心所欲不踰矩」（At seventy I could follow the desires of my heart without overstepping the bounds.）Kang-i, may you long follow the desires of your heart—從心所欲. No one who knows you has the slightest worry that you will overstep the bounds.

> 孔夫子也許是在他的一次生日聚會中談到他自己時、對弟子們說過這句名言：「七十而從心所欲不踰矩」。康宜，妳盡可以做妳從心所欲的事情吧，凡是了解妳的人都不會擔心妳踰矩的。

一說到孔子，我不知不覺就轉頭朝向同事胡明曉笑了笑，因為他是研究孔子的專家。後來接著又由王敖（衛斯理安大學教授，也是我從前的博士生）唸一首他的白話詩，並由我當時班上的學生 Jesse Green 譯成英文。最後系主任呂立亭上台，以一種充滿幽默風趣的口氣，做了簡短的結語。

當天的晚宴在著名的四川飯館 China Taste 舉行，他們為我預備了一個特大號的生日蛋糕。當天晚上的主講人是史丹佛大學的艾朗諾教授，我的同事 Edward Kamens 也接著起立致辭。後來聽說艾朗諾在百忙中、特地從老遠的加州飛來，只為了參加我的七十歲生日晚宴，令我感到十分不安。

我所認識的 Tony（余國藩）

芝加哥大學的著名講座教授余國藩（Anthony C. Yu）是我在美國學術界的摯友和最欽佩的學者之一，我和欽次都一直喊他作 Tony。在他很年輕的時代，Tony 早已在西方學術界中享有盛名。他精通西方與東方的文學和宗教，而且熟諳拉丁文、希臘文、希伯來文、義大利文等七、八種歐語，又是芝加哥大學著名的 Committee on Social Thoughts（社會思想委員會）的重要教授成員。他的《西遊記》英譯本四大冊早就於一九八三年由芝加哥大學出版社出版，被視為漢學界的經典之作，當時他才不過四十五歲。後來將近三十年後，他又以一種埋頭苦幹、再接再厲的精神完成了《西遊記》英譯本四卷的全新「修訂本」，更是深獲好評，令人肅然起敬。

但我所認識的 Tony 卻不只是個巨星型的學院人物。他是一位被余英時先生稱讚為「才優德更超」的「高士」，[35]也是一位名副其實的詩人。

我早在一九七七年就領會到了 Tony 那種「才優德更超」的品格。當時我只是普林斯頓大學的一名窮博士生，對於 Tony 來說，我應當只是一個陌生人。但因為當時我正在為父母（白色恐怖的受難者）申請從臺灣移民到美國的出國手續，遇到了前所未有的艱難，最後經過導師高友工的建議，就冒昧求救於 Tony。其中問題之複雜、情況之危急，實在很難為外人道也。但 Tony 卻很耐心地為我指點迷津，並以一種雪中送炭的精神終於幫助我們過關。自從那次以後，我一直把 Tony 當恩人對待。後來二〇〇二年，當我開始寫《走出白色恐怖》那本自傳時，我向 Tony 提起了從前一九七七年他如何幫助我父母的那段經過，但 Tony 居然說他完全記不得了。後來他來信說道：「Providence indeed was bestowing guidance and blessing on your parents，innocent and virtuous as they have been all along.」（「造物主真的特別引領和祝福你的雙親，因為他們一直是無辜而善良的。」）

後來我才知道，即使 Tony 從未經過白色恐怖的迫害，他的幼年時期也曾經過了不少逃難的困境。Tony 於一九三八年生於香港，後來當他才三歲大時（一九四一年），為了躲避日軍的襲擊，他和家人一起逃到了大陸的老家去避難。當時他的祖父每天都講《西遊記》的故事給三歲的 Tony 聽，主要為了讓幼小的孫兒能從可怕的砲火連綿中轉移注意力。大約

35. 見余英時〈悼國藩三首〉其二。《余英時詩存》（臺北：聯經出版公司，二〇二二年），頁一六三。

就在那段中日大戰的期間，Tony 漸漸從老一輩的親戚們那兒學到了撰寫詩詞的技術。難怪《西遊記》後來就成為 Tony 的終生研究對象，而這部篇幅龐大的小說（書中瀰漫著無數詩詞）也經常提醒他有關幼年的記憶和想像。作為一個學者型的大忙人，Tony 經常把他在日常生活中對生命的敏銳和細膩的洞察化為詩詞。在他的詩作中，他尤長於從日常感懷的抒發中流露出樸素的哲理，再加上寫作技巧也很嫻熟，所以很容易引發讀者的共鳴。

作為 Tony 的多年朋友，我經常在和他來往的信件中，讀到了他的許多詩詞作品。Tony 的詩作有律詩、絕句、詞作等，大多是寫給友人、親人的，也有寫給他自己的。記得他最早與我和欽次分享的一首詩歌題為〈浣溪沙〉（副標題：「六十自娛」），那首詞寫於一九九八年。

二〇〇五年 Tony 從教學退休之後，他仍專心致力翻譯，可謂退而不休。在短短的一年內，他居然完成了他的英譯《西遊記》節本，題為 *The Monkey & and Monk: An Abridgment of The Journey to the West*（Chicago: University of Chicago Press, 2006）。他告訴我，說他之所以出版此節譯本，主要是為讓同行的學者們便於教學。其實他早就有出版這本節譯本的想法，只是多年來忙於教學，一直到退休之後才終於如願。[36]這個節譯本做得十分完美，後來我每年在「人與自然」（Man and Nature）的課上都用它作為教材，而學生們也都很喜歡 Tony 的翻譯。記得該書出版後，Tony 十分開心，他曾寫五首詞以為紀念，題為：〈憶江南〉，副標題為：「《西遊記》新稿將成，自娛自嘲」。

令我感到驚奇的是，與此同時，Tony 已開始著手另一個更大的工程——即進行他那四大冊《西遊記》全譯本的全新修訂版。他知道這將是一個極大的挑戰，需要幾年的時間才能完成，但他樂意全力以赴做這件事情。[37]後來經過幾年的努力，他終於在二〇一一那年大功告成。這是一個名副其實的「全新修訂本」，他在信中解釋道：「譯本中許多部分的文字都改寫了，尤其是詩歌翻譯的部分，還有註釋也徹底修訂過。此外，〈導論〉的部分也加長了許多，希望能涉及有關《西遊記》的最新研究，並且加入我對宗教背景的一些嶄新的認識。」[38]令我感到喜出望外的是，在這個「馬拉松」式的長年努力之後，Tony 仍不忘寫詩抒懷。他在給我的信中照常附上幾首詩，其中一首〈鷓鴣天〉詞就是寫有關他完成《西

36. 二〇〇六年十月三十一日 Tony 給我的來信寫道：「... I am very pleased to know that you like the new abridgment.Indeed, I did it with the fond hope that it would serve classroom needs for many friends and colleagues... The one good thing about retirement is that I seem to have a bit more time for reading and writing, and the shortened Xiyouji is one result.」

37. Tony 來信中寫道：「Meanwhile, I am thinking of revising and updating my entire four-volume Journey to make it consistent with the new abridgment. This will take a few years, but that should keep me happily occupied.」（二〇〇六年十月三十一日來函）。

38. Tony 來信的原文是「The text has been re-written in many places, especially the translated poems, and the annotations extensively revised.The Introduction is much longer and, hopefully, made response to all the current pertinent scholarship on the novel and on the religious context that I know of.」（二〇一一年九月十四日來函）。

遊記》全譯修訂版之後的感想。有趣的是，在那首詞中，他寫的不是他的學術成果，卻是他的身體逐漸老去的狀況，既有自娛的成分，也有自嘲的作用：「稿竣詩來心恥老，肌酸指硬骨驚風。」但詩人最終的結論是：「此身如寄應知足。」有關老年的自然身體變化，Tony 一直很懂得欣然承受，他在信裡就很寫實地描寫道：「許多和筋骨、牙齒、皮膚、眼睛有關的毛病也都準時降臨在我們身上了。」[39]

二〇一二年五月三十日，我和欽次正在羅馬度假，收到的第一封電子郵件就是來自 Tony 的問候，但他說他剛見過他的心臟科醫生，醫生表示對他的心臟病不太樂觀。

二〇一二年十二月，《西遊記》全譯修訂本四冊均按時出版，但 Tony 的心臟毛病也跟著惡化。在十二月二十八日他寫給我們的一封來信中，他說經過多方診斷，已決定接受醫生的建議，準備次年一月十四日就要做一次心臟大手術。那次的手術很成功，不久我們就收到 Tony 的來信和他的《西遊記》全譯修訂本四冊贈書，扉頁上的題字寫道：「For Kang-i and CC, In gratitude for many years of genial friendship.」（「給康宜和欽次，感謝你們許多年來的溫馨友誼。」）

二〇一三年的九月、十月間，Tony 與他的妻子 Priscilla（冰白女士）為了慶祝結婚五十週年，特地往歐洲作了一次短期船游，「啟程自義大利東北港口威尼斯島」，途經希臘海岸、伊斯坦堡等處。後來 Tony 還寄來他的詩作〈威尼斯之夜〉，與我們分享他們的「難忘佳境」。

二〇一四年的聖誕前夕，Tony 發來了一封很長的電子郵件，他在信中向我詳述他們夫婦一年來賣掉舊宅的經過和搬入新居的計畫。為了方便 Priscilla 治療膝關節病，他說他們就快要搬進一個離醫院很近的公寓了。信中還附了幾首詩歌，描寫他們夫婦一年來的生活經驗和行蹤。

誰知不久之後，二〇一五年的春天，Tony 的病情又突然惡化，而接下來的心臟手術也沒有成功。終於在五月十二日那天，我從 Tony 的門生李奭學那兒聽到 Tony 在醫院裡病逝的消息，享年七十六歲。

收到消息之後，我驚慟不堪，於是我立刻翻箱倒櫃，找出了許多 Tony 的詩詞作品，很快就寫完了一篇文章，題為〈讀其詩，想見其為人——悼念余國藩教授〉。

恩師高友工的真傳

二〇一六年十月二十九日上午十一點半左右，我突然接到江青從紐約打來的電話，說我的恩師高友工教授走了，他走得那麼突然。據江青說，友工師過去時大約是十月二十八日晚到十月二十九日清晨（美國東岸時間）之間，是在安睡中去世的，那正是三更半夜的

39. Tony 信中的原文是：「... ailments—of bones, teeth, skin, or eyes—descend on us with clock-like punctuality.」（二〇一一年九月十四日來函）。

清靜時刻。據江青說，在那以前的幾個鐘頭，高先生還和朋友吃了一頓很豐盛的晚餐，完全沒有異樣。我想，或許他是為了避免和親友們告別，所以才在大家不注意的時刻，獨自離開了這個世界。

掛上電話之後，我一直在想：高先生真是一個奇人，連他去世的方式也充滿了詩意。我想起了他經常朗誦的一首唐詩：「人閑桂花落，夜靜春山空。月出驚山鳥，時鳴春澗中。」（王維）詩中描寫一個十分幽靜的境界，因為「夜靜」，所以連明月都能驚動山鳥。我想友工師大概是在這樣一個幽靜的夜晚離開了。雖然他一直住在紐約市中心，但我知道他的心靈深處總是閑靜的。

我也同時想到，像高先生這樣難得的一位師長，我們身為他的弟子，都應當感到光榮。他學貫中西，知識有如百科全書般的豐富，尤其他上課時的瀟灑風采令人難忘，所以臺灣的柯慶明教授曾稱他為「藐姑射山的神人般的高先生」，美國學生則稱他為「legend」（傳奇）。他是北美一九七〇初至一九九〇年代末（一直到他一九九九年退休）在中國古典文學研究方面產生過極其重大影響的導師之一。他的弟子們執教於哈佛、耶魯、普林斯頓、史丹佛、布朗、密西根、伊利諾等大學。另一方面，他除了文學，還有美學、舞蹈、崑曲、表演藝術等方面的造詣，同時，他還是美食家，他真是一個了不起的全才。他去世之後連續三天，普林斯頓大學曾降半旗致哀。但作為他的學生，我們應當如何紀念他輝煌的一生呢？

於是我立刻聯絡普林斯頓東亞系的系主任柯馬丁（Martin Kern）和田安（Anna M. Shields）兩位教授，請他們系能為剛過去的高先生主辦一次追思會。當時我自告奮勇，說我願意主動聯絡校友及高先生的親友們，並負責收集大家的「悼詞」（tributes）。不久普大方面就推舉他們的東亞圖書館館長何義壯（Martin Heijdra）作為追思會的另一個聯絡人，於是我們大家一起合作，一切都進行得很順利。首先，我請康乃爾大學的梅祖麟教授和普大的浦安迪教授（他是高先生的高足）作為「訃文」（obituary）的撰寫者。後來我又請許多老同學和高先生的親友們撰寫各自的「悼詞」和相關的短文，終於集成了一本長達五十五頁的《追思》（Remembrances）紀念冊——其中包括鄭培凱的「亦師亦友」悼詞書法和余英時〈輓高友工〉的輓聯集句：「人奉高名非所取／天生清福不須脩。」

記得有關那本《追思》紀念冊，還有一段動人的插曲。在高先生去世後的第三天，我就在我的「女性與文學」的課上宣布我的普大導師逝世的消息。當天我正好在介紹有關中國古典抒情傳統的問題，那也就是我從高先生那兒學到的所謂「抒情式的批評」（lyrical criticism）。當時我的班上有一位名叫蔡雨錢的碩士生（專攻東亞研究），一聽到「抒情」兩個字，他立刻從背包裡抽出《抒情之現代性》一書（那是他剛從耶魯大學圖書館借出的一本論文集），他很興奮地發現高友工先生原來就是書中的重要作者之一。於是他就緊緊地握住那本書，彷彿頓時師承了一個寶貴的護身符，心想：「這真是一個巧合，我開始準備研究抒情傳統的時候，也正是拓荒祖師高先生謝世的時刻。」但他也同時領悟到，這絕不是一個巧合，高先生所主導的「抒情傳統」研究將一代一代地傳遞下去。後來那天下課後，蔡雨錢迫不及待地與我分享他的這段寶貴的「抒情」心境。接著，他就自告奮勇地為《追思》紀念冊寫了一段悼念高先生的「悼詞」：「As perhaps the youngest to write a tribute to Professor Yu-kung Kao, I hope I do not have the least to say. This is because being born six decades apart might not be a barrier to understanding, but rather a sign for the perseverance of a tradition that Prof. Kao carried on and embodied....」（「我大概是為高友工教授寫悼詞的最年輕的一位，但希望我的悼詞還不至於太膚淺。這是因為，雖然我的年齡與高教授相差了六十多年之久，這並沒有阻擋我這個後來者對前代祖師的理解；年齡的差距正好證實了高教授學術傳統的繼續傳承與體現……。」）

後來追思會於二〇一七年三月十一日下午二時在普大 Jones Hall 大樓的會議室（202 Jones Hall）準時召開。當天參加追思會的人接近上百人，高先生的姊姊高筠若（Chun-juan Kao Wang）和她的兩個女兒（Vivian Wang 和 Effie Petersdorf）及兒子 Andrew Wang 早已在門口與大家握手。余英時夫婦和高先生的摯友江青等人也都早已到場。追思會開始時，首先由主辦單位的柯馬丁、何義壯和 Willard Peterson 致辭，接著就由高先生的弟子們和友人相繼上台發言——發言人除了我本人之外，還有浦安迪、林順夫、Dore J. Levy、蔡宗齊、姜斐德（Alfreda Murck）、賴彼德（Peter Lighte）、白慕堂（Thomas Bartlett）、Michael Mao、Douglas Dunn 和 Ze'eva Cohen。同時 Andrew Wang 也代表高先生的家屬致辭。接著由Mo Chen女士放映一連串的紀念照片及影片，包括一九三二年高先生幼時（當時才三歲）與家人在瀋陽的合影。最後則放貝多芬鋼琴奏鳴曲第三十二首（The Piano Sonata No.32 in C minor, Op. 111）的演奏唱片，因為那是高先生生前最喜歡的曲子。那次欽次特別建議要放俄國天才鋼琴家Daniil Trifonov的演奏版本，因為晚年的高先生曾在二〇一五年的一次音樂會中聽過Daniil Trifonov演奏貝多芬奏鳴曲第三十二首，很受震撼。

此外，那天在高先生的追思會中，最令我印象深刻的是：幾乎所有上台發言的人都談到了高先生的笑容，那是大家所忘不了的。即使在高先生的最後幾年，當他的身體已經變得十分虛弱了，他仍照樣談笑風生。每次我與老同學談到過去在普大上課的情景，總會自然而然地想起當年在課堂上，高先生總是笑容滿面的情景，令人感到無比的溫馨。記得他最經常引用的一節文字來自《莊子》。那就是〈大宗師〉裡有關子桑戶、孟子反、子琴張三人為友的那一段：「三人相視而笑，莫逆於心，遂相為友。」大意是說，三個陌生人突然碰在一起，他們只是相視而笑，心心相印，就自然結為好友了。我想，多年來高先生所交往的朋友和苦心栽培的學生們無可計數，大概他的成功秘訣就是與人「莫逆於心，遂相為友」，所以他總能在談笑中進行知識上和情感的交流。所以我們經常開玩笑說：「高先生的笑容就是他的註冊商標（trade mark）。」

但如果有人問我，什麼是我的導師高先生的真傳（legacy），我一定會說：「那就是他的細讀（close reading）秘訣。」在半個世紀以前，如果不是高友工教授不斷教導我如何細讀文學（包括中西文學、藝術、電影等），並鼓勵我努力不懈地朝那方向走去，我也不會養成今日凡事細讀的習慣。高先生對我影響最大的就是「藝術即人生，人生即藝術」的生活態度。換言之，只要是我真正熱愛的題目，我都可以細讀研究，不必局限於我過去所熟悉的領域。但我以為高先生授課成功的秘訣就是懂得如何細讀各種文本，而且能把他個人的細讀經驗以一種活潑親切的方式傳達給學生，因此凡是修過高先生課的學生都會感到樂趣無窮，獲益非淺。對我個人來說，高先生的博學及其細讀的本領最能啟發我去廣泛涉獵。自從我一九七八年從普林斯頓大學畢業後，數十年間一直不斷與高先生保持密切的聯繫，一直到他去世前不久，所以他對我的影響是終身的，也就是說，高先生是我的終身導師。高先生教給我的「細讀」秘訣一直讓我受益不盡。他經常對我說：「只有通過細讀文本的功夫，你的閱讀經驗才能真正成為你自己所有，任何套用理論的東西（無論如何誘人）都是外在的。而且細讀的樂趣沒有止盡，它會讓你永遠不覺得孤獨。」

為了紀念高先生逝世一週年，我特別編選了一本自己談閱讀心得的集子。後來有幸得到蘇州大學王堯教授的推薦，由譯林出版社出版，書名為《細讀的樂趣》，該書的「題獻頁」（dedication page）寫道：「僅以此書紀念高友工教授」。

作為一個終身愛書、買書，對書籍愛不釋手的人，高先生生前的藏書之多令人讚嘆。自從一九九八年退休之後，他總是談到他如何處理那些藏書的事情，幾年下來，他終於把滿屋的藏書大部分都分贈了出去。記得二〇〇八年我也繼承了他許多藏書，包括一套十分珍貴的莎士比亞全集。

高先生去世之後，他的家人為他處理後事，後來把他剩下的三百多本藏書（共九包）郵寄到我家，暫時由我保管。二〇一八年，通過王敖教授（我從前的博士生）的幫助，那三百多本藏書終於有了一個理想的歸宿——那就是衛斯理安大學（Wesleyan University）著名的「志學堂」，即該校的東亞中心（The Mansfield Freeman Center for East Asian Studies）。為了那次捐贈，我特別請人作了一個「追念高友工教授」（Memory of Prof. Kao Yu-kung）的印章，並請我當時的博士生凌超在每一本書的扉頁上加蓋這個紀念圖章。後來我和凌超兩人又合力把高先生那三百多部藏書郵寄到衛斯理大學，總算完成了三代之間的師承脈絡。

與戴文坡學院的特殊緣分

二〇一八年四月二十日是耶魯大學戴文坡住宿學院（Davenport College）的一個重要的日子。就在那天我和該學院的前任院長 Richard S. Schottenfeld，還有另一位教授 Paul Kennedy，以及三位校友和三位工作人員分別出現在兩幅很大的畫像中，一起被高挂在戴文坡的飯廳牆上。當天院長 John Witt 主持「剪綵典禮」（稱為 unveiling ceremony）。該典禮雖短，卻十分莊嚴而感人。許多耶魯的行政人員、教授、講師和學生們都參加了那次盛會。令人矚目的是，那兩幅畫像乃由美國著名畫家 Brenda Zlamany 所繪，在那以前她早以

「耶魯十九世紀末七位女博士畫像」的經典之作（目前展現在耶魯大學總圖書館中）聞名常春藤校園。（順便一提，最近於二〇二三年六月三日，畫家 Brenda Zlamany 又完成了另一幅重要的畫像——那就是紀念耶魯「男女合校」的功臣 Elga Wasserman 的畫像。這些年來，Brenda Zlamany 已成了耶魯大學的專業畫家。）

話說，有關二〇一八年四月二十日在耶魯戴文坡學院舉行的那次剪綵典禮，我當時的內心充滿了好奇。首先，我的感動興奮之情自不待言。然而，戴文坡學院充滿了許多名教授，而我自認並非該學院最傑出的教授。心想該學院的委員會怎麼會選上我，讓我成為畫像裡的人物之一？總之，當時我想不出有什麼特殊理由，讓我也和其他幾位人士一起進入畫中，一同走進了耶魯的校史。確實，這種把住宿學院的院長和精選的教授、學生以及工作人員的集體畫像掛在牆上的作法，在耶魯還是第一次發生。

直到剪綵典禮結束之後，我才從院長 John Witt 那兒得到了事情的真相。原來當初這個集體畫像的想法完全是前任院長 Richard S. Schottenfeld（我們一直喊他做 Richard）的獨創。耶魯一共有十四個「住宿」學院（在二〇一七年以前，只有十二個），每一個學院都有一位負責的院長（即所謂的 Head，從前叫做 Master），也都是著名的教授，但很少有人像 Richard 擔任了那麼久的住宿「學院」院長。眾所周知，住宿學院的「院長」職責相當繁重。然而，Richard 在戴文坡學院前後一共做了長達十六年的院長，而且他同時也在耶魯醫學院精神科系擔任教授重職和神經治療醫師，專門負責醫治「藥物濫用」（substance abuse）的患者。總之，他在耶魯一共服務了三十三年之久，而最後的十六年尤其忙碌，因為他不但擔任戴文坡學院的院長，還得教書兼看病人。直到二〇一七年六月他從耶魯醫學院退休，轉往老家華府附近的 Howard University 醫學院繼續任教，他才真正離開了耶魯大學。

據說在 Richard 搬離紐黑文之前，戴文坡學院的委員會就向他提出有關要為他訂製一幅單獨畫像的計畫，該畫擬展現在該學院的餐廳裡，以表彰他多年的功勳（就像早已陳列在飯廳裡的幾幅上世紀以來的院長畫像）。然而，Richard 卻另有想法，他說他寧願出現在一個代表戴文坡學院社群（community）的「集體畫像」中，這樣對他個人也比較有紀念意義，因為每個住宿學院之所以重要，乃在於它給人的「歸屬感」（sense of belonging）以及人與人之間彼此互動的關係。於是，除了他本身之外，他還推薦了其他八個人與他一起入畫——那就是，兩位資深的教授成員（歷史系的 Paul Kennedy 和我）、三位具有代表性的校友和三位工作人員（包括飯廳裡的掌廚師）。不久該學院的委員會很快就通過這個九人「集體畫像」的建議，也完成了募款的程序，一切就只等新院長 John Witt 於七月一日上任、並開始執行此事。

九月間，畫家 Brenda Zlamany 開始分別採訪了我們九個人，有人遠在加州，有人近在華府。關於每個人，她最少拍了二百張以上的獨照。後來畫家 Brenda 經過幾個月的努力，又憑藉她的非凡想像力，最後終於創造出兩幅令人驚喜的「集體畫像」。據 Brenda 說，她之所以決定把一幅集體畫像分成兩幅，乃是為了配合飯廳的牆壁大小及位置。

總之，是那種與戴文坡學院之間的不尋常緣分，使我有幸出現在該院的餐廳牆壁上。早在四十多年前（一九八二年十二月），我就被選為戴文坡學院的教授成員（Fellow）。二〇〇六年欽次退休後，他也被正式聘為該院的成員，目前與我同時享受「午餐免費」的特殊待遇。每次我們到戴文坡學院的飯廳用餐，目睹牆上的集體畫像，都很自然地勾起了一段美好的回憶。

這些年來，每到耶魯畢業典禮，我和欽次都會穿上母校普大的博士畢業袍，並戴上戴文坡學院的別針，與其他許多成員拍成一隊，一同走在多采多姿的旗幟後面，興高采烈地在耶魯校園裡遊行。我想一定是Richard所謂的社群（community）「歸屬感」給了我們那種「老當益壯」的樂趣吧。

耶魯神學院的「孫保羅裕光特藏」

二〇一八年七月初，我忽然接到一位中國大陸的筆友吳永勝先生用國際特快寄來的三期《社會科學季刊》，信封裡裝的每期季刊都印有周作人的簽名和蓋章。再細看，才發現那是一九四二至一九四三年間由北京大學法學院出版的學術刊物。心想：當時的北京已經陷入了「淪陷區」，應當是屬於日本扶持之下的汪精衛政權吧？吳永勝是怎麼得到這些刊物的？

據吳永勝說，那些季刊已成為今日市場上的珍貴「古物」。原來他是花了九牛二虎之力才買到那幾本刊物的。他之所以想買給我當禮物，主要是因為其中一期刊有我父親孫裕光於一九四二年冬季發表的一篇文章，題為〈自然法思想與社會構成理論之課題〉。家父撰寫這篇文章時，他才二十三歲，還在日本留學，剛要由早稻田大學政經系畢業。所以吳永勝說他非常重視家父這篇早期的作品，他不但為我把那篇文章重新打出來，還逐字校對，為了給我做個紀念。

不用說，我當天立刻閱讀家父的那篇文章。同時我也把文章發給武漢大學的韓晗教授。韓晗很快就寄來了他的讀者反應，而且告知所謂「自然法」（natural law）是西方法學研究的一個重要概念，他以為在一九四〇年代初期，自然法觀念才剛剛傳入中國，而家父以一個大學生，就能「發前人未發之聲」，尤其面臨中國國難當頭，居然能如此高瞻遠矚，很令人欽佩。

幾天後，我突然想到，既然吳永勝寄來的那幾期《社會科學季刊》如此珍貴又難得，我應當把它們捐贈給一個圖書館，以為永久收藏之計，也可因此受惠於來日的讀者們。於是七月十四日那天（是個星期六），我忍不住發出了一封電子函給耶魯東亞圖書館的館長孟振華先生，問他耶魯大學圖書館是否會有興趣收藏。

幾個鐘頭之後，我立刻就收到了孟館長的回覆，他說：「These journals are very valuable!」（「這些期刊非常寶貴！」）他說他已經查過 OCLC（美國國際圖書館電腦中心）的書目資訊網絡，知道在北美只有三家圖書館收有那些季刊——即美國國會圖書館

（Library of Congress），以及史丹佛大學和康乃爾大學圖書館。而且他還發現，當時北京大學的《社會科學季刊》只出了八期就停刊了——那就是，從一九四二年春季到一九四三年冬季出版的八期。不用說，鑒於當時的政治社會情況，這幾期季刊都是彌足珍貴的。所以，他說耶魯大學圖書館很歡迎我的捐贈。但因為那些季刊已經十分老舊，需要特殊保護和處理。他想將它們先送到耶魯大學圖書館的保存部門（Preservation Department）裝箱，再送到一個叫 LSF-R（Library Shelving Facilities-Restricted）的龐大書庫上架。將來讀者們想看那些季刊時，他們只能在 Manuscripts & Archive（手稿與檔案）部門的閱覽室裡閱讀（就如夏志清教授的耶魯博士論文那樣，讀者們只准在該閱覽室閱讀）。

孟館長很是熱心，他還發來家父那篇文章〈自然法思想與社會構成理論之課題〉的PDF電子版，那是他從上海圖書館的數據庫裡找到的。同時，他還與我約好，說他將於七月十八日上午到我的新辦公室來領取那三期《社會科學季刊》。

記得七月十八日那天，孟館長剛走進我的新辦公室，一眼就瞥見了書架上有一本家父的書，《一粒麥子》。沒想到那一瞬間的場景卻引向一個我完全沒有預料到的鴻福。

「啊，這不就是您的自傳《走出白色恐怖》裡所提到的那本令尊的大作嗎？」孟館長一邊打開那書，一邊繼續說道：「封面那四個字『一粒麥子』是令尊親筆寫的嗎？他的書法美極了。」

「是啊，家父身後留下了許多有關信仰方面的書法和手稿，數量之多，令人驚嘆。而他當年寫那本《一粒麥子》的書，主要是為了紀念我母親去世一週年。一九九七年秋季我母親去世後，家父突然有個靈感，覺得他應當把他這些年來在美國各地教會講道的內容寫出來，並編成一本書，以給初信的基督徒作參考……」

「我看，您還不如把令尊的書法和有關信仰的手稿捐獻給耶魯神學院圖書館特藏部門（Special Collection, Yale Divinity Library），而且那幾期《社會科學季刊》也可放在一塊，這樣資料也比較齊全。我目前正好在主管耶魯神學院圖書館的中文部，我可以先向特藏部的主任 Christopher Anderson 打個招呼，但按規定，您還必須交出一份詳細的申請書，只是通常他們需要很長的一段審查時間。」孟館長很誠懇地說道。

聽到孟館長的這一番話，我真不敢相信自己的耳朵。這個有關把父親的手稿捐贈給耶魯神學院圖書館特藏部的建議，真是太好了。自從父親過世之後，我和兩個弟弟繼承了父親的許多書法作品及書信。這些年來，我經常瀏覽父親的靈修書法及書信。父親曾走過「白色恐怖」十年的囚刑生活，一生三次撕毀聖經，後來卻奇跡般地成為虔誠教徒。從許多方面看來，他的書法乃是他信仰生活的最佳見證。他把渴慕神的心，用傳統的中國書法藝術表現出來，既是一種美好的靈修方式，也是一種誠摯的抒情。因此，我一直想把父親的書法作品以及他的書信、日記等整理出來，再加上背景資料和註解，並將它們出版成一部專書，作為獨特的歷史紀錄。此外，我發現父親生前的《一粒麥子》「自用本」（一共有兩本）充滿了密密麻麻的增補及修訂，足見他一直不斷在努力改進，而且直到他生命的最後階段似乎尚未完成改訂的過程。（其中一個「自用本」註明是「修訂本」，另一個「自用本」似乎才開始改訂。）從父親的許多增補和「更正」的手稿中，我頗能感受到他最後幾年的心路歷程。對一個大半生從事文學研究的人來說，這真是研究父親手稿及作品「文本」（texts）的大好機會。所以，近年來我也一直盼望能早日把父親的《一粒麥子》修訂本整理出來。但遺憾的是，多年來的教書工作異常忙碌，所以有關以上這兩個出版計畫，我卻一拖再拖，無法如願。現在如果耶魯大學神學院圖書館的特藏部門願意為父親建立一個特殊的館藏，那就太理想了。我可以利用這個難得的機會，趕快把父親的書法、書信、日記等整理出來，一方面可以及時把父親手稿的正本捐贈給耶魯，另一方面我也能開始為家父編訂兩本書，可謂一舉兩得。

由於欽次的大力協助，我前後只花了三個星期的時間，就把家父的手稿（包括書法、日記、書信），出版物，以及講道的錄音和錄影片等整理完畢。八月六日那天，我終於把有關「Collection of Paul Yu-kuang Sun」（「孫保羅裕光特藏」）的「申請書」（proposal）發給了耶魯神學院圖書館特藏部的主任 Christopher Anderson 先生。

沒想到第二天（八月七日）一早我就收到了 Christopher Anderson 先生的電子函，說他們的圖書館特藏部已經接受了我的申請書，願意為我父親建立一個「孫保羅裕光特藏」。這個大好消息令我欣喜若狂，於是我立刻通知孟館長。很巧的是，那天中午我和欽次早已安排要在 Union League Café 飯廳請客——客人包括孟館長，還有來自臺灣的李奭學博士及其家人。有趣的是，那個午餐就成了「孫保羅裕光特藏」的慶祝會。記得那天的午餐期間，孟館長一直說，他從未見過這麼快就得到耶魯神學院圖書館特藏部的「接受書」（letter of acceptance），至少他從未見過任何先例。另外，在座的李奭學也感到異常興奮，尤其是家父在一九九二年寫那幅寶貴的「康熙十架歌」的書法時，[40]也同時抄了一份贈給李奭學，因為他知道李奭學是研究明清耶穌會的專家。誰能預料到，二十六年之後，父親那幅「康熙十架歌」的書法將永久存藏於耶魯神學院的圖書館中。李奭學因此感嘆道：「能得到令尊那幅『康熙十架歌』書法的另一個版本，一直是我的榮譽。令尊的書法至今仍高掛在我的辦公室裡。」

後來八月十七日那天，我和欽次終於將家父的書法和其他手稿，以及講道的錄音和錄影片等物件，一齊送到了耶魯神學院圖書館的 Christopher Anderson 先生手中。

上頭已經說過，能藉著那次將父親的書法和手稿整理出來的機會，好好地開始編訂父親的兩本書，一直是我個人最大的願望。但當初七月十八日那天與孟館長見面之後，剛抵家門卻又開始疑慮起來。心想：要找到一家理想的基督教出版社來出版家父的兩本書，談何容易？後來經過一個星期不斷與臺灣的幾家基督教出版社聯絡之後，果然發現出版之事困難重重。但後來又想：我還是暫時先聘個打字員把父親的《一粒麥子》重新打出來再說，

40. 相傳清朝康熙皇帝所寫的〈康熙十架歌〉乃是一首膾炙人口的七言律詩，原題為「基督死」，亦稱為「十架頌」。

這樣將來一旦找到合適的基督教出版社，也就能水到渠成，可以省去許多時間。

突然間，我想到臺灣的秀威（Showwe）出版公司有很好的打字員，因為從前他們在出版我的《孫康宜文集》五卷本的過程中，有一位非常優秀的打字員曾幫過我大忙。於是，七月二十五日那天我就給秀威的統籌編輯鄭伊庭女士發出了一封電子函，請她為我物色一位好的打字員，因為我正要開始編訂家父的兩本有關基督教信仰的書，同時也在找一家合適的基督教出版社。

沒想到幾個鐘頭之後就收到了鄭伊庭女士一封出人意料的回信。她說，如果我同意，他們的秀威出版公司很願意出版家父的兩本書。原來他們出版公司的發行人宋政坤（他們稱他為「宋總」）也是個虔誠的基督徒，這些年來他正在計畫出版一個與基督教信仰有關的系列，題為「光與鹽」，只是尚未開始。她還說，宋總將會親自寫信給我。看完了這封信，我簡直驚奇得啞口無言。這是因為我從未想過秀威出版公司也可能會有興趣出版有關基督教信仰的書籍。

八月一日，秀威當時的副主任編輯杜國維先生正式與我取得聯繫。就在那天，我很順利地與秀威出版公司簽了兩本書的合同：一本題為《孫保羅書法：附書信日記》（*Paul Yu-kuang Sun: Calligraphy, Letters and Diaries*），孫保羅著，孫康宜編註〈編號「光與鹽」〇一〉；另一本題為《一粒麥子（修訂本）》（*A Kernel of Wheat,* Second Edition, by Paul Yu-kuang Sun），孫保羅著，孫康宜編註〈編號「光與鹽」〇二〉。

當時我一方面全職教學，一方面利用晚間和週末的時間，以完全專注的熱情開始進行這兩本書的編撰。次年（二〇一九年）這兩本書終於順利地出版了，可謂美夢成真。我非常感謝張曉風、李弘祺和胡曉真為《孫保羅書法：附書信日記》一書寫封面推薦語（blurbs）。而林治平先生為《一粒麥子（修訂本）》寫的封面推薦語尤其令人震撼。

不久耶魯神學院圖書館特藏部的主任 Christopher Anderson 先生又來信建議，說他們希望將「孫保羅裕光特藏」（Paul Yu-kuang Sun Collection）擴大為「孫保羅裕光家族特藏」（Paul Yu-kuang Sun Family Collection），這樣他們就可以把其他孫家的來往信件、文件、和日記等也一道收藏，使得相關的資料更加豐富。於是，二〇一九年十一月十五日那天，我們又送去了四大包資料，其中包括我半個世紀以來的日記，以及我與欽次之間的數百封信件，還有我們姊弟三人為慶祝「和合本聖經一百週年」的手抄聖經章節。有關「孫保羅裕光家族特藏」的資料整理，當時耶魯神學院圖書館特藏部的 Elizabeth Peters 和她的助手 Abi Mason 也幫了大忙，令人感恩不盡。

奇妙的恩典

當初二〇一八年的暑假期間，還有另一件奇妙的事臨到我們家，令我終生難忘。最神奇的是，開頭是從一個毫不相關的「偶然」經驗開始，最終卻引向我生命中的大醒悟。

首先，那年的七月間，有一天清晨我在微信中讀到蘇州大學季進教授的一篇文章，題為

〈落日故人情〉，該文詳細記載了他如何研究著名學者陳世驤和夏濟安的生平軼事，後來又如何專程來到美國加州伯克利山（Berkeley Hills）區的 Sunset View 墓園裡找到了這兩位前輩學者的墳墓之經過。我讀了季進的文章之後，很是感動，而那個墓地的名稱「Sunset View」（落日之景）突然使我聯想到我父母在史丹佛大學附近的 Alta Mesa Memorial Park 墓園中的墓地。這是因為我父母的墓地正位於一個名叫 Hillview Drive 的通道上，時時都充滿了陽光的普照，尤以夕陽時刻的落日之景而著名。於是我立刻就把我從前發表過的一篇文章（題為〈Alta Mesa 墓園的故事〉）傳到微信的朋友群中，同時我也順便把那篇舊文發給當時還住在加州灣區的大弟康成，因為文章裡登載了他從前到墓園裡憑弔老朋友 Jim Ziegler 的一張照片。

沒想到幾分鐘之後就收到了康成的微信：「啊！我正在到處尋找妳那篇有關墓園的文章呢！我正想發個微信給妳，沒想到妳就發來了那篇文章，咱們真是心電感應啊！」

接著康成就告訴我，因為好友沈渠智的妻子儷娳（Lili）剛因病去世，所以他想帶渠智到 Alta Mesa Memorial Park 墓園去走走，看是否能在該墓園裡買到一塊適當的墓地。他因此想讓渠智先讀一下我那篇有關墓園的文章。

後來他們很快就與 Alta Mesa 墓園的管理處聯絡，但聽說該墓園的空位已經不多。不過，管理處的人說，他們會盡力幫忙，若有消息，會立刻通知他們。

儷娳去世的消息令我非常傷心。誰會想到她才如此年輕（才六十五歲）就離開了這個世界？渠智和儷娳這一對夫妻是我父親孫保羅（原名孫裕光）生前的忘年摯友，他們都是加州 Milpitas 北區基督會堂（CCIC-NV）的虔誠會友。直到生命中的最後幾年，家父一直都在查經班裡幫助青年人解答聖經的各種問題，而渠智和他的妻子儷娳正好就是他最喜愛的屬靈「青年人」，後來他們也都成為我和大弟康成以及小弟觀圻的好朋友。記得有一年，渠智曾在給我的信中寫道：「孫伯伯驚人的精力來自上帝的恩賜，以及他多年持續的禱告和堅定的信仰。」

且說，那次經過多方的努力，墓園的 counselor（參事）Gary Banks 先生終於打電話給渠智和康成，說已經為儷娳找到了一個很好的墓地，請他們立刻去看。

奇妙的是：當他們趕到了墓園，居然發現儷娳的墓地就在我父母墓碑的隔壁，左右只相距幾公尺。當下，他們兩人彷彿看見奇蹟，就立刻低頭禱告。真的，除了上帝的奇妙作為之外，他們無法解釋如此的巧合。當時陪伴他們的參事 Gary Banks 也為此事感到不可思議。當他聽說他從前的同事 Jim Ziegler（即上一任的參事）就是安葬我父母的負責人，而我也曾經寫過一篇有關 Alta Mesa 墓園和 Jim Ziegler 的文章，他頗為激動，於是就立刻請康成向我索求那篇文章。不用說，當天夜裡，我以最快的速度，將文章的英文版通過 email 發給 Alta Mesa 墓園的 Gary Bank 先生。[41]

41. 我那篇中文文章〈Alta Mesa 墓園的故事〉原寫於二〇〇七年五月二十三日，初刊於《宇宙光》，二〇〇七年十月號。後來由我的耶魯學生馬森茂（Samuel Massie）譯成英文，題目是「Cemetery Stories」。

幾天後，我收到了康成的妻子麗娜從 LINE 發來的一段留言，她說：「夜裡生平第一次夢見 Father（Paul Sun），他一輩子都沒笑得這麼開心過。我只是在想，近來您努力為他收集生前信仰文物，並將永久收藏於耶魯神學院，以期造就後人靈命，加上最近 Li-li（儷娳），他喜愛的主內姊妹，現在就於 Alta Mesa 與他近鄰相伴，這些會不會都讓他在天之靈開懷而笑？」

就在那段期間，康成與麗娜做了一項重要的決定：他們決定要於十月底從加州遷往臺灣，主要為了配合他們女兒凱音（Vivian）的特殊需要。不久，渠智有事必須前往臺灣一趟，也想順便造訪康成他們一家人。記得渠智在飛往臺北之前（即十一月十三日那天），我突然收到他從 LINE 發來的三張照片：一張是他的妻子儷娳墳前的一束白花，一張是我父母墳前的另一束白花，一張是他站在兩座墓碑中間的留影。而他在 LINE 上的留言尤其感人：「Today I went to visit Alta Mesa Memorial Park, and I brought my harmonica, hymn book and the Bible with me. The weather was wonderful, and it was a good day to play harmonica here ...」（「今天我到 Alta Mesa 墓園去，身上帶了一把口琴，一本聖詩和聖經。今天天氣非常好，正好是吹口琴的好日子……」）

收到如此動人的照片和 LINE 的留言，我完全說不出話來。一般人可能會覺得這件有關墓園的事只是機緣巧合，因為人世間有些因緣際會的交織，也經常會出現在許多人的身上。但我相信此事絕非巧合。我感謝上帝，也讚嘆祂的奇妙恩典。這次讓我真正體會到

聖經中約伯對耶和華所說的：「我從前風聞有你。現在親眼看見你。」（《約伯記》，四二：五）[42]

可惜上一任的墓園參事 Jim Ziegler 已於二〇一一年的春天病逝，否則他一定也會為這個「巧合」感到震撼。記得 Jim 最後給我的一封信是二〇一〇年十二月十五日寫的，當時他的手已經顫抖得很厲害，信中只寫了這幾個字：「God is faithful.」（「上帝是信實的。」）

行路雖難自在行

疫情中的龐大書信圈

二〇二〇年三月，新冠病毒已經席捲美國大陸，引得人心惶惶。後來美國的感染人數突破三千三百萬，死亡人數超過六十萬，比美國歷史上的任何一次流行病都要嚴重。

有一天（三月十一日）我突然接到一位陌生人的兩封電子函。這兩封信都是深夜寫的，一封寫於午夜之後（半夜一點三十六分），另一封於一個小時之內連續發出。這樣的執著

42. “My ears had heard of you, but now my eyes have seen you.” (Job 42: 5). From *Holy Bible*, New International Version, 2017.

引起了我的注意。我發現這是一個名叫李保陽的年輕人，曾從廣州中山大學中文系取得博士學位，本來獲准留校任教，但後來因發生了一件意外之事，導致他來到了美國，與家人居住在費城郊外的「思故客」（Schuylkill）河畔，他並將自己的書齋取名為「抱月樓」。同時，引起我特別關注的是，他在第一封信裡寫到：「前兩天，保陽在先生母校普林斯頓圖書館借到大著《耶魯潛學集》……夜讀先生鴻文，竟引起許多舊事，悵觸百端……」一提起我的母校普林斯頓，一切有關半世紀前我在普大校園裡的往事，忽然變得歷歷在目。

李保陽的第二封信也同樣引起我的感動。我立刻意識到這位名叫李保陽的年輕人很不尋常。但我當時很忙，所以就把兩封信打印出來，準備不久之後回覆他。但我一直拖到三月二十九日那天晚上，才終於有時間一封一封地回覆兩個星期來所積壓下來的無數電子函。其中一封就是寫給李保陽的，我當時也順便把臺灣版的拙著《孫康宜文集》五卷本的電子版發給他，心想他可能會感興趣。

那就開始了我和保陽之間在疫情期間的頻繁通信。他不但集中精力、有系統地閱讀我的《文集》中的每篇著作，而且還不斷發來讀後感。保陽的「讀後感」還不是一般的讀者反應，他所謂的「感想」大多擴展到他個人對生活、對人生、對世界的聯想，非常不簡單。當時正好大陸的廣西師大出版社．純粹（Pura）分社將要出版我的文集簡體版，而我也正在考慮要請一位「特約編輯」來幫我校對書稿。保陽既是古典文學出身，又有如此才華和毅力，而且還曾在大陸作過編輯，真是最好不過的人選了。所以我立刻聯絡耶魯大學的東亞研究中心，說我想聘用李保陽擔任文集的「特約編輯」。很遺憾的是，最後卻因為某種外在的技術障礙，此事沒能如願。但保陽仍然繼續為我承擔起 proof-reading（校閱）的工作。簡體文集共五卷，原稿總字數近一百七十萬字，合計一千九百一十四頁，保陽一共校改條目一千三百二十九處，並為簡體版《文集》（後來改名為《孫康宜作品系列》）撰寫「校讀後記」。此外，他接著幫我校對《從北山樓到潛學齋》繁體版的一校稿。在疫情蔓延的期間，居然有如此完美的學術合作關係，乃是我當初做夢也想不到的事。可以說，那次與保陽的文字緣，也只有「奇妙」兩個字可以形容了。

有趣的是，在通信的過程中，由於互相討論的題材愈來愈廣泛，漸漸地我們也把其他有關的友人引進了這個「書信群」——包括陳效蘭、季進、張宏生、王德威、陳國球、林順夫、林玫儀、黃進興、胡曉真、鄭毓瑜、林香伶、康正果、嚴志雄、王瑷玲、錢南秀、凌超、盤隨雲、李若虹、張鳳、劉嫄、王文鋒、陸葵菲、孟振華、蘇精、張永濤、卞東波、方菲、芳村弘道、萩原正樹、吳清邁、Martin Heijdra（何義壯）、Mary Ellen Friends、蘇源熙、石靜遠、Pauline Lin（林葆玲）、Haninah Levine（李文翰）、Jonathan Kaufman、Formosa Deppman、Anne Lu、Isiaah Shrader（史逸軒）、Rev.Jenny Peek、Rev. Ian Oliver、František Reismüller（米德仁）、Jeongsoo Shin（申正秀）、Josephine Chiu-Duke（丘慧芬）、Austin Woerner（溫侯廷）、Stano Kong（江丕賢）等人。這是我有生以來在短期間擁有最為龐大的書信群。

於是僅僅三個月，我和李保陽已經收集了這個「書信群」之間往來的數百封信，不久就編了一本題為《避疫書信選：從抱月樓到潛學齋》（*Letters Written During the COVID-19 Pandemic*）的書，由臺灣的秀威出版社出版（二〇二一）。

即使全球受到新冠疫情的嚴重影響，我的母校東海大學的圖書館（在新館長楊朝棟教授的領導下）仍堅持於二〇二〇年四月中旬為我和家父孫保羅辦了一個盛大的著作展和書法展。尤其是，那次策展人王雅萍館員那種持續努力的精神，令人佩服。她不停地為展覽之事盡力，沒有因為疫情而放棄原來的計畫。（有關原初的計畫，我要特別感謝前任東海大學圖書館館長彭懷真教授的幫忙和支持。）該展覽後來於四月十三日開始，五月二十五日結束，從頭到尾辦得十分成功，成為文化圈人士的一段佳話。我雖然因為疫情的關係而無法親臨展覽現場，但在開幕式的當天，東海大學圖書館特別為我和欽次安排了一次通過視訊連線（Zoom）的參與方式，令我們感到振奮。後來校方還為「孫家人」（包括我的大弟孫康成）安排了一次觀展的機會，並給予熱情的招待。這一切都讓我體會到，即使在疫情蔓延的困難期間，人情還是溫暖的，就如該展覽的題目所示：這是一個「陽光穿透的歲月」。所以《避疫書信選》那本書也收了一些有關這方面的信件。

必須一提的是，我們的「書信群」趁著疫情的隔離期間討論學術與人生，同時也傳閱了有關從前爆發過的幾次嚴重傳染病的報導。我們曾經共同閱讀了哈佛的李若虹博士所寫的一篇有關一百年前（即一九一八—一九二〇年）於波士頓城爆發「西班牙流感」（Spanish flu）的文章，其中涉及著名學者陳寅恪先生在哈佛求學時代面對當時疫情的困境——題為「冰天雪地給陳寅恪往醫院送試卷的老先生——藍曼的梵文課與世紀疫情」。我們也讀了耶魯法學院博士生吳景健所寫的一篇文章，那是關於兩百多年前（即一七九五年）在美國東海岸所爆發的一場黃熱病（yellow fever）。該文敘述了一個有關耶魯的「若無街墓園」的故事，尤其涉及黃熱病災害如何導致死者數目劇增的情況。以上這兩篇文章很自然地引起了許多「書信圈」的朋友們對這個題目的關注。

就在那段期間，我又重讀了阿爾貝．加謬（Albert Camus）的小說 *The Plague*（*La Peste*；中譯《鼠疫》），但這次我讀的是 Laura Marris 的新譯本。[43] 這個新的英譯本比從前一九四八年 Stuart Gilbert 的翻譯好多了——主要因為它有較高的翻譯準確度，而且深刻體現了加謬原著的寫作風格。令我感到驚奇的是，加謬的小說（雖寫於一九四七年）簡直成了七十多年後爆發全球的新冠疫情之預言。而且故事中有一位名為里厄（Doctor Bernard Rieux）的醫生，他不但有先見之明，而且他凡事為別人服務的行事風格竟然與二〇一九年武漢疫情剛爆發時的吹哨人李文亮醫生極為相似。所以凡是親身走過新冠疫情期間的讀者，都會對加謬的《鼠疫》有一種設身處地的理解。重要的是，在加謬的小說裡，作者把人性刻劃得淋漓盡致，因此從他所塑造的人物身上，我們很清楚地看見各種人物的「真相」——

43. Albert Camus, *The Plague*, a new translation by Laura Marris (New York: Vintage, 2022).

那是在疫情的嚴重困境之下，才會暴露出來的個人本性真相。所以在疫情下重新閱讀加謬的《鼠疫》，我無形中也給自己帶來許多有關人性的思考空間。

後來我又從 Mark O’Neill（馬克・奧尼爾，又名歐年樂）的書中第一次讀到關於一九一〇—一九一一年間中國東北所發生的一場可怕的瘟疫。在馬克・奧尼爾的書中，《闖關東的愛爾蘭人》，[44]他曾經提到他的傳教士祖父 Frederick William Scott O’Neill 如何於一百多年前，在一場中國前所未有的瘟疫浩劫中，親自見證到在短短四個月的冬天裡，「肺鼠疫」傳染病奪去了中國東北六萬人生命的故事。此書也提到一位名為伍連德的華人醫生如何「在恐怖瘟疫的籠罩之下」，進入哈爾濱疫區，堅持採取隔離措施，才終於拯救了東北的命運，而扭轉了全面的局勢。可惜，我一直到二〇二一年冬季才由馬克・奧尼爾那兒收到《闖關東的愛爾蘭人》那本書，否則有關一百多年前在東北所發生的疫情爆發的討論也一定會收在我們所出版的那本《避疫書信選》中。

此外，據我的觀察，在全球疫情的流行期間，由於 Zoom 的線上風行和不同領域的人的思想互動，中國文學的研究者（與其他許多學科的人一樣）經常碰撞出思想的火花，無形中助長了跨學科（interdisciplinary）方面的研究。同時，這樣的思想傾向也助長了跨國界（transnational）和跨文化（cross-cultural）的傳播和了解。

就在舉世疫情流行的期間，我於二〇二〇年七月底，突然收到老同事 Chris Hill 從密西根寄來他剛出版的新書：*Figures of the World: The Naturalist Novel and Transnational Form*

（《世界文學的意象：自然主義和跨國界的形式》）。接到那本新書特別令我深受感動，因為 Chris 從前在耶魯教日本現代文學和比較文學時，他曾是我最欣賞的年輕同事之一。沒想到他在離開耶魯十多年後，還惦念著我這個老朋友。尤其在疫情的嚴重困境之下，他不但寄贈新書，並且還附上讓人感動的問候。他附上的字條上寫道：「Dear Kang-i: I hope that you have been safe and well these last months. ... I am so happy to be able to send you this copy of my book on the naturalist novel. ... The book owes a lot to the support you gave me at Yale....」（「親愛的康宜：我希望您這幾個月來一直平安健康……很高興我終於能寄給您這本有關自然主義小說的拙作……這本書的出版，很大程度來自您對我在耶魯期間的支持……。」）

令人傷心的是，我的一些親友卻在新冠疫情爆發的期間離開了這個世界（雖然他們並不都是死於新冠病毒）。例如，我從前在臺灣白色恐怖期間的恩人藍順仕老師於二〇二〇年三月四日過世。我所景仰的耶魯傳道人 Kate Latimer 也在這期間離世。我的胃腸科醫師 Dr. Jack Chuong（我最喜愛的醫生之一）有一天突然在睡夢中去世，令人感到痛心。二〇

44. 馬克・奧尼爾，《闖關東的愛爾蘭人：一個傳教士在亂世中國的生涯》，牟京良譯（香港：三聯書店有限公司），二〇一二。請參考英文版：Mark O'Neill, *Frederick: The Life of My Missionary Grandfather in Manchuria* (Hong Kong: Joint Publishing [H.K.] Co. Ltd., 2012).

二〇年五月底我還參加了學生李文瀚（Haninah Levine）的母親（即美國著名猶太裔畫家 Shulamith Nebenzahl Levine）的線上葬禮。這些特殊的經驗，很自然地引起我對死亡和生命意義的深度思考。

此外，我一向最佩服的聖經大師大衛鮑森（David Pawson）於五月二十一日去世，享年九十。在那以後，我下決心每日清晨一定要聆聽大衛鮑森的新舊約「聖經綜覽」（「Unlocking the Bible」）YouTube 系列，直至今日我仍沒有停過，每天通過 YouTube，反覆向大衛鮑森學習聖經知識，彷彿他仍活在人間。

姑姑的逝世

二〇二〇年五月五日，我親愛的姑姑死於新冠病毒。當天住在馬利蘭州的表弟志明（Jeremy）告訴我，說他母親（即我的姑姑孫毓嫺）不幸染上了新冠肺炎，已從養老院被送到當地的 Shady Grove 醫院。兩天後，志明就通知我關於姑姑已於午夜前（五月七日）去世的消息。據醫生診斷，姑姑死於心臟衰竭，但那是直接由新冠肺炎引起的。

「表姊，我媽去世了……」

「May 7……only a few minutes before 12 midnight……」

「媽很棒。典型的孫家人。媽給了我做人的 discipline……」

「我媽是個內心強大的人，這和孫家的人都很相似。我小時候能去好的小學，考取好的中學，考取上海第二醫學院，這跟我媽的嚴厲管教是分不開的……」

「……我媽為了教育我，在生活上不要去追求物質享受，她給我買了一件新衣服以後，在新衣服上面打了一個補丁……」

「我小時候，我媽對我要求非常非常嚴格，如果我的成績不好的話，她一定會責罵我……」

「我媽自律性很強，我到現在每天能按時起床，按時吃飯，做事情按時按點，這都是被我媽訓練出來的……」

幾分鐘之間，我一連串接到了表弟志明從微信送來的這許多信息。

我立刻發出了一聲嘆息，長長的嘆息。

但我同時也向神禱告，感謝祂讓姑姑活過一段路程艱難但終於圓滿的一生。其實姑姑已是八十七．五歲（生於一九三二年十二月二十五日），已接近九十高齡，算是很長壽了。

我從小就聽家人說，姑姑最疼愛我。至今我仍十分珍惜父親於一九八〇年十二月三日寫給我的一封信，信中寫道：「康宜，今日收到妳姑姑來信，看到妳的著作，她興奮之情溢於言表。她是看妳從小長大的……」

說起姑姑，她當年在大陸的生活經驗的確十分坎坷。且說，她從小就受極其良好的教育。她初中上天津中西女中，高中上北京潞河中學，後來全靠自學而考取上海第一醫學院（本該去協和，但協和醫院於解放初被關閉了）。她一直是非常傑出的學生，自幼即以居禮夫人（Marie Curie）為心目中的偶像。

然而，以姑姑剛烈而正直的個性，後來到了文化大革命期間終於遇到了麻煩。由於「海外關係」（因為她的大哥——指我父親——在臺灣），再加上她從前與教會學校的關係，幾個領導開始日夜不斷地審問她。一時姑姑被他們惹急了，就大罵那些審問她的領導們，後來他們只好溜了。為了好下台階，他們就說她神經有問題，從此大家就不敢理她了。

在那段期間，我的叔叔孫裕恒也在南京同樣受到「海外關係」的重重壓力，一度成為被清算的目標，真是苦不堪言。

後來姑姑和她的丈夫李兆強都在上海第一醫學院裡教書，一直到文化大革命之時被送到五七幹校的勞改農場。在姑姑正式退休的前幾年，她早已從醫學院的教書崗位上退下來。當時姑姑在上海第一醫學院（即後來的復旦大學醫學院）擔任附屬藥廠裡的「質量總監」，所有進來的製藥材料和出去的藥物成品都需要她的簽名才能順利過關。在她的崗位上，她一律堅守公義的原則，後來連領導們也暗地裡欽佩她。

一九九三年姑姑和姑父移民到了美國。當時表弟志明正在佛羅里達的甘迺迪太空中心（Kennedy Space Center）工作。（最初志明於一九八二年底到美國求學，因成績優異，於一九九〇年入選甘迺迪太空中心的實習生，當時他是從二百三十人中被精選出的一人。接著他又於同年入美國籍，所以他在一九九三年就很順利地把父母從上海接到美國來。）

不久他們全家搬到維吉尼亞州（Virginia）。志明後來轉到馬利蘭州，一直在美國政府機構裡服務，相繼任職於 NASA、US NAVY、FAA 等。二〇〇九年志明終於為父母在馬利蘭州找到合適的老人住宅，最後又於二〇一八年讓父母住進附近的養老院。志明和他的妻子李曉菲經常帶兩個小孩（Susanna 和 Samuel）去探望爺爺奶奶，可謂一家老少其樂融融，令人羨慕。

這些年來，我一直與姑姑他們保持密切的聯繫。二〇一九年三月間，姑父李兆強去世，我特地到馬利蘭州的 Gaithersburg 城參加葬禮。沒想到，那次卻成了我與姑姑的最後一次相聚。

二〇二〇年五月初，我自從得知姑姑因染上新冠肺炎已住進醫院之後，我每天晚上上床之前都向上帝祈禱。記得五月七日夜裡大約十一點五十分左右，我又為姑姑獻上禱告。後來才知道，姑姑就在我向神祈禱的那一時刻離開了這世界。這真是奇妙的巧合。此外，令我感到神奇的是：五月八日正好是我女兒 Edie 的三十四歲生日，但姑姑居然在五月八日將要到來的前幾分鐘（即五月七日）去世。好像冥冥中姑姑的忌日想避開 Edie 的生日。

這也令我回想到，我的父親孫保羅是於二〇〇七年五月九日上午十一點鐘（加州時間）去世的。當時我也曾經想過，那真是奇妙的巧合，好像父親為了避開 Edie 五月八日的生日，故意延遲到次日才離世。

線上教學甘苦談

從前我絕對想不到，我在耶魯大學教學的最後一年（即二〇二〇—二〇二一學年度）會是以線上（Zoom）教學來進行的。問題是，我一向對於電腦技術不甚熟練，所以開始時我曾為了網上備課而忙得焦頭爛額。當時幸虧有語文教師張永濤，以及研究生李程、楊雪晨和盤隨雲等人的合力幫忙，才讓我勉強過關。

但另一方面，那一整年度的線上教學（共教了兩門本科生課，兩門研究生討論課）卻成為我平生最懷念的教學經驗。首先，有幾位來選課的本科生居然是我在一九八〇年代曾經教過的學生們的子女。例如，二〇二〇年秋季，在「人與自然」那們課的最後一天，一位學生的家長為了給我一個驚喜，就在課堂將要結束時，突然出現在Zoom上，大聲說道：「Professor, Do you still remember me? I'm Charles. I took your class in Spring 1984. Even today I still keep all the books from your class, including the novel *Monkey* translated by Arthur Waley.」（「教授，妳還記得我嗎？我是查理。我曾在一九八四年的春季選過妳的課。一直到目前，我仍保存當時課上所用的教科書，包括《西遊記》的英譯本Monkey，那是亞瑟·偉利翻譯的。」）

沒想到在疫情肆虐的期間，我會在線上與從前的「學生」會面，而這位老「學生」

的女兒當時在就在我的課上。心想：如果沒有新冠疫情，如果沒有線上教學，這位家長能這麼方便就出現在我的課堂上嗎？原來，由於疫情的隔離，許多學生們都離開耶魯校園回到了父母的家中，所以當學生們在家中上網上課時，他們的父母經常就在他們的左右。記得二〇二〇年，有一次加州大學洛杉磯分校的教授白睿文（Prof. Michael Berry）被耶魯東亞研究中心邀請，在線上演講有關他剛出版的《方方日記》（即《武漢日記》）的英譯本（*Wuhan Diary*），當時我請我班上的學生也上線參加該次聚會，由於內容涉及中國大陸疫情的真實情況，居然也引發了許多耶魯學生家長們的強烈興趣。在那之後不久，白睿文又於二〇二二年出版了一本新書，專門討論他翻譯《武漢日記》的過程以及連帶的政治風波，書名為 *Translation, Disinformation, and Wuhan Diary: Anatomy of a Transpacific Cyber Campaign*。

後來二〇二一年的春季，在「女性與文學」那門課上，我也嚐到十分有趣的經驗。首先，開學的前幾天，報名要來上那門課的學生人數實在太多了，所以我很快就送出一個「調查問卷」（questionnaire），終於把學生人數消掉了一半以上，而且發出臨時通知，說那門課只收本科生，不收研究生（同時我也特別為研究生開了一門有關明代傳奇小說和散文的討論課）。

後來，「女性與文學」那門課就只收了二十位本科生。第一天上課前，我突然收到一位臺灣家長的電子郵件，說她名叫 Eva Tsai（蔡崇儀），是耶魯大學的校友，問我是否還記得她。她說，一九八三年（她上大三那年）我是她的學業指導教授（academic advisor），而且後來她還連續選了我的幾門課。總之，現在她的小兒子 Samuel Chang（張尚仁）才剛上耶魯一年級，但因為疫情的緣故，他一整年都必須留在臺灣，只能通過線上 Zoom 來上課。她說，這次 Samuel 有幸被我的班上「錄取」，讓她感到特別欣慰，因為這些年來她一直很想念我，很高興她的兒子居然也能成為我的學生。

收到這封電子函，我一時呆住了。一時許多記憶浮上心頭，恍若時光倒流。這些年來，我經常會想到 Eva Tsai。尤其自從耶魯大學法學院建立 Paul Tsai China Center（蔡中曾中國中心）以來，蔡家的名聲在耶魯校園裡更是如雷貫耳。原來 Eva Tsai 是著名校友蔡中曾的長女。半個多世紀以前，蔡中曾從臺灣來到耶魯大學的法學院讀書，成績十分優異，於一九五四年獲得法學碩士（L. L. M.），又於一九五七年取得法理學博士（J. S. D.）。後來他從耶魯畢業後，首創臺灣的第一個律師事務所，對當時臺灣的「國際化」做出了開先鋒的貢獻。此外，蔡中曾一直很重視子女的教育，他的長子 Joe Tsai（蔡崇信）獲耶魯大學學士以及法學院法學博士（J. D.），次子崇平則獲芝加哥大學博士學位。他的長女 Eva 和次女崇禾也都從耶魯大學畢業，後又分別取得其他美國大學的碩士學位。

總之，光陰似箭，轉眼間又過了一代。沒想到我從前教過的學生已成為我目前學生的家長了。這種寶貴的傳承經驗乃是我生平最為珍視的。

另一方面，二〇二〇—二〇二一那年，每一堂課都是我教那個課題的最後一次機會，所以教得特別起勁。記得在「人與自然」那門課裡，學生們最喜歡陶潛和蘇軾的詩，因為據他們說，這兩位詩人的作品具有一種療傷（healing）的作用，特別在疫情猖獗的期間，對他們有許多實際的幫助。另外在「女性與文學」那門課裡，學生們最欣賞近代才女張充和與葉嘉瑩的生平和作品，尤其是二者均享有高壽——前者活到一〇二歲，充分發揮了一個以詩書畫崑曲著稱的「移民者」那種「隨意到天涯」的精神；後者至今已近百歲，仍是精力充沛，一直以中國古典詩詞作為克服離亂與傷亡的生命指標，令人佩服。（必須一提，二〇二一年五月四日那天，在線上討論張充和作品的課上，我特別請耶魯同事王郁林到課上來唱崑曲，因為她是張充和的最後一位崑曲門生，即所謂的「關門弟子」。這也讓學生們領會到「薪火相傳」在中國文化裡的重要性。）

有趣的是，就是這種「薪火相傳」的信念，促使一位大一的學生洪愉婷（Emily Horgen）突發異想，臨時有了編撰一本「門人選集」（Students Anthology）的計畫。她很快就發出電子函給以上兩班所有的同學們，請他們每人寫一封給我的短函，並說她將把那些短函收集在「選集」中，主要為了在學期末了時，給我一個意外的驚喜。

後來五月十八日那天，洪愉婷終於來到我們的木橋鄉家中，親自交給我那本「門人選集」。當我讀到學生們一封一封的「感恩書信」（gratefulness letters）時，令我感到十分驚喜，但也頓時臉紅，覺得那些學生們都太客氣了。那是我第一次與學生洪愉婷面對面地聊天，在那以前，我只是在「線上」與她相遇。

接著又有幾位本科生來訪——包括 Sam Lopez 和 史逸軒（Isaiah Schrader）等人。一時間，我家的後院就成了一個「避疫」期間的文藝沙龍。不久之後，陸續來訪的研究生們也就數不盡了。

悼念老同事余英時

二〇二一年，七月十日余英時和他的妻子陳淑平（Monica）才通過郵購的方式，從普林斯頓送來一盆美麗的蘭花，說是預祝我們定居美國五十三年紀念。七月二十七日，Monica 打電話來問候家常，並說他們一切都好。但八月四日傍晚，我卻突然收到幾個朋友從微信上轉來的一則新聞，說余英時教授已於八月一日去世，並已下葬。這個消息實在令人難以置信。於是我立刻撥個電話給 Monica，但很久都沒人接。接著我就打電話給臺灣的好友黃進興（他是英時的得意門生，也是中央研究院副院長），從他那兒才得知，原來 Monica 剛在一個半小時之前打電話給他，證實英時已於八月一日早晨在睡夢中安詳辭世，享年九十一。於是，我立刻發了一封傳真函給 Monica，請她節哀，同時也寄出一張慰問卡給她。

當天晚上深夜，我發給東亞語文系的同事呂立亭（Tina Lu）一封電子函，向她通知英時去世的消息。這是因為自從二〇一七年秋季，呂立亭成為新的住宿學院 Pauli Murray College 的院長（Head）之後，她就希望英時教授能為該住宿學院寫一幅「學而時習之」

的書法，這樣她就能請專家將英時的字刻在木頭上，並展現於學院裡一個突出的地點，以便激勵學生們。因為她知道我與英時教授的關係頗深，而且從前英時還在耶魯教書時，我們曾經是同事，所以她就託我向英時請求。果然英時立即答應了我們的請求，幾天後就寄來「學而時習之」的書法，而且還準備了幾個不同的書法版本，由我們自由選擇採用。同時，我們也通過黃進興夫婦的幫忙，從臺灣的德富基金會那兒得到了一筆頗為可觀的資助金，心想這個工程很快就可以開動了。但沒料到，校方處理工程的程序極其繁瑣，加上由於疫情的關係，這個「學而時習之」的工程就一直被拖延下來。可想而知，接到英時去世的消息之後，呂立亭很是傷感。她尤其對該工程的一再拖延，感到十分遺憾。雖然我們一直在與時間競賽，但還是太遲了。可惜英時教授已經走了，他看不到「學而時習之」的最後成果了。

後來，九月三日夜裡（即臺北九月四日的早晨），聯經出版公司為紀念英時教授舉行了一次盛大的線上追思研討會，主題是：「敬思想史的傳薪者：余英時紀念論壇」，前後為時兩天之久。我有幸被邀請為首場的講員之一，該場由加拿大 University of British Columbia 的教授丘慧芬（Josephine Chiu-Duke）主持，除了我以外還有其他兩位講員——即英時的普林斯頓大學同事周質平和亞利桑那州立大學的教授田浩（Hoyt Tillman，他是英時從前在哈佛大學的博士生）。那天，我的演講題目是：「詩言志：余英時的思想與他的詩歌」，重點是在說明余先生的詩歌如何發揮中國傳統的「詩言志」的思想，因為中國人自古就相信，寫詩乃為了表達內心最深處的意志及情感。同時我也談到余英時如何以「詩言志」的精神解讀了一些其他著名詩人的作品，例如我非常欣賞英時在二十八歲時所寫的有關他對陳寅恪先生的《論再生緣》的解讀；他認為陳寅恪當時是把自己的雙目失明比成才女陳端生的薄命，確實使人信服。另外，我也特別佩服英時後來為汪精衛《雙照樓詩詞稿》寫的一篇長序，其中有關汪精衛個性方面的分析，更是表現了驚人的洞察力：

> 在我的認識中，汪精衛在本質上應該是一位詩人，不幸這位詩人一開始便走上「烈士」的道路，因而終身陷進了權力的世界。這樣一來，他個人的悲劇便注定了。現在我決定把他搬回詩的世界。

我以為余先生之所以如此地善於解讀詩歌，乃是因為他善於捕捉詩人的「詩心」，也就是詩人「言志」的內心深處。

至於有關余英時本人的詩，我那天的演講專門介紹了英時生前寫給許多友人的詩——其中包括他寫給高友工教授、張充和女士、錢鍾書先生、史景遷先生等人的詩，還有二〇一五年追悼余國藩的詩。那是因為，英時一直很看重友誼；他曾寫《會友集》一書，收集了他為朋友們所寫的序。而他寫給友人的詩，絕不是像有些人寫的那種應酬詩。我發現，余英時的詩（尤其寫給朋友的）特別發揮了「詩言志」的思想。例如，英時寫有關摯友高友工那種「依然高士愛泉清」的境界尤其感人。

必須一提的是，那次紀念余英時的追思研討會剛結束時，我與碩士生盤隨雲突然一時有感而發，合力寫成了一首集句詩，中含英時詠友工教授的「高士」之志諸語，題為〈詩言志集句詩〉。不久該詩由我從前的博士生凌超（當時已是Colgate大學的助理教授）以美麗的書法抄錄了下來，從此那首「集句詩」就開始展現在我的書房「潛學齋」中，無形中給我的退休生活增添了幾分回憶的詩意。

很巧的是，幾天後（九月十三日），英時的妻子Monica就來電話，說她希望我能用電腦打出英時墓碑上的名字和生卒年分（包括她本人的名字和生年），並幫她電傳到製作墓碑的公司Sutphen Memorials Inc.那兒。突然間，我一時淚流滿面，想到人生真的疾馳而過，令人傷感。

退休的禮物

且說，當初我原來計畫於二〇二一年六月底（那將是我在耶魯執教滿四十週年的時候）才退休，而且早已向系裡的同事們宣告這個決定，好讓系裡能對將來的教學進行連貫性的計畫。但二〇二〇年八月初，我突然接到耶魯校方的一封來信。誰會想到那封關鍵的信使我當機立斷，決定提前一年退休？

原來，我那天收到的是一封被稱為「Retirement Incentive Plan for Tenured Faculty Age 70 or Older」（「獎勵七十歲和七十歲以上終身職教授退休」）的信。信上說，凡是合乎條件的教授，如果願意在二〇二一年六月三十日（或在那之前）退休，就能獲得一筆相當於一整年年資的獎金，以資鼓勵。對我來說，那真是一個意外的禮物，因為我早就計畫要退休了，現在卻能早一年實現我的計畫，而且還「不勞而獲」，將得到一筆極為可觀的獎金，何樂而不為？所以，第二天一早我就回信給校方，說我決定於二〇二一年六月三十日退休。

後來，在退休的一個多月前，於二〇二一年五月十三日當天，我又從耶魯校方得到了一個意外的驚喜。那天下午突然有人來敲門，原來是一位女士開車送禮物來，說是來自耶魯大學的 Provost（教務長）Scott Strobel。等那人走了，我打開一層層的包裝紙之後，只見一個美麗精緻的 Yale Bowl（耶魯缽）赫然在目。後來發現，那個「耶魯缽」是我們東亞語文系特別請教務長 Scott Strobel 親自為我製作的，作為贈給我的退休禮物。而那位親自送禮物來的人，正是教務長的夫人。

一剎間，我感動得說不出話來。我立刻發出兩封電子函，分別寄給我們系的系主任 Aaron Gerow 和教務長 Scott Strobel，向他們表示萬分的謝意。當天晚上我又從他們的回函中，讀到了有關那個「耶魯缽」的故事。原來那個「耶魯缽」的木料直接取自「研究所大樓」（Hall of Graduate Studies）——即我的辦公室所在——前頭的一株北美楓香樹（sweet gum tree）。說來話長，二〇一七年暑假期間，那棵楓香樹不幸老死，當樹幹剛被工人砍下來之後，耶魯校長蘇必德立刻給教務長 Scott Strobel 打電話，告訴他這個有關砍樹的消息。這是因為，教務長 Scott Strobel 一向最喜歡以製作「耶魯缽」為個人的消遣，所以蘇必德校長知道他一定會喜歡收取那棵楓香樹的樹幹。據教務長說，他後來就用那棵樹的樹幹做出一個個「耶魯缽」，而我得到的那個缽就是其中的第十五個。令人感動的是，即使在百忙中，教務長還花了了一整個週末的時間，精工製作，為了讓我能如期榮獲這樣一個具有歷史意義的「耶魯缽」。

由於這個「耶魯缽」來自「研究所大樓」前頭的那棵楓香樹，而那也是我和多年來的研究生們都十分熟悉的的一顆樹，所以我在第一時間就通知我從前的幾位博士生們，並發出該「耶魯缽」的相片數張。

沒想到富有想像力的錢南秀（萊斯大學教授）立刻就聯絡上我的最後一位博士生凌超（當時凌超還在 Bates College 教書），他們兩人就暗中想出一個計策，想給我一個意外的驚喜。於是不久之後，凌超就發來信息，說他有一些重要的事要請教我，問我哪一天能與他來個線上（Zoom）的會面。我立即回覆，說五月二十九日晚間八時咱們可以準時「見面」。

誰會料到，五月二十九日那天，當我一進入凌超的 Zoom 時，就看見從前的幾位博士生們——包括錢南秀、王敖、黃紅宇、柯夏智（Lucas Klein）、高岩（Edwin Van Bibber-

Orr）也在那兒等著我。[45]我非常驚訝。於是南秀就領頭解釋道，說這是他們給我的一個「surprise retirement party」（驚喜退休會）。接著南秀就朗誦她特別為了這個節目所寫的一首詩，詩曰：

聞康宜師獲贈耶魯鉢有感並賀榮休

（鉢為耶魯教務長以研究生院前楓香樹幹所作）

少壯駢肩入校門，楓香樹下拜師尊。
木輪百轉綸音錄，樹幹千尋碩果蕡，
鉢廣自緣治學廣，鉢深難蓄感恩深。
我邀諸子宣弘願，慈訓傳承豈讓人？

康宜恩師哂正

辛丑暮春南秀敬呈

這首有關「耶魯鉢」的詩深深地感動了我。南秀的意思是通過楓香樹的高大粗壯及其百轉的年輪來讚嘆耶魯大學的悠久和深厚的教育傳統，並通過詠嘆木鉢的深廣來表達她對指導教授的感恩之深。作為南秀當年的指導教授之一（南秀於一九九四年獲耶魯大學博士學位），我自然感到十分榮幸。[46]同時對南秀那種超凡的想像力也十分欣賞。從詩中的最後兩句，可以看出南秀主要是從「耶魯缽」聯想到「衣缽相傳」的師生傳承關係，而且她甚至還「號令」當天與會諸生要傳承這種耶魯精神。

令人傷心的是，南秀因患癌症，於二〇二二年十一月十六日在休斯頓逝世。在感恩節前夕（十一月二十三日）的線上追思會中，我特別把南秀離世一年多之前所朗誦的那首有關「耶魯缽」的詩歌錄音，播放給與會者分享。我永遠忘不了南秀為我寫的這首詩，也忘不了她當天朗誦的聲音。

為了紀念錢南秀這首有關「耶魯缽」的詩，我後來請一位耶魯大學的高材生古愛華把該詩譯成英文，以下是古愛華的英譯：

45. 其實，那天的「與會者」還應當包括蘇源熙。但蘇源熙一時忘了芝加哥和東岸之間的「一小時」時差，當他晚間八時進入 Zoom 時，我們的聚會已經解散了。所以，那天我剛從 Zoom 退出，就接到了蘇源熙來自芝加哥的「驚喜電話」，很是開心。

46. 南秀的另一位指導老師是安敏成教授。但安敏成不幸於一九九三年八月二十三日去世，無法及時見到南秀博士論文的定稿。

The Yale Grail

Arm in arm I marched with youthful step,
And entered through the ivy gates of Yale.
Beneath the fragrant maple I did hail
My good schoolmistress, who I so respect.

Fine disks of tonewood, spun a hundredfold,
Recorded your wise counsel of cap and gown.
Your trunk did span a thousand feet;
Brimming with hefty fruit of count untold.

A holy grail unmatched in peerless breadth—
But by the breadth of learning you possess.
Deep—a monument to your success.
But shallow to my gratitude's great depths.

I invite your many heirs to share our dream.
To transmit your kindly teaching, we must lead!

我很喜歡古愛華這首英譯，尤其因為它採取了文藝復興時代 sonnet（十四行詩）的詩體，正好配合錢南秀原詩的古典抒情體。同時，我必須說明的是，雖然耶魯送我的「耶魯缽」確實名叫「Yale Bowl」，但為了避免與「耶魯橄欖球賽場」（名字也叫「Yale Bowl」）產生混淆，古愛華就把他的這首英譯題為「The Yale Grail」，確實十分高明。「grail」一詞原指中世紀的「聖杯」，在此居然轉用為錢南秀那首有關「耶魯缽」的英譯題目，真令人拍案叫絕。

每次我想起我和南秀之間的緣分，都覺得十分奇妙。記得當初一九八七年我們東亞語文系的古典文學部門只錄取一名新的研究生，她是哈佛大學本科畢業生 Pauline Lin（林葆玲）。南秀則是當時「候補」名單上（waiting list）的新研究生。後來因為 Pauline 決定不來耶魯（她決定繼續留在母校哈佛），所以那個新研究生的空位才讓給南秀的。否則我今生就不可能與南秀認識了。

多年後，Pauline Lin 成為我的耶魯同事，我終於有機會告訴她有關南秀的生平故事。南秀以一名文革時代的倖存者，後來居然能在美國出人頭地。一九九四年她榮獲耶魯的博士學位之後，立刻受聘於 Rice 大學，後來並成為北美研究中國古典文學的巨擘之一，可謂神奇。後來 Pauline 與南秀居然成為北美研究六朝文學的同行，而兩人都稱我為她們的「良師益友」（mentor and friend）。沒想到耶魯大學乃是這段奇妙因緣的醞釀之處。

不久前，芝加哥大學的蘇源熙為了紀念他的老同學南秀（從前他們兩位都是我的耶魯博士生），將他的近著《如之何：蘇源熙自選集》的全部稿酬捐贈給南秀的母校南京大學，發起了「錢南秀獎學金」的設立，以緬懷南秀那種「學而不厭」、「以文會友」的精神。不用說，蘇源熙的慷慨捐獻令我十分感動。

「潛學永年」榮休學術研討會

此外，我也非常感謝我的另一位「門生」嚴志雄（Lawrence Chi-hung Yim，香港中文大學教授），是他首先為我發起了一個規模盛大的退休慶祝會。後來他與中央研究院文哲研究所的胡曉真博士以及耶魯大學東亞語言文學系的盧本德（Lucas Bender）教授一同合作，於二〇二一年十二月二十一日合力召開了一個題為「潛學永年：慶祝孫康宜教授榮休」的學術研討會，當天以線上視訊的方式舉行，並由香港中文大學中國古典詩學研究中心的「團隊」負責所有線上的技術操作。

由於我一直強調，希望不給主辦人和與會者帶來太大的負擔，也再三堅持要以最精簡的方式進行，所以那次線上的退休慶祝會前後只花了三個小時。那天線上與會者有八十多人——其中有特別請來的貴賓，包括陳逸華、孟振華、劉劍梅、太平桂一、江丕賢、張輝、陸丹琦、王堯、楊治宜、羅秀美、楊玉成、徐文、茱萸（朱欽運）、麥慧君、包弼德（Peter K. Bol）、韓晗、張鳳等人。但必須一提的是，每個發表「頌辭」錄像的人限定不能超過一分鐘，而正式發表論文摘要的人則限定不能超過三分鐘，所以那次會議一直以速戰速決的高效率方式進行，很令人滿意。

印象最深刻的是，主持人胡曉真從一開始就以口齒清晰，溫馨感人的風範奠定了大會的方向。首先，線上會議以放映接二連三的「頌辭」（tributes）錄像進行，有如一串串的珍珠不斷地出現在與會者的眼前。奇妙的是，我居然對當時放映的每個錄像過目不忘。從前許多人都說我有「影像似的記憶」（photographic memory），我都沒當真，但這次終於證實了，好像通過線上Zoom的溝通方式更能激發我那種超強的記憶力。於是，在錄像的「師友篇」部分，我看見許多新朋舊友一個個陸續出現，每張面孔和「頌辭」內容都立刻印在我的腦海中。他們的名字也一一排隊而來：他們分別是呂立亭、盧本德、李歐梵、宇文所安、田曉菲、艾朗諾、陳毓賢、黃進興、王汎森、吳清邁、鄭培凱、張隆溪、王德威、方秀潔、丘慧芬、大木康（Yasushi Oki）、張宏生、張健、林玫儀、鄭毓瑜、陳國球、胡曉真、李奭學、廖肇亨、林宗正、吳盛青、申正秀（Jeongsoo Shin）、季進、李保陽。通過錄像的「頌辭」，哈佛大學的王德威居然帶來了一個特好消息——他說，我的《走出白色恐怖》的日本版就快要準備翻譯了。原來王德威早已在幕後為我安排了日本版的翻譯及出版等事宜，只為了給我一個驚喜。（一直到後來我才知道，日文版《走出白色恐怖》被安排由日本愛知大學的黃英哲教授具體籌畫，並將由東京著名的出版社「三元社」出版，而該書譯者則是杉本史子博士，她是日本立命館大學講師。）

且說那天退休慶祝會，接著就是錄像的「門人篇」部分，只見每個錄像都充滿了難忘的師生情，它們分別來自錢南秀、嚴志雄、康豹（Paul Katz）、王國軍、曾昭程、凌超、陳柏旭、楊雪晨、盤隨雲、陳婧雯。其中有四位「門生」以贈詩的方式來表達他們的「頌辭」。首先，在她的錄像裡，錢南秀又一次朗誦她那首「耶魯缽」的七言律詩（當時她仍健在）。接著嚴志雄用廣東話朗誦他的「賀孫師康宜辛丑夏榮休」一詩，該詩的首句是「潛學永年歡未央」，也就是當天退休慶祝會的主題「潛學永年」的出處。我想，在學生們的心目中，我的書房「潛學齋」顯然成了我的象徵。所以我的博士班「關門弟子」凌超，他的賀詩也圍繞著「潛學」的意念，其中有「耶魯潛學久，詩心細讀明」等句。而我的最後一位碩士生盤隨雲更是在他的「潛學山居——賀康宜教授榮休暨歸園田」一詩中，以一種隱喻的想像力，直接把「潛學齋」影射六朝詩人陶淵明的「歸園田」之意境，並以「菊松閑照月，扉掩愜遐觀」二句結尾。[47]

有關那天的錄像贈詩，還得包括朋友張宏生教授（在「師友篇」的部分）所朗讀的一首「賀康宜耶魯退休」的七言律詩，該詩的最後兩句是：「耶園楓缽留香久，桃李薪傳道益隆。」其實我的耶魯同事康正果及蘇煒也都分別寫了賀詩，但因時間的關係，沒能在大會中公開發表。康詩的首聯是：「恐怖無論白與紅，為叢驅雀暴終風。」蘇詩則以「護父曾驚犟小紅，母牽嫩手傲迎風」二句開頭，並註曰：「『小紅』乃康宜老師乳名，當年父親蒙冤繫獄時她年方稚齒，卻敢挺身抗打捕警而令舉座皆驚。事見孫著《走出白色恐怖》。」可見二詩均從我幼年所遭遇的「白色恐怖」經驗說起。

後來退休慶祝會的第二部分則以發表論文摘要為主，規定每人不得超過三分鐘。那天發表論文的人共有二十八位，他們分別是李惠儀、林宗正、大木康、申正秀、劉苑如、鄭培凱、張隆溪、王德威、蔡宗齊、陳國球、張宏生、鄭毓瑜、康豹、楊小濱、張健、吳盛青、黃紅宇、陳柏旭、王敖、王國軍、蘇源熙、錢南秀、凌超、柯夏智（Lucas Klein）、王萌筱、李奭學、魏愛蓮（Ellen Widmer）。（事實上，其中有許多位已經在錄像「頌辭」的部分出現過。）他們每個人所提出的論文題目和看法都很精彩，而且極具挑戰性。

連續聽了以上的許多錄像「頌辭」和演講之後，我感到有如吃了一頓很豐盛的晚餐，好像充滿了憶舊和學術啟發的特殊晚宴。有趣的是，吃完了那頓「晚餐」之後，主持人胡曉真突然宣布，說以下將有半個鐘頭的「吃點心」（refreshment）時間。只見嚴志雄開始

47. 當天，在他的錄像中，盤隨雲朗誦的是該詩的英譯。題目為「Congratulating Prof. Kang-i Sun Chang on a Glorious Retirement and Return to Her Gardens and Fields.」譯詩的結尾兩句是：
When chrysanthemum and pine trees, at leisure, shine with the moon,
With the door shut, the Qianxue Master gazes far and wide, to her heart's content.

大聲宣讀一份令人驚奇的信件，原來那是密西根大學榮休教授林順夫從前為我寫的一封「評估函」（但沒透露該函的日期和收件的機構）。該函對我的無數稱讚確實讓我臉紅，但也令我十分感動。心想，這些年來，幸虧得到許多像林順夫等同行學者們的幫助，才有今日的我。但聽說那天林順夫教授臨時有事，故無法參加我們的線上大會，否則我會向他當面致謝。但說時遲那時快，林順夫還是趕上了我們的Zoom現場，我終於能在那段「吃點心」的時間與他閒聊了一陣，很是愉快。當時，我從前在普大的老同學白慕堂也在場，他早就在Zoom的「聊天」處（chat）留言了。

接著，我就坐在潛學齋的電腦旁，繼續享受大會的最後一段好時光。記得蘇煒、張鳳、李保陽和韓晗等人先後發言。從前我的學生王瓊玲（一九九二年耶魯博士）也利用這個機會補上了她的「頌辭」。這是因為，她所準備的錄像頌辭遇到了技術上的問題，故無法加入大會所播放的錄像「門人篇」。那天她特別提到我從前鼓勵她向張充和女士學崑曲的經過，以及她原來的指導教授安敏成於一九九二年八月間去世的悲劇，以及後來我對她的鼓勵和幫助。

但突然間，電腦的屏幕上又出現了一個帶口罩的凌超，只見他匆匆走來，進入了我們的Zoom。原來他那天從紐約出發的飛機剛於那一刻安全抵達香港。那時他剛從美國的Colgate大學轉到香港的城市大學，必須於元月前報到，故行程很趕。沒想到他那天排除萬難，終於能趕上大會的最後幾分鐘，也真令人高興。

最後大會終於準時地完滿結束，那時已是東亞地區的「午夜」時間，而美國東岸才只是上午十一點。

捷克文版的《走出白色恐怖》

且說，我退休之後不久，布拉格查理大學的羅然（Olga Lomová）教授就為我在線上舉辦了一次捷克文版的《走出白色恐怖》（*Cesta Bílým Terorem*）新書發表會。有關拙作《走出白色恐怖》捷克文版的誕生，說來話長。二〇一三年左右，羅然教授（我一直喊她作 Olga）告訴我，說我那本有關白色恐怖的回憶錄特別打動她的心，她很希望將來那本書也有個捷克文版，所以她正在找一位合適的譯者。後來 Olga 又發來一封電子函，說她的博士生米德仁（František Reismüller）已經答應要把我的《走出白色恐怖》譯成捷克文，並說她本人也會為這個捷克文版寫一篇長序。同時，布拉格查理大學出版社（Charles University Press）也表示願意出版此書。不用說，這個大好消息令我喜出望外，一時不知如何向 Olga 表示內心的謝意。在那以後不久（記得是二〇一四年的春天），我就將《走出白色恐怖》的中文版和英文版（*Journey through the White Terror*）以及有關的背景資料一起寄給了譯者 František。

作為一位譯者兼學者，František 在翻譯過程和情感的投入等方面都令我十分欽佩——尤其他是個大忙人，他自己的事業已經夠忙了，除非擁有極大的恆心和毅力，否則怎能對翻譯拙作始終保持著如此熱情？記得那幾年他經常有事到中國大陸去，但無論到了那兒，他總是隨身攜帶著我的書，一邊從事自己的工作，一邊抽空翻譯。後來經過六年多的持續努力，František 終於在二〇二〇年底前完成了譯稿，並準時交卷，確實令人讚嘆。到目前為止，有關我的《走出白色恐怖》，這個捷克文版算是最完整的一版，因為它包含了中文版和英文版的全部內容。尤其是，František 是個完美主義者，除了翻譯和編訂之外，他還在捷克文版的最後一部分加添了「歷史背景」、「人名譜」等新的參考資料。

二〇二一年十月初，捷克文版的《走出白色恐怖》終於很順利地在布拉格出版了。Olga 所主持的 Zoom 線上新書發表會也於二〇二一年十月十四日那天舉行，當時正是疫情高漲的期間。那是一次西方與東方思想碰撞，又可以互相學習的線上交流。僅僅在一個小時之內，與會者都專心圍繞著《走出白色恐怖》的時代背景（即一九五〇年以來的政治和歷史背景）進行溝通，很是過癮。首先 Olga 談到中西文化的「共通性」（universal qualities）。她說，雖然我的書主要是有關從前在冷戰期間的臺灣歷史，但目前出版這本捷克文版卻很合時宜，因為捷克人正在開始對臺灣感到興趣。

接著我就作了一個大約十分鐘的非正式演講。除了向 Olga 和譯者 František 致謝之外，我首先提到捷克文版的封面。我說那是一個令人震撼的封面，它很樸實地展現了我父親（一個白色恐怖受難者）所繪的一雙「禱告的手」。到目前為止，已經出版的《走出白色恐怖》的版本中（包括二〇〇二年上海三聯版，二〇〇三臺灣允晨版，二〇〇七年允晨增訂版，二〇一二年北京三聯增訂版，以及二〇一三年臺灣大學所出版的英文再版），尤以這個捷克文版的封面最為感人。因為那雙「禱告的手」很準確地抓住了故事的核心——那就是，在歷經白色恐怖的艱辛道路之後，我的父母終於以破繭重生的虔誠信仰和力量，很堅強地倖存了下來，而且他們選擇放下過去的包袱，開始活出新生命。而那雙「禱告的手」就成了他們重生的標記。

那天我的演講就集中在「手」的象徵意義上。想到手，我很自然地回到了幼年的記憶中——我小時候就經常聽母親說，我的手不像一般女孩子那般細潤秀氣，因為我遺傳了父親那雙強韌粗大的手。但母親卻很慶幸我有一雙強壯的「男性」之手，因為當年一九五〇年一月間，父親被保密局局長谷正文抓走之後，次日谷先生又來到家中，準備要逮捕母親，幸而當年才六歲不到的我及時警覺，立刻抓起一枝長棍朝谷先生猛打過去，才使他最終沒有抓走母親（據說谷先生因被年幼的我之孝心感動而作罷）。因此母親相信，是那雙來自父親遺傳基因的手保衛了我們一家人。這段往事也使我聯想到後來二〇〇七年五月，家父在加州的醫院裡以八十八歲高齡安詳離世時的情況。記得直到最後一刻，我一直緊握著父親的手，企圖在剩餘的短暫時光裡，再一次抓住他那雙強韌的手。但遺憾的是：從前母親於一九九七年九月與世長辭時（也在同一家醫院），我卻不在場，因而無法緊握她那雙細潤修長的手。

以上大約是我那天演講的大綱。接著就輪到譯者 František 發言。František 主要在講述，在過去的幾年間，他如何一邊從事自己的事業，一邊努力翻譯的過程，以及他個人對整個故事的思考體驗。後來 František 又提出了不少極富啟發性的問題（其中包括我們一家人的信仰以及我個人的「認同」問題），有幾位與會者也接二連三地踴躍發言，我都一一作答。當天的線上與會者來自許多不同地方的朋友，包括剛由耶魯轉往普林斯頓神學院圖書館任職的 Christopher Anderson 先生（Christopher Anderson 就是曾為我父親在耶魯神學院圖書館設立「孫保羅裕光特藏」的那位恩人）。

那天 Olga 為我舉行的捷克文版新書發表會非常精彩。令我特別感動的是，有許多布拉格地區的捷克讀者居然也能從我的《走出白色恐怖》一書中找到了自己的共鳴。

給浙江大學捐贈的一批書畫

退休以來，我發現過去從未如此忙碌過。其中一件沒完沒了的事就是清理我的書房「潛學齋」裡的許多堆積，那是半個多世紀累積下來的東西。其實自從二〇一〇年我把八千五百多種書籍（加上許多書稿、書信、文件、名人書法等）捐贈給北大的漢學家研修基地以來，我接著又在二〇一八—二〇一九年間陸續從潛學齋捐出了大量的書信、書法、繪畫等文物給臺灣的國家圖書館。按理說，今日的潛學齋應當已經變成一個空蕩蕩的書房了。

但事實上，潛學齋還是負荷累累，而且還有許多數年來的堆積也只好搬到緊接的儲藏室裡。此外，自從一九九八年我們從紐黑文的舊居搬到木橋鄉（Woodbridge）之後，由於兩人都非常忙碌，許多搬家時搬過來的箱子居然還沒打開過，所以二十五年後仍然還原封不動地堆積在儲藏室裡。

退休之後，我終於下決心要把儲藏室裡那些一直「睡著的」的箱子打開，並趁機把其他近年來的堆積也重新整頓一下。然而家裡實在空間有限，所以有些寶貴的東西也只好忍痛捐贈給當地的慈善機構了。

有一天，我忽然在儲藏室了找到了一大堆書畫，大部分是多年來朋友親戚們、以及來訪學者陸續送給我們的書畫作品。其中有些書法和國畫都還沒送去裱，所以它們就一直被堆積在儲藏室裡，也從未在潛學齋中展出。

於是，我開始打開每一幅書法和繪畫，發現無論是條幅、立軸、直幅和橫幅等，都應有盡有。而且每件作品都令我聯想到一個過去的獨特故事，所以這些書畫（不論品質高低）都分別見證了我個人這些年來的生命軌跡。

一時間，我愣住了。我發現其中有好幾幅書畫特別有紀念性。例如，有一幅畫是蕭乾先生在文革期間冒著生命的危險而收藏下來的國畫，作者不知是誰，但是對蕭乾來說，意義重大。一九七九年我到北京時，蕭乾居然把那幅國畫贈給我，令我感動萬分。另外還有一幅日本松尾芭蕉的拓本題詩，那是我於一九八一年朝拜芭蕉墓地（位於大津的義仲寺）時所購。

原來，儲藏室裡的那一堆書畫對我很是珍貴。突然間，我彷彿發現了一個儲存記憶的金銀島。所以，我立刻聯絡我的碩士生盤隨雲，問他是否能請教他的父親盤劍教授，看看浙江大學的圖書館有沒有興趣收藏「潛學齋」中的這一批書畫。

說來話長，我和杭州頗有緣分。一九七九年夏天我曾有一次難得的中國之旅，那次我先遊歷廣州、上海、蘇州、杭州、南京等地，後來又到了我的出生地北京。我經常回憶那次的訪華經驗，尤其是遊杭州西湖時的情景。現在已經忘了細節，只記得當時杭州大學的校長室秘書非常和藹可親，她專門帶我參觀西湖的白堤和蘇堤。當我走在白堤上，眼見湖邊的垂柳時，很自然就想起了唐代詩人白居易的詩句：「最愛湖東行不足，綠楊蔭裡白沙堤。」當天那位秘書還特別帶我參觀西泠印社，並為我刻了一個非常高雅的「康宜藏書」印章。我最感到驚奇的是，原來那個以金石篆刻聞名海內外的西泠印社就在我最喜愛的白堤岸邊。

這就是為什麼我希望能把潛學齋裡存藏的的書畫捐贈給杭州的浙江大學的主要原因。（可惜從前的杭州大學早已不見蹤跡了。）沒想到盤劍教授的工作效率如此之高，僅僅在幾小時之內，他已經聯絡上浙大的圖書館長樓含松先生，而樓館長也很熱情地表示願意接受我的這筆捐贈，並說將來收到全部書畫時，要專門籌備一個「耶魯大學孫康宜教授收藏書畫展」，以展示「學者收藏書畫」對學者之間的友誼建立、以及對學術活動紀錄的推進意義。

後來我託兩位剛從耶魯大學畢業的碩士生（即楊雪晨和杭天易）分別將我所捐贈的七十三幅書畫送到了杭州。而盤劍教授也立刻將全部書畫交給了浙江大學圖書館，當天樓館長也親自到場驗收。

必須說明，在這一堆捐贈的書畫群中，尤以顧廷龍先生的「陳子龍像」拓本特別珍貴，那是一九八〇年代顧先生拓於松江陳子龍墓地，並為之題字的一幅難得的作品。那也是顧先生訪美時親自贈給我的禮物。此外，這次我捐贈給浙江大學的書畫群中也包括我在臺灣的表妹黃婉娩（她師承嶺南畫派知名女畫家陳麗雀）的兩幅近作——即〈秋山夕色〉和〈雪壓千山淨〉兩幅水墨畫立軸。另外還有不少近年來我的耶魯學生們的作品，而且每一幅作品的背後都有說不盡的故事。其實我本來也計畫要加上一位耶魯本科生孔亞華（Edward Columbia）的一幅題為「無題」（「Untitled」）的油畫。那幅畫是他剛畢業那年在紐黑文城裡開個人畫展時展出的一幅作品。孔亞華多才多藝，中文也十分道地，他自從耶魯畢業後，就一直在忙著當電影導演，而且將來還可能進法學院深造，是個天才型的人物。但可惜那幅油畫的體積較大，若要從美國運送到杭州，難度較大，故作罷。最後我終於決定，還是繼續把孔亞華那幅油畫存藏在我的潛學齋中。

總之，至此我的捐贈心願已了，那群捐贈給浙大圖書館的七十三件書畫，也可算是我報答杭州的一個紀念吧！

耶魯的伊莉莎白俱樂部

自從疫情從二〇二〇年三月底爆發以來，我所心愛的伊莉莎白俱樂部（The Elizabethan Club）就一直關閉著，一直到次年八月三十一日才又正式開放，而那時我也已經退休了。

且說，當初一九八三年，是耶魯建築系的老前輩鄔勁旅教授（Prof. King-lui Wu）首先帶我到伊莉莎白俱樂部去喝下午茶的。他告訴我，自從一九一一年該俱樂部成立以來（由一八九六年次的校友 Alexander Smith Cochran 慷慨捐款而成立），已有無數的訪客來過這裡，並留下了他們的簽名——包括著名的 W.B. Yates、Robert Frost、Allen Ginsberg、胡適博士等人。不久之後，鄔勁旅教授就很熱心地推薦我成為伊莉莎白俱樂部的教授成員，但當時需要有兩位推薦人，所以我又找到東亞語文系的同事 Hugh Stimson 為我寫另一封介紹信，所以我很順利就成為該俱樂部的終身會員。

在耶魯數十年的教學期間，我經常在下午下課之後，帶個別的學生和朋友同事們到伊莉莎白俱樂部去享用下午茶和英國式的點心，並藉機聊天，也順便到那兒的花園裡去會晤莎士比亞的銅像。有時我也會在星期五的下午，利用俱樂部的「展覽室」（稱為 vault）開放的時間，到那兒去瀏覽許多伊莉莎白女王時代（即莎士比亞時代）出版的善本書，包括一些早期莎翁劇本的「對開本」（folio），例如一六〇四年版的《哈姆雷特》等書籍。在那個展覽室裡，我也見過一五九八年伊莉莎白女王的一封信，很是珍貴。有趣的是，那兒甚至藏有浪漫詩人拜倫的一束頭髮。此外，我最喜歡瀏覽一個多世紀以來的「訪客簽名簿」（Guest Books）。按多年來的規定，每天（一週七天，包括週末，除了學校放假的期間）的「下午茶」由下午四時開始。從週一到週三，每次會員只准帶一個當地的客人。但從週四到週日，每個會員可以帶兩個來自外地的訪客。至於其他的時間，每天從上午八時到晚間十時，任何會員都可以隨便出入該俱樂部，而每個會員都擁有一把俱樂部的鑰匙。數十年來，我的那把厚重的鑰匙總是隨身攜帶著。因為每個被選上的會員都是終身職，即使退休了，也還能照常進出該俱樂部，所以那把鑰匙就一直在我的皮包裡。

二〇二一年八月底，伊莉莎白俱樂部又重新開放，而會員們也開始可以摘掉口罩。我一直想哪一天再去喝一次下午茶。但為了小心防疫，我卻一拖再拖。

二〇二二年三月底的某一天傍晚，我突然接到俱樂部的秘書 Nadine Honigberg 的一封電子函。原來那是一封「求救信」，她問我能否盡快為不久將要召開的一年一度的迎春會（Annual Spring Party）找到幾句合適的中文古典詩歌，並將詩句立刻譯成英文。她還說，依照慣例，每年春季在發給俱樂部會員的「迎春會」請帖上，總是要引用一兩句有關春天的名言或詩句。但那天她忽然想到：這麼多年來，怎麼從未引用過一句中文詩？所以，她靈機一動，就發了那封信向我求救。她說，如果我能盡快把幾句合適的中文詩譯成英文，並發給她原詩作者的名字及生卒年等資料，她就來得及製作「迎春會」的請帖。那天 Nadine 也同時把她的電子函抄給東亞語文系的博士生傅楠（Nick Frisch），並說萬一我太忙，或許傅楠可以幫我翻譯。（很巧，多年前是我推薦傅楠成為俱樂部的學生會員的。按俱樂部的規定，每一學年的學生會員不能超過四十五人。）

且說，那天接到 Nadine 那封電子郵件時，我確實很忙。但幸運的是，我很快就把問題解決了。不知怎的，一提到詠春天的詩，我在第一時間裡就聯想到白居易的〈江南好〉那首詞：

江南好
風景舊曾諳
日出江花紅勝火
春來江水綠如藍
能不憶江南

這首詞作於西元八三八年，當時詩人白居易已轉到洛陽做官，已是六十六歲的老人。他一共寫了三首〈江南好〉，詩中表達他晚年對江南的深度懷念。以上是〈江南好〉的第一首，專門詠江南地區的春景。（順便一提，〈江南好〉的第二首專詠杭州的四季景色，第三首則專詠蘇州的吳宮。）

其實早在四十五年前，我已經在我的博士論文中將白居易的〈江南好〉第一首譯成英文了。後來我的博士論文於一九八〇年由普林斯頓大學出版社出版成書，而白居易的那首詞也就出現在該書的導論（Introduction）中，至今記憶猶新。所以，收到 Nadine 的電子函之後，我很快就把那首白居易詞的原文和我的英譯在電腦上打出來。不到一小時我就順利交卷了。

第二天一早我收到 Nadine 發來的回函，她千謝萬謝，並說他們很快就會完成「迎春會」的請帖。但她說，請帖上不會採用白居易的全首詩，只會引用以寫景為主的中間兩行詩。

果然，幾天後我就收到來自伊莉莎白俱樂部的正式請帖，上頭寫道：

You are invited to the Annual Celebratory Spring Tea of the Elizabethan Club of Yale University.

The Annual Spring Party of the Elizabethan Club will be held on Friday, April 29, 2022, from 4 pm to 6 pm at the Club house.

日出江花紅勝火
春來江水綠如藍

At sunrise the river-flowers redder than flames,

In spring the river water as blue as indigo.
BAI JUYI（白居易, 772-846）
KANG-I SUN CHANG, verse translation

我以為這張請帖特別珍貴。心想，當年白居易寫那組〈江南好〉的詩歌時，他一定不會料想到，在一千多年之後，他的作品會成為美國耶魯大學伊莉莎白俱樂部的「迎春會」節目中的一個重要關鍵。後來我請蘇州大學的王堯教授把白居易的那兩句詞寫成風采雅致的書法，以為紀念。

退休教授的伊甸園 Koerner Center

第一次與 Koerner 中心（Koerner Center）結緣是二〇一八年春季。那時我們接到校方的通知，說研究所大樓將要開始進行全盤性的整修，需要至少兩年的時間才能完成，所以東亞語文系必須於七月間遷往榆樹街（Elm Street）第一四三號的一座大樓，等研究所大樓完成整修之後，才能搬回原處。於是，不久我和系裡的同事 Edward Kamens（他是教日本古典文學的資深教授）就一起到榆樹街第一四三號去查看那座樓的情況。但一看之下，頗令人失望，因為那座樓非常古老，從一樓到二樓的樓梯很是陡峭，對我們兩位將近退休的老教授來說，確實充滿了重重困難。最糟的是，即使我們兩位的辦公室將被分配在一樓，但一樓卻沒有衛生間，要我們如何能應付每日的「生存」問題？

正巧那座樓的隔壁就是耶魯大學退休教授的 Koerner 中心，於是我們就前往那兒去詢問，看他們是否能破例讓我們兩人使用他們的衛生間。但遺憾的是，當時 Koerner 中心的助理行政人員一聽說我們尚未退休，就立刻拒絕了我們的請求。

後來 Edward Kamens 臨機應變，決定不和我們一同搬去榆樹街第一四三號大樓，他自己也就在校園裡的其他地方找到了一個棲身之地。但我仍堅持要與系裡的同事們在一塊兒，所以就於七月間準時搬進那座榆樹街的大樓裡。問題是，一直到新學期將要開始時，我還在憂慮有關衛生間的問題。有一天我獨自一人正在系辦公室裡影印教材，突然間進來了一位校方的高職位行政人員（我已忘了她的名字和職稱），她開門見山地問我，對這座樓的設備是否滿意。我就趁機告訴她有關一樓沒有衛生間，以及樓梯太陡峭的問題。沒想到，僅僅二十分鐘之後，她就回來通知我，說隔壁 Koerner 中心的「行政主管」（Executive Director）已經特准我能自由地進出他們的「中心」，並即將發給我鑰匙。

於是我立刻走到隔壁的 Koerner 中心，想當面向他們致謝。我這才發現那位行政主管非常和藹可親，她自我介紹，說她的名字叫做 Jenna（全名是 Jenna-Claire Kemper），幾年前才剛從耶魯神學院轉來。她說，她和 Koerner 中心的 Director（主任）Gary Haller 教授很高興這次能為我幫上忙。而且還說，以後若有什麼需要他們幫忙的事，請不客氣告訴她。她那天還抽空領我參觀 Koerner 中心的每個角落。就這樣，從二〇一八到二〇二〇的兩年間，有關衛生間的問題就很神奇的解決了。至今我仍忘不了向 Jenna 和 Gary Haller 表示感謝。

然而，一直要到二〇二一年七月，我正式從教書的崗位上退休了，才真正了解到，做一個耶魯大學的榮休教授（Professor Emeritus）有多麼幸福！而這其中的滋味也是我從前所不能領會的。

從前有個耶魯同事曾經告訴我，說耶魯的 Koerner 中心是耶魯榮休教授的伊甸園，那是美國其他大學所沒有的。那位同事還勸我儘早退休，因為可以早一點享受該中心的種種福利和活動，例如，可以經常和大家一起聚餐、參觀畫展、聽演講、甚至大夥兒一起到紐約去聽歌劇等。但我聽了，卻大不以為然。心想，我一旦退休，就要好好地休息一下，能退隱在自己的木橋鄉家中，專心在潛學齋裡讀書寫作，這有多好？我怎麼會想要到耶魯的 Koerner 中心去參加那些活動，把自己又變成了一個大忙人？如果要那樣做，當初又何必退休呢？

沒想到退休之後還不到三個星期，我就收到多年好友 Dick Brodhead（即 Richard H. Brodhead）的電子函，說他要代表耶魯的 Koerner 中心邀請我去做一次「*Intellectual Trajectories*」（個人思想成長旅程）系列之講座，而且該信的結尾還說道：「做夢也別想對妳最忠實的仰慕者說不。」（「Please don’t dream of saying NO to your devoted admirer.」）

說真的，這個突來的邀請（尤其是來自鼎鼎大名的 Dick）令我十分緊張，但同時也激起了我極大的好奇心。記得幾年前 Dick 才從杜克大學（Duke University）的校長職位上正式退休，並已搬回康州的 Guilford 城居住，我也曾在耶魯校園裡遇見過他。但令我費解的是：他怎麼會成為耶魯退休教授 Koerner 中心的一員呢？嚴格說來，他不能算是耶魯的退休教授。從前二〇〇四年 Dick 在接受杜克大學的新校長職位之時，他也同時從耶魯大學本科生院（即耶魯學院）院長（Dean of the Yale College）的職位上辭退下來，但那是辭職，並非退休啊！

有關後來 Dick 終於從杜克大學校長的職位上退休，又如何成為耶魯退休教授 Koerner 中心之一員的前後故事，十分有趣。那也是 Dick 親口告訴我的。原來，自從聽說 Dick 已由北卡（North Carolina）搬回康州之後，許多耶魯的榮休教授們就紛紛向校方建議，希望校方能破例讓 Dick 成為 Koerner 中心的會員。不久，耶魯校長蘇必德就在耶魯大學董事會（Board Meeting of the Yale Corporation）中提出這個方案。果然不出所料，所有董事們都投了贊成票。

耶魯確實是個富有深度人情味的大學，這也就是為什麼 Dick 自從二〇一八年加入 Koerner 中心之後，就有一種如魚得水的感覺。而 Koerner 中心的人也十分熱情，他們抓住每個機會，在第一時間就邀請 Dick 做了一次公開演講。果然 Dick 的那次演講（題為「I Learn by going Where I Have to Go」〈必經之處皆學問〉）很受歡迎，後來那篇演講的全文刊登在由耶魯大學 Koerner 中心出版的 *Intellectual Trajectories*（《個人思想成長旅程》）的其中一個專輯中。[48]可想而知，該演講一旦出版，很快就被《耶魯校友雜誌》（*Yale Alumni Magazine*）轉載了。老實說，我也是因為讀了那一期的《耶魯校友雜誌》，才知道 Koerner 中心原來有如此趣味盎然的演講系列。據該雜誌的編輯所述，那個演講系列的主要目的是：讓一些榮休的教授以說故事的方式來分享他們的人生經驗。這個信息立刻引起了我極大的興趣，因為如果每位演講者都能將自己生命途中所遭遇的「碎片」收集成獨特的個人「故事」，那就是一種最理想的創作了。在創作的過程中，如果每個人都用一種特殊的敘事方式來構思、並進而處理故事的結構及場景，那麼 Koerner 中心的那一串演講系列的內容就太豐富了。

Dick 親自告訴我，他也是在 Koerner 中心自己身臨其境，真正做過一次演講之後，才終於完全了解那種「說故事」的過程所能帶給個人的真正滿足感。在他的信中，他曾寫道：「It is a wonderful education for colleagues across the university, plus ...I learned some things about my life I hadn't grasped when I was busy living it.」（「對於全校的同事們，那將是很好的教育材料，同時……我也學到有關我自己生命中的一些事，那是我從前在百忙中所沒注意到的方面。」）

為了準備我的演講，我把 Koerner 中心已經出版的 *Intellectual Trajectories*（《個人思想成長旅程》）的每個專輯（從二〇〇九年到二〇二一年，一共出版了四個專輯）都仔細拜讀了。原來每個人都有一個精彩的故事，經常都在曲折多變的人生道路上，經過不少磨難和考驗之後，才終於達到了今日的處境。所以，讀完一篇篇個別退休教授的演講稿之後，內心頗受震撼。二〇二一年十一月一日，我終於很順利地完成了我的演講，可以說是鬆了一口氣。尤其是，Dick 那天為我所作的「講員介紹」令我十分感動，那是我極大的榮譽。由於疫情的關係，我當天選擇線上（Zoom）演講的方式。線上演講的效果似乎更好，無形中吸引了許多 Koerner 中心的朋友，一共有三十多位退休教授參加，還有不少其他的朋友也上線出席了。那天我的演講題目是：「From *Moby Dick* to Yale」（「從《白鯨記》到耶魯」），主要是講我自己作為一個白色恐怖的倖存者，如何從「捕鯨船」上一路走來，後來發現在邁過千山萬水的顛沛經歷之後，終於找到了人生方向的故事。誠然，活著有如捕鯨，那是一種獻出生命的努力，也是不斷自我教育的過程。《白鯨記》的作者梅爾維爾就說過：「我的捕鯨船就是我的耶魯與哈佛。」（「A whale ship is my Yale College and Harvard.」）

記得我演講完畢，耶魯著名的精神病學專家 William Sledge 教授立刻提出了一個有關《白鯨記》的問題。首先，他說他特別注意到我從前在臺灣上大學時，寫的畢業論文就是《白鯨記》，他很想知道我當時為什麼會選擇這樣一個嚴肅的題目。緊接著他又說道：「我

48. Richard Brodhead, "I Learn by Going Where I have to Go," *Yale Alumni Magazine*, July/August 2021.

很想再聽聽妳對《白鯨記》這本小說的想法。妳猜，我為什麼我想知道呢？這是因為我生於阿拉巴馬州的南部……經常與鯨魚有密切的關係。妳提到有關《白鯨記》的主題實在太引人入勝了。」[49]其實在場的主持人 Dick 才算是真正的《白鯨記》專家，但 William 既然問了這個有趣的問題，我也趁機講了許多有關自己當初在臺灣時如何解讀《白鯨記》，以及一九六八年剛到美國時，如何迫切地專程拜訪作者梅爾維爾（Melville）在麻省的故居的故事。那次有關《白鯨記》的精彩討論使我第一次真正認識到談笑風生的 William。我早就聽說，在耶魯校園裡，甚得人心的 William Sledge 教授一直是耶魯學生的最愛，一九九五到二〇〇五年間他曾經是耶魯住宿學院 Calhoun College（今已改名為 Grace Hopper College）的院長，他與夫人 Betsy（即該學院的副院長）在位十年間的努力，使得該學院成為一個富有傳奇性的地方。由於「隔行如隔山」的緣故，數十年來，我居然從未有過與 William 正式交流的機會。心想，等疫情過後，我一定要找機會向他當面請教。不料在我演講之後一年，William 不幸於二〇二二年十二月二十日因病逝世，享年七十七。（後來二〇二三年四月一日在 United Church on the Green 教會的追思會中，前任校長雷文特別上台致詞，稱讚他的多年摯友 William 是個充滿智慧和熱情的人。可惜我與 William 只有「線上」的一面之緣。）

我一直是 Koerner 中心的「*Intellectual Trajectories*」演講系列的忠實參與者，幾乎每次都參加，先是以線上的方式出現，後來屢次到 Koerner 中心親臨其境。例如，二〇二二年十二月五日，輪到好友 Rolene Adorno（阿羅麗娜，西班牙系榮休講座教授）演講時，我和欽次兩人都親自到 Koerner 中心去為她捧場。

除了以上所述的「個人思想成長旅程」之講座系列以外，我和欽次最喜歡出席 Koerner 中心所舉辦的許多晚宴，那些晚宴都在紐黑文城裡最高級的餐廳裡舉行，包括著名的 Union League、Elm City Club 等。我敢說，目前除了耶魯大學之外，沒有任何一間美國大學會不斷以如此豐盛的饗餮大餐來款待退休教授及其配偶。尤其讓人感動的是，在疫情爆發的期間，Koerner 中心還屢次向幾家著名的餐館訂購美食，並請大家定時到餐館去取。後來疫情過去了，Koerner 中心更是經常為退休教授及其配偶設宴。

到目前為止，我們所參加過的 Koerner 中心宴會，尤以二〇二三年二月的 Mardi Gras「狂歡節」晚宴最令人難忘。Mardi Gras 狂歡節又稱「油膩的星期二」，根據天主教的傳統，那是人們將進入大齋首日（即聖灰星期三〈Ash Wednesday〉）的前一天。因為將要來到的齋戒期間（Lent）是為了紀念耶穌基督受難（直到復活節），一共有四十天之久，所以人們就趁機利用那個「油膩的星期二」大吃大喝一番。但在美國，Mardi Gras 狂歡節又被稱

49. William Sledge: “I would like to hear your take on *Moby Dick*. Let me tell you why. I’m from the South of Alabama...I became friendly with the whales. The whole issue of *Moby Dick* was just fascinating for me.” (November 1, 2021).

為「紐奧良狂歡節」（Mardi Gras New Orleans），主要因為路易斯安那州的紐奧良城自從十九世紀中葉以來，一向以狂歡節期間的化妝遊行而風聞全國。

那天 Koerner 中心的「狂歡節」晚宴是在紐黑文城著名的西班牙餐廳 Olea 舉行的，一共有六十多位人參加。我與欽次兩人非常榮幸，居然與當天的「狂歡節」主角 Joseph R. Roach 教授坐在同桌。Roach 教授是我多年的同事兼好友（我一直喊他為 Joe），他是耶魯大學著名的戲劇史教授，是校園裡擁有最高講座教授職位（Sterling Professorship）的教授之一。有趣的是，那天晚宴他居然戴了一串很耀眼的長項鍊，十分引人注目。我一眼就認出那串特大號項鍊一定是來自紐奧良，因為上頭的裝飾全以紫色、金色、和綠色為主，那是當地狂歡節慶祝會的基本色調。我早就知道九〇年代 Joe 曾在紐奧良的 Tulane 大學英文系教過七年書，而且後來他之所以逐漸走向戲劇表演的研究（the field of performance studies），完全是受了那兒街頭巷尾的即興表演之啟發，其中之一就是紐奧良的 Mardi Gras 狂歡節遊行表演。[50]所以，我們那天的「狂歡節」晚宴就名副其實地成了「紐奧良狂歡節」盛宴。

除了 Joe 以外，我們的同桌還有古典文學系的 Victor Bers 教授和他的夫人 Susan（是個心理學家），以及藝術史系的女教授 Judith Colton。因為多年不見，我們那個飯桌很快就成了「回憶過去」的平台。首先，據 Victor Bers 回憶，在一九八〇年代的一次教授會議（faculty meeting）中，我曾為他取了個中文名字。又，Judith Colton 說她第一次認識我是在一九九〇年代初的某一天，那天我到藝術史系去參加班宗華（Richard Barnhart）的一位博士生的口試，因為我是考官之一，而 Judith 也在場，從此她就一直牢記著我的名字叫做康宜。她還記得，後來有一次他們也請歷史系的金安平去當考官，那次金安平特別告訴她，不久她將與史景遷結婚。然而光陰無情，如今史景遷已經去世，而 Judith 的丈夫 Wayne A. Meeks 也已於「狂歡節」晚宴的前一個月離世，頗令人傷感。

那天在 Olea 餐館的盛宴自始至終熱鬧異常，跑堂的服務員不斷送來各種山珍海味，而且還不停地添加紅酒白酒，令人應接不暇。後來等大家都吃飽了，也喝夠了，只見 Joe 突然起立，大聲宣告說：「Let the good times roll.」[51]（「讓大好時光一直延續下去。」）他的聲音響亮，有如洪鐘，令人震撼。

很巧的是，二〇二三年的 Mardi Gras 狂歡節正好是我的七十九歲生日。但沒想到，在大家說再見之前，Koerner 中心的主任 Gary Haller 教授突然起立宣告說：「今天也正好是康宜的二十九歲生日。」誰知他一下子使我年輕了五十歲！不用說，他的幽默，引得全場賓客們哈哈大笑。

---

50. Joseph Roach, "The Mind's Eye," *Intellectual Trajectories*, edited by Thomas P. Duffy (New Haven: Henry Koerner Center for Emeritus Faculty, Yale University, 2021), p. 218.

51. 這句話的法文原文是：「Laissez les bons temps rouler.」

後來三月十二日那天，Koerner 中心安排我們到紐約林肯中心（Lincoln Center）大衛・格芬廳（David Geffen Hall）的「吳蔡劇場」（Wu Tsai Theater）去參加「紐約愛樂交響樂團」（New York Philharmonic）的音樂會。[52]當天的節目是號稱美國交響樂團之「英雄」（hero）的 Michael Tilson Thomas（又稱 Tilson Thomas）的重頭戲。自從 Tilson Thomas 於二〇二一年七月間進行腦癌手術之後，這是他第二次來到紐約愛樂交響樂團當指揮，所以大家對這次音樂會都充滿了期待。有關他當天的節目，媒體早已用「The Hero Returns」（「英雄又回來了」）的標題在到處宣傳了。

那天上午九點半，我和欽次在耶魯西校園（Yale West Campus）與其他人會合，接著大家一同乘專車出發，兩個鐘頭不到，就抵達紐約的曼哈頓了。接著 Koerner 中心的領隊就帶我們到林肯中心對面一家著名的餐館 Cafe Fiorello 去吃中飯。雖然當時還在所謂的 Lent（齋戒）期間，按理應當節制飲食，但因為那家的「披薩」實在太可口了，所以大家都忍不住大吃了一頓。後來我們大夥兒離開餐館，穿過街道抵達劇場時，都有一種吃得過飽的感覺。

音樂會準時於下午二時開始。不用說，紐約愛樂交響樂隊的場面很是壯觀。首先，第一場演出 Tilson Thomas 本人於二〇一九年所創作的曲子系列（題為「Meditations on Rilke」〈沉思默想里爾克〉），並由著名的女高音 Sasha Cooke 和男低音 Dashon Burton 輪流演唱。從頭開始，許多管弦樂的變幻節奏和感召力就深深地抓住了我。我本來就是里爾克的詩迷，但這是第一次聽到里爾克的詩句被轉為交響樂。我聽見美妙的小提琴聲、中提琴聲和大提琴聲不斷地出神入化，其中穿插著靜靜的憂思以及時光易逝的感嘆，並抒發出一種既平靜又緊迫的詩意。其實 Tilson Thomas 之所以創作這個〈沉思默想里爾克〉的曲子系列，並非偶然。就如他自己在節目手冊中所說，他早在多年前（甚至數十年前）就開始想要創作這一系列有關詩人里爾克的曲子。他今年已近八十高齡，對他來說，音樂與生命的感召是一直聯合在一起的。

接著在第二場的表演中，Tilson Thomas 則以一種鋪天蓋地的方式指揮了「Schubert's Symphony No.9, The Great」（〈舒伯特的「宏大交響樂章」第九〉）的演出。眾所周知，音樂家舒伯特（一七九七—一八二八）有個坎坷而短暫的一生，但很少有人知道他所留下來最重要作品也就是這個完整的「宏大交響樂章第九」。傳說那個交響樂樂章是舒伯特於一八二五年的夏天開始精心創作，並於逝世前的幾個月（即一八二八年三月間）才修改完畢。之所以名曰「宏大」（The Great），乃為了有別於其他許多從未完成的交響樂樂章。可惜這個交響樂章第九在舒伯特生前從未公演過，一直到他去世將近八年之後（一八三六年四月）該樂章的「末尾」（Finale）一段才在維也納演出。一八五一年一月間，紐約愛樂

52. 很巧的是，林肯中心的「吳蔡劇場」（Wu Tsai Theater）是我從前的耶魯學生 Eva Tsai（蔡崇儀）的大哥 Joe Tsai（蔡崇信）和其夫人所捐贈的。

交響樂團（New York Philharmonic）所推出的舒伯特交響樂章第九則算是在美國大陸最早的公演。必須一提的是，上一次紐約愛樂交響樂團演出該樂章，則發生在二〇一二年三月間，是由著名的德國指揮家 Christoph von Dohnányi 擔任指揮的。所以這次紐約愛樂交響樂團又演出舒伯特「宏大交響樂章第九」，並由 Tilson Thomas 負責指揮，則是最新一次的演出了。

所謂「新」，主要是 Tilson Thomas 顛覆了我們對傳統中演出舒伯特交響樂章的方式，進而拓展了「交響樂」的空間與視野。在這次演出，Tilson Thomas 居然把詩人里爾克和音樂家舒伯特連在一塊，使人對兩位不朽的藝術家生出許多新的聯想。就如 Tilson Thomas 在節目手冊中所說，里爾克的詩經常令人想起舒伯特的歌曲。其實坐在觀眾群中的我，早已感覺到 Tilson Thomas 所謂的二者之相似性。通過前後兩場管弦樂的種種節奏，我深深體會到：無論是多情的詩人里爾克或是病中的音樂家舒伯特，他們都在設法捕捉時間的瞬間感。但他們卻無法停住時間，也無法跳出人生的短暫，因而經常在他們的「詩」「歌」中表現出一種難言的急迫感，大大激發出音樂節奏的變幻與碰撞，使人聽了如醉如癡。

那天在返回康州的途中，我忍不住反覆地細細玩味當天音樂會裡所演奏的歌曲，只覺得那種音樂的魅力令人無限震撼，久久難忘。

「防老」演講系列

除了以上有趣的節目之外，我也對 Koerner 中心所主持的「防老」（Antioxidants Talks）系列特別感興趣。那是個很不尋常的演講系列，通常都請耶魯的著名醫學教授來分享他們的高見。那些演講者一般都針對很實際的年老問題，尤其涉及如何接受死亡的問題，也同時保持平靜而愉快的生活。最讓人感到驚奇的是，那些被請來演講的醫學教授們通常都有很高的文學和藝術素養，所謂「跨學科」的對話，沒有比這種交流更引人入勝了。此外，這個「防老」演講系列通常都安排在耶魯的高級飯館 Elm City Club（榆城俱樂部）中舉行。與會者不僅能學到許多「防老」的秘訣，也能享受一頓豐盛的午餐，更能藉此認識其他許多不同科系的退休教授。真是何樂而不為？例如，有一次「防老」演講是由著名的 Leo Cooney 醫師給的，他是所謂「老人科」（Geriatrics）的開山始祖，他的演講從頭到尾令人振奮。（很巧的是，在他退休之前，他曾是欽次的多年專科醫生。）

記得我第一次參加這個「防老」（Antioxidants Talks）系列的演講，是二〇二一年十月十二日。那天的講員是 Barry Zaret 教授，他是資深的心臟科醫生，也是核心臟病學（nuclear cardiology）的領航人，同時他也是耶魯醫學院的榮休講座教授。[53] 前後二十七年

53. Barry Zaret 的講座教授職稱是 Robert W. Berliner Professor Emeritus of Medicine.

間，他一直是耶魯醫學院心臟科的主任醫師（Chief of Cardiology at Yale）。但最令人佩服的是，他不但是著名的醫生，也是畫家兼詩人。他的油畫早已聞名新英格蘭區，他曾在康州的紐黑文和哈特福城（Hartford）以及麻省的 Birkshires 區開過畫展，所以他的許多作品已經成為某些收藏家的典藏。當然他有些畫也曾在 Koerner 中心的畫展中展出。至於他的詩歌，則以寧靜的情感著稱。記得那次他的演講題目是：「A House of Many Rooms」（「許多房間之屋」），其實那也是他當時剛出版的一本詩集的書名。作為那天演講的聽眾之一（我是通過線上的 Zoom 來參加那次演講的），我自然產生了深刻的共鳴。那天，Zaret 首先朗讀了他的一首詩，題為「On Retirement」（〈退休〉），那也是他那本新詩集的第一首：

On Retirement

The stethoscope rests quietly
in an antique desk drawer.
Always at my side, but
now curled – a sleeping cat,
nose to tail.

At times the urge comes
to shake my lifelong friend,
to make it act again
as that special link，
between ears and patient.
But desire soon passes.
Time has provided new means
to hear heart murmurings.

退休

聽診器安然存放
在古董桌子的抽屜內。
它往常總是在我手邊，
但現在，卻蜷成一團，
就像一隻入睡的貓
頭貼著尾巴。

有時候心血來潮，
又想觸動我這此生的摯友，
再次啟用它
在雙耳和病人間
接通那特殊的紐帶。
念起念落，
時間給予我新的方式
來諦聽內心的嘀咕聲。[54]

從他那天所朗誦的許多首詩，我真正領悟到寫作的強大醫療作用。原來，Zaret 醫生的妻子 Myrna 不幸於二〇一〇年去世，而自從妻子逝世之後，他的詩情靈感突然有如火山爆發似地迸發出來，於是有了一本一本詩集的連續出版。自從二〇一二年以來，他已經出版過三部詩集。他的詩歌一致得到好評，也經常出現在許多不同的雜誌上，甚至被當作歌詞來演奏。

其實我早已在 Koerner 中心出版的《個人思想成長旅程》的其中一個專輯中讀到了 Zaret 醫生有關他個人生平的故事。那真是一個動人的故事，原來他的父親當年是流亡美國的猶太移民，在經過十分坎坷不平的幼年遭遇後，才幸運地逃過一次大屠殺的禍害，成功地抵達美國。移民美國之後，他的父親只得以屠夫為生，後來有幸找到了一位猶太裔的女子（即 Zaret 醫生的母親）才順利結婚成家。可想而知，從這樣一個家庭出身的人，Zaret 醫生要有多麼大的勇氣和毅力才能達到後來的人生巔峰？

Zaret 醫生的故事也使我聯想到有關 Koerner 家族的故事。當初二〇〇三年 Joseph Koerner（耶魯校友，哈佛大學教授）之所以慷慨捐出一筆鉅款，讓耶魯大學能建立一個前所未有的退休教授中心，主要是為了紀念他的父親 Henry Koerner（一九一五—一九九一）。原來他的父親從前也是猶太移民，年輕時從澳地利的維也納輾轉經過義大利，才終於逃亡到了美國，也是為了躲避大屠殺的迫害。移民美國之後，Henry Koerner 以畫「納粹大屠殺」的情景而著名。[55]總之，這些相似的猶太移民之勵志故事確實讓人感動。

二〇二二年，十月十一日，我最後一次見到 Zaret 醫生本人，地點是榆城俱樂部。那次則由耶魯醫學院的另一位醫生 Philip Sarrel 主持「防老」系列的演講，在演講的過程中，他曾多次引用 Zaret 醫生的第一本詩集，題為 *Journeys*（《旅途》）。

54. 感謝我的耶魯同事康正果將這首英文詩譯成中文。

55. 二〇二三年四月二十日，為了慶祝 Koerner 中心成立二十週年，Joseph Koerner 將他父親 William Koerner 畫作中的其中二十九幅正式捐給 Koerner 中心，並舉行了一次盛大的畫展。該畫展的目錄也同時出版，書名為 *Henry Turner: Memory and Motif*（New Haven: Yale Henry Koerner Center, 2023）。

沒想到，九天之後，十月二十日，Zaret 醫生卻不幸死於車禍，享年八十二歲。對於這樣一個晴天霹靂的消息，整個耶魯社區的人很難接受。記得十月十一日那天，他還親自告訴我，他的最新一本詩集很快就要出版了。後來聽他的家人說，就在他去世的前一天，他終於完成了那本詩集，並順利交給了出版社。

十月二十三日，我和欽次都到猶太會堂去參加了他的葬禮，那個猶太會堂（B/nai Jacob Synagogue）正好在我們家的同一條街上。幾天後我們也到他的家中去撫慰他的家人，包括他的第二任妻子 Renée.

耶魯大學教堂 Battell Chapel

話說，當初一九八二年剛來到耶魯大學執教，我就被耶魯大學的教堂（Battell Chapel）那種古色堂皇的建築給迷住了。記得我和欽次兩人坐在教堂裡，就經常抬起頭來，來回地端詳著教堂頂部的圖案細節和裝飾雕刻。只見教堂的周圍全配有各種各樣的彩色玻璃窗。其中有一片彩色玻璃窗尤其引人注目，它是專門紀念衛三畏（Samuel Wells Williams, 1812-1884）先生的。衛三畏是美國最早到中國的傳教士之一，在華共四十三年之久。一八七七年，他受聘於母校耶魯大學，成為美國有史以來的首位漢學教授，所以耶魯人特別引他為傲。在 Battell 教堂裡的那片彩色玻璃窗上還特別鑲上一句來自《論語》的引文：「敏則有功，公則說」（引自《論語》，〈堯曰〉第二十），[56] 特別耀眼。

此外，教堂上頭還鑲有許多其他若隱若現的圖像和字跡，處處流露出神聖的氣氛。令人有如置身於古老歐洲的老教堂中。而且，教堂裡一排排高大厚重的管風琴圓管不斷發出各種喇叭吹奏聲，加上伴奏的鈴聲，給人一種無限溫馨的情調。記得一九八六年感恩節之前，才六個月大的女兒 Edith 就在如此美麗莊嚴的教堂裡受洗，當時是校牧 Rev. Harry Adams 和女校牧 Rev. Kate Latimer 為她洗禮的。

數十年來，我們幾乎每個星期天（無論天晴或是雨雪紛飛），都會到 Battell 教堂報到。但二〇二〇年三月十五日之後，大約有一年半的時光，由於疫情的關係，教會的主日崇拜改成在線上（Zoom）舉行。

令我難忘的是二〇二一年五月九日那天的主日崇拜。教會的牧師 Rev. Ian B. Oliver 早已安排好，讓我在當天線上的主日崇拜中負責朗誦《約翰福音》第十五章，九—十七節。那天不但是我父親去世的十四週年紀念，也是母親節（Mother's Day），而《約翰福音》那段引自主耶穌基督的話也正好是家父母生前最喜愛的聖經章節之一：「我愛你們，正如父愛我一樣，你們要常在我的愛裡。你們若遵守我的命令，就常在我的愛裡；正如我遵守了

56. 這是多年後，耶魯學生 Lukas Bacho 的英譯：「Diligence will bring achievement, and justice will bring happiness to all.」

我父的命令，常在他的愛裡……」[57]

後來，二〇二一年八月底，當疫情稍微緩和之後，教會才開始採取「雙軌並進」的方式——那就是，有些會友可以親自到 Battell 教堂參加主日崇拜，有些人則在家中做線上崇拜。我因為早已習慣了線上教學，所以就選擇採取線上主日崇拜的方式。不知不覺，前後將近三年的期間，都只出現在線上的主日崇拜聚會。

二〇二三年元月十五日，我突然心血來潮，有一種要回到 Battell 教堂親自參加主日崇拜的衝動，哪怕所有與會者還必須全程戴口罩。奇妙的是，那天我幾乎是狂奔地進入教堂的，足見我對該教堂的感情至深。更令人興奮的是，一瞥見我，牧師 Rev. Ian B. Oliver 和副牧師 Rev. Jenny Peek 都立刻跑來的和我擁抱，並當場向所有的會友們宣布：「Prof. Chang is here!」（「張教授來了！」）[58]

從此就開始了我親自回到 Battell 教堂參加主日崇拜的習慣。

元月二十二日（即農曆癸卯年春節，正月初一）的主日特別令我難忘。那天正值耶魯大學春季開學之後的第一個禮拜日，也是 Battell 教堂正式任命新的學生執事（Commissioning of New Student Deacons）的日子。一走進教堂，只見副牧師 Rev. Jenny Peek 笑著向我走來，並向我介紹兩位非常可愛的大一女生，她們的名字分別是 Abby Zheng（鄭雅婷）和 Xin Lu（盧心藍），原來她們兩位當天要都要被任命為新的執事。接著我也認識一位已經擔任執事工作的大二男生，名叫 Lukas Bacho（陸予明），他居然會講一口標準的普通話，尤其令我感到驚喜。

當天牧師 Rev. Ian B. Oliver 的講道內容也十分引人注目，其中涉及耶穌在加利利感召四個門徒的故事特別感人。那段聖經章節出自《馬太福音》第四章，十二—二十三節。當耶穌對一個名叫西門彼得的漁夫和他的弟弟安德烈，以及另一對兄弟（即雅各和他的兄弟約翰）說「來跟從我」時，他們立刻離開他們的漁船，告別了父親，並放下一切，無條件地跟從了耶穌。當時那四個門徒彷彿是「坐在黑暗裡的百姓」突然「看見了大光」。（據《馬太福音》第四章，一五—一六節所說，這個故事正好應驗了古代先知以賽亞的預言。）

當牧師講到有關黑暗與光明的對照時，我不知不覺就抬起頭來。從我的座位上，我看見有一道很強的陽光照在教堂最高處的彩色玻璃窗上。只見那道強光把 Jonathan Edwards 幾個大字頓時照得閃爍發亮。Jonathan Edwards（一七〇三—一七五八）是耶魯大學最著名的校友之一，他是美國歷史上數一數二的偉大神學家兼哲學家，他曾在一七三四年發起了有名的「大啟蒙」（Great Awakening）宗教運動。後來於一七五八年他被選為普林斯頓大

57. Book of John: 15:9-17: "As the Father has loved me, so I have loved you; abide in my love. If you keep my commandments, you will abide in my love, just as I have kept my Father's commandments and abide in his love. ..." (From *The Holy Bible: New Revised Standard Version*, 1989).

58. 耶魯人都稱我為 Professor Chang（張教授），因為我的英文全名是 Kang-i Sun Chang.

學的第三任校長，可惜上任後不久就因病去逝了。從此之後，為了紀念Jonathan Edwards轟轟烈烈的一生，耶魯校園到處都有他的遺跡。尤其是，耶魯大學一共有十四個住宿學院，其中一個就是Jonathan Edwards College。而Jonathan Edwards也是人們公認有史以來最為多產的神學家之一。然而他為了傳教，在短短一生的歲月中卻充滿了挫折，可以說全憑個人的信心才終於活了下來。著名的當代作家Garry Wills就曾在《紐約時報書評》中形容Jonathan Edwards的一生為「烈火上的靈魂」（Soul on Fire）。[59]

每次看見教堂彩色玻璃上所反映出來的那道強光，我都會聯想到耶魯大學的校訓，那就是「光明與真理」（LUX ET VERITUS）。據說，三百多年前的耶魯大學原是由一群康州的哈佛校友建立的。他們把耶魯大學的校訓定為「光明和真理」，乃為了補充哈佛校訓所謂的「真理」（Veritas）。換言之，建立耶魯大學，就是要為「真理」帶來前所未有的「光明」。原來三百多年前，這些早期的常春藤大學其實都是神學院，校長就是學校裡的牧師，所以神學教育也就成了當時一個大學的命脈。

每次想到三百多年前常春藤大學的歷史根源，都會令我不知不覺地感受到「光」的魄力，那種光是富有靈性的光，它不斷提醒我們，千萬不要行在黑暗中。可惜今日的美國已十分不同，那個三百多年前所帶來的光明已逐漸遠離美國文化的中心，而且漸行漸遠，似乎正在一步步走向前所未有的困境，值得讓我們憂慮。

「所到之處」皆可取

二〇二一年元旦那天，我的耶魯同事 Mary Ellen Tucker 把美國桂冠詩人默溫（W.S. Merwin）的一首詩「To the New Year」（〈致新年〉）介紹給我，說是給我的新年禮物。我很喜歡該詩所描寫的清靜畫面，以及默溫所用的「跨行連續」（enjambment）的詩體。又，詩中閑靜的境界正好與外頭過於熱鬧的過節氣氛形成對比。於是我就請我的學生盤隨雲很快地將那首默溫的詩譯成中文，為了與班上其他懂中文的學生分享。記得當時我最欣賞該詩的上半段，因為它很形象地（通過陽光與樹葉的意象）體現了新年那種獨特的「清晨的幽寂」（the hush of the morning）。[60]

很巧，兩年之後，二〇二三年元旦那天，我的耶魯同事康正果發來了一封電子郵件，說他剛剛把默溫的詩「To the New Year」又譯成中文，想與我和欽次分享。於是我們兩人就一起展卷細讀了幾遍：

---

59. Garry Wills, "Soul On Fire," *New York Times Book Review* (July 6, 2003): 10.
60. 引自盤隨雲的中譯，〈致新年〉。

To the New Year

W.S. Merwin

With what stillness at last
you appear in the valley
your first sunlight reaching down
to touch the tips of a few
high leaves that do not stir
as though they had not noticed
and did not know you at all
then the voice of a dove calls
from far away in itself
to the hush of the morning

so this is the sound of you
here and now whether or not
anyone hears it this is
where we have come with our age

our knowledge such as it is
and our hopes such as they are
invisible before us
untouched and still possible.

致新年

W·S·默溫

你終於靜悄悄
浮現於山谷
你的第一縷陽光
抹過樹梢
照在幾片靜止的樹葉上
樹葉似乎無所覺察
全然不知你的到來
一聲鴿鳴
隨之從遠方傳來
呼喚著清晨的寧靜

這就是你
此時此地的聲音
不管是否有人聽到
這也是我們的年齡所到之處
至於我們的認知和希望
雖在當前看不見
也未觸及
卻依然是可以企及的

（康正果譯）

有趣的是，或許是由於年齡增長的關係（我不知不覺已快到八十高齡），這次的細讀特別讓我注意到該詩的下半段，尤其是末尾部分，因為它很形象地捕捉了時間的流逝，以及生命已快到終點的這個事實：「此時此地的聲音／不管有否人聽到／這也是我們的年齡所到之處」。那個「聲音」就是「新年」的聲音，它在告訴我們，原來時間一直在靜靜地流動，它與死亡是分不開的，這個事實我們（尤其是我們這種高齡的人）不得不接受。即使我們沒聽到，時間還是照樣地繼續流逝。然而，重要的是，即使明天是不可預測的，我們在今天還是必須繼續前行，因為「……我們的認知和希望／雖在當前看不見／也未觸及／卻依然是可以企及的」。所以，雖然該詩的末尾提出了生命的不可預測性，但也同時提出了「信心」（faith）的重要性。「信心」的意思就是，即使「當前看不見」將來的前景，但因為「所到之處」皆可取，讓我們更加相信我們心中的願望也還是「可以企及的」。

這種「當前看不見」卻有信心的體悟，使我立刻聯想到我生命中的貴人 Gram。一九八五年二月二十二日那天，Gram 以九十六歲高齡在普林斯頓城謝世。她生平所寫的最後一首詩就題為「Assurance」〈信心〉，詩曰：「My eyes cannot reach the opposite shore, / But its reflection/ in the lake/Tells me that it is there.」（「我的眼睛看不見湖的彼岸／但它的倒影／映在安靜的湖面上／讓我知道它的存在。」）

此外，默溫的詩中所呈現有關「我們的年齡所到之處」的概念，也令我聯想到 Gram 的「墓誌銘」。記得一九八五年三月二日那天，Gram 的追思禮拜在普林斯頓城裡的教會 Nassau Presbyterian Church 舉行。當天追思會的程序表（program）中出現了 Gram 在生前就為自己選好的「墓誌銘」（Epitaph）。她的「墓誌銘」引自新英格蘭女詩人 Genevieve L. Hutchinson（一八八三—一九七四）於一九三四年所寫的一首詩：

Epitaph

I have seen Beauty everywhere
And that is what I came to see.
Life's day whenever it shall end
Will have been long enough for me.
No moment but is richly packed
With loveliness. No season poor,
For God has given me a sight
Of loveliness that shall endure.

所到之處皆是美景
這些都是我所見證。
生命無論何時結束
對我來說都已知足。
每個瞬間充滿著美
每個季節從來不壞。

因為上帝賜我雙眼
看這美麗直到永遠。[61]

Gram 這段引自 Genevieve L. Hutchinson 的「墓誌銘」令人感動，尤其是「生命無論何時結束／對我來說都已知足」那兩句特別令我有一種「心有戚戚焉」的感覺。其實早在二〇一七年九月，當 Gram 的孫女 Anne Huntington Gannon 從愛爾蘭老遠飛來與我們重聚時，我就告訴她，Gram 的「墓誌銘」曾給了我最大的生命啟發。

在新的一年，二〇二三年，我一直勉勵自己，無論遭遇任何境況，我都必須一步一步勇敢地往前行。從現在開始，每活一天，都是來自上帝的禮物。

61. 此詩的中譯曾得到李保陽先生的幫助，特此表示感謝。

後記與致謝辭

記得二〇一八年五月中旬，拙作《孫康宜文集》（*Collected Works of Kang-i Sun Chang*）五卷本剛一出版，主編韓晗教授從大陸飛到臺北，為了慶祝我的「新書發表會」。每次完成一本書或一套書，我都會有一種剛跑完一場馬拉松的感覺。當天我就在秀威出版社為韓晗所預備的贈書扉頁上簽名，並寫下了這麼一句話：「千言萬語不知從何說起。」

這次我剛完成了這本回憶錄，更有一種「不知從何說起」的感觸。尤其是，這本書所紀錄的是超過半個世紀以來我個人所經歷的真實故事，每次我回憶過去，既有溫馨也有憂傷，既有成功也有失敗，既有陽光也有風雨，一言難盡。許多時候，我都想停筆打住。如果不是聯經出版公司的陳逸華先生從當初就與我心有默契，不停地來信鼓勵，經常暗示性地向我「催稿」，我絕不可能這麼快就寫完這本書。所以，陳逸華是我第一個應當致謝的人。

同時，我也要感謝我的兩個弟弟（孫康成和孫觀圻），他們經常提供信息，並隨時糾正我記憶中的錯誤。此外，我要感謝我的許多門生和朋友們的大力協助——尤其是盤隨雲、凌超、康正果、蘇煒、李保陽、徐文、朱雯琪（Linda Chu）、古愛華（Edward

Kuperman）等人。是他們那種「有求必應」的幫助給了我繼續寫作的信心。

我要感謝我的丈夫張欽次（C.C. Chang），他一直是個掌舵人，是我的「奔赴」之旅的領路人。是他數十年來領我走過這段漫長的旅程，以及為我所作的一切犧牲，最終才促成了這本回憶錄的順利完成。

孫康宜

二〇二四年四月

寫於康州木橋鄉

奔赴：半個多世紀在美國

2024年6月初版　　定價：新臺幣600元

著者　孫康宜
校對　吳浩宇
整體設計　李偉涵

出版者	聯經出版事業股份有限公司	副總編輯	陳逸華
地址	新北市汐止區大同路一段369號1樓	總編輯	涂豐恩
叢書編輯電話	(02)86925588轉5305	總經理	陳芝宇
台北聯經書房	台北市新生南路三段94號	社長	羅國俊
電話	(02)23620308	發行人	林載爵
印刷者	世和印製企業有限公司		
總經銷	聯合發行股份有限公司		
發行所	新北市新店區寶橋路235巷6弄6號2樓		
電話	(02)29178022		

行政院新聞局出版事業登記證局版臺業字第0130號

本書如有缺頁，破損，倒裝請寄回台北聯經書房更換。　ISBN 978-957-08-7338-2 (平裝)
聯經網址：www.linkingbooks.com.tw
電子信箱：linking@udngroup.com

國家圖書館出版品預行編目資料

奔赴：半個多世紀在美國/孫康宜著．初版．新北市．聯經．
2024年6月．512面．14.8×21公分
ISBN　978-957-08-7338-2（平裝）

1.CST：孫康宜　2.CST：傳記

783.3886　　113004497